喜德年鉴 2023

喜德县党史研究与地方志编纂中心　编

方志出版社
Publishing House of Local Records

图书在版编目（CIP）数据

喜德年鉴. 2023 / 喜德县党史研究与地方志编纂中心编. —北京 : 方志出版社, 2023.12
ISBN 978-7-5144-6061-2

Ⅰ. ①喜… Ⅱ. ①喜… Ⅲ. ①喜德县－2023－年鉴
Ⅳ. ①Z527.14

中国国家版本馆CIP数据核字(2023)第252652号

责任编辑：高孟君
责任校对：张玉霞
责任印制：梅中英
出 版 者：方志出版社
地　　址：北京市朝阳区潘家园东里9号（国家方志馆4层）
邮　　编：100021
网　　址：http://www.zgfzcb.cn
发　　行：方志出版社图书营销中心（010-67110500）
印　　刷：四川科德彩色数码科技有限公司
开　　本：889毫米×1194毫米　1/16
印　　张：21
字　　数：641千字
版　　次：2023年12月第1版
印　　次：2023年12月第1次印刷
定　　价：220.00元

《喜德年鉴》编辑部

主　　编：赵生亮（兼）

副 主 编：阿别如火（兼）

编　　辑：孙　凡

工作人员：毛露雨　黑日阿加

编辑说明

一、《喜德年鉴》是根据中共喜德县委、县人民政府决定，由喜德县人民政府主办、喜德县党史研究与地方志编纂中心主编，《喜德年鉴》编辑部负责组织编纂的综合性年刊，每年出版一卷。其宗旨是全面、系统、准确、翔实地反映上一年度喜德县自然、经济、政治、文化、社会、生态文明发展情况，为各级领导和部门科学决策、制定发展规划提供依据，为科研和教学工作提供新的信息，为招商引资、商贸活动提供权威资讯，为国内外各界人士了解喜德、认识喜德提供参考，为全面推进县域经济高质量发展和全面建设社会主义现代化新喜德提供资政服务。

二、《喜德年鉴》坚持以马克思列宁主义、毛泽东思想、邓小平理论、“三个代表”重要思想、科学发展观、习近平新时代中国特色社会主义思想为指导，坚持辩证唯物主义和历史唯物主义的立场、观点和方法，遵循客观、真实、准确的原则，注重宏观与微观相结合、文字与图表相结合、事实与数据相结合，力求全面体现民族区域特色、部门特色、年度特色，突出当年的主要举措、成就、经验和问题。

三、《喜德年鉴》以喜德行政区划为范围，区划内机关、团体、学校、企事业单位，不论归属何级，均在记载范围。

四、《喜德年鉴》以现代语体文记述、力求言简意赅，采用分类编辑法，分类目、分目、条目等三个层次。条目是年鉴的主体内容，条目标题一律加方括号“【 】”，顶格书写，空一格书写正文。条目字数一般控制在 100 ~ 800 字。

五、《喜德年鉴（2023）》设特载、大事记、喜德概况、中共喜德县委员会、喜德县人民代表大会、喜德县人民政府、政协喜德县委员会、喜德县纪律检查委员会 喜德县监察委员会、群众团体、法治、军事、农业农村、工业、文化旅游、城建环保、综合经济管理、金融、交通通信、社会事业、乡镇概况、附录、索引等。全卷所记载的内容自 2022 年 1 月 1 日起至 2022 年 12 月 31 日，除因编辑需要的少数图文外，均为 2022 年内容。

六、《喜德年鉴（2023）》，主要由各有关县直部门、乡镇，以及县域内企（事）业单位提供，并经各供稿部门和单位审核送编。如同一指标因统计口径出现差异，以县统计局提供的数据为准。全书由《喜德年鉴》编委会审定，面向全国公开出版发行。

数字喜德

辖区面积	2117.75 平方千米
建成区面积	3.11 平方千米
总人口数	220964 人
地区生产总值	38.22 亿元
人均地区生产总值	23886 元
第一产业增加值	10.44 亿元
第二产业增加值	5.72 亿元
工业增加值	46712 万元
建筑业	10532 万元
第三产业增加值	22.06 亿元
三类产业结构占比	27.30 ∶ 14.98 ∶ 57.72
规模以上工业企业总产值	7.4 亿元
农业机械总动力	7.4591 万千瓦
全县森林覆盖率	43.63%
一般公共预算收入	1.44 亿元
社会固定资产投资	25.65 亿元
社会消费品零售总额	10.96 亿元
旅游收入	5.035 亿元
进出口总额	564 万元
城镇居民可支配收入	31423 元
农村居民可支配收入	12749 元
银行人民币存款	488644 万元
银行人民币贷款余额	218414 万元
银行储蓄存款	343216 万元
财政收入	35126 万元
财政支出	276548 万元
教育机构	81 所
其中：幼儿园	26 所
小学	47 所
九年一贯制学校	3 所
完全中学	2 所
医院、卫生机构	124 所
客运周转量	8979 万人千米
货运周转量	7339 万吨千米

领导关怀

◆ 2022 年 8 月 25 日，全国人大常委会副委员长、全国妇联主席沈跃跃到凉山彝族自治州喜德县考察调研，详细了解移风易俗、健康服务等工作，并在喜德县家庭教育指导中心开展“春蕾计划—梦想未来”行动凉山女童助学金捐赠和发放仪式（县妇联 / 供）

◆ 2022 年 6 月 15 日，全国妇联副主席蔡淑敏到光明镇彝欣社区调研移风易俗开展情况（尔古木三 / 摄）

◆ 2022 年 11 月 24 日，四川省委常委、省军区少将政治委员田晓蔚到喜德县人武部调研基层人民武装工作，并看望慰问武装部官兵（曾银富 / 摄）

◆ 2022 年 11 月 16 日，四川省政协副主席刘成鸣到喜德县调研乡村振兴产业发展情况（县农业农村局 / 供）

◆ 2022 年 3 月 25 日，共青团四川省委书记张荣到光明镇干拖村督导森林草原防火工作（光明镇 / 供）

◆ 2022 年 4 月 28 日，四川省民政厅一级巡视员杨伯明到光明镇彝欣社区调研易地扶贫搬迁集中安置点社区治理工作，与社区群众亲切交谈（县民政局 / 供）

◆ 2022 年 10 月 20 日，四川省应急厅副厅长周彤一行到冕山镇俄尔则俄村开展定点帮扶工作（冕山镇 / 供）

◆ 2022 年 10 月 28 日，四川省高级人民法院党组副书记、常务副院长秦海到喜德县调研基层人民法院工作合影（县法院 / 供）

◆ 2022 年 11 月 3 日，德阳市委书记、市对口帮扶涉藏县和彝区县工作领导小组组长李文清率队到喜德县调研对口帮扶工作，并召开座谈会（县融媒体中心 / 供）

◆ 2022 年 1 月 2 日，凉山彝族自治州委书记段毅君到喜德县调研“西德冕喜”同城化发展情况（县委宣传部 / 供）

◆ 2022 年 8 月 12 日，凉山彝族自治州委副书记、州长阿石拉比一行到鲁基乡大埂村参加艾滋病防治宣传日活动（县卫健局 / 供）

◆ 2022 年 7 月 12 日，凉山彝族自治州委副书记范继跃到喜德县鲁基乡中坝村调研“三农”工作（县农业农村局 / 供）

◆ 2022 年 5 月 5 日，凉山彝族自治州委常委、总工会主席沙英到冕山镇俄尔则俄村调研督导森林草原防灭火和疫情防控工作（县总工会 / 供）

◆ 2022 年 7 月 28 日，凉山彝族自治州委常委、州政府党组成员杨复晗到光明镇彝欣社区调研易地扶贫移迁后续扶持工作（县委宣传部 / 供）

◆ 2022 年 10 月 26 日，凉山彝族自治州委焦利军副秘书长调研喜德西站项目进度及配套设施建设情况（县政府办 / 供）

◆ 2022 年 11 月 11 日，宁波市海曙区委副书记、区长叶枝利率党政代表团到北山乡艮田禽类养殖产业园考察（北山乡 / 供）

◆ 2022年4月13日，喜德县委书记巫照华开展孙水河（光明至冕山段）巡河督察工作（县水利局/供）

◆ 2022年7月18日，宁波市海曙区人大常委会主任张启表一行到喜德县北山乡良田禽类养殖园考察（北山乡/供）

◆ 2022年7月7日，喜德县委书记巫照华率喜德党政代表团到浙江宁波海曙区柏庭养老集团农场参观考察（尔古木三/摄）

◆ 2022 年 11 月 5 日，喜德县委书记巫照华率队到冕山镇俄尔则俄村调研小相岭景区开发相关事宜（袁凌霄 / 摄）

◆ 2022 年 12 月 22 日，喜德县委副书记、县政府县长岭明率喜德考察团到德阳什邡市参观考察企业运行情况（尔古木三 / 摄）

◆ 2022 年 12 月 3 日，喜德县委副书记、县政府县长岭明到鲁基乡调研养殖产业发展情况（鲁基乡 / 供）

◆ 2022 年 3 月 23 日，喜德县人大常委会主任苏正忠到北山乡督导森林草原防灭火，在牧区放牧人员家中宣传护林防火（北山乡 / 供）

◆ 2022 年 11 月 18 日，喜德县政协主席宋和远率志愿服务队在喜德县火车站开展疫情防控志愿服务（县政协办 / 供）

重要会议

◆ 2022 年 10 月 10 日，四川省委第四巡视组巡视喜德县工作动员会召开（县委巡察办 / 供）

◆ 2023 年 1 月 12 日，中共喜德县委十三届三次全体会议召开（县委办 / 供）

◆ 2023 年 1 月 31 日至 2 月 2 日，喜德县第十五届人民代表大会第二次会议召开（县人大常委会办 / 供）

◆ 2023 年 1 月 30 日至 2 月 1 日，政协喜德县第十五届委员会第二次会议召开（县政协办 / 供）

◆ 2022 年 9 月 20 日，喜德县十五届县人民政府第一次全体会暨廉政工作会议召开（县政府办 / 供）

◆ 2022 年 1 月 24 日，喜德县 2022 年 1—2 月经济运行分析暨第一季度“开门红”安排部署会议召开（县政府办 / 供）

◆ 2022 年 1 月 27 日，喜德县控辍保学工作安排部署会召开（县教体科局 / 供）

◆ 2022 年 6 月 21 日，喜德县巩固脱贫成果工作推进会召开（县史志编纂中心 / 供）

◆ 2022 年 12 月 1 日，喜德县教育发展大会召开（县教体科局 / 供）

◆ 2022 年 8 月 25 日，喜德县深入推进“清廉凉山”建设动员部署会议召开（县纪委监委 / 供）

◆ 2022 年 2 月 15 日，宁波市海曙区人社局赴喜德县开展劳务协作座谈会（县人社局 / 供）

◆ 2022 年 12 月 7 日，喜德县迎国家后评估考核安排部署会召开（县乡村振兴局 / 供）

要 闻

◆ 2022 年 5 月 25 日，共青团四川省委组织四川省青年企业家协会在喜德县举行森林草原防灭火消防水车捐赠仪式（县应急管理局/供）

◆ 2022 年 5 月 7 日，喜德县开展“树新风促振兴”家庭家教家风巡讲暨贯彻落实《凉山州移风易俗条例》启动仪式活动（尔古木三/摄）

◆ 2022 年 9 月 23 日，凉山彝族自治州第三次项目投资建设现场拉练会（第二组）在喜德县召开（县委宣传部/供）

◆ 2022 年 7 月 11 日，凉山彝族自治州乡村振兴帮扶工作现场会在喜德县分会场召开（县融媒体中心/供）

◆ 2022 年 7 月 5 日，凉山彝族自治州政协“有事来协商”工作现场会在喜德县分会场召开（尔古木三/摄）

◆ 2022 年 1 月 28 日，凉山彝族自治州总工会开展“寒冬送温暖，冬衣暖人心”喜德县环卫工人慰问活动（县总工会 / 供）

◆ 2022 年 11 月 10 日，海曙区—喜德县东西部协作党政联席会议暨海曙—喜德东西部协作签署仪式顺利举行（尔古木三 / 摄）

◆ 2022 年 7 月 12 日，2022 年海曙—喜德“东西部协作”劳务输出专场招聘会在喜德县彝欣社区顺利举办（县人社局 / 供）

◆ 2022 年 8 月 3 日，喜德县录制 2022 年凉山彝族自治州“阳光问廉”喜德县专场节目（县纪委监委 / 供）

◆ 2022 年 8 月 9 日，喜德县举办“民族团结杯”献礼建州 70 周年·我为家乡代言主题演讲比赛（王成湖 / 摄）

◆ 2022 年 6 月 27 日，喜德县总工会、共青团县委到光明镇彝欣社区开展“6•26”国际禁毒日主题宣传活动（团县委 / 供）

◆ 2022 年 7 月 12 日，喜德县举办首个艾滋病防治知识宣传日启动仪式（王成湖 / 摄）

◆ 2022 年 11 月 15 日，喜德县卫健系统召开新冠肺炎疫情防控应急支援人员表扬大会（王成湖 / 摄）

◆ 2022 年 9 月 9 日，喜德县金融工作局组织县内金融机构开展 2022 年国家网络安全宣传周金融日活动（县财政局 / 供）

◆ 2022 年 5 月 12 日，喜德县组织开展 2022 防地震防汛防地灾综合演练（县防震减灾中心 / 供）

◆ 2022 年 5 月 12 日，喜德县供电公司开展电力应急救援演练（县供电公司 / 供）

◆ 2022 年 6 月 28 日，喜德县法院到喜德县向荣中学开展“以案说法、以案示警”庭审进校园活动（县法院 / 供）

◆ 2022 年 4 月 20 日，县检察院联合县法院、县农业农村局等部门开展人工增殖放流活动（县检察院 / 供）

◆ 2022 年 5 月 17 日，什邡市对口帮扶喜德县 2022 年度电子商务干部人才培训会开班（县商务经济合作和外事局 / 供）

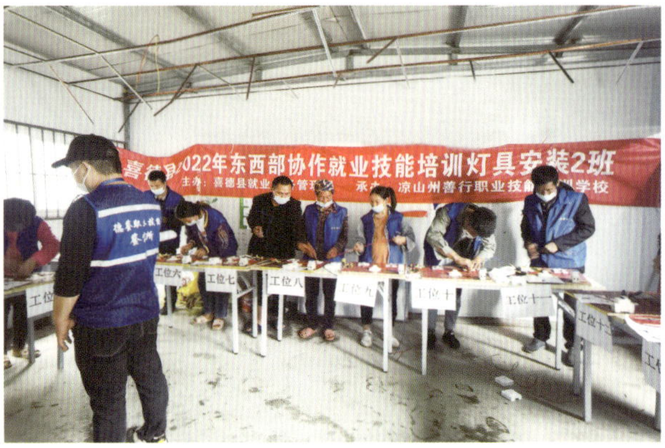

◆ 2022 年 9 月 20 日，喜德县 2022 年东西部协作就业技能培训灯具安装现场（县人社局 / 供）

◆ 2022 年 11 月 14 日，光明镇彝欣社区群众举办欢庆彝历新年拔河比赛（王成湖 / 摄）

◆ 2022 年 11 月 11 日，喜德县老年人体育协会举办欢度彝历新年健身展演大会（王成湖 / 摄）

◆ 2022 年 11 月 16 日，喜德县首届“彝族老家杯”篮球联赛拉开帷幕（王成湖 / 摄）

◆ 2022 年 1 月 28 日，喜德县开展非遗进校园·进社区系列活动（县委宣传部/供）

◆ 2022 年 1 月 25 日，喜德县史志编纂中心到光明镇前进村开展走基层“暖冬行动”暨森林草原防灭火宣传活动（县史志编纂中心/供）

◆ 2022 年 1 月 18 日，喜德县举办“新春送祝福”文明实践志愿服务活动（县委宣传部/供）

发展成果

◆ 2022 年 2 月 7 日 15 时，成昆复线小相岭隧道平导顺利贯通（县发改经信局 / 供）

◆ 2022 年 6 月 21 日，喜德县的成昆复线小相岭隧道全线贯通（王成湖 / 摄）

◆ 2022 年 12 月 26 日，成昆铁路复线开通运营，“复兴号”动车经过喜德县冕山双线特大桥（县委宣传部 / 供）

◆ 2022年12月26日，成昆铁路复线喜德西站站前广场及配套基础设施建设项目建成投用（县发改经信局/供）

◆ 红莫河谷全貌（袁凌霄/摄）

◆ 且拖茶园新村（王成湖/摄）

◆ 伍合民族团结进步示范村（县民宗局/供）

◆ 建设中的德熙温泉府房地产开发项目（县史志编纂中心/供）

◆ 小相岭景区旅游公路（县史志编纂中心/供）

◆ 两河口大桥至沙马拉达段通乡公路（县交通运输局/供）

◆ 冕山镇伍合村肉牛养殖场（县委宣传部/供）

◆ 两河口镇三合村蜡虫喜获丰收（尔古木三/摄）

◆ 沙马拉达乡铁口村大红袍花椒（冷文浩/摄）

◆ 2022 年，火觉莫社区八一产业园区黄瓜喜获丰收（两河口镇/供）

◆ 2022 年 11 月 3 日，喜德县参加凉山彝族自治州成立 70 周年庆祝活动之花车巡游（王成湖/摄）

◆ 喜德县庆祝建州 70 周年书法、美术、摄影展（王成湖 / 摄）

◆ 喜德县两河口镇火觉莫村彝绣非遗传承人阿的五几莫、喜德县政协委员李晓艳获得 2022 年度感动凉山十大人物荣誉（县融媒体中心 / 供）

◆ 2022 年，中国第一届青少年足球联赛四川赛区总决赛中，则约小学取得女子 U11 季军、女子 U9 第五名（县教体科局 / 供）

◆ 喜德县彝族漆器餐具、酒具（王成湖 / 摄）

◆ 喜德县彝族漆器饰品（王成湖 / 摄）

◆ 喜德县小相岭景区——美丽的高山湖泊（县史志编纂中心/供）

◆ 喜德县小相岭景区——神奇的俄尔则俄（范明权/摄）

目　录

特　载

中共喜德县委常委会工作报告……2
喜德县人大常委会工作报告……7
喜德县人民政府工作报告……13
政协喜德县常务委员会工作报告……20

大事记

1 月……27
2 月……27
3 月……28
4 月……29
5 月……30
6 月……30
7 月……31
8 月……32
9 月……33
10 月……33
11 月……34
12 月……34

喜德概况

喜德概况……37
概况……37
社会经济发展……37
巩固脱贫成果与乡村振兴……38
持续保障和改善民生……38
加快基础设施建设……39
守牢健康与安全底线……39
加强政府廉政建设……39

中共喜德县委员会

综　述……41
概况……41
县域经济发展……41
巩固拓展脱贫攻坚成果同乡村振兴有效衔接……41

社会事业 …… 41
深化改革 …… 42
民主法治 …… 42
党的建设 …… 42
县委办公室工作 …… 43
概况 …… 43
文秘工作 …… 43
深化改革工作 …… 43
保密机要工作 …… 44
国家安全工作 …… 44
档案管理工作 …… 44
组织建设 …… 44
概况 …… 44
主要职责 …… 45
党建工作 …… 45
干部工作 …… 45
干部教育工作 …… 45
干部监督 …… 45
人才工作 …… 46
公务员管理 …… 46
帮扶工作 …… 46
老干部和关工委工作 …… 46
宣传工作 …… 46
概况 …… 46
落实党委理论学习中心组工作 …… 47
宣传宣讲及征订工作 …… 47
宣传报道与舆论引导 …… 47
县级融媒体中心平台建设 …… 47
对外宣传 …… 48
新时代文明实践中心试点建设 …… 48
家庭家教家风提升行动 …… 49
移风易俗工作 …… 49
意识形态工作 …… 50
文化旅游工作 …… 50
非物质文化遗产传承、保护与利用 …… 50
文物保护工作 …… 50
文化交流 …… 51
文化产业发展 …… 51
网络安全与信息化工作 …… 51
统战工作 …… 52
概况 …… 52
党外知识分子和新的社会阶层人士统战工作 …… 52
助力抗击疫情 …… 52
基层统战网络建设 …… 52
开展知联会活动 …… 52
建设“侨胞之家” …… 53
做好工商联换届工作 …… 53
民族团结宣传工作 …… 53
宣传信息工作 …… 53
党校教育 …… 53
概况 …… 53
机构及人员 …… 53
基础设施建设提升 …… 53
政策支持力度加大 …… 53
办学质量更加规范 …… 54
加强师资队伍建设 …… 54
提升干部培训质量 …… 54
积极参与宣讲活动 …… 54
调研质数不断提升 …… 54
党建工作持续优化 …… 54
党的建设和自身建设 …… 55
乡村振兴有效衔接 …… 55
档案工作 …… 55
概况 …… 55
爱国主义教育基地建设 …… 56
示范数字档案馆建设 …… 56
制度建设 …… 56
档案文化建设 …… 56
目标绩效管理 …… 56
概况 …… 56
绩效考核 …… 56
目标管理 …… 56
指标分解 …… 57

专项工作督查 …… 57
重点工作督查 …… 57
重点项目督查 …… 57
重要节点督查 …… 57
基层减负工作 …… 57
机构编制 …… 57
概况 …… 57
两项改革“后半篇”文章工作 …… 58
综合行政执法改革 …… 58
行政审批制度改革 …… 58
事业单位改革 …… 58
重点行业领域体制机制改革 …… 58
机构编制资源优化配置情况 …… 58
议事协调机构管理情况 …… 59
机构编制监督检查 …… 59

喜德县人民代表大会

县人大 …… 61
概况 …… 61
内设机构 …… 61
工作监督 …… 61
主动报告维护权威 …… 61
法律监督 …… 61
积极参与立法调研 …… 61
专题调研成效显著 …… 61
预算审查力度加大 …… 62
人事任免 …… 62
人大监督 …… 62
代表工作 …… 62
四大攻坚战 …… 63
自身建设 …… 63
宣传工作 …… 64
规范性文件备案审查 …… 64

喜德县人民政府

县政府综述 …… 66
概况 …… 66
脱贫成果更加巩固 …… 66
乡村振兴加快推进 …… 66
全域结对助力发展 …… 66
综合实力稳中有升 …… 66
经济底盘支撑强劲 …… 67
产业发展迸发活力 …… 67
民生事业稳步推进 …… 67
社会保障不断增强 …… 67
文明创建持续深化 …… 68
城市建设全面加速 …… 68
基础设施有效改善 …… 68
环境治理成效明显 …… 68
全面打赢森林防火攻坚战 …… 68
全面打赢安全生产保卫战 …… 68
政治生态更加清朗 …… 69
行政用权更加规范 …… 69
营商环境更加优化 …… 69
县政府办公室 …… 69
概况 …… 69
办文办会 …… 69
政务督查督办 …… 70
机关事务管理 …… 70
民族宗教 …… 70
概况 …… 70
大力推进民族团结示范创建工作 …… 70
抓好民生工程项目建设 …… 71
抓好项目库建设 …… 71
落实两项资金备案 …… 71
全面推进宗教管理工作 …… 71
人力资源和社会保障 …… 72
概况 …… 72

机构及人员 …… 72
劳务输出 …… 72
人才工作 …… 72
就业增收 …… 72
工资福利 …… 73
劳动仲裁、监察 …… 73
就业工作 …… 73
社保工作 …… 74

民　政 …… 74
概况 …… 74
机构及人员 …… 74
城乡低保工作 …… 74
城乡困难群众临时生活救助工作完成情况 …… 74
孤儿及事实无人抚养儿童生活救助和高龄补贴发放 …… 74
残疾人两项补贴 …… 75
婚姻登记办理 …… 75
民间组织工作 …… 75
行政区划工作 …… 75
社区工作服务站情况 …… 75
民政重点项目建设 …… 76

应急管理 …… 76
概况 …… 76
安全生产组织领导 …… 76
校园安全工作 …… 77
消防安全工作 …… 77
道路交通安全 …… 77
食品药品安全 …… 78
加强安全生产宣传 …… 78
森林草原防灭火 …… 78
加强防汛防地灾 …… 78

党史研究与地方志编纂 …… 79
概况 …… 79
党史研究 …… 79
地方志编纂 …… 79
其他重点工作 …… 80

政务服务 …… 80
概况 …… 80
“放管服”改革 …… 80
“一网通办”全面提升 …… 81
镇村便民服务体系建设 …… 81
公共资源交易服务 …… 81

信访工作 …… 81
概况 …… 81
机构及人员 …… 82
案件办理 …… 82
宣传贯彻落实《信访工作条例》 …… 82
信息报送工作 …… 82
重大节庆信访工作 …… 82
矛盾纠纷排查化解 …… 82
领导包案、接访、下访 …… 82
派驻工作 …… 83
扎实帮扶工作 …… 83

政协喜德县委员会

县政协 …… 85
概况 …… 85
机构及人员 …… 85
政治协商、民主监督、参政议政 …… 85
提案工作 …… 86
文史工作 …… 86

喜德县纪律检查委员会
喜德县监察委员会

纪检监察 …… 88
概况 …… 88

机构及人员 …… 88
党风廉政建设 …… 88
违纪违法案件查处 …… 88
中央八项规定精神贯彻落实 …… 88
扶贫领域专项治理 …… 88
基层“微腐败”整治 …… 88
“四种形态”监督执纪 …… 89
反腐倡廉宣传教育 …… 89
纪检监察信访举报受理 …… 89
队伍建设 …… 89
县委巡察 …… 90
概况 …… 90
主要职责 …… 90
巡察工作 …… 90
上下联动 …… 90
自身建设 …… 91

群众团体

喜德县总工会 …… 93
概况 …… 93
机构及人员 …… 93
工会组织建设 …… 93
劳模工作 …… 93
职工之家、职工书屋建设 …… 93
常态化送温暖 …… 94
职工维权 …… 94
劳动技能竞赛 …… 94
普惠性服务 …… 94
经费审查 …… 94
共青团 …… 95
概况 …… 95
思想政治建设 …… 95
基层团建 …… 95
青年志愿服务 …… 95
青年之家 …… 95
青春助学项目 …… 96
“童伴妈妈”项目 …… 96
“双培工程”项目 …… 96
“西部计划”项目 …… 96
喜德县妇女联合会 …… 96
概况 …… 96
主要职责 …… 97
妇女维权和发展工作 …… 97
妇联组织建设 …… 97
妇女就业创业 …… 97
关爱行动 …… 97
妇女儿童权益保护 …… 98
树新风促振兴 …… 98
喜德县残疾人联合会 …… 98
概况 …… 98
主要职责 …… 99
残联组织建设 …… 99
残疾人康复服务 …… 99
残疾人社会保障 …… 99
残疾人就业扶贫 …… 100
残疾人慰问救助 …… 100
残疾人宣传文化体育 …… 100
喜德县文学艺术界联合会 …… 100
概况 …… 100
文联工作 …… 100
文联调研工作 …… 101
作家协会工作 …… 101
音乐舞蹈协会工作 …… 101
民间文艺家协会工作 …… 102
美术书法家协会工作 …… 102
摄影家协会工作 …… 102
民间手工艺家协会工作 …… 102
工商业联合会 …… 102
概况 …… 102
主要职能职责 …… 103
围绕中心大局服务 …… 103

全面参与疫情防控 ……103
开展教育培训活动 ……103
乡村振兴“万企兴万村” ……104
重要活动 ……104
科学技术协会……104
概况 ……104
全民科学素质行动计划纲要 ……104
科普宣传 ……104
科普培训 ……105
科普基础设施建设 ……105
协（学）会 ……105
“天府科技云服务”工作 ……105
红十字会……106
概况 ……106
机构及人员 ……106
惠民救助 ……106
救护培训 ……106
重要活动 ……106

法 治

政法委及综治……108
概况 ……108
加强政法队伍建设 ……108
提升政治安全 ……108
防范化解重大风险 ……108
常态化扫黑除恶斗争 ……108
夯实基层基础 ……108
公 安……109
概况 ……109
持续严打违法犯罪 ……109
森林草原防灭火攻坚法治震慑有广度 ……109
保驾护航坚定有为社会大局持续平稳 ……109
禁毒攻坚成果巩固有厚度 ……109
安全监管坚守有力 ……110
检 察……110
概况 ……110
机构及人员 ……110
打击违法犯罪 ……110
助推乡村振兴工作 ……110
加强社会治理工作 ……111
守护群众“舌尖安全” ……111
护航未成年人健康成长 ……111
群众信访 ……111
刑事检察 ……111
民事检察 ……112
行政检察 ……112
公益诉讼提质增效 ……112
深化体制改革 ……112
检察队伍建设 ……113
自觉接受监督制约 ……113
法 院……113
概况 ……113
主要职责 ……114
刑事审判 ……114
民事审判 ……114
行政审判 ……115
执行工作 ……115
立案信访 ……115
审判监督 ……116
法警工作 ……116
综合治理 ……116
司法为民 ……117
队伍建设 ……118
司法行政……119
概况 ……119
机构及人员 ……119
主要职责 ……119
依法治县 ……119
社区矫正 ……120

法律援助 ……120
安置帮教 ……120
人民调解 ……120
公证工作 ……121
帮扶工作 ……121

军　事

人民武装……123
概况 ……123
思想政治建设 ……123
军事斗争准备 ……123
安全稳定工作 ……124
参建参治 ……124
后装保障 ……124
消防救援……125
概况 ……125
机构及人员 ……125
消防宣传教育 ……125
消防执法监督 ……125
执勤备战 ……126
退役军人事务……126
概况 ……126
机构及人员 ……126
退役军人思想政治 ……126
培育培训 ……127
管理保障 ……127
安置工作 ……127
伤病残退役军人服务管理和优抚抚恤工作 ……127
社保接续工作 ……127
双拥工作 ……127
光荣牌发放 ……128
纪念走访活动 ……128

农业农村

乡村振兴……130
概况 ……130
主要职责 ……130
返贫动态监测 ……130
解决饮水困难 ……130
易地搬迁后续扶持挂牌督办 ……130
增收“百日行动” ……130
项目建设 ……130
定点观测调研 ……130
完成考核评估 ……130
东西部协作 ……131
社会帮扶 ……131
产业发展 ……131
东西部协作工作……131
概况 ……131
协作资金和项目安排情况 ……131
加强组织领导 ……132
聚力劳务协作 ……132
推进区域协作 ……133
持续深化人才交流 ……133
全力推动社会帮扶 ……133
加大东西部协作宣传报道 ……133
什邡市对口帮扶喜德县工作……133
概况 ……133
专题分析研究帮扶工作情况 ……134
全域结对帮扶工作 ……134
调研督导情况 ……134
帮扶资金使用情况 ……134
开展培训情况 ……134
消费帮扶情况 ……135
广泛发动社会力量 ……135
种植和养殖业……135
概况 ……135

机构及人员 ……135
粮食生产 ……135
多经生产 ……135
烟叶生产 ……135
畜牧生产 ……136
水产养殖 ……136
农机化建设 ……136
农业社会化服务 ……136
农技推广 ……136
农作物病虫害防治 ……136
动物防疫情况 ……136
农村经营管理 ……136
培育新型农民经营主体 ……137
“三资”清理工作 ……137
农业行政执法 ……137
农产品质量安全 ……137
农村能源 ……137
农田基本建设 ……138
“两品一标”建设 ……138
惠农富民补贴 ……138
产业帮扶 ……138
乡村宜居建设 ……138

林业和草原 ……138
概况 ……138
推进森林抚育项目 ……139
推进干旱河谷生态综合治理项目 ……139
抓好国有林森林管护工作 ……139
惠民资金兑现工作 ……139
森林防火 ……139
林草有害生物防控 ……140
林业产业 ……140
科技培训 ……140
林政执法检查 ……140

水 利 ……140
概况 ……140
农村安全饮水工作 ……140
防洪堤防建设 ……140
水保工程与水政水资源工作 ……141
防汛工作 ……141
河长制工作 ……141
小水电安全工作 ……142
重点项目工作 ……142
宣传工作 ……142

气 象 ……142
概况 ……142
气候总体情况 ……142
气候事件 ……142
防灾减灾气象服务 ……143
人工影响天气 ……143
基础设施建设 ……143

工 业

工业集中区管理 ……145
概况 ……145
园区经济发展指标完成情况 ……145
园区招商引资及项目建设情况 ……145
支持服务园区企业 ……145

电力保障 ……146
概况 ……146
机构设置 ……146
安全生产 ……146
森林防火工作 ……147
电网建设 ……147
优质服务 ……147
助力乡村振兴 ……148

文化旅游

文化广播电视和旅游 ……150
概况 ……150

机构及人员 ……………………………………150
加强公共文化服务体系建设 ………………150
加大非物质文化遗产的传承、保护与利用
……………………………………………150
加强全县文物保护工作 ……………………151
旅游工作 ……………………………………151
“户户通”项目建设 ………………………151
“村村响”广播建设 ………………………152
广播电视安全播出 …………………………152
小相岭景区管理……………………………152
概况 …………………………………………152
主要职责 ……………………………………152
景区保护 ……………………………………153
景区宣传 ……………………………………153
景区开发建设 ………………………………153
彝族文化研究学会…………………………153
概况 …………………………………………153
学会工作 ……………………………………153
喜德彝学编写 ………………………………154
研讨座谈 ……………………………………154
文化交流 ……………………………………154
移风易俗 ……………………………………154
社会科学界联合会…………………………155
概况 …………………………………………155
理论宣讲 ……………………………………155
课题研究 ……………………………………155
科普宣传 ……………………………………155
成果评奖 ……………………………………155
阵地建设 ……………………………………155

城建环保

住房和城乡建设……………………………157
概况 …………………………………………157
主要职责 ……………………………………157
建筑业发展 …………………………………157
保障性住房 …………………………………157
房地产发展 …………………………………157
城市基础设施建设 …………………………157
城乡环境综合治理 …………………………158
安全生产 ……………………………………158
城乡垃圾处理 ………………………………158
生态环境保护………………………………158
概况 …………………………………………158
机构及人员 …………………………………159
打好蓝天保卫战 ……………………………159
全力打赢碧水保卫战 ………………………159
持续推进净土保卫战 ………………………159
环保执法监督工作 …………………………159
持续深化“放管服”改革 …………………160
环保项目推进情况 …………………………160
全面筑牢生态防线 …………………………160
开展环境宣传教育 …………………………160
城市供排水…………………………………160
概况 …………………………………………160
供水设施建设 ………………………………161
生产经营 ……………………………………161
智能水表 ……………………………………161
城市生活污水处理厂建设情况 ……………161
住房公积金管理……………………………161
概况 …………………………………………161
机构及人员 …………………………………162
主要业务 ……………………………………162
“互联网＋政务服务” ……………………162
巩固脱贫成果 ………………………………163

综合经济管理

发展改革和经济信息化……………………165
概况 …………………………………………165

机构及人员 ……165
计划执行情况 ……165
重大项目建设 ……165
工业经济转型发展 ……166
粮食安全工作 ……166
医疗防护物资保障工作 ……166
商务经济合作和外事……166
概况 ……166
主要职责 ……166
商务工作 ……166
招商引资 ……166
供销社工作 ……167
物流工作 ……167
财　政……168
概况 ……168
财政收入 ……168
财政支出 ……168
加强预算管理 ……168
财政改革 ……169
加强政府采购 ……169
规范投资评审 ……169
财政存量资金管理 ……169
债券、债务管理 ……169
助力乡村振兴 ……169
预算绩效管理 ……170
国资国企管理 ……170
金融管理 ……170
惠民惠农补贴资金管理 ……170
财政监督 ……171
税　务……171
概况 ……171
机构及人员 ……171
税收收入 ……171
优化营商环境 ……171
税收征管 ……172
税收服务 ……172
审　计……172
概况 ……172
主要职责 ……172
财政审计 ……173
重大政策审计 ……173
基建外资企业投资审计 ……173
经济责任审计 ……173
内部审计 ……173
其他全覆盖审计 ……173
狠抓审计整改落实 ……174
统　计……174
概况 ……174
统计服务 ……174
统计调查 ……174
全国人口变动抽样调查 ……174
统计管理 ……174
依法统计 ……175
乡村振兴战略统计监测 ……175
自然资源管理……175
概况 ……175
主要职责 ……175
国土空间规划编制 ……175
耕地保护 ……175
城乡建设用地增减挂钩 ……176
土地、矿产执法监察 ……176
矿产资源勘探 ……176
矿产资源管理 ……176
地质灾害防治 ……176
土地市场管理 ……177
土地综合整治 ……177
建设用地报征 ……177
不动产登记管理和调查确权 ……177
生态保护修复 ……178
机构改革 ……178
强化作风建设和干部人才保障 ……178
市场监督管理……179
概况 ……179

机构及人员 ……………………………179
主要职责 ………………………………179
食品安全监管 …………………………179
非洲猪瘟疫情防范 ……………………179
食品安全防范体系建设 ………………180
食品监督管理 …………………………180
餐饮安全监管 …………………………180
食品安全隐患整治 ……………………180
有机产品认证示范 ……………………180
地理标志证明商标 ……………………181
药械监督管理 …………………………181
质量安全监管 …………………………181
注册登记监管 …………………………181
民营经济发展 …………………………181
国有投资……………………………………181
概况 ……………………………………181
机构及人员 ……………………………181
主要职责 ………………………………181
巩固脱贫攻坚成果与乡村振兴衔接工作 …182
土地增减挂钩项目 ……………………182
喜德县政务服务中心项目建设情况 ……182
京泰温泉佳缘小区建设项目 …………182
安宁河现代农业硅谷建设项目 ………182
新诚建材公司 …………………………182
城市公交公司 …………………………182
汽车运输公司 …………………………183
人力资源公司 …………………………183
组建农业公司和建筑公司 ……………183
资产管理工作 …………………………183
农旅投………………………………………183
概况 ……………………………………183
机构及人员 ……………………………183
喜德县"彝人老家"旅游扶贫小镇建设项目 ……………………………………184
喜德县山水林田湖项目雨污分流二期工程 ……………………………………184
喜德县乡村振兴人才技能实训基地项目 …184
喜德县成昆复线喜德西站站前广场及配套基础设施项目 ………………………184
喜德县殡仪馆二期建设项目 …………184
喜德县冕山镇雨污分流二、三级管网建设项目 ………………………………184
冕山镇新桥村产业路改建项目 ………184
喜德县贺波洛乡跃进村产业路边坡治理项目 ……………………………………184
喜德县且拖乡村振兴产业园建设项目 …185
喜德县光明镇吴哈村土地整理暨垦造水田项目 ……………………………………185
喜德县城镇老旧小区改造建设项目 ……185
喜德县文体中心建设项目 ……………185
国有资产管理情况 ……………………185
烟草专卖……………………………………185
概况 ……………………………………185
机构及人员 ……………………………185
烟叶生产 ………………………………186
卷烟营销 ………………………………186
专卖管理 ………………………………186

金　融

农业银行……………………………………188
概况 ……………………………………188
机构及人员 ……………………………188
主要业务指标 …………………………188
乡村振兴服务 …………………………188
帮扶工作 ………………………………188
普惠金融 ………………………………188
农村商业银行………………………………188
概况 ……………………………………188
机构及人员 ……………………………189
地方财税贡献 …………………………189
机构网点遍布城乡 ……………………189

助推帮扶村增收致富 ……189
助力乡村振兴 ……189
助力实体经济高质量发展 ……190
守住防止返贫底线 ……190
支持大型项目建设贷款 ……190
勇担绿色发展责任 ……190
人民财产保险公司……190
概况 ……190
机动车辆保险 ……191
校方责任险及学生保险 ……191
政策性农业保险 ……191
经营管理 ……191
邮储银行……191
概况 ……191
机构设置 ……191
主营业务情况 ……191
综合管理 ……191
助力乡村振兴 ……192
安全保卫 ……192

交通通信

交通运输……194
概况 ……194
交通基础设施建设 ……194
运输管理 ……194
路政执法 ……194
农村公路养护 ……194
公路养护……195
概况 ……195
机构及人员 ……195
公路养护 ……195
安全生产 ……196
邮　政……196
概况 ……196
机构及人员 ……196
经济规模 ……197
代理金融业务提质增效 ……197
寄递业务平稳发展 ……197
邮政分销业务助推乡村振兴 ……197
电　信……197
概况 ……197
网络保障 ……197
业务服务 ……197
经营管理 ……197
服务乡村振兴 ……198
移　动……198
概况 ……198
网络建设 ……198
市场营销 ……198
5G 网络建设 ……198
履行社会责任 ……198
通信应急保障能力 ……199

社会事业

教育　体育　科技……201
概况 ……201
机构及人员 ……201
教材发行 ……201
学前学普 ……201
控辍保学 ……201
国家考试 ……201
艺体教育 ……202
学生资助 ……202
东西部协作 ……202
校园安全 ……202
科技工作 ……203
体育工作 ……203
喜德县中学……204
概况 ……204

高中考成绩 ……204
校园安全 ……204
总务工作 ……204
体卫艺工作 ……205
资助工作 ……205
招生工作 ……205
喜德县民族中学……205
概况 ……205
教育教学 ……205
教学成果 ……205
教育科研 ……206
政教工作 ……206
寄宿制管理 ……206
共青团工作 ……206
喜德县向荣中学……207
概况 ……207
学校管理 ……207
教育教学 ……207
对口帮扶 ……207
德育工作 ……208
法制教育 ……208
安全教育 ……208
寄宿制管理 ……208
禁毒防艾 ……208
团委工作 ……208
喜德县瓦尔学校……209
概况 ……209
校园安全 ……209
资助工作 ……209
教务工作 ……210
教育科研 ……210
校际合作 ……211
师资建设 ……211
后勤工作 ……211
喜德县城关小学……212
概况 ……212
德育工作 ……212
常规管理 ……212
教学质量 ……213
安全工作 ……213
艺体工作 ……213
卫生防疫 ……213
教育科研 ……213
喜德县民族小学……214
概况 ……214
德育工作 ……214
教育教学质量 ……214
教学科研 ……214
安全工作 ……214
双语教学 ……215
校园卫生 ……215
喜德县思源实验学校……215
概况 ……215
办学目标 ……215
教育教学 ……215
教育科研 ……216
德育工作 ……216
寄宿制管理 ……217
体育工作 ……217
艺术教育 ……217
卫生工作 ……217
安全工作 ……217
喜德县欣欣小学……217
概况 ……217
师德师风 ……218
德育工作 ……218
安全工作 ……218
教育教学 ……218
课题研究 ……219
宣传平台 ……219
全员阅读 ……219
亮点工作 ……219
支教帮扶工作 ……219

喜德县机关幼儿园……219
概况……219
主要工作……220
教学环境……220
立德树人……220
教育教学……220
安全工作……220
卫生保健……221
依法治园，制度管理……221
师德强园，特色育人……221
家长工作……221
卫生健康……221
概况……221
机构及人员……221
主要职责……222
医药卫生体制改革……222
卫生健康乡村振兴……222
基本公共卫生服务……222
计划免疫……222
重点疾病……223
职业病防治……223
医政管理……223
卫生执法……224
妇幼保健……224
项目建设……224
爱国卫生……224
卫生健康惠民政策实施……225
喜德县人民医院……225
概况……225
机构及人员……225
医疗设备设施……225
医疗帮扶……225
喜德县妇幼保健计划生育服务中心……226
概况……226
主要职责……226
主要医疗设备……226
计划生育……226
喜德县疾病预防控制中心……226
概况……226
主要职责……226
加强免疫规划……226
地方病防治……226
加强慢性非传染性疾病管理……227
加强卫生及职业病监督监测……227
实验室工作……227
重点疾病综合防治……227
医疗保障……227
概况……227
参保情况……228
医保基金支付情况……228
医疗保障基金监管……228
推进药品集中采购情况……228
巩固医保脱贫攻坚成效……228
防震减灾……228
概况……228
地震监测台站总体情况……228
完善编制地震应急响应方案……228
地震科普宣传活动……229
地震应急演练……229
地震监测预报……229
防震减灾业务培训……230
抗震设防工作……230

乡镇概况

光明镇……232
概况……232
乡村振兴……232
产业项目……232
社会保障……232
公共服务设施……233
精神文明建设……233

森林草原防灭火 …………233
防汛救灾 …………234
行政执法 …………234
冕山镇…………234
概况 …………234
产业发展 …………234
社会民生事业保障 …………234
防汛防地灾 …………235
森林草原防灭火 …………235
重点项目 …………235
安全生产 …………235
两河口镇…………236
概况 …………236
巩固拓展脱贫攻坚成果 …………236
产业发展 …………236
教育工作 …………236
持续抓好森林草原防灭火 …………237
筑牢防汛防地灾堡垒 …………237
且拖乡…………237
概况 …………237
基础设施 …………238
经济发展 …………238
全力抓好森林草原防灭火 …………238
脱贫攻坚与乡村振兴有效衔接 …………238
社会事业 …………239
防汛减灾 …………239
文化体育 …………239
劳务输出 …………239
贺波洛乡…………239
概况 …………239
机构及人员 …………239
乡村振兴成效 …………240
基础设施 …………240
农业经济发展 …………240
林木产业规模雏形 …………240
畜牧产业高速发展 …………240
发展试点烟草业 …………240
控辍保学 …………240
禁毒防艾 …………240
民生保障 …………240
米市镇…………241
概况 …………241
机构及人员 …………241
经济发展 …………241
社会事业 …………241
防返贫监测 …………241
护林防火 …………241
红莫镇…………242
概况 …………242
机构及人员 …………242
乡村振兴 …………242
森林草原防灭火 …………242
安全生产 …………243
基础设施 …………243
民生事业 …………243
两项改革 …………243
城乡环境治理 …………243
产业发展 …………243
鲁基乡…………244
概况 …………244
乡村振兴有效衔接 …………244
护林防火稳中向好 …………244
移风易俗初见成效 …………245
安全生产纵深推进 …………245
解决群众“急难愁盼” …………245
李子乡…………246
概况 …………246
加快经济社会事业发展 …………246
基础设施建设 …………246
接续推进乡村振兴 …………247
森林草原防灭火 …………247
扫黑除恶 …………247
社会民生保障 …………247
推进社会事业发展 …………247

安全生产与信访工作 ……248
北山乡……248
概况 ……248
机构及人员 ……248
产业发展 ……248
经济发展 ……248
巩固脱贫攻坚成果与乡村振兴有效衔接 …248
社会事业 ……249
森林草原防灭火 ……249
移风易俗 ……249
洛哈镇……249
概况 ……249
机构设置及人员 ……250
乡村振兴 ……250
经济发展 ……250
基础设施 ……250
防火建设 ……250
禁毒防艾 ……251
卫健民生 ……251
尼波镇……251
概况 ……251
持续开展巩固拓展脱贫攻坚成果 ……251
持续保障和改善民生 ……252
沙马拉达乡……252
概况 ……252
机构及人员 ……252
乡域经济发展 ……252
巩固脱贫攻坚与乡村振兴有效衔接 ……252
艾滋病防治 ……253
农业农村工作 ……253
护林防火工作 ……253

附　录

2022 年喜德县县级领导干部表 ……255
2022 年喜德县县级部门领导表 ……256
2022 年喜德县乡镇党委书记、乡镇长表 ……258
2022 年中共喜德县委部分文件表……259
2022 年中共喜德县委办公室部分文件表 ……259
2022 年喜德县人民政府部分文件表 ……261
2022 年喜德县人民政府办公室部分文件表 …261
喜德县 2022 年国民经济和社会发展统计公报 ……263

索　引

A~Z ……271

特　载

中共喜德县委常委会工作报告

在2023年1月12日县委十三届三次全会第一次全体会议上

县委书记　巫照华

受县委常委会委托，现在我向全会作工作报告。

县委十三届二次全会以来，面对发展任务繁重、经济承压巨大、疫情形势复杂等严峻挑战，县委常委会坚定以习近平新时代中国特色社会主义思想为指导，深入学习宣传贯彻党的二十大和习近平总书记来川视察重要指示精神，全面落实党中央和省州委决策部署，团结带领全县各族干部群众攻坚克难、勇毅前行，推动全县各项事业取得新突破、迈上新台阶。重点抓了以下四件大事。

第一，提高站位、凝聚共识，认真学习宣传贯彻党的二十大精神。我们坚定自觉把学习宣传贯彻党的二十大精神作为首要政治任务，与习近平总书记来川视察重要指示精神和省州党代会及其全会精神深度结合起来，以最坚决的态度、最务实的举措，迅速掀起学习宣传贯彻热潮。组织全县各基层党组织近6000名党员干部收看收听党的二十大盛况。第一时间组织召开县委常委会（扩大）会议和县委理论学习中心组专题学习会深入研讨学习，及时制定大会精神宣讲方案，由县级领导干部带头宣讲，广泛开展形式多样、群众喜闻乐见的宣传教育活动，扎实推动党的二十大精神进机关、进企业、进乡村、进社区、进学校、进寺庙、进网络，激励引导全县广大党员干部深刻领悟“两个确立”的决定性意义，切实增强“四个意识”、坚定“四个自信”、做到“两个维护”，高度自觉地把思想和行动统一到党的二十大精神上来，把智慧和力量凝聚到党的二十大确定的各项目标任务上来。

第二，持续发力、不懈奋斗，全力巩固拓展脱贫攻坚成果、加快推进乡村振兴。我们深刻认识到巩固拓展脱贫攻坚成果是一场输不起的硬仗和一切工作的底线，继续发扬伟大脱贫攻坚精神，严格落实“四个不摘”要求，坚决守住不发生规模性返贫底线。坚持“三级书记”抓巩固，统筹最精干的力量，建立最高规格的县、乡、村三级指挥体系，对全县18074户脱贫户和监测户实行“红黄绿”分类结对帮扶，开展脱贫人口增收“百日行动”，2022年脱贫户人均收入11578元、增速14.8%。深入实施巩固补短行动，拆除3527户应拆未拆不安全住房，解决700户农村C级、D级危房，巩固提升1080户安全饮水。深入开展农村人居环境整治“百日攻坚”，农村“脏乱差”问题得到有效改善。扎实推进美丽乡村建设行动，且拖村乡村振兴示范点建设等项目初显成效。

第三，顺应大势、抢抓机遇，积极融入安宁河流域高质量发展和同城化发展战略。我们深刻认识到安宁河流域高质量发展和同城化发展是喜德快速发展、赶超跨越的重要机遇，在大势中抓机遇、在融入中塑格局，主动思考、深入研究，制定出台了融入同城化发展的实施意见，明确了“安宁河流域水土涵养区、彝族文化展示区和西昌生态功能区、产业转移区、旅游目的地”五大功能定位，为喜德快速深度融入同城化发展指明了方向、明确了思路。我们坚持“资源共享、优势互补、错位发展、协同融合”的原则，加强与省州和其他县市对接协调，谋划推动19个同城化项目。

第四，保持定力、攻坚克难，全力以赴拼经

济搞建设促发展。面对错综复杂的外部环境和疫情形势下的经济下行压力，我们坚持稳中求进工作总基调，千方百计克服困难，扎实做好“六稳”工作、全面落实“六保”任务，全力确保经济平稳运行。积极承接国家、省州稳经济政策，研究出台支持房地产、农业产业、服务业、创新创业、建筑业、工业企业发展等系列措施办法，出台的数量历史最多、支持的力度历史最大。研究制定县域经济工作要点“三张清单”，全面推行“指挥部＋清单制”，落实重点项目建设领导包保制，全力以赴大抓项目、抓大项目，全年开工建设重点项目51个，喜德西站等重点项目建成投用，房地产实现“零”的突破，干部群众翘首期盼的米市水库历史性开工建设，小相岭景区开发、红莫河谷综合开发、老旧城区改造、金西高速喜德段等一批事关大局、社会关注的项目有序推进。前三季度实现地区生产总值29.43亿元、增长3.7%。1—11月，固定资产投资同比增长85.3%，增速持续排名全州第1位，高于全州74个百分点，一般公共预算收入1.26亿元，同比增长24.4%。

一年来，县委常委会坚决扛起“促一方发展、惠一方民生、保一方平安”的重大责任，始终遵循“疫情要防住、经济要稳住、发展要安全”的总要求和“讲政治、抓发展、惠民生、保安全”的工作总思路，统筹发展和安全，不折不扣推动中央和省州委各项决策部署落地落实。

我们聚焦重点关键，促改革、破瓶颈，县域发展注入新活力。坚持把发展作为第一要务，全面贯彻新发展理念，聚焦重点领域改革，积极破解发展瓶颈，县域经济发展迎来新机遇、注入新动力。

一是统筹推进区域联动发展。主动融入安宁河流域高质量发展和同城化发展，立足区位和资源优势，深入实施“一核一带一片”发展战略，区域联动的县域发展格局初步形成。随着县城新区的加快推进，城市的路网更加完善、布局更加优化、管理更加规范、文化内涵更加丰富，打造农文旅融合核心区的基础更加夯实。米市水库的开工建设和孙水河两岸生态、农业、观光等产业的快速发展，为发展孙水河流域产业经济带提供了重要支撑。红莫河谷开发和李子、鲁基工业园区等项目有力推进，建设环西昌综合开发片区的区位优势更加凸显。

二是加快构建现代产业体系。按照农业提质增效、工业转型发展、文旅加速突破的思路，加快构建现代化产业体系。抢抓建设“中国凉山·安宁河现代农业硅谷”的重大机遇，坚持以园区建设为引领，加快推进5大省级标准示范园区建设，累计建成24个州级和县级现代农业产业园、453个农业专业合作社、700余个家庭农场，全年完成2.6万亩高标准农田建设任务，粮食播种面积达30.89万亩，生猪、牛羊出栏超额完成任务。北山、玛果梁子风电项目和铁骑力士30万吨生物饲料加工厂项目有序推进，完成4家企业技改。小相岭景区开发、温泉酒店提档升级等文旅项目加快推进，彝族语言文字展览馆和彝族漆器展览馆即将建成投用，全年预计旅游综合收入达5亿元，第三产业预计实现增加值21.78亿元，占地区生产总值一半以上。

三是持续深化改革扩大开放。坚持把改革作为推动发展的内生动力，扩大对外开放开发，激发县域发展活力。深化巩固两项改革“后半篇”文章，全面完成4家县属国企改革，稳步推进“放管服”改革，严格执行凉山彝族自治州优化营商环境二十条规定，大力推行清单化、标准化、规范化“三服务”，“最多跑一次”事项达90%以上，“全程网办”事项达95%以上，新增市场主体224户。最大限度地激发企业活力和市场吸引力，新签约招商引资项目7个，总投资14.8亿元，努力将喜德打造成一片投资兴业热土。

我们关注群众期盼，增福祉、强保障，民生事业取得新成效。坚持全心全意为人民服务的根本宗旨，紧紧聚焦发展不平衡不充分问题和人民群众“急难愁盼”问题，采取更多惠民生、暖民心举措，实施好每一项民生工程，持续提高人民群众生活品质。

一是教育事业加快发展。牢固树立“砸锅卖铁也要办好教育”的理念，集中力量办好人民满意的教育。全年在教育领域投入4.86亿元，占财政支出19.35%。全面加快教育基础设施建设，补齐教育资源短板，教育基础条件极大改善，城乡办学条件差距进一步缩小，学前教育快速发展、义务教育全面普及、普高教育稳中有升，在校学生达51374人，占全县常住人口的1/3以上。认真落实控辍保学“六长”责任制，实现适龄儿童少年入学“一个都不少”。召开全县教育发展大会，进一步坚定全县上下办好教育的信心和决心。

二是医疗水平持续提高。始终把医疗作为最基本的民生保障，尽最大努力保障人民群众生命健康安全。不断完善“1+M+N”艾防体系建设，认真执行“四免一关怀”等优惠政策，稳步推进我县艾滋病防治工作，全县艾滋病治疗覆盖率达97.57%、治疗有效率达99.16%，超额完成州下达的目标任务。强化县、乡、村三级医疗服务体系建设，深入推进医疗“组团式帮扶”，全面提升医疗救治能力。进一步夯实家庭医生签约团队，公共卫生服务能力得到大大提升。县重大疾病指挥中心、巴久方舱隔离点、13个乡镇卫生院中医馆、冕山镇AAAAA级预防接种门诊等一批项目建成投用。

三是社会保障有效改善。紧紧聚焦弱势群体、重点人群、千家万户的所急所需所盼，提升社会服务保障水平，织密织牢民生保障网。加快民生基础设施建设，殡仪馆、农村敬老院、儿童福利院等一批群众期盼已久的民生项目建成投用。医疗、养老参保实现“应保尽保”，特困人员、孤儿、低保对象、重度残疾人等重点人群参保率达100%，全年城乡居民基本医疗保险参保任务超额完成，养老保险参保103748人、待遇支出2183万元。引导135名大学生、退役军人、返乡农民工等重点群体创业就业。

四是幸福指数不断攀升。始终把事关群众切身利益的“小事”当作时刻放在心里的大事，下定决心办好了许多人民群众满意的实事，创造了更多看得见、摸得着的“微幸福”。持续整治城市环境卫生、点亮喜德历史首盏“红绿灯”、建成贯通县城新区的大道、实施县城“亮化工程”，等等，喜德的城市味和烟火气越来越浓，得到广大干部群众的点赞，有效提升了社会满意度和幸福感。事实证明，只要我们用心、用情，就一定能办好更多人民群众满意的事，通过无数的“小实事”构筑喜德的“大民生”。

我们坚持安全第一，防风险、守底线，安全发展开创新局面。牢固树立安全发展理念，不断增强忧患意识，提高防范化解重大风险和防灾减灾救灾能力，坚持一手抓发展、一手抓安全，牢牢守住安全发展底线。

一是千方百计抓好森林草原防灭火。以最大的决心、最实的举措开展森林草原防灭火工作。实行史上最严防火令，领导干部带头下穿三层、靠前指挥，形成高位推动、群防群治、终端见效的防火格局。持续巩固基础设施，累计建成防火通道1924千米、蓄水设施2995个，重点林区山山相连、路路相通。组建专业、半专业扑火队伍14支515人，常态化开展以水灭火实战演练，不断提升扑火救火能力，连续两年未发生一起森林草原火灾，守住了“两个底线”。

二是慎终如始抓好疫情防控。始终把人民群众生命安全和身体健康放在第一位，严格“外防输入、内防反弹”，压实“四方责任”，尽全力做到了“晚发生、小传播、少感染”。根据疫情防控政策调整不断优化防控措施，工作重心从“防感染”转向“保健康、防重症”，特别突出“一老一小”防控，以不放弃任何一个人的决心态度做好防治工作，保障新冠病毒感染乙类乙管平稳实施。

三是全力以赴抓好防汛防地灾。充分发挥防汛防地灾联合指挥部作用，落实县、乡、村24小时和“三长两员”值班值守制度，每日会商研判并发布气象预警。压紧压实属地、部门、人员各方责任，严格落实“三避让”和“三个紧急撤离”要求，对174个隐患点实行24小时监测巡查。修订完善应急抢险预案，切实抓好事前预防、事发应对、事中处置、事后处理各个环节，成功防范5起灾害。

四是持之以恒抓好生态保护。坚持“生态优先、绿色发展”，打好蓝天、碧水、净土三大保卫战。深入实施长江十年禁渔计划，增殖放流鱼苗8万余尾，查获非法捕捞违法案件11起。强力推进各级各类环保督察反馈问题整改，94条问题全部整改完成。严格生态环境执法监管，全年开展专项执法100余次，查处违法案件2起。扎实推进米市水库上游植被恢复、水土流失治理等生态项目工程，筑牢安宁河流域生态屏障。

我们围绕稳定和谐，守公正、保平安，民主法治推向新高度。坚定以习近平法治思想指导法治建设，纵深推进严格执法、公正司法、全面普法、全民守法，全县各项事业稳步进入法治轨道，民主法治、和谐稳定的社会大局更加巩固。

一是社会治理成效显著。自觉担起“守一方净土，保一方平安”的政治责任，深入开展夏季治安整治“百日行动”，查处交通违法行为17382起。常态化推进扫黑除恶专项斗争，严厉打击各类违法犯罪，逮捕18人、起诉37人。扎实做好党的二十大和建州70周年庆祝活动等期间的信访工作，为凉山大局稳定作出喜德贡献，人民群众安全感持续提升。

二是民主监督扎实有力。坚持党的领导和人民主体地位，积极发展全过程人民民主。定期听取县人大常委会、政府、政协、法院、检察院党组工作汇报，支持人民武装工作。加强对县人大工作的领导，支持人大常委会依法行使职权。强化对政府依法行政工作的领导，法治政府建设持续深化。坚持和完善政治协商制度，支持政协履行职能。认真贯彻统一战线工作条例，加强同各民主党派和无党派人士的合作共事。严格落实党的宗教工作方针，稳步推进民族团结进步示范创建工作。支持县总工会、共青团、妇联、残联、文联等群团组织在巩固脱贫成果、改革发展、社会治理、服务群众等工作中发挥积极作用。

三是普法守法更加深入。坚持以“法律七进”为抓手，全面开展“八五”普法。深入推进司法体制改革，全面推进司法公开。坚持会前学法普法，依托国家工作人员学法考试系统平台深化领导干部和公职人员带头学法普法，举办各类领导干部法治培训3次，参训干部2000余人次，领导干部依法办事、依法用权意识明显增强。扎实开展普法“三下乡”等宣传活动，受教育群众5万余人次，全社会法治意识不断增强。

我们突出党建引领，讲政治、勇担当，政治生态呈现新气象。坚持党的全面领导，坚定不移贯彻党要管党、全面从严治党，把党对一切工作的领导贯穿全过程和各方面，党的凝聚力、战斗力不断增强，为全县经济社会稳定发展提供了坚强保障。

一是纵深推进思想政治建设。始终把思想政治建设摆在首位，制定落实《深入学习贯彻习近平总书记来川视察重要指示讲话精神责任分工方案》，以党建月会、主题党日等为依托，全覆盖开展党的二十大精神和省州党代会及其全会精神宣讲420余场，县级领导、县委宣讲团带头开展“万场微党课进支部”活动119场，全县各级干部“政治三力”整体提升。严格执行党内政治生活的若干准则，深入开展陈文等系列严重违纪违法案以案“三促”专项工作，查处违反政治纪律和政治规矩6人。

二是纵深推进党的组织建设。突出选人用人导向，重点从乡村振兴、疫情防控等“重大一线”推荐表现突出干部1人、提拔使用44人、晋升123人。聚焦喜德事业发展需要，调整县直部门“一把手”33人，推动“人岗相适”、促进“精准用人”。实施新一轮干部学习培训赋能和“一把手”能力提升计划，举办新时代主题培训班35期、领导干部重大决策部署研讨班2期、村（社区）党组织书记进修班2期。实施农村党员发展违规违纪整治行动和党组织清理行动，处理“四类问题”党员73人。

三是纵深推进党风廉政建设。全面贯彻落实党风廉政建设主体责任，持续深化不敢腐、不能腐、不想腐一体推进，持之以恒加固中央八项规定堤坝，坚决纠治“四风”顽疾，整治群众身边腐败和不正之风，查处违反中央八项规定精神问题8件8人。始终保持反腐高压态势，全年共处置问题线索169件200人，立案133件135人，移送司法4人。分层分类开展警示教育105场，全县政治生态风清气正。

一年来，县委常委会高度重视自身建设，坚持锤炼、忠诚、干净、担当的政治品格，充分发挥把方向、谋大局、定政策、促改革作用，带头树牢“四个意识”、坚定“四个自信”、做到“两个维护”，坚定用习近平新时代中国特色社会主义思想指导全县工作，深入贯彻落实习近平总书记到四川视察系列重要指示讲话精神，始终在思想上拥护核心、政治上维护核心、行动上紧跟核心。全年召开11次县委理论学习中心组会议学习重要精神，召开32次县委常委会会议研究部署全县重点工作，认真贯彻县委常委会议事决策规则。带头践行党的初心和使命，全力推动巩固脱贫成果、疫情防控、森林草原防灭火、经济社会发展、党的建设等各项工作取得显著成效。带头守底线，认真履行全面从严治党主体责任，严格遵守廉洁从政各项规定，以身作则带动全县政治生态持续巩固向好。

回顾过去一年，奋斗凝聚艰辛，成绩来之不易。这些都是以习近平同志为核心的党中央坚强领导的结果，是习近平新时代中国特色社会主义思想科学指引的结果，是省州委坚强领导的结果，是中央定点帮扶、东西部协作、省内对口帮扶、省直机关帮扶、州内帮扶等各级各方倾情帮扶的结果，是全县各族干部群众团结奋斗的结果。各位委员、候补委员在各自的工作岗位上履职尽责、担当作为，对县委常委会的工作给予了大力支持。在此，我代表县委常委会，向所有关心、支持、参与喜德发展的同志们表示衷心的感谢！

在总结肯定成绩的同时，县委常委会也分析了存在的问题和不足。主要是，发展不平衡不充分的问题仍然突出，一、二、三产业结构不优、整体偏弱；脱贫基础弱、底子薄，巩固拓展脱贫攻坚成果压力较大；意识形态领域斗争依然突出，防范化解各类风险能力还存在差距；移风易俗、人居环境、基层治理等工作还需下大力气；统筹发展和安全面临许多新挑战，防灾减灾救灾基础薄弱、综合保障能力不足；党的建设还有薄弱环节，一些党员领导干部的素质能力和作风与现代化建设要求还有不少差距，基层微腐败现象仍然存在，等等。对这些问题和不足，县委常委会将坚持问题导向、目标导向、结果导向，采取更加有效的办法举措加以解决。

喜德县人大常委会工作报告

在2023年2月1日喜德县第十五届人民代表大会第二次会议上

喜德县人大常委会主任　苏正忠

各位代表：

我受喜德县人大常委会的委托，向大会报告工作，请予审议。

过去一年的主要工作

2022年是党的二十大胜利召开之年，也是喜德县第十五届人大常委会履职的第一年。县人大常委会在上级人大及其常委会的精心指导和中共喜德县委的坚强领导下，坚持以习近平新时代中国特色社会主义思想为指导，全面贯彻落实党的十九大、十九届历次全会和党的二十大精神，深入贯彻落实中央及省委、州委人大工作会议要求，坚持党的领导、人民当家作主、依法治国有机统一，认真践行全过程人民民主，紧紧围绕全县工作大局，强化监督、依法履职，全面履行宪法和法律赋予的职权，为促进全县经济社会发展作出了积极贡献。

一年来，共召开人大常委会会议7次，党组会议9次、主任会议21次，听取和审议“一府一委两院”专项工作报告26项，开展县级执法检查7次，配合州上开展执法检查5次，形成审议意见35条，依法作出财政预决算、预算调整等重大事项决议决定6项，圆满完成了十五届人大一次会议确定的目标任务。

一、党的领导不断加强

常委会深刻认识和把握坚持党的领导这一最高政治原则，深刻领悟“两个确立”的决定性意义，增强“四个意识”、坚定“四个自信”、做到“两个维护”，在思想上、政治上、行动上同党中央保持了高度一致。

加强学习武装头脑。通过“三会一课”、党建月会、职工大会、领导干部下基层讲党课等形式，组织干部职工深入学习习近平总书记关于坚持和完善人民代表大会制度的重要思想，学习习近平总书记来川到凉讲话指示，学习党的二十大精神，中央、省委、州委人大工作会议精神，系统学习党中央、省委、州委、县委的各项方针政策，让全体干部职工牢牢把握住了正确的政治方向。

执行决策坚定不移。坚持围绕县委中心工作，开展监督，县委工作重心在哪里，人大工作就跟进到哪里，力量就汇集到哪里，监督就跟到哪里，确保了同心、同向、同力。坚持党管干部与人大依法任免相统一，全年任免国家机关工作人员34名，确保了组织人事意图得以实现。

主动报告维护权威。严格执行向县委请示报告制度，定期向县委报告人大工作，及时请示人大工作中的机构设置规范、工作开展情况、人员调整、党的建设等重大问题、重要事项、重点工作，确保人大工作始终在党的领导下开展。

从严治党毫不松懈。人大常委会党组持续加强政治、思想、组织、作风、纪律和党风廉政建设，不断锤炼党组凝聚力、战斗力、创造力。坚持增强意识形态领域风险的政治自觉，全力争做新时代社会主义意识形态安全的坚定捍卫者。修改完善了《人大常委会党组议事规则》，做到了有章可循、有法可依，党组议事程序更加规范、更加民主。

党的活动丰富多彩。组织全体党员围绕县委中心工作，在森林草原防灭火、疫情防控、防汛防地灾、农村人居环境整治、移风易俗、重走红军路等方面，开展了丰富多彩的主题党日活动，重温入党誓词、传承红色血脉、牢记初心使命，全体党员党性更强、作风更优、先锋模范作用充分展现。

二、依法履职尽心尽力

常委会充分履行好宪法和法律赋予人大的监督权，坚持实施正确监督、有效监督、依法监督，有力地促进了“一府一委两院”依法行政、公正司法，确保权力依法规范运行。

围绕中心审议报告。先后听取和审议了森林草原防灭火、耕地保护、乡村两级机构改革后国有资产管理、教育卫生、现代农业示范建设、优化营商环境、档案、旅游、残疾人保障、重点项目推进等专项工作报告，分别提出相应审议意见交由县政府等相关部门依法办理。首次听取和审议了县监委关于开展脱贫攻坚检查监督工作情况的报告，肯定了成绩，提出了相应建议意见。围绕公正司法，听取和审议了法院立案和检察院行政检查专项工作报告，促进了相关工作。

执法检查有力推进。组织开展了《中华人民共和国民法典》《凉山彝族自治州民族团结进步条例》《凉山彝族自治州禁毒条例》《凉山彝族自治州艾滋病防治条例》《四川省乡村振兴促进条例》《中华人民共和国献血法》《四川省公民献血条例》的执法检查。完成州人大委托开展的《中华人民共和国安全生产法》《四川省安全生产条例》《凉山彝族自治州移风易俗条例》的执法检查工作，维护了法律的权威。

立法调研参与积极。配合完成了省人大民族宗教委员会到我县调研民族宗教工作，组织各级代表和相关人士参与了《凉山彝族自治州施行〈中华人民共和国民法典〉婚姻家庭编的变通规定》《安宁河谷耕地保护条例》《凉山彝族自治州自治条例》的修订工作等法律法规的立法调研工作，提出了好的建议意见。

专题调研成效显著。按照县委要求，组织州、县、乡三级代表对产业发展、重点项目推进、“一村一辅警”及反纵火专项行动、旅游工作、母婴保健工作、“义教均衡”巩固情况等工作进行专题调研，通过调研提出了好的建议意见，部分调研报告得到县委的充分肯定。

预算审查力度加大。依法审查批准县级决算和预算调整方案，听取财政资金审计整改情况报告，对县人民政府涉农资金整合使用情况进行了监督，并适时做出了相应的决定。开展了“穿透式”预算审查监督新模式，率先在县人社局、县民宗局试点，为全县今年开展“穿透式”预算审查监督探索了经验和做法。

人事任免规范有序。严把审核任免关，坚持任前法律知识考试、供职发言、颁发任命书和宪法宣誓制度，不断规范任免工作。2022 年，依法任命本级国家机关工作人员 34 名，免职 8 名；接受 2 名县人大代表、3 名常委会委员的辞职；开展宪法宣誓 35 人次。

监督方式不断创新。坚持常委会会前学法制度；坚持常委会审议中心发言制度；坚持常委会会议列席人员制度；坚持审议专项工作报告前专题调研制度；坚持每年年初听取“一府一委两院”班子成员落实分管工作打算，年底听取完成工作述职报告制度；试行对领导干部完成任务进行打分制和满意度测评制，有力督促了“一府一委两院”领导班子和政府组成部门负责人履职尽责、主动作为；坚持常委会会议听取专项工作报告审议意见办理落实情况报告制度，并进行满意度测评，有力提升了审议意见的督办力度。

三、代表工作得到夯实

常委会深刻把握了人大代表的重要职责定位，充分发挥人大代表的主体作用，切实加强人大代表能力建设，推进人大代表履职平台建设，不断提高人大代表为群众代言、为人民履职的质效。

培训提能形式多样。人大常委会采取集中培训、分片区培训、专项培训、外出培训等方式进一步加强代表培训，丰富代表活动，不断提升代表履职主动性和积极性。选派10人次的州、县人大代表参加省州人大履职培训。

代表活动有声有色。组织46人次的州、县人大代表参与法院案件审判、干部考核工作；邀请县人大代表、乡（镇）人大主席15人次列席常委会会议；坚持将每次常委会会议情况及时向代表通报、向社会公布，为代表知情知政、依法履职提供了保障；指导贺波洛乡人大开展了乡代表评议副乡长的工作，提高了代表履行职责的积极性，增强了乡人大选举的国家机关工作人员的法律意识、代表意识、公仆意识。

履职平台建设启动。按照省州人大的要求，借鉴其他县市人大常委会的经验，2021年建设了冕山镇、两河口镇、贺波洛乡、北山乡4个乡镇人大代表之家，实现了人大代表履职有场所、有办公设备、有制度、有台账、有工作人员、有经费，为今年全县代表之家建设工作提供了经验。

意见建议办理有效。继续坚持代表意见建议重点督办、重点调研、重点过问机制，解决了一批人大代表关注、人民群众关心的重点难点问题。政府及其相关部门办理代表意见建议工作越来越有成效，对十五届一次会议上人大代表提出的118件建议意见都一一进行了答复，代表满意率得到提高。

四、服务大局全力以赴

常委会全面按照县委的安排部署要求，积极践行全过程人民民主，聚焦脱贫攻坚成果与乡村振兴有效衔接、森林草原防灭火、疫情防控、防汛防地灾、产业发展工作大局，全员参战、全力以赴，为全县经济发展社会稳定作出了贡献。

护林防火全员参与。按照末端发力终端见效的工作长效机制，人大常委会5名县级领导带领机关全体干部职工，克服人员少、经费缺、保障差等困难，分赴各联系乡镇和包点村，先后投入经费6万余元，同乡党委政府一道，带领全乡干部群众打好了一场森林草原防灭火翻身战、人民战，守住了山、看住了人、控住了火，联系乡镇取得了无一火警的成绩。

防汛防灾坚守到位。强化了红线意识，树立了安全发展理念，时刻把群众的生命安全放在第一位。根据气象预警预报，全体干部职工同联系乡镇的干部职工一道，全员下沉，熬更守夜，严格按照“三避让”原则，做好了预测预报、轮流值守、组织转移群众等工作，确保了群众生命财产安全。

疫情防控义不容辞。组织州、县、乡三级人大代表深入防疫一线，积极抗击疫情，维护社会安全稳定，各级代表先后1000余人次开展志愿服务，以实际行动践行了使命担当。

产业发展亮点纷呈。围绕巩固脱贫攻坚成果与乡村振兴有效衔接工作重点，听取了相关报告，组织代表视察调研了全县产业发展工作，提出了建设性的意见建议。指导联系乡确定“修路引水兴产业”的发展思路，争取到重大项目5个，投入资金近4000万元，促进了联系乡的发展和变化。

五、自身建设持续推进

常委会深刻把握习近平总书记关于建设“四个机关”的总要求，全面加强了人大及其常委会的自身建设，不断完善人大及其常委会运行机制，努力形成充满活力、务实高效的工作局面。

机构设置初步规范。省委、州委《关于进一步加强新时代人大工作和建设的意见》得到贯彻落实，县人大设置规范专门委员会5个，分别为法制委员会（监察和司法委员会）、财政经济委员会、农业农村委员会、城乡建设环境资源保护委员会、社会建设委员会（民族宗教外事侨务委员会、教育科学文化卫生委员会）；县人大机关设置1个正科级办事机构，办公室（研究室）；2个正科级工作机构，预算工作委员会、人事代表工作委员会，人大及其常委会的机构初步得到规范。

制度建设不断完善。充实完善了《喜德县人大常委会议事规则》《喜德县人大常委会组成人员守则》《主任会议议事规则》等规章制度，进一步健全监督、决定重大事项、任免及代表工作机制，为提高常委会依法履职提供了制度保障。

作风整治持续推进。以作风建设年为契机，不断强化党风廉政建设和意识形态工作，认真落实全面从严治党要求，持续改进作风建设，严格遵守中央八项规定，持之以恒正风肃纪，自觉接受人民监督。

队伍建设逐步加强。2022年县人大机关交流县政府组成部门任职1人，调入年轻干部1名充实人大机关，争取预算联网监督中心事业编制1名，增加2名政府购买服务人员，确保了人大机关的活力。

人大声音不断传播。创建了“喜德人大”微信公众号，扩大了人大制度宣传面；向州人大常委会报送的人大理论研讨文章（《喜德县在“西德冕喜”同城化发展战略中面临的机遇和挑战》《发挥代表作用，提高履职实效，贡献人大力量》）分别获得了一等奖和三等奖，进一步展现了喜德人大工作的特点和亮点。启动了《喜德人大志（1987—2006）》的编撰工作，为总结提炼人民代表大会制度在喜德的生动实践提供了帮助。

备案审查信访督办有效推进。按照“有件必备、有备必审、有错必纠”的原则，加大了规范性文件备案审查工作力度，向州人大常委会报备9件规范性文件。同时，充分发挥人大信访优势，进一步完善信访件的转办、交办、督办和反馈机制，提高了人大信访工作实效。全年接待来访8次12人次，受理来信3件。

各位代表！路远行将至，事难做必成。我们取得的每一点成绩、获得的每一点进步，都离不开县委的坚强领导，离不开历届人大及其常委会打下的坚实基础，离不开全体代表的真诚奉献，离不开“一府一委两院”和各乡镇的密切配合，离不开全县21万各族人民和社会各界的大力支持。在此，我谨代表县人大常委会，向所有关心、支持人大工作的同志们、朋友们，表示衷心的感谢并致以崇高的敬意！

新机遇新挑战，新时代新要求。我们也清醒地认识到，我们的工作还有短板弱项，主要表现在：监督工作的力度有待加强、方式方法有待创新；执法检查不够深入，推动法律法规实施的力度需要进一步加大；人大代表联系人民群众的广度和深度需要进一步拓展；代表批评意见建议的办结率还需提高；乡镇人大建设任重道远，等等。对此，今后我们将采取有效措施，切实改进，不断把人大工作提高到一个新水平。

今年的主要任务

2023年是全面贯彻落实党的二十大精神，全面建设社会主义现代化新喜德的开局之年。新征程，新目标，站在新的起点，人大工作责任重大、使命光荣、大有可为。县人大常委会要坚持以习近平新时代中国特色社会主义思想为指导，深入贯彻落实党的二十大、省委十二届二次全会、州委九届六次全会、县委十三届三次全会和全国、省、州人代会精神，围绕县委“四化同步、城乡融合、全域共兴”发展战略，紧扣中心，精准服务县委工作大局；紧贴民心，生动践行发展全过程人民民主；紧盯靶心，实施正确监督有效监督依法监督；谨记初心，全面争当“四个机关”建设的示范表率，为推动中国式现代化喜德建设新篇章作出人大新的更大的贡献。

一、毫不动摇坚持党对人大工作的全面领导

坚持党的领导，是实行人民代表大会制度的内在要求，是人民代表大会制度本质特征和政治优势的集中体现。做好新时代人大工作，必须始终坚持党对人大工作的全面领导这一最高政治原则，牢记人大及其常委会是党领导下的重要政治机关，自觉把党的领导、人民当家作主、依法治国贯穿履职行权的全过程，落实到人大工作的各方面，确保人大各项工作都在党的领导下进行。

要深入学习贯彻党的二十大精神，保持政治上的清醒；要认真贯彻省委、州委人大工作会议精神，落地落实省委、州委《关于加强新时代人大工作和建设的意见》；要及时主动向县委报告重大问

题、重要事项、重点工作，自觉维护县委总揽全局、协调各方的领导作用；要坚决贯彻执行县委的决策部署，维护县委的权威和统一；要持续用力继续加强人大常委会党组政治、思想、组织、作风、纪律和党风廉政建设，强化意识形态工作，采取措施，持续发力，一步一个脚印，不断提升人大及其常委会整体工作水平。

二、毫不动摇围绕中心服务大局依法履职尽责

人大及其常委会担负着宪法和法律赋予的立法、监督、决定、任免等法定职责，在全面推进依法治县和喜德现代化建设中发挥着重要职能作用。要坚持围绕中心、服务大局、突出重点，充分发挥人民代表大会制度优势和功效，统筹做好人大及其常委会各项工作，全力推动县委重大决策部署落地落实。

要聚焦喜德现代化建设工作加强监督。坚决履行好宪法法律赋予人大及其常委会的监督职责，围绕推动新时代凉山现代化建设喜德新篇章，紧盯“四化同步、城乡融合、全域共兴”“一核一带一片”“同城化”发展战略部署，依法行使监督权、决定权，持续解决制约县域经济社会发展的突出矛盾和问题，确保喜德现代化建设新篇章开好头、起好步。

要聚焦人民群众普遍关心的问题实施监督。听取和审议县政府2023年度环境状况和环境保护目标完成情况、国有资产管理、森林草原防灭火等专项工作报告。听取和审议人民法院刑事审判和检察院公益诉讼专项工作；听取和审议县人民政府持续巩固扫黑除恶工作。对易地搬迁后续管理、教育卫生、城市建设、产业发展、新区开发、重点项目推进等问题开展深度监督，推动政府精准有效解决各类突出问题。根据群众关心的热点难点适时开展专题询问和工作评议，促进政府及其相关部门依法行政。

要继续加大预算资金监管。坚持加大对财政预决算和衔接资金整合的监督力度，跟踪监督审计查出问题的整改，扩大“穿透式”预算监督范围，有效发挥预算联网监督作用。

要继续强化执法检查，围绕依法行政和公正司法开展监督。对《凉山彝族自治州移风易俗条例》《凉山彝族自治州森林草原防灭火条例》《四川省食品小作坊、小经营店及摊贩管理条例》《四川省饮用水水源保护条例》落实情况进行执法检查，同时，配合上级人大开展好相关执法检查，确保法律法规有效实施。积极向州人大常委会报送备案审查报告，同时做好县级备案审查工作。不断改进方式方法，做好信访工作，努力维护群众利益。

三、毫不动摇紧扣新任务新形势不断提升代表工作

人大代表肩负人民赋予的光荣职责，要站稳政治立场，履行政治责任，密切同人民群众的联系，时刻做到民有所呼、我有所应，展现新时代人大代表的风采。

要继续完善县人大常委会组成人员联系人大代表、人大代表联系群众的“双联系”制度，促进代表工作上台阶。要进一步加大人大代表培训力度，努力建设一支政治素质高、服务意识强、履职能力优、群众口碑好的人大代表队伍。要加快实施民生实事项目人大代表票决制工作，以点带面推动民生实事项目代表票决工作，逐步实现“全覆盖”。要继续实行代表意见建议重点督办、重点调研、重点过问机制，强化人大代表意见建议的办结率，提高代表满意率。要认真组织开展“我为群众办实事——人大代表在行动”、代表向选民述职、评议乡镇长工作等活动，进一步激发代表履职积极性。要进一步厘清职责职能，加大对乡镇人大工作的指导，完善乡镇“代表之家”建设，促进乡镇人大工作进一步制度化、规范化，形成全县人大工作步调一致、协同发展的良好局面。

四、毫不动摇从严从实加强常委会及机关自身建设

严格按照习近平总书记关于建设“四个机关”的总要求，全面加强人大及其常委会自身建设，努力成为自觉坚持中国共产党领导的政治机关、保证

人民当家作主的国家权力机关、全面担负宪法法律赋予的各项职责的工作机关、始终同人民群众保持密切联系的代表机关。

要认真学习宣传二十大精神，深入贯彻习近平总书记关于人民代表大会制度的重要论述，不断提高政治判断力、政治领悟力、政治执行力，全面担负起宪法和法律赋予的各项职责。要进一步加强人大干部队伍建设，完善人大各专门委员会和常委会办事工作机构议事程序和工作机制，支持各专门委员会履职行权，不断提升人大及其常委会干部职工办文、办会、办事能力和水平，更好地服务代表、服务人民。要进一步加强党风廉政建设和意识形态工作，持续改进工作作风，自觉接受人民监督。要进一步加强同省州内外县市人大常委会的交流联系，相互学习，共同进步。

各位代表，团结凝聚力量，奋斗开创未来。让我们更加紧密地团结在以习近平同志为核心的党中央周围，高举中国特色社会主义伟大旗帜，坚持以习近平新时代中国特色社会主义思想为指导，在中共喜德县委的坚强领导下，忠实履行宪法法律赋予人大的各项职责，凝心聚力，踔厉奋发，勇毅前行，为奋力谱写凉山现代化建设喜德新篇章作出新的更大贡献！

喜德县人民政府工作报告

2023年1月31日在喜德县十五届人民代表大会第二次会议上

喜德县人民政府县长　岭　明

各位代表，同志们：

现在，我代表县人民政府，向大会报告工作，请予审议，并请各位政协委员提出意见。

2022年工作回顾

过去的一年，是十五届县政府履职的第一年。面对发展任务繁重、经济承压巨大、疫情形势复杂等严峻挑战，在县委的坚强领导下、县人大和县政协的监督支持下，县政府坚持以习近平新时代中国特色社会主义思想为指导，深入学习宣传贯彻党的二十大精神，坚决落实“疫情要防住、经济要稳住、发展要安全”的重要要求，“讲政治、抓发展、惠民生、保安全”的工作总思路，积极融入安宁河流域高质量发展和西德冕喜“同城化”发展战略部署，深入实施“一核一带一片”发展战略，全力以赴拼经济、搞建设、促发展，全县经济社会发展取得显著成效，新一届政府工作实现良好开局。

一年来，我们牢记殷殷嘱托，持续发力、防止返贫，乡村振兴全面推进

脱贫成果更加巩固。全覆盖开展防返贫动态监测，新增监测对象153户632人。实施农村危房改造700户。巩固提升1080户安全饮水。落实学前教育阶段儿童保教费、生活费1280.96万元。发放义务教育阶段学生生活补助3926.76万元、国家助学金460万元。脱贫人口人均纯收入达到11578元、增长14.8%。顺利通过省第三方实地考核评估和国家衔接推进乡村振兴补助资金绩效评价考核。

乡村振兴加快推进。投入4.9亿元，实施4大类123个项目。北山艮田禽类养殖园区等5大省级标准示范园区加快推进。累计建成7个州级农业产业园区、16个县级产业园区。完成12个村、24个集中安置点污水处理设施建设。发放富民贷3074.74万元、农业产业到户奖补5925.65万元。开发公益性岗位3653个，促进就近就业11039人。且拖乡且拖村、光明镇干拖村荣获2022年度全省乡村振兴示范村，洛哈镇木古宜莫村荣获2022年度全省乡村振兴重点帮扶优秀村。

全域结对助力发展。统筹各级各类帮扶资金2.3亿元，实施项目195个。引进资金2.6亿元，实施项目65个。转移输出劳动力1176人，认定就业帮扶车间24个、帮扶基地2个。落实37名县级领导联系13个乡（镇），109名正科职领导包村、105个单位结对帮扶102个村（社区）。选派新一轮乡村振兴驻村帮扶干部262名，海曙区、什邡市选派16名帮扶干部人才开展教育、医疗“组团式”帮扶。18074户脱贫户和监测户精准结对帮扶全覆盖。

一年来，我们把握发展大势，承压前行、拼字当头，发展态势平稳向好

综合实力稳中有升。完成地区生产总值38.22亿元、增长5.5%。第一产业实现增加值10.44亿元、增长4.2%；第二产业实现增加值5.72亿元、增长12.7%；第三产业实现增加值22.06亿元、增长4.6%。三次产业结构占比27.3：14.98：57.72。规上工业增加值增长21.1%。一般公共预算收入1.44亿元、增长8.5%。社会消费品零售总额10.96

亿元、增长1.7%。城镇居民人均可支配收入31423元、增长5.28%。农村居民人均可支配收入12749元、增长6.97%。

经济底盘支撑强劲。新开工建设重点项目49个，续建项目25个，完成固定资产投资25.65亿元、增长50.9%。米市水库保通道路贝雷桥项目开工建设。牧光互补40兆瓦光伏电站二期项目建成运行。凉山康源优质农业农产品加工等3个项目完成技改。减税降费5522万元，办理留抵退税1208万元。为中小微企业提供担保贷款3558万元，企业贷款延期200万元。全县存贷款余额44.5亿元、33.88亿元，存贷比为76.14%、增长31.16%。滚动实施土地增减挂钩项目18个，取得节余指标334亩。

产业发展迸发活力。农业产业提质增效。建成高标准农田2.6万亩。完成粮食播种面积30.55万亩，总产量8.13万吨。种植特色水果1.21万亩，总产量2.39万吨。种植烤烟8400亩，收购烟叶2万担，实现两烟税收2358.27万元。出栏生猪27.24万头、肉牛0.95万头、羊13.89万只、家禽79.76万羽，分别增长0.09%、3.46%、0.76%、2.7%。注册登记农民专业合作社453个、家庭农场700户。工业经济转型发展。完成工业企业升规入统2户，全县规模以上工业企业达到11户。完成工业投资4.2亿元、技改投资3700万元。良在硅业再生资源综合利用项目竣工投产。凉山信和矿业10万吨硅矿和150万吨废石综合利用项目建成投产。铁骑力士30万吨生物饲料厂项目有序推进。服务行业稳中向好。完成“个转企”24户，新增入统限上服务业企业2户、电商主体3户，实现电商交易额1.9亿元、增长3%。农村网络零售额达到4000万元。新签约招商引资项目7个，总投资14.8亿元。实现货物出口贸易额560万元。建筑行业持续突破。新增3户资质以上建筑业企业，完成建筑业总产值6.32亿元、增长20.3%。新增房地产开发企业3户，德熙温泉府等房地产开发项目顺利推进，房地产业实现从无到有。

一年来，我们顺应民心民意，改善民生、增进福祉，幸福指数不断攀升

民生事业稳步推进。坚持教育优先发展理念，投入资金4.23亿元、占财政一般预算支出17%。提升改造中小学4所、幼儿园12所。发放各类生活补助、助学金1.62亿元，惠及学生6万余人次。新增城镇学位1500个，在校学生51374人，占全县常住人口的1/3以上。适龄学生入学率达到100%，高考录取率达到91.32%。持续提升医疗救治保障能力，基本医疗保险征缴率达到100%，县域内就诊率达到91.2%。艾滋病治疗覆盖率达到97.57%、治疗有效率达到99.16%。完成县人民医院整体搬迁项目第一期主体建设。13个乡（镇）卫生院中医馆、冕山镇AAAAA级预防接种门诊建成使用。

社会保障不断增强。投入资金16.57亿元、占财政一般预算支出的66%。新增城镇就业350人，城镇失业人员再就业68人，扶持135名大学生、退役军人等重点群体创业就业，失业率控制在4%以内。输转城乡富余劳动力5.86万人，创造劳务收入12.4亿元。追回拖欠农民工工资1141.91万元。发放社会救助资金1.29亿元，城乡低保标准分别提高10.6%、15.7%。新建殡仪馆、集中供养服务体系项目建成投用。

文明创建持续深化。建成县新时代文明实践中心、13个乡镇文明实践所和102个村（社区）文明实践站。深入开展“树新风促振兴”助力乡村文明创建，评选“洁美家庭”19400户、“最美母亲”100名。成功创建州级卫生县城。积极参加省农民工2022年春节联欢晚会、省第十六届少数民族运动会开幕式文艺汇演、建州70周年开幕式文艺演出和花车巡游，展示喜德彝族老家文化内涵。

一年来，我们聚力基础补短，优化布局、拓展空间，城乡面貌日新月异

城市建设全面加速。全县国土空间总体规划形成中期成果，完成第一批次乡镇级片区国土空间规划。铺设地下污水管网6.5千米，打通县城规划区6条“断头路”。启动老旧小区改造项目。第二

水厂建成运行。完成县城内涝治理。城市建成区扩大到3.11平方千米，新增城市居民1万余人。点亮城市首盏“红绿灯”，实施县城亮化工程。

基础设施有效改善。交通路网不断完善。完成战备公路改建34.74千米，通村公路巩固提升7.07千米，通组道路硬化19千米，新建公路生命安全防护工程173.25千米，实现通乡通畅和通村通畅两个100%。成昆复线通车运营，喜德西站建成投用。水利基础持续夯实。建成李子乡大兴村安全饮水、光明镇沙洛村产业园区灌溉项目。完成且拖小流域水土流失综合治理项目。巩固提升冕山镇饮水安全水毁修复和两河口镇洛甘村等8个饮水安全项目，惠及群众4860人。电力保障全面加强。实施成昆铁路凉山扩能3个220千伏供电工程、4个农村电网升级改造、5个大修技改项目建设，完成110千伏喜德变电站迁建，实现双回线路供电，保障能力明显提升。

环境治理成效明显。全面落实“河（湖）长制”和“林长制”，持续抓好生态环境保护工作。集中式饮用水水源地和断面水质达标率100%，空气质量优良天数比率达98.63%。城乡污水集中处理率分别达95.83%、45.3%。完成集体林、国有林抚育15300亩。完成源泉村、干拖村干旱河谷生态综合治理1000亩，鲁基乡、贺波洛乡横断山区水源涵养与生物多样性保护项目1万亩。治理水土流失40.86平方千米。

一年来，我们坚持生命至上，尽锐出战、全力以赴，平安防线牢实巩固

全面打赢疫情防控遭遇战。投入3744万元，科学精准落实防控举措，全力构筑起“保健康、防重症”的坚实防线。

全面打赢森林防火攻坚战。投入9389万元，持续巩固全县森林草原防灭火工作成果。组建县、乡、村三级扑灭火队伍，986名县、乡、村组干部包保下沉。新建防火通道619千米，建成50立方米消防水池23口，安装3吨水罐2228个，32立方米钢制水池650个，全面卡紧“防抗救”链条，全年实现“零火情”，牢牢守住“两个确保”安全底线。

全面打赢安全生产保卫战。在重要敏感时间节点，开展社会治安专项整治，保障了全县社会大局稳定。排查整改各类安全隐患1064条。开展自建房安全隐患排查图斑11.7万个，排查率、整治率均达100%。严格落实“三长两员”“三单四图”“三个紧急避让”，成功避让5起灾害，实现全年人员“零伤亡”。调处化解信访积案和矛盾纠纷416件，喜德被评为全国信访工作示范县。

一年来，我们聚焦自身建设，忠诚履职、担当尽责，廉洁底色更加鲜明

政治生态更加清朗。坚定捍卫“两个确立”，坚决做到“两个维护”，把旗帜鲜明讲政治贯穿于政府工作各方面和全过程。严格执行中央八项规定及其实施细则，认真落实作风建设年要求，持续推进政府系统全面从严治党，牢固树立过紧日子的思想，压减“三公”经费55.74万元、减少22.21%，县本级完成审计项目50个，送审金额5.58亿元，审减资金3609.98万元。

行政用权更加规范。坚决服从县委领导，严格执行重大事项请示报告制度和“三重一大”决策机制。修订完善《喜德县人民政府常务会议议事规则》，主动公开政府信息30129条。自觉接受县委巡察监督，人大法律、工作监督，政协民主监督，审计监督和社会监督。办理答复人大代表建议118件、政协提案83件，办复率、满意率、基本满意率均达100%。

营商环境更加优化。持续深化“放管服”改革。完成4家县属国企改革。实行县级领导联系包保企业制度，走访企业、个体户312次，解决问题14个。政务服务事项网上可办、企业投诉办结率均达100%。“最多跑一次”“全程网办”事项率均达98%。承诺时限比法定时限平均提速65%，材料减免率达60%，完成网办事项50052件，网上受理率达到69.28%。企业登记注册、开办时间均压缩至3个工作日以内。

国防动员体制改革深入推进，退役军人服务保障全面加强。民族宗教、审计、统计、机关事务、人防、双拥、外事侨务、档案、防震减灾、供销、语言文字、住房公积金、史志、工会、共青团、妇女儿童、老龄、红十字会、气象等各项事业取得新成效。

各位代表，“艰难方显勇毅，磨砺始得玉成！”回首过去的一年，我们知重前行、奋力拼搏，在关键时刻展现了全县干部群众的担当作为，守护了人民群众生命财产安全，维护了喜德社会大局平安稳定。回首过去的一年，我们干得很辛苦但很充实，走得很艰难但很坚定，面对艰巨繁重的工作任务，我们上下一心、攻坚克难，稳住了喜德经济社会发展大局。

各位代表，“不经一番寒彻骨，怎得梅花扑鼻香！”我们深知成绩的取得来之不易，离不开县委的坚强领导，离不开县人大及其常委会、县政协的监督支持，离不开中央定点帮扶、东西部协作、省内对口帮扶、省直机关帮扶、州内帮扶、各级帮扶干部的倾力付出，离不开全县广大干部群众的锐意进取、无私奉献。在此，我谨代表县人民政府，向全县各族人民，全体人大代表、政协委员，广大帮扶干部，各民主党派人士、工商联、无党派人士、人民团体、驻县部队、武警官兵、政法干警和民兵预备役人员，向所有关心、支持、参与喜德发展的各界人士，表示衷心的感谢并致以崇高的敬意！

各位代表，过往皆为序章，来日方值期许！总结工作成绩的同时，我们还要清醒地认识到，受经济形势和新冠疫情等因素影响，全县地区生产总值等部分经济指标增速没有达到预期，政府工作还面临不少困难和挑战。主要表现在发展不平衡、不充分的问题依然突出，县域经济活力不足，一、二、三产业结构不优，产业基础量小质弱，城镇化水平低，巩固脱贫攻坚成果压力较大、推进乡村全面振兴任务艰巨。创新能力不强，要素保障政策突破困难，营商环境还需进一步优化，项目招引质效不高。教育、医疗等公共服务水平与上级要求和群众期盼还有差距。防范化解各类风险能力还存在短板，防灾减灾救灾基础薄弱，综合保障能力不足。移风易俗、人居环境、基层治理等工作还需进一步加强。一些干部思想观念、工作作风、担当精神、履职能力与新时代新要求还不相适应。面对这些困难和挑战，我们将发扬务实作风，采取有效举措，果敢攻坚破冰，切实加以解决。

2023 年政府工作总体思路和主要目标

今年是全国上下全面贯彻落实党的二十大精神的开局之年，是“十四五”发展承上启下的关键之年，是喜德建县 70 周年。做好今年的政府工作，意义十分深远、责任特别重大。我们始终坚信，在县委的坚强领导下，只要严格按照县第十三次党代会和县委十三届三次全会确定的目标任务，把握先机、狠抓落实，就没有攀不上的高山和迈不过的鸿沟，更没有办不成的大事难事。我们有信心、有决心，一定能够完成既定的各项工作目标任务，给全县人民交上一份合格、满意的答卷！

2023 年政府工作的总体思路是：坚定以习近平新时代中国特色社会主义思想和习近平总书记对四川及凉山工作系列重要指示精神为引领，深入学习贯彻党的二十大精神、省委十二届二次全会、州委九届六次全会和县委十三届三次全会精神，以安宁河流域高质量发展和西德冕喜“同城化”发展为总牵引，以“四化同步、城乡融合、全域共兴”为总抓手，以“讲政治、抓发展、惠民生、保安全”为工作总思路，锚定到 2027 年全州 GDP“破三争四翻番”的目标，深入实施“一核一带一片”发展战略，加快推动喜德经济社会高质量发展，奋力谱写凉山现代化建设喜德发展新篇章。

2023 年全县经济社会发展的主要预期目标是：地区生产总值增长 10% 以上；规模以上工业增加值增长 15% 以上；全社会固定资产投资增长 30% 以上；地方一般公共财政预算收入增长 10% 以上；社会消费品零售总额增长 10% 以上；建筑业总产

值增长10%以上；城镇居民、农村居民人均可支配收入分别增长8%、10%以上；全面完成省、州下达的招商引资、节能减排和环保目标任务。

2023年重点工作安排建议

2023年，我们将坚决贯彻落实“项目推进年”各项工作要求，聚焦重点抓好以下七个方面工作。

一、聚焦脱贫成果巩固衔接乡村振兴，在接续奋斗中推动喜德现代化建设

全面巩固拓展脱贫成果。落实义务教育阶段学生生活补助，脱贫户学生特别资助。发放2505名学生国家助学金、2472名学生高海拔少数民族特殊政策补助。免除1258名脱贫户困难学生学杂费。全面落实城乡居民基本医保参保补助政策。脱贫群众参保率达100%。实施农村危房改造1000户。投入937万元补齐农村饮水安全短板弱项。投入7500万元实施农业产业奖补项目，激励脱贫人口发展产业。全力开发公益性岗位，促进脱贫人口就近就业稳定增收。

全面推进乡村振兴发展。以省级现代农业产业园区标准打造冕山洛发现代种养循环产业园、鲁基中坝种养殖生态循环产业园、红莫现代水产养殖产业园、北山富舜肉牛产业园、良田禽类养殖产业园五大示范园区。新建特色水果等优势产业基地2000亩以上。启动红莫农业（实训）基地项目建设。争创1个省级、2个州级、3个县级现代农业产业园区。培育示范农民专业合作社4个，实现村集体经济收益840万元。全面提升基层治理能力。深入推进“树新风促振兴”三年行动，纵深推进移风易俗。

二、聚焦四化同步推进，在夯实产业基础上推动喜德现代化建设

坚定不移推进新型工业化。实行《喜德县工业企业（项目）激励扶持暂行办法》，积极承接“同城化”产业转移。新培育规上工业企业2户。支持凉山恒成远大公司实体化运营，推进玄武岩、钾长石矿产资源开发。确保铁骑力士30万吨生物饲料加工厂尽快建成投产。加快建设装机4.95万千瓦的北山风电、13万千瓦的玛果梁子风电项目。启动装机10万千瓦的洛古合浦风电项目前期工作。

坚定不移推进新型信息化。充分利用信息化改造提升传统产业，完善网络基础设施建设。完成全县政务外网IPV6项目升级改造及安全加固。加快推进全县工业企业新型信息化。推进5G网络建设，新建完成12座4G基站和44座5G基站，实现5G和千兆宽带的深度覆盖。

坚定不移推进新型城镇化。扎实推进城镇补短三年行动，加快老旧小区改造、文体中心建设、城市更新工作。完成棚户区改造204户。建成投用母语广场、乡村振兴人才实训基地。支持红莫镇创建省级“百强中心镇”，支持冕山镇、两河口镇创建州级“百强中心镇”。

坚定不移推进农业现代化。落实最严耕地保护制度。新建高标准农田1万亩。确保粮食播种面积稳定在30.89万亩以上，产量8.33万吨以上。种植烤烟1.43万亩，收购烟叶3.58万担。生猪存栏22万头、出栏29万头，牛存栏2.2万头、出栏0.94万头，羊存栏15.6万只、出栏14.4万只，家禽存栏35万羽、出栏88万羽。将优质生猪、大红袍花椒、生态牛羊等一系列高端有机特色农业产品，打造成具有喜德地域特色的国家、省、州优质品牌。

坚定不移推进现代服务业发展。建成彝族语言文字展览馆、彝族漆器展览馆。编制茶马古道国家级文物登相营古驿站、伍合大石墓群和省级文物保护单位喜德四合院民居修缮方案。启动建设首个非遗传习基地。加快小相岭景区开发、温泉酒店提档升级。实施《喜德县限额以上服务业单位发展贡献奖励办法（试行）》。发放200万元消费券，刺激市场消费，实现社会消费品零售总额11.9亿元、增长10.5%。新培育规上限上服务业企业2户。实现商品房销售3万平方米。完成网络交易额2亿元。服务业增加值增长9.7%。加大招商引资工作力度，完善出台《喜德县招商引资优惠政策（试行）》，启

动县城商贸综合体项目建设。

三、聚焦增进民生福祉，在办好民生实事中推动喜德现代化建设

办好人民满意教育事业。举全县之力办好喜德优质教育，全面推进教师“县管校聘”，健全完善监测评估和奖惩机制，办好喜德中学甬凉鸿志班，瓦尔学校禹迹振兴班。新建、改扩建学校3所、新增学位1800个。全县适龄儿童入学率达到100%，学前三年毛入园率达到88%以上。加快推进喜德中学分校区、民族中学学生食堂、向荣中学三期等项目建设。

办好人民放心健康事业。落实分级诊疗，促进医疗卫生服务均等化。力争县域内就诊率达到93.5%以上。艾滋病防治完成率达到95%以上。平稳有序实施新冠病毒感染“乙类乙管”。确保省级卫生县城创建成功，县人民医院整体搬迁一期项目投入使用、二期项目主体工程开工建设。启动县中彝医院综合楼、县疾病预防控制中心综合楼、县医疗次中心建设。

办好人民期盼民生事业。落实最低工资标准和工资指导线。城镇失业登记率控制在4%以内。开展职业技能培训2000人次以上，城镇失业人员再就业200人。全年转移输出农村劳动力5.8万人以上。完成17.48万人参保目标。基本医疗保险征缴率达到100%，基本养老保险参保率达到95%。

四、聚焦城乡融合发展，在融入发展大局中推动喜德现代化建设

着力推进全域共兴。以安宁河流域高质量发展、“同城化”发展为契机，推进5大片区特色发展，重塑县域经济地理版图。加快推动光明、冕山、贺波洛建设城乡融合一体发展区，红莫、鲁基、李子、北山建设现代农牧康养产业相融发展区，两河口、沙马拉达、且拖建设种养循环观光农业发展区，洛哈、米市建设孙水河上游生态文旅发展区，尼波建设绿色农业发展区。

着力提升城市功能。加快县城新区开发建设，支持县内资质以上建筑企业参与项目建设。完成德熙温泉府房地产（一期）项目。启动新华喜德项目建设。新建县城二级、三级雨污分流管网20千米。新增2条城市公交线路。建设绿色新能源充电设施。投放绿色新能源巡游出租车。完成烈士纪念设施改扩建项目。启动建设县生猪屠宰场和牲畜交易市场。

着力完善基础设施。助推金西高速公路喜德段开工建设。建设美丽乡村路、乡村振兴路、产业发展路63.88千米。加快推动光明大道西延线改扩建项目。全面推进S218洛哈镇至东河拉克段改扩建项目。启动喜德县红莫镇至西昌市礼州镇道路二期改建项目、鲁基工业园区对外交通公路、拉克源泉至贺波洛补尔美丽幸福乡村路项目建设。加快实施米市水库等一批重大水利项目。启动红莫产业园区、孙水河瓦库段、深沟河产业防洪治理项目，俄尔则俄村人居环境整治堤防项目。推进红莫水库项目前期工作。启动两河口镇三合村农村配网改造、35千伏尼波变电站扩建项目。

五、聚焦绿色低碳发展，在生态托底赋能中推动喜德现代化建设

厚植绿色发展本底。全力抓好环保督察问题及长江经济带生态环境问题整改“后半篇文章”。开展大气污染治理专项行动，一体推进饮用水水源地保护、农业面源污染治理。提升生活垃圾、建筑垃圾、医疗废弃物等固体废弃物处置能力。深入推进节水型城市建设。完成北山乡、且拖乡等7个乡（镇）人居环境整治污水处理站建设。

加快绿色低碳发展。有序推进“碳达峰、碳中和”，严控“两高一低”项目进入。加快碳汇项目前期论证，推进国储林产业综合示范项目落地。抓好国家重点生态功能区建设。加大对境内公路沿线及孙水河沿岸绿化力度，坚决守住生态底线。完成其他营造林1万亩、森林抚育1万亩，森林覆盖率达到43.6%。

筑牢绿色生态屏障。严格落实河（湖）长制、林长制工作要求。坚守“安宁河流域水土涵养区”的定位和使命，持续推进米市水库上游植被恢复、

空心村生态修复等重点生态工程。严守生态保护红线，从严执行“三线一单”生态环境分区管控措施，认真执行建设项目环保“三同时”制度。加强矿山及生态环境综合治理，严厉打击“散乱污”企业违法违规行为。

六、聚焦社会安全稳定，在健全共治格局中推动喜德现代化建设

坚决守住防灾减灾防线。切实将隐患排查、火源管控、监测预警、应急准备、宣传教育、检查督导工作落到实处。配齐配足人员装备，基础设施应建尽建，坚决守住“两个确保”底线。扎实做好防汛防地灾工作，常态化做好排查整治。完成地灾隐患点治理工程6个，避险搬迁安置群众34户，安装风险区和地质灾害点监测预警设备246套，全力确保人员“零伤亡”。

坚决守住安全生产红线。严格落实安全生产责任制，国务院安全生产“十五条”措施。深入开展安全生产专项整治三年行动，强化危险化学品、城镇燃气、道路运输、老旧建筑、自建房、消防等重点领域排查整治，提高风险防控和应急处置能力，坚决防范化解重特大安全生产事故发生。

坚决守住社会安全底线。健全重大风险研判、评估、决策、防控协同机制。完善监测预警、预防控制、应急应对、物资保障体系。加强社会治安综合治理，常态化推进扫黑除恶斗争。持续推进新一轮禁毒防艾攻坚三年行动，全力巩固提升禁毒防艾成效，助力我州创建全国禁毒示范城市。严格落实“四个最严”，扎实开展食品安全专项整治，全力守护人民群众“舌尖上的安全”。

七、聚焦政府自身建设，在规范依法行政中推动喜德现代化建设

旗帜鲜明讲政治。毫不动摇把政府系统党的政治建设摆在首位。深入学习宣传贯彻党的二十大精神，坚决拥护“两个确立”，切实增强“四个意识”，坚定“四个自信”，做到“两个维护”。始终将政府工作置于党的坚强领导之下，全面落实上级和县委工作决策部署，自觉从政治上认识问题、推动工作，确保党的路线方针政策和重大决策部署不折不扣落地见效。

依法履职敢担当。自觉接受人大法律、工作监督和政协民主监督，广泛听取民主党派、工商联、无党派人士和人民团体的意见建议，认真办理人大代表意见建议和政协委员提案。深入开展“八五”普法。扎实推进政务公开。严格按照法定权限、法定程序行权履职，进一步提高政府决策的科学化、民主化、法治化水平。

真抓实干办实事。确保“项目推进年”工作落地见效，我们将把拼经济、搞建设、抓落实作为政府工作的首要任务。带头倡导求真务实的工作作风，立说立行、说干就干、干就干成，“用数字说话、凭实绩交卷、以成效检验”，始终保持不甘人后、奋力争先的决心和勇气，用干部的“辛苦指数”换取全县的“增长指数”和群众的“幸福指数”。

清正廉洁守底线。纵深推进全面从严治党，全面履行“一岗双责”，加强政府系统党风廉政建设和反腐败工作，一体推进清廉政府建设。认真贯彻落实中央八项规定及其实施细则，自觉接受各级巡视巡察监督和财政绩效考核。全面强化审计监督，加强对项目资金、国有资产、公共资源交易等领域监管。持之以恒正风肃纪，全面营造干事创业、崇廉尚实、风清气正的政治生态。

各位代表，路虽远，行则将至；事虽难，做则必成！让我们更加紧密团结在以习近平同志为核心的党中央周围，以习近平新时代中国特色社会主义思想为指导，坚定以党的二十大精神为统领，在县委的坚强领导下，踔厉奋发、笃行不怠、披荆斩棘、勇毅前行，为在新征程上奋力谱写新时代凉山现代化建设喜德新篇章而努力奋斗！

政协喜德县常务委员会工作报告

2023年1月30日在政协喜德县第十五届委员会第二次会议上

喜德县政协主席　宋和远

各位委员，同志们：

我代表政协喜德县第十五届委员会常务委员会，向大会报告工作，请予审议，并请列席会议的人员提出意见。

一、2022年工作回顾

2022年，是党的二十大胜利召开之年、凉山彝族自治州建州70周年，也是十三届喜德县委、十五届县政协履职的开局起步之年。一年来，全县各族干部群众在喜德县委的团结带领下攻坚克难、勇毅前行，全县各项事业取得新突破、迈上新台阶。县政协及其常委会在县委坚强领导和州政协有力指导下，在县人大、县政府的大力支持下，坚定以习近平新时代中国特色社会主义思想为指导，深入学习贯彻党的二十大和习近平总书记来川视察重要指示精神，认真贯彻落实省、州、县委全会决策部署，用中央和省、州、县政协工作会议精神指导履职实践，牢牢把握团结和民主两大主题，积极履行政治协商、民主监督、参政议政职能，求真务实，开拓创新，积极作为，党建引领更加有力，自身建设更加规范，专门协商机构作用更加彰显，建言资政和凝聚共识双向发力实践更加有效，新时代人民政协新形象更加鲜明，为推动全县经济社会发展作出了积极贡献。

(一) 坚定方向，强化学习，政治基础更加牢固。

坚定正确政治方向。坚持“第一议题”制度，引导广大政协委员和各族各界人士深刻领悟“两个确立”的决定性意义，不断增强“四个意识”、坚定“四个自信”、坚决做到“两个维护”。深入学习《习近平谈治国理政》第四卷，及时跟进学习习近平总书记最新重要讲话和指示精神。用党的十九届六中全会、二十大精神和习近平总书记来川视察重要指示精神指引方向，坚定沿着总书记指引的方向勇毅前行的信心和决心。认真贯彻落实《中国共产党政治协商工作条例》、中共中央《关于加强和改进新时代市县政协工作的意见》和省委《实施意见》，认真贯彻落实省、州、县委政协工作会议要求，努力推进政协服务中心大局工作提质增效。

主动融入发展大局。坚决贯彻县委的决策部署，自觉服务发展大局，在宏观决策上搞好协商，在重大步骤上保持协同，在具体工作上抓好落实。主动向县委汇报工作，就开展政治协商、民主监督、参政议政工作选题报请县委审定，年初，报经县委、县政府同意确定“喜德县旅游产业规划建设发展情况”“全县森林草原保护利用情况”为2022年度专题协商议题。邀请县委、县政府领导参加政协重要会议、重要活动，确保政协工作始终与县委中心工作同步合拍。

强化委员培训学习。全委会期间，组织委员开展了专题培训班学习，县政协主要领导就“人民政协的性质定位和委员的职能职责”“政协提案业务知识”等内容作专题辅导，参训委员171人。通过培训学习，全体委员责任意识、能力素质全面提升，形成了一支“懂政协、会协商、善议政，守纪律、讲规矩、重品行”的高素质委员队伍。

（二）紧贴中心，聚焦发展，协商议政广泛深入。

深入推进民主协商。坚持将民主协商贯穿于视察调研的全过程，围绕“喜德县城新城区街道（路）命名”“加大全县规模化养殖场环境监管”两个课题组建调研组进行专项现场调研，召集相关部门并邀请部分县人民代表参加，在广泛征求社会各界意见的基础上充分民主讨论协商，形成2个建议方案报县委、县政府供决策参考。

务实推进有事来协商。13个乡镇和93个村、9个社区“有事来协商”平台建成后，县政协将“有事来协商”工作纳入年度工作的重中之重，明确目标、强化责任、落实任务，敦促乡（镇）、村（社区）两级协商议事平台切实以“关注民生、反映民意、凝聚民心”为宗旨，按照科学合理、规范有序、简便易行、协商充分、民主集中的要求，扎实有效开展协商活动。按照“巩固提高、常态管理、保障运行、注重效益”工作思路，调整充实平台建设实施责任体系，印发《关于持续深入推进“基层有事来协商”工作的通知》，持续强力有效推进工作开展。全年完成290件基层协商事项，内容包括经济发展、社会管理、民生改善等。如光明镇干拖村面对群众增收难召开土地流转议事会，协商决定流转土地1000亩，以“公司＋家庭农场”模式发展葡萄产业，使全村通过土地租金、务工收入、集体经济分红等方式实现年收入达350万元，每年人均增收1900元，项目投产后，预计村集体经济收入每年可达70万元。针对成昆复线施工过程中，重型机械运输造成新桥村村道路面破损严重、扬尘较大，给村民出行、生活带来极大不便而阻工的问题，冕山镇组织开展协商，议定施工方对路面适时修补、定时洒水降尘，待工程完工交付后，对破损路面进行统一恢复重建。通过开展协商，一批基层发展中群众“急难愁盼”的事情得到解决。2022年，喜德县政协被评为全州“有事来协商”先进单位，彝欣社区、干拖村被评为全州“有事来协商”先进协商平台，3名乡、村干部被评为全州“有事来协商”工作先进个人。

精心组织视察调研。聚焦巩固脱贫攻坚与乡村振兴有效衔接、生态文明建设、重点项目建设、教育卫生事业发展、县城新区建设等事关全县经济社会发展的热点难点问题精心制定视察调研课题，围绕“乡村振兴战略实施”“全县非物质文化遗产保护和传承”“金昌高速喜德段规划建设”“全县环境保护工作”“成昆复线喜德段建设”“脱贫定点监测村贺波洛乡桌古村工作”等开展视察，围绕“农业产业化建设中农民利益链接机制搭建”“森林草原保护利用”“旅游产业规划建设发展”“脱贫后易地移民自主搬迁与乡村振兴有效衔接”“学前教育发展”“体育产业发展”等开展调研，全年开展视察调研12次，形成视察调研报告12份，直面指出存在问题60多个，提出中肯的建议意见70多条，视察调研报告报县委、县政府供决策参考，为全县经济社会发展贡献了政协智慧。

（三）创新形式，注重实效，民主监督扎实有力。

切实注重提案工作。把提案作为最直接最有效的民主监督形式，在提案办理中，邀请提案人、承办单位进行“面对面”协商，加强沟通，加大督办力度，及时协调解决提案办理过程中存在的问题，提高了提案办理实效。县政协十五届一次会议以来，经审查立案83件提案，根据提案质量和县委、县政府部署主要工作方面，确定11件为重点提案进行跟踪督办，在县政府的高度重视、各承办部门积极努力下，83件提案均在规定时限内办理答复完毕，办复率达100%。一批事关发展、事关民生的提案得到有效落实，经县政协十五届三次常委会测评，满意率达86%，提案工作呈现党委重视、政府支持、政协主动、部门配合的良好局面。

积极反映社情民意。广泛开展“大走访、大调查”活动，走村入户收集社情民意信息，大力宣传县委、县政府的决策部署，做到上情下达、下情上报。一年来，共收集委员反映的“教育事业发展”“县城新区建设”“县城饮用水问题”等社情民意信息80多条，归纳整理后向党委政府反映情况，一批群众普遍关注、社会反响强烈的突出问题得到重视并及时解决。

创新民主监督方式。在做好提案办理、专题调研、专项视察等经常性监督的基础上，将民主监督融入党风、政风、行风建设的各个方面，推荐委员参与政风行风评议、价格听证、重大项目评审、法院庭审旁听、检察院重要会议列席、领导干部述职述廉等活动20多次，增强了民主监督实效性，民主监督更加多元化。

（四）关注民生，强化担当，协力增进民生福祉。

助力新冠疫情防控。认真落实“疫情要防住、经济要稳住、发展要安全”重要要求，开展统筹疫情防控与经济社会发展调研督导。政协机关、党派团体、广大委员积极投身疫情防控第一线，参与志愿服务、物资保供、医疗保障，充分展现政协委员的责任担当和良好形象。

助力巩固脱贫，助推乡村振兴。全县政协委员聚焦守住防返贫底线、助推发展特色优势产业、健全完善保障机制、助力基层社会治理等方面的内容，站位全局、履职担当，献智出力、躬身推动，积极投身“双助”活动。办实事好事10件，引进项目和引导投资兴业5个，帮助脱贫村销售或代购特色产品10余万元，个人捐赠和协调项目资金100余万元。1名县政协主席会成员被评为全省“双助”活动先进个人、2名委员被评为全州“双助”工作先进个人。

助力保障和改善民生。聚焦加强农村基础设施建设、推动农业产业化发展、办好人民满意教育、健全城乡公共卫生服务体系、加强基层社会治理等基层民生工作，开展多形式视察调研和协商建言。发挥政协委员面向基层、贴近群众的优势，鼓励引导委员就近就地开展联系服务群众工作，当好党的理论宣传员、政策辅导员，积极协助当地党委、政府做好协调关系、理顺情绪、化解矛盾的工作，深入了解群众困难诉求，及时反映社情民意，事关群众切身利益的问题得到及时妥善解决。

助力联系乡村、重点项目推进工作。根据县委的统一安排，县政协主席会成员坚持经常性深入联系的乡镇开展森林草原防灭火、疫情防控、防汛防地灾、重点项目推进等中心工作；组织机关干部深入联系的则巴村、且拖村开展联村工作，森林草原防灭火工作期间为联系村修建瞭望塔、建设伙食团、承担联系村大部分伙食团费用等，共计投入4万多元，有力彰显了政协助力中心工作的责任担当。

（五）凝心聚力，增进团结，和谐氛围日益浓厚。

注重增进团结合作。围绕“筑牢中华民族共同体意识，推进民族团结进步示范州创建工作走深走实，奋力谱写民族团结进步新篇章，推动凉山质量发展”开展专题调研，邀请工商联、社会团体、协会组织、无党派人士参加调研视察活动，为他们参与政协活动提供畅通渠道。认真贯彻党的民族宗教政策，加强与民族宗教界人士的经常性沟通。密切与非公有制经济人士、其他社会阶层人士的联系。进一步做好理顺情绪、化解矛盾、凝聚人心、增进团结的工作，为促进发展汇聚了最广泛的力量。

密切加强联谊交流。配合州政协开展了“农业硅谷建设”“强化政策落实、优化营商环境”“体育产业发展”等调研视察活动。热忱接待省政协报、德昌县政协、马边县政协到我县考察交流，与什邡市政协开展对口交流活动，组织考察组赴宁波市腾头乡乡村振兴学院学习现代农业、美丽乡村建设、旅游产业发展方面的经验，赴冕宁县考察学习火腿加工、仓储、销售等方面的做法。在接待外地政协来喜德考察及赴外地考察学习的过程中，积极宣传推介喜德，扩大喜德对外影响力。

认真开展文史编纂前期工作。充分发挥政协文史资料“存史、资政、团结、育人”的作用，围绕县政府中心工作，广泛征集多方面的“三亲”资料。围绕喜德“彝族老家”文化特色，制订喜德文史征编五年计划，计划征编《喜德县政协志（2006—2026）》《喜德县脱贫攻坚专辑》《成昆铁路喜德段建设专辑》《喜德县非遗文化专辑》《东西河飞播林区专辑》等史料，目前已完成动员部署等工作。积极服务省、州文史资料编纂工作，圆满完成省、州政协文史委部署的文史资料征编任务。

(六) 夯实基础，提升素质，自身建设持续加强。

持续用力抓党建。认真落实新时代党的建设总要求，以党的政治建设为统领全面加强政协党的建设，推动政协党的建设实现“两个全覆盖”。政协党组充分发挥把方向、管大局、保落实的领导作用，坚持重大事项、重点工作、重要安排及时向县委请示汇报。切实担负起全面从严治党、党风廉政建设和意识形态工作主体责任，纵深推进党风廉政建设和反腐败斗争，扎实抓好“以案促改”“机关作风建设年”“清廉机关建设”活动，持续用力正风肃纪，巩固发展风清气正的良好政治生态。

大力夯实基层基础。深入贯彻落实中共中央《关于加强和改进新时代市县政协工作的意见》和省委《实施意见》，深刻认识基层政协职能职责定位，准确把握履职规范要求，着力推进制度化、规范化、程序化建设，根据州政协、州委编办有关文件要求，县政协办、县委编办联合出台《关于规范县政协机关有关机构编制事项的通知》，增设两个专门委员会，灵活解决机构编制事项，县政协“人员力量薄弱”问题得到有效缓解。

着力加强政协“两支队伍”建设。认真落实“懂政协、会协商、善议政，守纪律、讲规矩、重品行”重要要求，加强委员队伍建设和服务管理。举办委员履职能力提升培训班，深入开展“牢记嘱托·同心奋进”主题读书与实践活动，着力提升履职能力。加强委员履职情况统计，健全委员联络服务机制，评选表扬优秀提案、提案办理先进单位和个人，形成良好工作导向。建立政协应用型智库，培养储备参政议政人才。明确好干部标准和用人导向，关心政协干部成长，提拔一名乡科级政协机关干部，干部干事创业氛围不断增强，机关各项建设取得新成效。

各位委员，一年来，县政协尽力克服新冠疫情的严重影响，共组织开展视察考察调研督导 15 次，开展专题议政协商 2 次，形成专题视察调研报告及会议发言材料 16 份，向县委报送视察调研报告 12 个、建议案 2 个，以提案调研、列席会议和社情民意等方式，向县委、县政府提出意见建议 80 多个，为党委政府科学决策提供了重要参考，为经济社会发展贡献了智慧力量。这些成绩的取得，是中共喜德县委坚强领导和州政协有力指导的结果，是县人大、县政府和社会各方面大力支持的结果，也凝聚了全体政协机关干部和工商联、无党派、各人民团体等各级各界人士的心血和汗水。在此，我代表县政协及其常委会，向大家表示衷心的感谢！

在看到成绩的同时，我们也清醒地看到政协工作中还存在一些不足，主要是：协商制度机制还不健全，协商平台和形式还有待拓展，协商议政实效还需进一步提升，委员履职管理和服务保障还需加强，联系服务界别群众的制度机制还不完善，政协专委会上下互动不够，对口联系党政部门工作机制不健全，等等。这些问题，需要我们在今后的工作中认真研究，切实加以改进和落实。

二、2023 年主要工作安排

党的二十大描绘了以中国式现代化全面推进中华民族伟大复兴的宏伟蓝图，吹响了全面建设社会主义现代化国家、实现第二个百年奋斗目标的前进号角。县委十三届三次全会作出了以安宁河流域高质量发展和同城化发展为总牵引，以“四化同步、城乡融合、全域共兴”为总抓手，以“讲政治、抓发展、惠民生、保安全”为工作总思路，深入实施“一核一带一片”发展战略，加快推动喜德经济社会高质量发展，奋力谱写凉山现代化建设喜德发展新篇章的战略部署。

2023 年，县政协及其常委会要坚持以习近平新时代中国特色社会主义思想为指导，深入学习贯彻党的二十大精神、省委十二届二次全会和州委九届六次全会精神，锚定县委十三届三次全会决策部署和目标任务，在中共喜德县委的坚强领导下，坚持发扬民主和增进团结相互贯通、建言资政和凝聚共识双向发力，坚持“坚决维护核心、倾力服务中心、坚守为民初心、广泛凝聚人心”工作思路，积极践行全过程人民民主，大力推进专门协商机构建设，扎实做好思想引领、凝心聚力、议政建言、服务大局各项工作，努力提高履职能力和水平，为在新征程上奋力谱写凉山现代化建设喜德发展新篇章贡献更多智慧和力量。

（一）深入学习贯彻习近平新时代中国特色社会主义思想和党的二十大精神，着力夯实共同思想政治基础。强化党的创新理论武装，把学习贯彻习近平新时代中国特色社会主义思想和党的二十大精神作为首要政治任务，健全完善以党组理论学习中心组学习为引领的学习制度体系，坚持“第一议题”制度，切实开展学习研讨活动，推进理论学习常态化、机制化，理论武装入脑入心、见行见效。持续开展政协委员全覆盖学习培训，引导广大政协委员争做习近平新时代中国特色社会主义思想的坚定信仰者、积极传播者、忠实实践者。充分发挥政协“重要阵地”“重要平台”“重要渠道”作用，做深做实思想政治引领工作，加强和改进意识形态和政协宣传思想工作，教育引导广大委员和各族各界人士坚决拥护“两个确立”、坚定践行“两个维护”。深入基层一线、深入界别和群众开展党的二十大精神和省委十二届二次、州委九届六次全会精神、县委十三届三次全会精神宣讲活动，引导广大委员和各族各界人士学习新思想、感悟新成就、奋进新征程，始终同中共喜德县委同心同向、同心同行。

（二）聚焦奋力谱写凉山现代化建设喜德发展新篇章重大部署建言资政，着力助推喜德高质量发展。深入贯彻落实省委十二届二次全会和州委九届六次全会、县委十三届三次全会精神，坚持视察调研、协商建言、民主监督一体部署、一体推进，充分激发“政协要为建设现代化喜德作贡献”的责任担当，以高质量履职助推喜德高质量跨越式发展。聚焦“四化同步”，围绕绿色托底、生态为本，扎实筑牢长江上游和安宁河流域的重要生态屏障，加快建设数字喜德，构建以人为核心、以县城为载体的新型城镇化格局，夯实粮食安全根基、打响特色农业品牌等，深入协商议政，积极建言献策。聚焦“城乡融合”，围绕统筹新型城镇化和乡村振兴，在全力巩固拓展脱贫攻坚成果的基础上，聚焦“五大振兴”推动城乡产业协同发展、基础设施一体布局、公共服务普惠共享等开展调研、视察和协商活动，助推党政决策部署和政策措施有效落实。聚焦“全域共兴”，围绕积极融入安宁河流域高质量发展和同城化发展、深入实施“一核一带一片”发展战略，构建以点带面、联动发展、整体成势的全域共兴格局等，开展专题调研和协商，提出更多富有建设性的意见建议。聚焦重点建设项目和社会治理难点问题，组织委员开展视察调研，提出建议意见，发挥协商式监督作用，助推工作落实。

（三）充分发挥政协协商民主在发展全过程人民民主中的优势作用，着力践行协商为民的价值取向。深入学习习近平总书记关于发展全过程人民民主的重要论述，牢牢把握全过程人民民主的时代内涵和实践要求，坚持人民政协为人民，把协商民主贯穿政协履职全过程和各方面，健全制度化协商平台，更好地发挥政协协商在发展全过程人民民主中的优势和作用。突出协商主责主业和“搭台”工作方式，加强协商工作制度化、规范化、程序化等功能建设，提高深度协商互动、意见充分表达、广泛凝聚共识水平，推动政协协商民主广泛多层制度化发展。完善政协民主监督制度机制，寓民主监督于视察调研、参政议政、政协协商、凝聚共识、政协提案之中，助推中央大政方针和省、州、县委决策部署落地落实。完善委员联系界别群众的制度机制，试点探索建设“委员工作室”，引导广大委员“沉下去”，围绕群众“急难愁盼”的民生事项协商建言、多办好事实事，发挥联系服务群众桥梁纽带作用，协力夯实党执政的群众基础和民意基础。突出抓基层打基础工作导向，持续深化“有事来协商”工作，加强工作指导和宣传，推进规范建设和务实开展协商议事活动，实现政协协商与基层协商有机衔接，助力民生改善和基层社会治理。

（四）牢牢把握团结奋斗时代要求，着力汇聚推动喜德现代化建设的磅礴力量。坚持和完善中国共产党领导的多党合作和政治协商制度，充分发挥人民政协作为统一战线组织的重要作用，积极为工商联和无党派人士在政协履职创造更好条件。坚持建言资政和凝聚共识一体部署、一体落实，把凝聚共识融入调查研究、视察考察、协商监督等工作中，精准有效做好宣传政策、理顺情绪、引导预期、增进信心的工作，以协商聚共识、以共识固团结、以团结聚合力，为社会主义现代化喜德建设寻求最大公约数，画出最大同心圆，汇聚最强正能量。加强政协领导、政协委员同党外知识分子、民营企业家、新的社会阶层人士的沟通联络，做好强信心、聚人心、筑同心的工作。认真贯彻党的民族宗教政策，充分发挥少数民族界和宗教界等界别委员作用，推进铸牢中华民族共同体意识。加强政协对外交往交流合作，扩大“朋友圈”，汇聚更多关心、支持、参与喜德现代化建设的力量。

（五）持续推进履职能力现代化建设，着力展现新时代专门协商机构新形象。认真贯彻落实全面从严治党的新要求，以政治建设为统领全面加强政协党的建设，进一步强化政协党组织在政协工作中的政治领导力、思想引领力、群众组织力、社会感召力。全面加强政协专委会建设，健全专委会工作规则，推进政协专委会与党政对口部门的常态化联系和工作协作，着力打造“一委一品”工作品牌，提升专委会工作专业化、特色化水平，推进专委会工作与界别工作、委员小组活动融合发展。全面加强委员服务管理，常态化开展委员学习培训，持续推进“书香政协”建设和委员读书活动，不断提升履职本领。建立健全委员履职考核激励机制，强化委员责任担当，落实政协常委提交年度履职报告制度。积极探索“智慧政协”建设，提高政协工作信息化水平。深入推进“学习型、服务型、创新型、廉洁型”机关建设，鲜明“讲政治、勤学习、重实干、守底线、严要求”导向，激励机关干部担当尽责，以高水平服务保障政协高质量履职，努力干出新时代政协工作新形象。

各位委员，同志们！奋楫扬帆行致远，凝心聚力启新程。让我们更加紧密地团结在以习近平同志为核心的党中央周围，更加自觉地用党的二十大精神统一思想、统一意志、统一行动，在中共喜德县委的坚强领导下，始终保持担当精神、实干作风，牢记嘱托、感恩奋进，矢志不渝、笃行不怠，为奋力谱写新时代凉山现代化建设喜德新篇章作出新的更大贡献！

2023
大事记

1月

3日 西昌德昌冕宁喜德同城化发展工作座谈会召开。州委书记段毅君出席并讲话。州委副书记、州政府代理州长阿石拉比主持。州政协主席杨文泉，州人大常委会党组书记龙伟，州委副书记范继跃、沙文出席。

同日 喜德人武部机关带县民兵应急连开展2022年开训动员暨春节前战备拉动演练。

5日 县委常委、常务副县长张荣寿到县统计局开展工作督导，听取固定资产投资统计、住户收支调查、工业、商贸、建筑业等各专业数据报送情况汇报。

6日 喜德县召开2022年安全生产安排部署会，45家安委会成员单位、13个乡镇主要负责人参加会议。会议由副县长、县公安局局长周若鹏主持。县委常委、常务副县长张荣寿出席会议并作讲话。

7日 县委组织部印发《喜德县省内对口帮扶干部人才选派管理办法》。

13日 核定县文化广播电视和旅游局属事业单位编制总数为14名。

同日 全县13个乡镇全部顺利完成妇联换届选举工作。通过此次换届，各乡镇妇联共选举产生执委317人，主席13人，专职副主席14人，兼职副主席23人，选举产生的乡镇妇联主席平均年龄34岁，研究生学历3人，本科学历8人，大专学历2人，全部为中共党员。

15日 县委书记巫照华主持召开中国共产党喜德县第十三届委员会第二次全体会议。全会以举手表决的方式审议通过喜德县出席中国共产党第二十次全国代表大会代表候选人推荐人选名单。审议通过《喜德县贯彻落实州第九次党代会精神　加快绿色崛起　主动融入同城化发展的实施意见》。本次会议应到县委委员35名、候补委员6名，实到县委委员32名，因事请假3名，实到候补委员5名，符合规定人数。列席会议的有：不是县委委员、候补委员的县级领导，县纪委常委、县监委委员，县委巡察办主任、各巡察组组长。

16—21日 四川省第三方评估组到喜德开展2021年度巩固拓展脱贫攻坚成果同乡村振兴有效衔接后评估工作。

18日 州委常委、西昌市委书记马辉，州委常委、州总工会提名主席沙英莅临全州第二次森林草原防灭火“三化”建设现场拉练会喜德分会场北山点观摩指导森林草原防灭火应急演练。

同日 县人武部组织文职干部、专武干部和县应急连64人联合县应急管理局开展全州第二次森林草原防灭火“三化”建设工作现场拉练。

24日 中央电视总台在喜德录制的“公益课堂”节目在央视频道播出，并同时登上“学习强国”平台首页。

25日 州文联党组书记苏彬一行到北山乡自都村开展“送温暖”活动，为困难群众送去价值3.03万元的运动套装和运动鞋。

27日 喜德县召开2022年党管武装工作会议，传达学习凉山军分区党委十六届四次全体（扩大）会议精神，研究部署新年度党管武装工作。县委书记、县人武部党委第一书记、县国动委第一主任巫照华，县委副书记、县政府县长、县国动委主任岭明，县委常委、县人武部上校部长曹振，县政府副县长比尔莫阿各，县人武部中校副部长马永锋，县人民武装委员会暨县国防动员委员会成员单位主要负责人，各乡（镇）党委书记，各乡（镇）专武干部，县人武部全体干部、文职人员及职工参会。会议由县委常委、县人武部上校部长曹振主持。

2月

7日 成昆复线小相岭隧道平导顺利贯通。

10—11日 县政府县长岭明率队调研洛哈镇、

米市镇、两河口镇等乡镇森林草原防灭火基础设施建设、值班值守、卡点运行以及高标准农田建设、产业发展、烤烟种植等工作。

14日 喜德县自然资源局、县农业农村局、县住建局、县林草局、县国投公司到尼波镇、依洛乡、北山乡联合开展3个挂钩项目的县级验收工作。

18日 核定县农业农村局属事业单位专业技术人才编制总数为142名。其中局机关所属事业单位编制95名，派驻乡（镇）畜牧兽医站事业编制47名。县农业农村局统筹提出局属事业单位专业技术人才编制动态调整建议，报机构编制、财政、人社等部门备案后组织实施。

23日 将县扶贫开发中心更名为县乡村振兴信息服务中心。增加县公共资源交易服务中心事业编制1名。

24日 设立喜德县民营经济维权服务中心，为县工商联合会下设公益一类事业单位，核定事业编制3名，核定中心主任1名。设立喜德县妇女儿童中心，为县妇女联合会下设公益一类事业单位，核定事业编制3名。设立喜德县中彝医院，为县卫生健康局下属公益二类事业单位，核定事业编制10名，核定院长1名，副院长1名。在县城乡居民最低生活保障管理中心挂“喜德县居民家庭经济状况核对中心”牌子，增加3名事业编制，核定光明镇单独管理行政编制3名。核定光明镇便民服务中心单独管理事业编制3名，核定中心主任1名。划转县政务网管中心1名事业编制到县妇女儿童中心。增加县财政预算编审中心、县大数据中心（县社情民意调查中心）事业编制各2名。增加县农民工服务保障中心、县人事劳动争议调解中心事业编制各1名。增加县审计信息中心事业编制1名。增加红莫镇、光明镇周转行政编制各1名。明确县公路运输发展中心主要职责。

25日 喜德县公务服务中心成立，为县委直属公益一类事业单位，归口县委办公室管理，核定事业编制16名。核定主任1名，副主任2名，设3个内设机构，并对职责进行调整。在县退役军人服务中心挂“喜德县烈士纪念设施保护中心”牌子，增加1名事业编制，用于纪念设施保护等工作。增加县目标绩效考评中心事业编制3名。增加县防震减灾服务中心事业编制2名。明确县农业农村局下属事业单位县现代农业产业发展中心为公益一类事业单位。

3月

2日 修订整合不动产登记职责，明确县自然资源局、县住房城乡建设局、县农业农村局、县林业和草原局在不动产登记职责整合后的各自职责，建立协调配合机制，实现信息资源共享。

9日 喜德县召开2022年现代烟草产业发展工作会。县委副书记、县长岭明，县委常委、政法委书记赵支勇，副县长阿尔猛杰及相关部门和乡镇负责人参加会议。

10日 喜德县召开2022年全县一季度经济运行分析暨“开门红”工作会议。县委副书记、县长岭明主持会议并讲话。县委常委、副县长阿于木果，副县长比尔莫阿各、阿尔猛杰、卢仕文等县政府在家领导，县政府组成部门主要负责人、13个乡长、镇长、县内相关企业负责人参加会议。

11日 喜德县自然资源局土地矿产收购储备开发整理中心组织实施挂牌出让两宗工业用地，面积16.61亩，成交价363万元。

16日 县委组织部印发《关于激励和约束森林草原防灭火、防汛防地灾一线干部担当作为五条措施》的通知。

17日 十三届喜德县委召开第一轮巡察工作动员部署会。县委书记、县委巡察工作领导小组组长巫照华出席会议并讲话。

25日 共青团省委书记张荣到喜德县光明镇干拖村、应急救援大队、航空灭火器取水点等地调研，实地察看森林草原防灭火卡点、物资储备情况，观摩以水灭火实战演练，并与县、乡、村三级干部深入交流，全面了解喜德县森林草原防灭火工作开展情况。州委常委、州总工会主席沙英，县委副书记、县长岭明等参加调研。

26日 省应急厅二级巡视员王林召集召开喜德县森林草原防灭火视频调度会。

30日 增加核定县委组织部部务委员1名（副科级），内设机构优化设置为办公室、组织一股、组织二股、干部股、人才工作股、公务员管理股、干部监督股7个内设机构，将原组织二股、组织三股职责整合设置为组织二股，整合人才工作相关职责及原干部二股、老干部工作股职责设置人才工作股。

同日 喜德县举行“童伴妈妈”岗前业务培训会，共50名“童伴妈妈”参加培训。

4月

7日 喜德县统计局组织召开乡村振兴战略统计监测暨农业农村统计工作培训会，县统计局、县农业农村局、13个乡镇的分管领导和县、乡两级统计业务人员共30余人参加会议。

8日 将县农业农村局下设的县草原工作站划转到县林草局，作为县林草局下设事业单位；县草原工作站除种草养畜职责按要求划入县畜牧站外，其他职责全部随草原工作站划入县林草局；县草原工作站现有6名事业编制按照“编随事走”原则，2名事业编制随种草养畜职责划入县畜牧站，4名事业编制随草原工作职责划入县林草局的草原工作站。重新核定喜德县中小学教职工编制总量为2400名，由县教育体育和科学技术局结合两项改革“后半篇”文章、优化校点布局、考虑学生流向等因素，统筹提出各中小学教职工编制分配方案，报机构编制、财政、人社等部门备案后实施。

13日 县委书记巫照华到孙水河光明镇段、且托乡段、冕山镇段察看生态流量下泄、采砂场关停退出后河道治理及两岸环境保护情况，检查河长制落实情况，现场查找问题、研究措施、提出要求。县政协主席宋和远，县委常委、组织部部长陈浩梁，县政府副县长比尔莫阿各，县级有关部门和相关乡（镇）负责人分段参加。

15日 喜德召开县委政法工作会暨政法队伍教育整顿总结会。县委书记巫照华出席会议并讲话，县委副书记、县长岭明主持会议。

同日 由省妇联、省儿基会、凉山彝族自治州妇联、喜德县妇联和手汇幸福里共同举办的大运会吉祥物“蓉宝”手工制作培训班在喜德县彝欣社区正式开班。

16日 喜德县烟叶标准化大田移栽现场会在冕山镇尔史村召开。县委常委、县委政法委书记赵支勇出席会议并讲话，县政府副县长阿尔猛杰主持会议。

17日 县委书记巫照华到机关幼儿园、思源小学、喜德民中、喜德中学等学校实地调研教育工作，了解全县教育教学现状，看望慰问基层教育工作者。县人大常委会主任苏正忠，县政协主席宋和远，县委副书记罗文华，县委常委、宣传部部长毛阿依，县政府副县长卢仕文陪同调研，县级相关部门负责人参加调研。

20日 喜德县“三年提升行动”普通话授课老师分批次深入光明镇彝欣社区、贺波洛乡卓古村等地开展普通话培训。

21日 四川省自然资源厅科技扶贫万里行127团到喜德县贺波洛乡开展城乡建设用地增减挂钩实地调研工作。

23日 县委书记巫照华深入洛哈镇、米市镇、两河口镇调研督导森林草原防灭火、防汛减灾、小水电整治等当前重点工作。县委常委、统战部部长布约克期，县委常委、政法委书记赵支勇陪同调研。

同日 四川省乡村振兴局审计稽察处处长张潇元一行到光明镇开展易地扶贫搬迁后续扶持和掉边掉角农户搬迁专项调研。

25日 省人大常委会委员、省人大民宗委主任委员杨晓明到喜德县调研民族宗教工作。州人大常委会副主任、州委组织部常务副部长李蓉，县人大常委会主任苏正忠，县委常委、统战部部长布约克期等陪同调研。

26日 中共喜德县十三届委员会第十九次常委会（扩大）会议召开。县委书记巫照华主持会议并讲话。县委副书记、县长岭明，县委副书记罗文华、黄波出席。县人大常委会主任苏正忠列席会议。

同日 喜德县召开2022年县委农村工作会。县委书记巫照华出席并讲话。县委副书记、县长岭明主持会议。县人大常委会主任苏正忠，县委副书记罗文华、黄波出席会议。

27日 县乡村振兴局对13个乡（镇）乡村振兴专干进行防止返贫监测帮扶集中排查业务培训并安排部署相关工作。

28日 省民政厅一级巡视员杨伯明到喜德县开展易地扶贫搬迁集中安置点社区治理工作调研。州民政局党组成员、州慈善总会专职副会长王人伟，县委常委、组织部部长陈浩梁以及州、县相关部门负责人陪同调研。

28日至6月10日 喜德县开展2022年度防止返贫监测和帮扶集中排查工作，识别监测对象112户462人。

30日 喜德县完成129套监测预警信息系统设备安装，全面推进地质灾害信息化建设项目，项目涉及覆盖全县57处地质灾害隐患点、72处风险区。

5月

6—7日 省妇联党组成员、副主席杨卉，州妇联党组成员、副主席贾莉一行到喜德县开展“树新风促振兴”工作调研。

12日 县人武部组织县民兵应急连98人参加喜德县2022年防震减灾综合应急演练。

25日 州人民政府副州长彭涛赴喜德县调研成昆铁路复线喜德西站站前广场建设情况。县委副书记、县长岭明陪同调研。成昆铁路复线喜德西站站前广场及配套基础设施项目位于喜德县冕山镇新桥村，项目总投资1.2亿元。项目内容包括超市、餐饮、旅游产品展销中心等商业区块建筑11400平方米和站前广场26000平方米、停车场13300平方米、道路、桥梁等配套附属设施。

同日 共青团四川省委副书记蒋亭一行到喜德县调研森林草原防灭火工作，并参加“森林草原防灭火消防水车”捐赠仪式。州委常委、总工会主席沙英，州政协副主席肖春，县委副书记、县长岭明分段陪同调研。

26日 喜德县土地矿产收购储备开发整理中心组织实施拍卖出让两宗工业用地，面积12.82亩，成交价1524万元。

26—27日 州人大常委会副主任卢立武一行到喜德县开展《中华人民共和国土地管理法》贯彻实施情况执法检查，并召开座谈会。县人大常委会主任苏正忠，县委常委、副县长阿于木果，人大常委会副主任熊佐德、黄登茂、李庆华，副县长阿尔猛杰全程或分段陪同检查。

31日 根据《中共四川省委农村工作领导小组办公室 四川省乡村振兴局关于印发〈2021年度巩固脱贫成果后评估存在专项问题和任务重难度大的县（点）整改情况挂牌督办工作方案〉的通知》，喜德县易地搬迁后续扶持工作纳入全省挂牌督办。

同日 由冕山镇主办，县委宣传部、县妇联指导承办的“树新风促振兴”家庭家教家风暨贯彻落实《凉山彝族自治州移风易俗条例》宣讲会在民主村曙光文化广场拉开帷幕。

6月

1日 州委常委、宣传部部长彭洪到喜德县开展六一儿童节慰问，并调研教育卫生文化工作。县委副书记、县长岭明，县委常委、宣传部部长毛阿依，县委常委、副县长阿于木果全程或分段陪同。

5日 县委书记巫照华深入尼波镇调研巩固脱贫攻坚防止规模性返贫工作。县委副书记黄波，县委常委、副县长杨路参加调研。

8日 核定县委禁毒办主任1名，专职副主任1名。明确喜德县相岭中学为喜德县教育体育和科学技术局下属公益一类事业单位，核定校长1名，副校长2名，所需编制由县教育体育和科学技术局按比例从全县中小学教师总编制中调剂解决，报机构编制、财政、人社等部门备案后实施。

15日 全国妇联党组成员、副主席蔡淑敏一行到喜德开展调研。调研贯彻习近平总书记在四川考察时关于家庭家教家风建设重要指示暨调研“树新风促振兴”暨妇女儿童关爱提升三年行动计划工作开展情况。

同日 因使用周转编制人员离开原乡镇工作岗位，收回光明镇、且拖乡乡镇周转行政编制各1名。

同日 喜德县机关事务管理局组织司法局、水利局等部门开展以“绿色低碳，节能先行”为主题的节能宣传活动。

17日 印发《关于全覆盖结对帮扶脱贫户、监测户》的通知，对全县脱贫人口和监测对象进行红、黄、绿三色管理，按照“三级书记抓落实”“户户有人包”原则，落实全县脱贫户和监测户帮扶责任人。

20日 县级领导、县委机关干部职工集体签订移风易俗承诺书仪式举行。

21日 喜德县辖区内的成昆复线小相岭隧道全线贯通，成昆铁路扩能改造工程小相岭隧道全长21.775千米，是成昆复线的“咽喉”和控制性工程，是成昆复线最长的隧道，也是我国迄今为止修建贯通的第一长单洞双线山岭铁路隧道。

23日 县司法局对外使用“喜德县人民政府行政复议办公室”名称和印章，作为县政府的行政复议机构，依法办理行政复议事项，履行行政复议相关职责。调整优化内设机构设置，在县司法局增设行政复议与应诉股并明确主要职责。

27日 召开促进脱贫人口增收安排部署会，启动喜德县促进脱贫人口增收“百日行动”。

29日 省残联党组书记、理事长杨志远一行到喜德县调研残疾人工作。州残联党组书记、理事长张建英，县委常委、总工会主席邓阳，县政府副县长比尔莫阿各及县级相关部门负责人参加调研。

7月

6—8日 县委书记巫照华率喜德县党政代表团到浙江省海曙区对接工作，召开海曙·喜德2022年度第一次联席会议，会议就深化和拓展两地协作达成共识，并签订相关协议。

7日 资阳市水利局对喜德县饮水工程从饮水水质、三个制度上墙情况、水利巡管员工作情况等方面进行规范化评估。

8日 四川省喜德县光明镇公塘子理疗天然矿泉水普查探矿权挂牌出让成功，成交额488万元。

8—9日 县委副书记、县长岭明，县委副书记黄波分别带队全覆盖走访10个乡村振兴典型项目调研定点观测村。

11—19日 中国人民大学进驻喜德县开展乡村振兴典型项目调研工作。

12日 州委副书记范继跃赴喜德县调研“三农”工作并召开座谈会。州委副秘书长曲木伍牛、州农业农村局局长阿呷说哈参加调研。县委书记巫照华陪同调研并汇报相关工作。

12—13日 州人大常委会副主任李云会率队到喜德县开展《凉山彝族自治州艾滋病防治条例》执法检查并召开座谈会。县人大常委会主任苏正忠，县委常委、宣传部部长毛阿依陪同检查并参加会议。

13日 喜德县妇联招募65名大学生志愿者在

光明镇彝欣、石门，两河口镇火觉莫和鲁基乡中坝社区对630名留守儿童开展为期一个月“七彩假期·阳光陪伴”暑期关爱活动。

18—20日　海曙区人大常委会主任张启表、海曙区副区长黄健率海曙区代表团到喜德县对接工作，并对北山乡良田禽类养殖产业园项目进行考察调研。

25日　州水利局局长王显辉一行到冕山镇洋妈妈学校调研饮水工程“5·25”灾后恢复情况。

28日　州委常委、州政府党组成员杨复晗到喜德县调研基层治理、乡村振兴、项目建设等工作。县委副书记、县长岭明，县委常委、县纪委书记、监委主任李庆，县政府副县长比尔莫阿各陪同调研。

29日　县委书记巫照华率队深入贺波洛乡调研县城生猪屠宰场选址建设工作。县委副书记、县政府县长岭明，县人大常委会主任苏正忠，县政协主席宋和远参加调研。

8月

1日　全国妇联驻凉工作队入驻凉山蹲点喜德，开展为期一个月的“树新风促振兴”工作调研，助力喜德开展好三年行动。

6日　县委书记巫照华到良田禽类养殖产业园督导工程进度。

8日　宁波市海曙区委宣传部副部长、区新闻办主任、区全媒体中心主任汪光辉一行到喜德县开展对口交流工作。

11日　将县纪委监委机关信访室由在案件监督管理室挂牌，调整为在办公室挂牌，并相应调整其职能职责。

12日　喜德县召开2022年度东西部协作工作推进会。

15—18日　喜德县妇联组织35名特殊困境儿童和6名优秀大学生志愿者开展“走出家门看凉山”七彩假期红色教育夏令营活动。

17日　省烟草专卖局（公司）党组成员、副总经理周德文一行到喜德县冕山镇洛发村、光明镇干托村及烘烤工场，实地查看烟叶田间长势、烤后烟叶质量及初分保管，详细了解烟农烘烤、土地成本、劳动力等情况。县政府副县长阿尔猛杰陪同调研。

19日　四川农业大学调研组一行赴喜德县开展东西部协作工作调研。

22日　宁波市支援合作局到喜德县鲁基乡“阳光玫瑰”葡萄种植基地调研东西部协作工作。

23日　喜德县水利局组织全县181名水利巡管员进行岗前培训工作，增强水利巡管员做好农村饮水安全工作的责任感，强力推进农村饮水安全建设工作。

24—25日　全国人大常委会副委员长、全国妇联主席沈跃跃到喜德县调研，先后在喜德县冕山镇民主村、冕山镇中心卫生院、光明镇彝欣社区、喜德县青少年学生校外活动中心调研移风易俗、妇女卫生健康、“三支队伍”作用发挥情况和“洁美家庭”创建情况以及关爱儿童等工作。在调研过程中，看望慰问全国妇联选派支持凉山彝族自治州开展“树新风促振兴”妇女儿童关爱三年行动接力工作的全国妇联驻凉接力工作队。全国妇联原党组副书记、副主席、中国儿童少年基金会理事长陈秀榕，全国妇联书记处书记、党组成员赵雯，中国儿童少年基金会秘书长张彦红，中国儿童少年基金会副秘书长朱东云，四川省委常委、省委组织部部长于立军，四川省人大常委会副秘书长何清，四川省妇联党组书记、主席杨娟，四川省凉山彝族自治州委书记段毅君陪同调研。

29日　省民政厅厅长杨伯明一行到光明镇彝欣社区调研，与县委组织部、县民政局共同研讨易地扶贫搬迁集中安置重点社区建设工作。

31日　在喜德县社会救助福利中心（喜德县儿童福利服务指导中心）挂牌设立喜德县未成年人

保护中心，并明确喜德县未成年人保护中心主要职责。

9月

1日 县委书记巫照华到县委党校新建项目施工现场、县档案馆调研督导，并召开座谈会。县政协主席宋和远，县委副书记罗文华参加调研督导。

同日 县委副书记、县长岭明专题调研公安工作。到冕山派出所、冕山交警中队、光明派出所、森林警察大队、县局综合执法办案管理中心等地，实地查看派出所办公环境和营房建设，详细了解疫情防控措施落实、警力配置、勤务运行模式、队伍建设等情况，并召开座谈会。县委常委、政法委书记赵支勇，副县长、公安局局长周若鹏陪同调研。

7日 县政府县长岭明主持召开会议，组织县政府领导班子成员，专题学习统计业务知识，研究部署统计工作，县政协主席宋和远特邀参加学习会议。

15日 组织开展全县党组设置、党组织设置及隶属关系、党费收缴使用管理排查整顿工作。

17日 增加县政协信息服务中心事业编制1名。增加县公务服务中心事业编制3名。增加县农村电影放映服务中心、县法律援助中心事业编制各2名。增加县人大常委会办公室信息中心（喜德县人大常委会预算监测中心）事业编制1名。增加党校一般事业编制1名。核定县档案馆（参公）、县就业服务管理局（参公）单独管理事业编制各2名，核定县消防服务中心单独管理事业编制1名，用于解决2022年到岗定向培养计划。

18日 县委书记巫照华深入县国投公司、县农旅投公司开展专题调研，听取企业发展情况汇报，详细了解企业的运营情况、团队结构和存在的困难问题，深入分析当前形势，并对如何推动县属国有企业高质量发展进行研究部署。县政协主席宋和远参加调研。

20日 喜德县十五届人民政府第一次全体会议暨廉政工作会议召开。县委副书记、县长岭明主持并讲话。

22日 组建喜德县应急管理综合行政执法大队，整合执法职能，喜德县安全生产监察执法大队更名为喜德县应急管理综合行政执法大队，以喜德县应急管理局名义统一执法，建立“局队合一”体制机制，喜德县应急管理综合行政执法大队为县应急管理局所属事业性质行政执法机构，核定编制6名，人员参照公务员法管理，其中大队长1名。

同日 召开喜德县东西部协作考核指标任务分解会，审议《喜德县2022年东西部协作考核指标任务责任分解表（审议稿）》和《喜德县2022年东西部协作考核指标任务分解表（审议稿）》。

10月

4日 在县农业农村局内设机构“办公室”挂牌设立“县委农办综合股”，负责县委农办日常工作。在“乡村宜居建设股”挂牌设立“县委农办督查股”，并明确主要职责。

13日 印发《喜德县巩固拓展脱贫攻坚成果同乡村振兴有效衔接实施方案（2022—2025年）》。

10日 省委第四巡视组巡视喜德县工作动员会召开。省委第四巡视组组长丁宗进作动员讲话。喜德县委书记巫照华主持会议并作表态发言。会前，省委第四巡视组组长丁宗进主持召开与喜德县委书记巫照华和县委副书记、县政府县长岭明的见面沟通会。

20日 在县乡村振兴局内设机构“移民股”挂牌设立“自发搬迁管理股”，专门负责已自发搬迁农民的管理工作；在县乡村振兴信息服务中心增加2名事业编制，用于协助已自发搬迁农民的管理服务工作。

21日 州政府副州长、州公安局局长梁小辉到喜德县冕山综合检查站、交警中队综合查缉点、且拖乡联合村等地，通过实地查看、听取汇报等方式，详细了解安保维稳、疫情防控和森林草原防灭火前置期等工作开展情况。

26日 县委书记巫照华带领有关部门负责人，实地调研30万吨生物饲料加工厂项目建设情况，了解项目建设过程中存在的困难问题，并现场研究解决措施。

28日 省高院党组副书记、常务副院长秦海率队到喜德县人民法院调研。州中院党组副书记、副院长刘波参加调研，县委书记巫照华陪同调研。

10月底 喜德县易地搬迁后续扶持挂牌督办专项整改通过省、州摘牌初验。

11月

1日 喜德县正式启用“三区三线”划定成果。

4日 喜德县组织召开“清廉机关”建设工作动员部署会。

5日 县委书记巫照华率队到冕山镇俄尔则俄村调研小相岭景区开发相关事宜。县人大常委会主任苏正忠，县委常委、县政府副县长吴本忠、曹磊，县委办、县自然资源局、县农业农村局、县融媒体中心、县国投公司、冕山镇等单位主要负责人参加调研。

7日 喜德县妇联对9名“两癌”妇女发放2022年度低收入妇女“两癌”救助资金（中央专项彩票公益金）共计9万元。

8日 喜德县残联投入资金8.5万元，为150名残疾人发放居家灵活就业补贴。

9日 宁波市海曙区副书记、区长叶枝利带领党政代表团一行到良田禽类养殖产业园考察调研，县委副书记、县长岭明陪同调研。

15—22日 四川省后评估工作组赴喜德开展2022年度巩固拓展脱贫攻坚成果同乡村振兴有效衔接后评估工作。

16日 喜德县自然资源局土地矿产收购储备开发整理中心组织实施挂牌出让两宗工业用地，面积57.46亩，成交价1124万元。

17日 省水利厅副厅长张强言到喜德县调研米市水库项目推进情况。县委书记巫照华陪同调研，县委常委、统战部部长布约克期，县政府副县长比尔莫阿各，以及大桥水电开发有限公司和喜德县有关部门负责人陪同调研。

18日 喜德县残疾人联合会按照特殊康复社区建设标准，投入东西部协作资金50万元，在光明镇彝欣社区建立一间170平方米的多感官康复训练室。

21日 《喜德县矿产资源总体规划（2021—2025年）》中设置的3个采矿区块和3个勘查区块获四川省自然资源厅批复。

24日 省委常委、省军区少将政治委员田晓蔚到喜德县调研巩固拓展脱贫攻坚成果同乡村振兴有效衔接工作，强调要深入学习宣传贯彻党的二十大精神，全面落实中央和省委重要决策部署，坚决守住不发生规模性返贫底线，加快推进乡村振兴。

同日 两河口镇瓦尔西总村驻村第一书记蒲博先进事迹“四川凉山彝族自治州喜德县：青春无悔帮扶路”在央视频道播放。

同日 光明镇彝欣社区被省委组织部和省民政厅联合确立为2021年全省基层治理示范社区。

12月

2日 县委书记巫照华到北山乡中心校调研教育工作，到良田禽类养殖产业园、富舜现代农业产业园调研产业发展和项目建设情况。

3日 在县住房和城乡建设局内设建管股挂“消防审验股”牌子，承担建设工程消防设计审查验收相关职责。增加喜德县消防服务中心事业编制2名，专门用于从事消防验收技术支撑和事务性工作。

10日 州委副书记范继跃到沙马拉达乡调研乡村振兴衔接资金项目，指导产业发展工作。

13日 喜德县委统战部在既有领导职数内明确1名副部长分管侨务、侨联相关工作。喜德县国土资源执法监察大队更名为喜德县自然资源综合行政执法大队，以喜德县自然资源局名义统一执法；喜德县自然资源综合行政执法大队为县自然资源局所属事业性质行政执法机构，核定编制14名，其中9名用于基层自然资源所，人员参照公务员法管理，核定大队长1名。

14日 喜德县安委会2022年第四次全体成员会议召开。县委常委、常务副县长张荣寿主持并讲话。县委常委、副县长阿于木果，副县长、公安局局长周若鹏，副县长达久乌萨、阿尔猛杰、卢仕文出席会议。

20日 喜德县几几彝绣农业专业合作社负责人阿的几几经考察被选举为四川省十四届一次会议人大代表。

同日 喜德县自然资源综合行政执法大队正式挂牌成立。

25—30日 国家财政绩效评价考核评估组进驻喜德开展2019—2022年财政绩效评价考核工作。

26日 成昆铁路复线喜德西站正式开通运营。

同日 喜德县红十字会第一次会员代表大会在县委大会议室召开。

28日 光明镇彝欣社区被民政部和司法部联合确立为第九批全国民主法治示范村（社区）。

29日 喜德县工商业联合会（总商会）第五次代表大会召开。州工商联党组成员、副主席、州总商会会长杨呷且到会指导。县委副书记罗文华出席并讲话，县委常委、统战部部长布约克期主持大会。

30日 将原喜德县向荣片区自然资源所、喜德县红莫片区自然资源所、喜德县两河口片区自然资源所、喜德县米市片区自然资源所、喜德县尼波片区自然资源所5个片区自然资源所优化设置为4个片区自然资源所（即喜德光明片区自然资源所、喜德县红莫片区自然资源所、喜德县两河口片区自然资源所、喜德县米市片区自然资源所），为县自然资源局派驻乡镇的事业机构，核定编制数16名，其中，行政执法类事业编制9名，一般事业编7名。

30日 喜德县妇女第十三次代表大会顺利召开。

2023

喜德概况

喜德概况

【概况】 喜德县位于凉山彝族自治州中北部，北与越西县交界，东及东南部与昭觉县相接，西及西南部与冕宁县和西昌市毗邻。全县面积2117.75平方千米，其中，耕地29620.57公顷、林地130323.62公顷、草地36507.93公顷。2022年年末，全县总户数61114户，总人口220964人。辖7个镇、6个乡、102个村（社区）、380个村民小组、39个居民小组，是一个以农业为主、地处山区的彝族聚居县，是现代彝语标准音所在地，被誉为彝族“母语之乡”“漆器之乡”“美酒之乡”。县内有省级风景名胜区小相岭——灵关古道；汉代“五合大石墓群”、茶马古道——登相营古驿站等国家重点文物保护单位。非物质文化遗产名录众多，《彝族漆器髹饰技艺》为国家级非物质文化遗产名录；《勒俄特依》《玛牧特依》等属省级非物质文化遗产名录。

【社会经济发展】 2022年，喜德县综合实力稳中有升。全县完成地区生产总值38.22亿元，增长5.5%。第一产业实现增加值10.44亿元，增长4.2%；第二产业实现增加值5.72亿元，增长12.7%；第三产业实现增加值22.06亿元，增长4.6%。三次产业结构占比27.30∶14.98∶57.72。规模以上工业增加值增长21.1%。一般公共预算收入1.44亿元，增长8.5%。社会消费品零售总额10.96亿元，增长1.7%。城镇居民人均可支配收入31423元，增长5.3%。农村居民人均可支配收入12749元，增长6.97%。经济底盘支撑强劲。新开工建设重点项目49个，续建项目25个，完成固定资产投资25.65亿元、增长50.9%。米市水库保通道路贝雷桥项目开工建设。牧光互补40兆瓦光伏电站二期项目建成运行。凉山康源优质农业农产品加工等3个项目完成技改。减税降费5522万元，办理留抵退税1208万元。为中小微企业提供担保贷款3558万元，企业贷款延期200万元。产业发展迸发活力。农业产业提质增效。建成高标准农田2.6万亩。完成粮食播种面积30.55万亩，总产量8.13万吨。种植特色水果1.21万亩，总产量2.39万吨。种植烤烟8400亩，收购烟叶2万担，实现两烟税收2358.27万元。出栏生猪27.24万头、肉牛0.95万头、羊13.89万只、家禽79.76万羽，分别增长0.09%、3.46%、0.76%、2.7%。注册登记农民专业合作社453个、家庭农场700户。工业经济转型发展。完成工业企业升规入统2户，全县规模以上工业企业达到11户。完成工业投资4.2亿元、技改投资3700万元。凉山信和矿业10万吨硅矿和150万吨废石综合利用项目建成投产。铁骑力士30万吨生物饲料厂项目有序推进。服务行业稳中向好。完成“个转企”24户，实现电商交易额1.9亿元、增长3%。农村网络零售额达到4000万元。新签约招商引资项目7个，总投资14.8亿元。实现货物出口贸易额560万元。建筑行业持续突破。完成建筑业总产值6.32亿元，增长20.3%。新增房地产开发企业3户，德熙温泉府等房地产开发项目顺利推进，房地产业实现从无到有。

2022年喜德县经济社会发展主要指标完成情况表

项目	单位	实绩	同比增长（%）
地区生产总值	亿元	38.2176	5.5
人均地区生产总值	元	17866	6.8
第一产业增加值	亿元	10.4353	4.2
第二产业增加值	亿元	5.7235	12.7
规模以上工业增加值增速	%	21.1	—

续表

项目	单位	实绩	同比增长（%）
第三产业增加值	亿元	22.0588	4.6
民营经济增加值	亿元	13.5475	3.6
社会消费品零售总额	亿元	10.9570	1.7
全社会固定资产投资总额	亿元	25.6534	50.9
一般公共预算收入	亿元	1.4435	8.49
一般公开预算支出	亿元	25.1232	–3.84
城镇居民人均可支配收入	元	31423	5.3
农村居民人均可支配收入	元	12749	6.97

【巩固脱贫成果与乡村振兴】 2022年，喜德县脱贫成果更加巩固。全覆盖开展防返贫动态监测，新增监测对象153户632人。实施农村危房改造700户。巩固提升1080户安全饮水。落实学前教育阶段儿童保教费、生活费1280.96万元。发放义务教育阶段学生生活补助3926.76万元、国家助学金460万元。脱贫人口人均纯收入达到11578元、增长14.8%。顺利通过省第三方实地考核评估和国家衔接推进乡村振兴补助资金绩效评价考核。乡村振兴加快推进。投入4.9亿元，实施4大类123个项目。北山艮田禽类养殖园区等5大省级标准示范园区加快推进。累计建成7个州级农业产业园区、16个县级产业园区。完成12个村，24个集中安置点污水处理设施建设。发放富民贷3074.74万元、农业产业到户奖补5925.65万元。开发公益性岗位3653个，促进就近就业11039人。且拖乡且拖村、光明镇干拖村获评2022年度全省乡村振兴示范村，洛哈镇木古宜莫村获评2022年度全省乡村振兴重点帮扶优秀村。全域结对助力发展。统筹各级各类帮扶资金2.3亿元，实施项目195个。引进资金2.6亿元，实施项目65个。转移输出劳动力1176人，认定就业帮扶车间24个、帮扶基地2个。落实37名县级领导联系13个乡（镇），109名正科职领导包村、105个单位结对帮扶102个村（社区）。选派新一轮乡村振兴驻村帮扶干部262名，海曙区、什邡市选派16名帮扶干部人才开展教育、医疗“组团式”帮扶。18074户脱贫户和监测户精准结对帮扶全覆盖。

【持续保障和改善民生】 2022年，喜德县民生事业稳步推进。坚持教育优先发展理念，投入资金4.23亿元，占财政一般预算支出的17%。提升改造中小学4所、幼儿园12所。发放各类生活补助、助学金1.62亿元，惠及学生6万余人次。新增城镇学位1500个，在校学生51374人，占全县常住人口的1/3以上。适龄学生入学率达到100%，高考录取率达到91.32%。持续提升医疗救治保障能力，基本医疗保险征缴率达到100%，县域内就诊率达到91.2%。艾滋病治疗覆盖率达到97.57%，治疗有效率达到99.16%。完成县人民医院整体搬迁项目第一期主体建设。13个乡（镇）卫生院中医馆、冕山镇AAAAA级预防接种门诊建成投用。社会保障不断增强。投入资金16.57亿元，占财政一般预算支出的66%。新增城镇就业350人，城镇失业人员再就业68人，扶持135名大学生、退役军人等重点群体创业就业，失业率控制在4%以内。输转城乡富余劳动力5.86万人，创造劳务收入12.4亿元。追回拖欠农民工工资1141.91万元。发放社会救助资金1.29亿元，城乡低保标准分别提高10.6%、15.7%。新建殡仪馆、集中供养服务体系项目建成投用。文明创建持续深化。建成县新时代文明实践中心、13个乡（镇）文明实践所和102个村（社区）文明实践站。深入开展“树新风促振兴”助力乡村文明创建，评选“洁美家庭”19400户、“最美母亲”100名。成功创建州级卫生县城。积极参加建州70周年开幕式文艺演出和花车巡游，展示喜德彝族老家文化内涵。

【加快基础设施建设】 2022年，喜德县城市建设全面加速。全县国土空间总体规划形成中期成果，完成第一批次乡镇级片区国土空间规划。铺设地下污水管网6.5千米，打通县城规划区6条“断头路”。启动老旧小区改造项目。第二水厂建成运行。完成县城内涝治理。城市建成区扩大到3.11平方千米，新增城市居民10000余人。点亮城市首盏“红绿灯”，实施县城亮化工程。基础设施有效改善。交通路网不断完善。完成战备公路改建34.74千米，通村公路巩固提升7.07千米，通组道路硬化19千米，新建公路生命安全防护工程173.25千米，实现通乡通畅和通村通畅两个100%。成昆复线通车运营，喜德西站建成投用。水利基础持续夯实。建成李子乡大兴村安全饮水、光明镇沙洛村产业园区灌溉项目。完成且拖小流域水土流失综合治理项目。巩固提升冕山镇饮水安全水毁修复和两河口镇洛甘村等饮水安全项目8个，惠及群众4860人。电力保障全面加强。实施成昆铁路凉山扩能3个220千伏供电工程、4个农村电网升级改造、5个大修技改项目建设，完成110千伏喜德变电站迁建，实现双回线路供电，保障能力明显提升。环境治理成效明显。全面落实“河（湖）长制”和“林长制”，持续抓好生态环境保护工作。集中式饮用水水源地和断面水质达标率100%，空气质量优良天数比率达98.63%。城乡污水集中处理率分别达95.83%、45.3%。完成集体林、国有林抚育15300亩。完成源泉村、干拖村干旱河谷生态综合治理1000亩，鲁基乡、贺波洛乡横断山区水源涵养与生物多样性保护项目10000亩。治理水土流失40.86平方千米。

【守牢健康与安全底线】 全面打赢森林防火攻坚战。投入9389万元，持续巩固全县森林草原防灭火工作成果。组建县、乡、村三级扑灭火队伍，986名县、乡、村组干部包保下沉。新建防火通道619千米，建成50立方米消防水池23口，安装3吨水罐2228个，32立方米钢制水池650个，全面卡紧“防抗救”链条，全年实现“零火情”，牢牢守住“两个确保”安全底线。全面打赢安全生产保卫战。在重要敏感时间节点，开展社会治安专项整治，保障全县社会大局稳定。排查整改各类安全隐患1064条。治理自建房安全隐患，排查图斑11.7万个，排查率、整治率均达100%。严格落实“三长两员”“三单四图”“三个紧急避让”，成功避让5起灾害，实现全年人员“零伤亡”。调处化解信访积案和矛盾纠纷416件，喜德县被评为全国信访工作示范县。

【加强政府廉政建设】 政治生态更加清朗。坚定捍卫“两个确立”，坚决做到“两个维护”，把旗帜鲜明讲政治贯穿于政府工作各方面全过程。严格执行中央八项规定及其实施细则，严格落实作风建设年要求，持续推进政府系统全面从严治党，牢固树立过紧日子的思想，压减“三公”经费55.74万元、减少22.21%，县本级完成审计项目50个，送审金额5.58亿元，审减资金3609.98万元。行政用权更加规范。坚决服从县委领导，严格执行重大事项请示报告制度和“三重一大”决策机制。修订完善《喜德县人民政府常务会议议事规则》，主动公开政府信息30129条。自觉接受县委巡察监督，人大法律、工作监督，政协民主监督，审计监督和社会监督。办理答复人大代表建议118件、政协提案83件，办复率、满意率、基本满意率均达100%。营商环境不断优化。持续深化“放管服”改革。完成4家县属国企改革。实行县级领导联系包保企业制度，走访企业、个体户312次，解决问题14个。政务服务事项网上可办、企业投诉办结率均达100%。“最多跑一次”“全程网办”事项率均达98%。承诺时限比法定时限平均提速65%，材料减免率达60%，完成网办事项50052件，网上受理率达69.28%。企业登记注册、开办时间均压缩至3个工作日以内。

（撰稿：李灵聪／核稿：孙　泽）

2023
中共喜德县委员会

综　述

【概况】 2022年是党的二十大召开之年，也是踏上全面建设社会主义现代化国家、向第二个百年奋斗目标进军新征程的开局之年。面对发展任务繁重、经济承压巨大、疫情形势复杂等严峻挑战，喜德坚定以习近平新时代中国特色社会主义思想为指导，深入学习贯彻党的二十大精神和省委十二届二次全会、州委九届六次全会精神，全面落实党中央和省、州委决策部署，团结带领全县各族干部群众攻坚克难、勇毅前行，推动全县各项事业取得新突破、迈上新台阶。

【县域经济发展】 2022年，全县实现地区生产总值382176万元，同比增长5.5%。其中，第一产业实现增加值104353万元，同比增长4.2%；第二产业实现增加值57235万元，同比增长12.7%；其中，工业完成增加值46712万元，同比增长7.8%，建筑业完成增加值10523万元，同比增长37.6%；第三产业实现增加值220588万元，同比增长4.6%。产业结构调整为27.3：14.98：57.72。全社会固定资产完成投资256534万元，同比增长50.9%；规模以上工业增加值增速21.1%；建筑企业产值完成63156万元，同比增长20.3%；社会消费品零售总额实现109570万元，较上年同期增长1.7%；财政总收入完成35126万元，同比下降7.67%，一般公共预算收入完成14435万元，较上年同期增长8.49%，税收收入9629万元，同比下降1.91%；财政总支出276548万元，同比下降0.88%，一般公共财政支出251232亿元，同比下降3.84%；全体居民人均可支配收入17866元，同比增长6.77%；其中，城镇居民人均可支配收入达到31423元，同比增长5.28%；农村居民人均可支配收入达到12749元，同比增长6.97%。

【巩固拓展脱贫攻坚成果同乡村振兴有效衔接】 持续推进脱贫攻坚成果巩固。深刻认识到巩固拓展脱贫攻坚成果是一场输不起的硬仗和一切工作的底线，继续发扬伟大脱贫攻坚精神，严格落实“四个不摘”要求，及时发现153户632人返贫致贫风险并落实“一对一”精准帮扶措施，坚决守住不发生规模性返贫底线。坚持“三级书记”抓巩固，统筹最精干的力量，建立最高规格的县、乡、村三级指挥体系，对全县18074户脱贫户和监测户实行“红黄绿”分类结对帮扶，开展脱贫人口增收“百日行动”，2022年脱贫户人均收入11578元、增速14.8%。深入实施巩固补短行动，拆除3527户应拆未拆不安全住房，解决700户农村C级、D级危房，巩固提升1080户安全饮水。持续用力推进乡村振兴。编制印发《喜德县巩固拓展脱贫攻坚同乡村振兴有效衔接实施方案（2022—2025年）》，为规划项目、安排资金、实施项目提供根本遵循。用好用足各级各类帮扶之力，积极协调、对接国家档案局、中央广电总台、省应急管理厅等25家中央、省、州定点帮扶单位，持续深化定点帮扶工作，依托东西部协作推进会、党政联席会等载体，加强与帮扶单位进行深入对接联系、争取帮扶资金，2022年投入帮扶资金10221.41万元，安排实施119个项目。深入开展农村人居环境整治“百日攻坚”，农村“脏乱差”问题得到有效改善。扎实推进美丽乡村建设行动，且拖村乡村振兴示范点建设等项目初显成效。

【社会事业】 教育事业加快发展。牢固树立“砸锅卖铁也要办好教育”的理念，集中力量办好人民满意的教育。全年在教育领域投入4.86亿元，占财政支出的19.35%。全面加快教育基础设施建设，补齐教育资源短板，教育基础条件极大改善，城乡办学条件差距进一步缩小，学前教育快速发展、义务教育全面普及、普高教育稳中有升，在校学生达51374人，占全县常住人口的1/3以上。认真落实控辍保学“六长”责任制，实现适龄儿童少年入学“一个都不少”。召开全县教育发展大会，进一步坚定全县上下办好教育的信心和决心。

医疗水平持续提高。始终把医疗作为最基本的民生保障，尽最大努力保障人民群众生命健康安全。不断完善“1+M+N”艾防体系建设，认真执行“四免一关怀”等优惠政策，稳步推进全县艾滋病防治工作，全县艾滋病治疗覆盖率达97.57%、治疗有效率达99.16%，超额完成州下达目标任务。强化县、乡、村三级医疗服务体系建设，深入推进医疗“组团式帮扶”，全面提升医疗救治能力。进一步夯实家庭医生签约团队，公共卫生服务能力得到大大提升。县重大疾病指挥中心、巴久方舱隔离点、13个乡镇卫生院中医馆、冕山镇AAAAA级预防接种门诊等一批项目建成投用。社会保障有效改善。紧紧聚焦重点人群、千家万户的所急所需所盼，提升社会服务保障水平，织密织牢民生保障网。加快民生基础设施建设，殡仪馆、农村敬老院、儿童福利院等一批群众期盼已久的民生项目建成投用。医疗、养老参保实现“应保尽保”，特困人员、孤儿、低保对象、重度残疾人等重点人群参保率达100%，全年城乡居民基本医疗保险参保任务超额完成，养老保险参保103748人、待遇支出2183万元。引导135名大学生、退役军人、返乡农民工等重点群体创业就业。幸福指数不断攀升。始终把事关群众切身利益的“小事”当作时刻放在心里的大事，下定决心办好许多人民群众满意的实事，创造了更多看得见、摸得着的“微幸福”。持续整治城市环境卫生、点亮喜德历史首盏“红绿灯”、建成贯通县城新区的大道、实施县城“亮化工程”，等等，喜德的城市味和烟火气越来越浓，得到广大干部群众的点赞，有效提升社会满意度和幸福感。

【深化改革】持续深化改革扩大开放。坚持把改革作为推动发展的内生动力，扩大对外开放开发，激发县域发展活力。深化巩固两项改革“后半篇”文章，全面完成4家县属国企改革，稳步推进“放管服”改革，严格执行凉山彝族自治州优化营商环境二十条规定，大力推行清单化、标准化、规范化“三服务”，“最多跑一次”事项达90%以上，“全程网办”事项达95%以上，新增市场主体224户。最大限度地激发企业活力和市场吸引力，新签约招商引资项目7个，总投资14.8亿元，努力将喜德打造成为一片投资兴业热土。

【民主法治】社会治理成效显著。自觉担起“守一方净土，保一方平安”的政治责任，深入开展夏季治安整治“百日行动”，查处交通违法行为17382起。常态化推进“扫黑除恶”专项斗争，严厉打击各类违法犯罪，逮捕18人、起诉37人。扎实做好党的二十大和建州70周年庆祝活动等期间的信访工作，为凉山大局稳定作出喜德贡献，人民群众安全感持续提升。民主监督扎实有力。坚持党的领导和人民主体地位，积极发展全过程人民民主。定期听取县人大常委会、政府、政协、法院、检察院党组工作汇报，支持人民武装工作。加强对县人大工作的领导，支持人大常委会依法行使职权。强化对政府依法行政工作的领导，法治政府建设持续深化。坚持和完善政治协商制度，支持政协履行职能。认真贯彻统一战线工作条例，加强同各民主党派和无党派人士的合作共事。严格落实党的宗教工作方针，稳步推进民族团结进步示范创建工作。支持县总工会、共青团、妇联、残联、文联等群团组织在巩固脱贫成果、改革发展、社会治理、服务群众等工作中发挥积极作用。普法守法更加深入。坚持以“法律七进”为抓手，全面开展“八五”普法。依托国家工作人员学法考试系统平台深化领导干部和公职人员带头学法普法，举办各类领导干部法治培训3次，参训干部2000余人次，领导干部依法办事、依法用权意识明显增强。按照最新的四川省法律明白人培养规范标准，重新选拔法律明白人306名。成功创建喜德县光明镇彝欣社区为全国民主法治示范村（社区）。开展“一月一主题　法治四川行”各类宣传100余场次，发放宣传资料2万余份，受教育群众5万余人次，全社会法治意识不断增强。

【党的建设】纵深推进思想政治建设。始终把思想政治建设摆在首位，制定落实《深入学习贯彻习近平总书记来川视察重要指示精神责任分工方案》，以党建月会、主题党日等为依托，全覆盖开展党的二十大精神和省州党代会及其全会精神宣讲420余场，县级领导、县委宣讲团带头开展“万场微党课进支部”活动119场，全县各级干部“政治三力”整体提升。严格执行党内政治生活的若干准则，深入开展陈文等系列严重违纪违法案以案“三促”专项工作，查处违反政治纪律和政治规矩6人。纵深推进党的组织建设。突出选人用人导向，重点从乡村振兴、疫情防控等“重大一线”推荐表现突出干部1人、提拔使用44人、晋升123人。聚焦喜德事业发展需要，调整县直部门“一把手”33人，推动“人岗相适”、促进“精准用人”。实施新一轮干部学习培训赋能和“一把手”能力提升计划，举办新时代主题培训班35期、领导干部重大决策部署研讨班2期、村（社区）党组织书记进修班2期。实施农村党员发展违规违纪整治行动和党组织清理行动，处理“四类问题”党员73人。纵深推进党风廉政建设。全面贯彻落实党风廉政建设主体责任，持续深化不敢腐、不能腐、不想腐一体推进，持之以恒加固中央八项规定堤坝，坚决纠治“四风”顽疾，整治群众身边腐败和不正之风，查处违反中央八项规定精神问题8件8人。始终保持反腐高压态势，全年共处置问题线索169件200人，立案133件135人，移送司法4人。分层分类开展警示教育105场，全县政治生态风清气正。

（撰稿：巴久伍呷 / 核稿：加巴阿来）

县委办公室工作

【概况】 2022年，县委办作为县委的核心机关、首脑机关，始终围绕县委中心工作大局，践行“五个坚持”，突出重点、统筹协调，真抓实干、精益求精，“三服务”工作水平得到进一步提升，“前哨”更加坚强、“后院”更加巩固。

【文秘工作】 突出办文质量。着力于出思路、出精品，主动挖掘更有决策价值的素材，致力于写好文、服好务，力出心血之作、精品佳作，全力抓好文稿服务这项“良心活”。严把公文起草、审核、运转、签发等关键环节，保障公文运转绝对安全、高效。2022年办公室起草领导讲话稿、工作汇报、工作报告等100余篇，包括县委全体会议报告、党代会报告和喜德县“十四五”规划建议、融入同城化发展实施意见等大型材料。完善信息报送制度，分解任务至办公室每位文秘人员，规定每人每周至少报送两篇信息，实行“每周两通报、季度大通报、年度总通报”制，确定专人负责统计信息上报数量并进行通报；坚持信息讨论制度，每日抽出时间集中讨论当日所写信息，群策群力、集思广益，确保每一条信息质量。全年累计上报各类信息130余条，被州委办信息室采用信息32条，省委办采用13条。突出办会水平。实行会务专人牵头、全员配合制度，全面做好会前、会中、会后的筹备工作，以一丝不苟、严谨细致的作风筹办好每一个会议，力争“零失误”“零差错”。2022年，牵头筹办全省巩固拓展脱贫攻坚成果同乡村振兴有效衔接现场会分会等4次省、州级大型会议。突出办事能力。充分发挥“智囊团”“思想库”“参谋部”作用，强化上传下达、协调左右的职能，把为领导、为基层、为群众搞好服务作为重要职责，真心实意纾民困、排民忧、解民难，确保全县上下思想统一、步调一致。2022年，喜德县委办荣获“凉山彝族自治州党办工作先进集体”称号。

【深化改革工作】 深化改革工作蹄疾步稳。用足用好全面深化改革“关键一招”，突出重点领域和关键环节，认真制定出台102项重点改革任务，对接落实专项改革方案16个，上会审议8个专项改革方案并下发。抢抓同城化发展重要机遇，出台《喜德县贯彻落实州第九次党代会精神　加快绿色崛起　主动融入同城化发展的实施意见》，建立健全同城化发展机制，积极融入同城化发展。认真落实国企改革三年行动，针对国企监管出台6个纲领性监管文件，有效促进国有资产保值增值。在冕山镇伍合村率先实施“三变”改革试点，采取政府扶持、村“两委”主抓、企业运作、群众参与的发展方式，探索以“经营主体＋村集体＋农户＋基地”的运营模式，建立“利益共享、风险共担”的股份合作联作机制，有效带动全村农户增收。

【保密机要工作】 保密机要工作安全高效。认真贯彻落实习近平总书记对保密机要工作的重要指示批示精神，严格机要保密文件的阅办，加强网络系统防护，定期检查网络系统存在的安全隐患，及时堵塞漏洞，消除隐患。加强保密要害部位管理，确保国家秘密安全。规范定密管理，开展上门技术指导和计算机保密专项检查工作。通过现场查阅、检查涉密设备等方式，对全县重点单位和部位开展督查检查，保密自查自评合格率达到100%。

【国家安全工作】 国家安全工作有条不紊。深入贯彻习近平总书记对国家安全工作的重要论述，始终坚持总体国家安全观，落实党委（党组）国家安全责任制。加强安全机构编制队伍建设，按照州委要求核定国安办专职副主任1名，兼任县委办副主任，在县委办单独设置国安股室，明确专兼职人员，具体承办国安相关工作。立足全县工作实际，及时分析研判国家安全形势，深入排查风险隐患。加强海外利益安全风险防控工作，持续强化跟踪管控，全面掌握动态信息，全力确保海外利益安全。增强信息情报报送力度，全年报送国安信息、情报48期。圆满完成党的二十大、省第十二次党代会和建州70周年庆祝活动期间维稳安保工作，为县域经济社会发展提供坚实安全保障。

【档案管理工作】 全面开展档案馆规范化建设。紧紧围绕“为党管档、为国守史、为民服务”的根本宗旨，紧扣档案“收、管、用”工作职责，不断加大对档案工作的投入力度，积极争取资金130余万元，完成机房和数据库等软硬件建设。截至2022年年底，喜德县档案馆馆藏文书档案、项目档案、各种专业档案达29798卷约合224万件，2021年县档案馆被确定为全省55个示范试点单位之一，2021年、2022年连续两年被授予“全省先进集体”称号。全面开展脱贫攻坚档案收集。筹集资金完成彝族铠甲、劳动工具、漆器、脱贫攻坚等文物、实物的征集，进一步丰富馆藏文物，以更加直观的实物展示喜德县历史文化和脱贫攻坚成果。全面开展馆藏重点档案数字化。截至2022年年底，喜德县馆藏档案数字化为8.6%。为进一步提高档案信息化水平，规范重点档案保管利用，推动示范数字档案馆建设，正申报实施“馆藏重点档案数字化”项目，拟对县档案馆17.9万件、142.6万页历史文化传承、红色档案等重点档案进行全覆盖数字化。全面开展档案“八五”普法。依托县“爱国主义教育基地”，每年在全县组织开展1次以上红色档案活动。以档案法治宣传月、“6·9”国际档案日、“12·4”国家宪法日等为契机，着力加强红色档案的法治宣传教育，进一步增强公众的档案法治意识，营造学法、知法、用法、守法的社会氛围。2022年累计展出展板20块，发放各类宣传资料5000余份。全面开展重点领域工作监管。完善农业农村档案管理体制，推动建立县、乡、村三级档案工作管理网络，对13个乡镇实行“村档镇代管”模式。建设村级档案室，建立村（社区）“一户一档”工作机制，依托档案综合管理服务平台，实行“互联网＋监管”模式，推进档案业务在线监督指导，不断提升档案治理网络化、智能化、精细化水平。

（撰稿：巴久伍呷／核稿：加巴阿来）

组织建设

【概况】 2022年，县委组织部以习近平新时代中国特色社会主义思想为指导，深入贯彻落实中央、省、州、县委决策部署，紧扣县委“作风建设年”主题，强化党建引领，选干部配班子，抓基层打基础，建队伍聚人才，扎实推进各项工作落地落实。为喜德“十四五”战略规划和脱贫攻坚后乡村振兴工作向纵深推进提供专业的组织保障。

【主要职责】 县委组织部是县委主管组织工作、干部工作、人才工作、公务员工作的职能部门，为正科级，列县委工作机关序列。挂中共喜德县委非公有制经济组织和社会组织工作委员会（简称县委非公有制经济组织和社会组织工委）、中共喜德县委直属机关工作委员会（简称县委直工委）、中共喜德县委老干部局（简称县委老干局）、喜德县公务员局（简称县公务员局）牌子。

【党建工作】 深入开展对党忠诚教育，扎实抓好践行“两个维护”教育，紧扣党的二十大精神、中国共产党成立101周年宣传教育，召开党建月会、主题党日等3800余场，聚焦学习党的二十大报告和新修订党章，组织县级领导、县委宣讲团带头开展“万场微党课进支部”活动119场。实施农村发展党员违规违纪整治行动，处理存在“四类问题”党员73人。实施清查整治突出问题规范党务工作行动，排查整改突出问题27条。实施党组织清理行动，新建党组3个，党委改设党组3个，新建党支部3个，全面理顺县直机关单位组织体系，不断提升基层组织建设标准。草拟《关于加强村干部特别是“一肩挑”人员管理监督办法》，划定职责范围、规范工作运行，全面规范村（社区）“四议两公开”“三务公开”制度。扎实推进设党委、总支中小学校校长、党组织书记分设和设党支部中小学校校长、党组织书记“一肩挑”。综合比对全县650个“两新组织”，对33个非公企业、58个社会组织实行“两个覆盖”动态清零。

【干部工作】 注重从乡村振兴、疫情防控等“重大一线”选用干部，向州委推荐1名森林草原防灭火表现突出干部1人，提拔使用67人，交流任职51人。聚焦喜德事业发展需要，持续优化班子结构，调整县直部门“一把手”33人，班子成员65人，进一步配优配强部门班子力量。在全县范围内综合比选，选优配强13个乡镇便民服务中心主任和综合行政执法办公室主任，为乡镇放权赋能提供人才支撑。加强各级干部的培养。选派33名党政干部和专业技术人才到海曙区、什邡顶岗锻炼。

2022年6月30日，县委常委、组织部部长陈浩梁（左二）到喜德县档案馆爱国主义教育基地调研指导工作 （县委组织部/供）

【干部教育工作】 深入实施乡村振兴、基层治理、应急管理“三大主题”和换届后大规模干部教育培训计划，统筹整合东西部协作、什邡对口帮扶资金151万元，举办各类主题班12期培训664人次，新时代主题培训班35期培训3610人次，与浙江宁波联合举办领导干部重大决策部署研讨班2期培训80人，举办村（社区）党组织书记进修班2期培训102人，不断提高基层干部能力素质，夯实党的执政基础。

【干部监督】 规范干部职工请假和

领导外出报备程序，收存乡科级领导护照等证件80本，实时动态掌握全县科级以上领导干部请假、外出情况，做到实时监管“全覆盖”。综合运用提醒、函询、诫勉、经济责任审计、个人重大事项报告等方式强化干部日常监督管理。全年开展提醒谈话87人次、函询1人、发送督促提醒函32份，对4名党政主要领导进行任期经济责任及自然资源审计。

【人才工作】 抢抓医疗、教育、科技干部人才“组团式”帮扶国家乡村振兴重点帮扶县帮扶工作机遇，主责主抓、积极作为，奋力推动“组团式”帮扶工作落地见效。考核考聘事业人员139名，招募西部志愿者48名，招聘公共卫生特别服务岗位工作者62名，招录专职社区工作者4名，合理安排34名深贫县定向免费培养大学毕业生稳定就业。依托“千名紧缺专业人才顶岗培养计划”等人才培养项目，累计培训教师、医生、农业技术人才、优秀农民工等1790人次。扎实推进人才激励慰问机制，走访慰问县级优秀拔尖人才29名，发放慰问金1.88万元，全年累计发放各类人才激励保障资金1070余万元。2022年6月全面启动喜德县乡村振兴人才实训基地建设（县委党校），不断夯实干部人才培训教育工作基础。

【公务员管理】 积极稳妥推进公务员职务与职级并行，2022年，全县职级晋升176人。有序推进综合行政执法队伍行政执法类公务员管理制度入轨实施工作，行政执法类公务员套转58人。严格执行考录政策，把好资格审查关，切实做好拟录用人员考察工作，实现“零事故”。2022年，招录公务员33人，其中，招录选调生11人、定向公务员3人、四级联考17人、政法系统招录2人。有序推进公务员日常登记工作，全年登记公务员97人。认真抓好公务员考核、奖励、惩戒、辞职等工作，全年考核公务员1094人，其中，嘉奖197人，记三等功25人，因受处分不确定等次9人、不称职4人、同意辞职2人。严格执行相关工资政策，足额兑现乡（镇）工作补贴、基础绩效奖、年度考核奖等相关待遇，认真落实艰苦边远地区津贴、高海拔地区折算工龄补贴等。

【帮扶工作】 精准选派驻村干部262名，有序调整驻村干部36名，保持驻村队伍总体稳定。制发《健全完善驻村帮扶工作机制》，严格执行请销假、请示报告等各项制度，切实推动驻村干部在一线履职尽责。整合各级科技项目资金15万元，落实专人与专家团积极对接，保障专家团队日常工作生活所需，确保各项工作有序推进。整合各级各类帮扶资金1.94亿元，实施产业协作、教育医疗帮扶和民生改善项目17个。依托中央广播电视总台帮扶资源优势，拍摄录制喜德山水、人文、彝家社区脱贫新貌等宣传视频，在央视16个频道累计播出1327次，提升喜德知名度、美誉度。

【老干部和关工委工作】 充分发挥银色人才作用，积极助力乡村振兴、疫情防控、森林草原防灭火。组织开展“学习二十大精神”专题培训2期，培训600余人次，开展庆祝建州70周年摄影书画展，创作书画、对联、诗歌等各类歌颂作品30余件。走访慰问离退休干部169名，发放慰问金9.6万元。为67名干部举行荣誉退休仪式，发放建州70周年纪念章60余套，组织60名退休干部到彝海实地参观感受建州70周年成效。组织16名“五老”网吧义务监督员定期不定期对县内6家网吧进行义务监督，劝阻、教育中小学生120人次，批评和警告网吧业主和网管人员7次，深入校园开展森林草原防灭火、疫情防控、防灾减灾、关心关爱下一代等宣传教育26次，受教育学生1.2万余名。

（撰稿：周利平／核稿：黄磊）

宣传工作

【概况】 2022年，县委宣传部高举邓小平理论和

“三个代表”重要思想伟大旗帜，深入贯彻党的二十大、意识形态责任制工作以及习近平新时代中国特色社会主义思想，全面落实中央、省、州、县委关于宣传思想工作的一系列重大决策和部署，坚持以科学理论武装人、以正确的舆论引导人，唱响脱贫攻坚与乡村振兴有效衔接的主旋律，不断提高宣传思想工作水平，切实为统筹喜德县经济社会协调发展，全面建成小康社会提供强有力的精神动力和思想保证。

【落实党委理论学习中心组工作】 深入学习习近平新时代中国特色社会主义思想、习近平总书记来川视察重要指示精神、对凉山工作系列重要指示批示精神，为党的二十大和省十二次党代会召开营造浓厚氛围。开展集中学习研讨。2022年年初，制定并印发《中共喜德县委办公室关于印发〈2022年全县党委（党组）理论学习中心组专题学习安排意见〉的通知》，全年县委理论学习中心组开展6次集中学习研讨及5次专家授课，内容涵盖党的十九届六中全会（《中共中央关于党的百年奋斗重大成就和历史经验的决议》）、省委十一届十次全会、州第九次党代会、全国、全省、全州宣传部部长工作会议精神，《凉山彝族自治州移风易俗条例》《凉山彝族自治州移风易俗导则》《习近平谈治国理政》（第四卷）等，出勤率95%以上，学习中心组成员结合分管的业务工作撰写心得体会70篇。开展理论学习中心组学习旁听工作。印发《中共喜德县委宣传部　中共喜德县委组织部关于印发〈全县党委（党组）理论学习中心组学习列席旁听工作方案〉的通知》，认真落实中心组学习列席旁听机制，推行巡听旁听制度，开展集中“联学”。全县开展旁听2次。

【宣传宣讲及征订工作】 积极开展理论读本征订工作。2022年，县委宣传部给每位中心组成员配备一本《习近平关于注重家庭家教家风建设论述摘编》，征订《中国共产党宣传简史》《习近平谈治国理政》（第四卷）等读本4070本（套），《百年大党面对面》7本，《让群众过上好日子——习近平正定足迹》《闽山闽水物华新——习近平福建足迹》《干在实处　勇立潮头——习近平浙江足迹》《当好改革开放的排头兵——习近平上海足迹》读物302套，《中国共产党宣传简史》222本，《习近平谈治国理政》（第四卷）3539本，圆满完成征订任务指标。开展宣传宣讲。精心策划开展系列主题宣传宣讲活动。县级领导带头深入基层讲党课或作专题宣讲。以县委书记带头讲党课为标杆，所有副县级党员领导纷纷深入各自联系乡（镇）、村（社区）上党课或作专题宣讲，并形成宣讲报告20余篇。依托喜德彝族“母语之乡”的品牌，开展“彝汉双语”宣讲，使基层理论宣讲以通俗易懂的方式深入人心，尽心建设“一地一品”基层理论宣讲品牌。

【宣传报道与舆论引导】 以“传播喜德声音、讲述喜德故事、提升喜德形象”为重点，深入宣传喜德的变化和取得的成就，提升宣传的吸引力和感染力，充分展示“彝族老家·幸福喜德”新形象。做好宣传报道。开展全面宣传建设社会主义现代化四川、凉山、喜德的重大决策及重大会议的部署事项。做好习近平新时代中国特色社会主义思想和习近平总书记对四川、对凉山工作系列重要指示精神宣传报道，把中央的大政方针和省委、州委和县委的决策部署传递到千家万户，圆满完成好州委宣传部安排的各项重大主题采访任务。严格新闻宣传纪律，制定新闻工作者纪律手册，加强所属媒体从业人员管理。制定县融媒体新闻工作者纪律制度，并进行每周一次的业务培训。做好舆论引导。全年按舆情信息工作考评暂行办法要求，定期联合县公安局网监部门做好社会舆情信息研判报送工作。

【县级融媒体中心平台建设】 全年“掌上喜德”融媒App共发布各类信息1385条，浏览量5.1万，用户量2.97万人；“彝族老家·幸福喜德”微信公众号发布信息1919条，阅读量58.3万；“喜德融媒”抖音号发布作品295个，浏览量690.9万；“喜德融媒”微博发布2306条，阅读量175.3万；县电视台采编新闻498条（汉语新闻366条，彝语新闻132条）、上传中央、省、州级媒体136条，累计采用116条；制作宣传片、公益广告等视频作品26部，播出宣传片、公益广告等2920条。全力协作配合开展主题宣传。积极配合中央、省、州级媒体报道喜德发展成就，开展“70年·70秒”“镜头下的大凉山”“大美凉山·见证巨变”“彝族老家·幸福喜德”“好物在喜德”“喜德脱贫攻坚成果展”等主题采访，全面收集、主动提供线索素材，全力做好采访协调服务，在各级媒体采访活动、系列报道、主题策划中更多呈现喜德元素、讲好喜德故事，呈现喜德70年来的发展巨变。

【对外宣传】 紧紧围绕“喜德县域经济发展、巩固拓展脱贫攻坚成果与乡村振兴衔接、移风易俗、人居环境治理、文化旅游”等重点工作，及时采写新闻报道，并积极向中央广播电视总台、新华社、“学习强国”平台、“凉山新闻网”等各大国家级、省州级电视台等媒体宣传报道全县经济发展状况，扩大宣传面，提升宣传力度和深度。全年国家级媒体上稿14篇，省级媒体26篇，《凉山日报》（汉文版）采用稿286篇、图片196幅，彝文版96篇、图片46幅，凉山新闻网168篇、204幅图片，“学习强国”以及其他新媒体共26篇，56幅图片，完成全方位报道任务。在建州70周年来临之际，通过《四川日报》《华西都市报》《凉山日报》开设专刊，用图文的形式全面深度报道70年来喜德取得的伟大成就，用方队、花车巡游形式，展示喜德人民群众幸福生活。

【新时代文明实践中心试点建设】 成立由县委书记任组长的新时代文明实践中心建设领导小组，已召开1次常委会会议、3次联席会议专题研究部署工作，印发《喜德县深化和拓展新时代文明实践中心建设的实施方案》《喜德县新时代文明实践中心建设挂点联系制度》等指导性文件，统筹推进新时代文明实践工作不断走深、走实、走细。按照三级组织体系，充分整合县融媒体中心、基层综合文化服务站（中心）、党群服务中心、农家书屋、农民夜校、文化室等现有基层公共服务阵地资源，挂牌成立县新时代文明实践中心，卫生系统和教育系统2个新时代文明实践分中心、13个乡（镇）文明实践所和102个村（社区）文明实践站，实现县、乡、村三级全覆盖。结合喜德实际，按照“1+11+N”的模式，组建理论政策宣传、科普宣传、普法宣传、体育健身等11支志愿服务大队。同时，广泛吸纳乡贤、创业返乡人员、先进人物、非遗文化传承人等社会力量，组建应急救援、文化传承、文明劝导等数支社会志愿服务队，共招募志愿团体128个，志愿者2.7万余人，占全县常住人口的17%。将新时代文明实践工作纳入各级党政领导班子和领导干部

2022年7月1日，县委宣传部到彝欣社区开展主题党日活动 （县委宣传部/供）

实绩考核和意识形态工作责任考核内容，细化考核细则，明确县、乡（镇）、村（社区）“一把手”是文明实践中心（所、站）第一责任人，形成“中心吹哨、部门动员、各方参与”的工作格局，层层压实责任，不断推进文明实践工作落地落实。在全县组织开展新时代文明实践志愿服务优秀典型评选活动，对10名优秀志愿者、5个优秀志愿服务社区、6个优秀志愿组织和8个优秀志愿项目进行通报表扬，激励广大志愿者积极参与到志愿服务中，营造学习先进、争当先进的良好道德风尚，推动全县志愿服务事业快速发展。

【家庭家教家风提升行动】 围绕深入实施家庭思想引领行动家庭文明建设行动、家庭品德教育行动、家风建设行动、廉政家庭建设行动和爱国爱家教育行动六大工作任务细化责任清单、明确时间节点，对专项工作进行细致安排部署。制发《喜德县家庭家教家风建设三年行动实施方案》，召开4次县委理论中心组学习会，将《习近平关于注重家庭家教家风建设论述摘编》《关于新形势下党内政治生活的若干准则》等作为必学内容。各基层党组织通过“上好一堂廉政教育党课、签订一份廉洁从业承诺书、开展一次廉洁从家出发教育活动”的方式，筑牢拒腐防变的思想防线。在全县开展“传家训、立家规、扬家风”活动，1374名党员干部对照党纪国法和党的优良传统，与配偶、子女、父母等家庭成员深入交流商议、制定出符合自身特点、积极向上的家训家规。在全县开展“好家规家训、好家教家风故事”征集评选活动，共收集到191条家规家训、45个家风家教故事中遴选出20条“喜德好家规家训”和10个“喜德好家风故事”，并通过多种形式在全县范围内进行宣传展示。在“喜德新闻”、“掌上喜德”App、“凉山喜德彝族老家”微信公众号等宣传平台开设专栏，以图文、视频等形式刊发习近平总书记关于廉洁文化建设的重要讲话、历代名人家风家训故事、革命先辈清正廉明家风故事、身边先进典型和相关工作动态120余条，搭建起学习交流平台。

【移风易俗工作】 县委成立推进移风易俗工作领导小组、建立工作专班、制定工作方案，细化任务清单，先后召开县委常委会扩大会、政府常务会议、县委理论中心组会议、4次工作推进会、2次调度会进行专题学习研究部署，形成县、乡、村三级联动，齐抓共管的强大工作合力。县级领导带头、县委机关带头，举行集体签订移风易俗承诺书仪式，全县7万余名党员和公职人员、村民全覆盖签订治理高价彩礼深化移风易俗承诺书，郑重承诺自觉在抵制婚丧高额礼金、奢侈婚礼和铺张浪费等方面作出表率。结合“树新风促振兴”暨妇女儿童关爱提升三年行动，充分整合县委党校教师、“五老”志愿者等师资力量，组成6个宣讲团，深入县两河口镇三合村、光明镇沙洛村、冕山镇民主村等地开展彝汉双语宣讲13场。充分发挥各新时代文明实践所、站作用，各乡（镇）、各部门党员领导纷纷深入所联系的乡（镇）、村（社区）全覆盖开展宣讲115场，受众5万余人次，推动《凉山彝族自治州移风易俗条例》和《凉山彝族自治州治理高价彩礼深化移风易俗工作导则》落实落地。发动全民参与农村人居环境整治提升“百日攻坚”行动，用100天时间扭转全县人居环境“脏乱差”局面。全县102个村（社区）进一步完善居民公约和村规民约，从控制随礼钱（不超过500元）、超标准宰杀牛羊、随地办席、席地就餐等细节处入手，明确具体规定。均建立红白理事会，全覆盖实行审批、报备、监督制度。全县制止10万元以上彩礼7起，制止大操大办红白事宜行为19场。常态化开展“文明（五好）家庭”“洁美家庭”“凉山好人”，移风易俗示范乡镇、村（社区）、农户等创建评选活动。彝族绣娘阿的几几、什邡市援彝干部李俊嫦、冕山镇民主村村民李晓艳、县动物疫病预防控制中心主任拉马甲甲等7人被评为2022年第一、第二季度“凉山好人”。全县共创建“洁美家庭”17200户，评选县级“文明（五好）家庭”70户、“移风易俗示范乡镇”4个、“移风易俗示范村（社区）”20个和“移风易俗示范家庭”200户。投入东西部对口帮扶资金700余万元建设冕山镇者果村、两河口镇两河口村，光明镇石门社区、拉克村，且拖乡联合村，李子乡洛乃格村6个餐饮硬化坝子。

【意识形态工作】 制定出台《喜德县意识形态工作督查考核制度》，由县委宣传部牵头，县委办、县政府办、县纪委、县委组织部等相关部门协调配合，全年组织开展意识形态工作专项督查2次，并将督查情况向县委报告。县委常委会先后2次研究意识形态工作，每位县级领导将意识形态工作纳入向全委会报告、民主生活会和述职报告工作的重要内容并将意识形态工作作为重要内容。进一步建立健全《喜德县贯彻落实党委（党组）意识形态工作责任制实施细则》《中共喜德县委关于进一步加强意识形态工作的实施意见》《喜德县党委（党组）网络意识形态工作责任制实施细则》等文件，党委（党组）领导班子、领导干部无《党委（党组）意识形态工作责任制实施办法》中明确的9种问责情形出现。全年喜德县意识形态领域无重大问题。

【文化旅游工作】 继续实施县文化馆、图书馆、美术馆和乡（镇）综合文化站免费开放工作，全年共完成10000小时免费开放任务。继续举办器乐、音乐、舞蹈、美术等免费培训班，全年县文化馆（美术馆）累计免费培训达1000余人次。组织开展2022年“书香喜德·全民阅读”、“树新风促振兴”暨移风易俗宣传文艺会演、喜迎二十大文艺演出等群众文化活动，丰富人民群众的精神文化生活。完成四川省农民工2022年春节联欢晚会、凉山彝族自治州第六届少数民族艺术节喜德专场、凉山彝族自治州建州70周年开幕式文艺会演和花车游行、第十六届四川省少数民族运动会开幕式文艺会演大型文艺汇演任务，积极宣传促销喜德文化旅游品牌。新创作出10个精品文艺节目，其中歌曲3个、舞蹈6个、情景剧1个。筹办大型公益性美术书法摄影展览活动，参观人数达10000人次。充分利用自身资源优势，创作精品文艺节目，完成“送戏下乡”任务。全年深入13个乡（镇）、102个行政村开展155场“送戏下乡”演出，深受广大基层人民群众的欢迎。加强对文化旅游市场的监督检查力度，全年累计派出车辆12辆次，执法人员22人次，对全县文化旅游市场进行安全生产、疫情防控等检查，检查累计达到192人次，确保全县文旅市场的健康发展。

【非物质文化遗产传承、保护与利用】 成立喜德县非物质文化遗产保护工作专家委员会，组织专家对县级非物质文化遗产进行严格评审，并公布第六批县级非物质文化遗产项目代表性传承人名单；成功申报“叶策布偶格”习俗和“丹红扎妮”制作技艺两项为第七批凉山彝族自治州州级非物质文化遗产项目名录。成功申报吉伍五沙为“彝族漆器髹饰技艺”第六批州级非物质文化遗产名录项目代表性传承人，吉布日哈为“彝族烟斗制作技艺”第六批州级非物质文化遗产名录项目代表性传承人。组织全县非遗传承人到光明镇、喜德中学、且拖乡中心小学校等地开展非遗进机关、社区、校园活动。组织开展“文化和自然遗产日”活动。6月7日，在喜德县光明镇中心小学校举办喜德县“文化和自然遗产日”活动，促进全县文化遗产保护工作。参加建州70周年非遗展演活动。组织国家级非遗项目“彝族漆器髹饰技艺”及其国家级代表性传承人吉伍巫且代表喜德参加凉山彝族自治州建州70年以“家园遗珍·时代新风”为主题的非遗展演活动。吉伍巫且及其漆器产品还受省委组织部邀请，参加2022年攀西、川西北片区党群心连心活动。

【文物保护工作】 根据省、州的安排部署和有关要求，继续完善文物资料的归档、整理，图片、数据修改等工作。对全县24处文物保护单位和52件可移动文物进行隐患排查、日常巡查等工作，确保文物安全落到实处。积极协助县自然资源局等部门完成多宗探矿权、文物环境调查等工作。组织人员对全县境内的红色标语类革命文物进行专项调查，按照工作方案完成前期的资料收集。

【文化交流】 推进冕山镇小相岭红军石公园项目建设，完成石龙景墙、浮雕墙砖砌体及抹灰、场地内土方平整及砼基础施工、绿化种植土回填、铝合金围墙、出入口沟盖涵施工，累计完成工程量的70%。积极推进引导冕山镇伍合村现代农业产业园AAA级景区创建工作。项目基础设施建设由乡村振兴局牵头，完成规划设计。引导喜德阳光温泉大酒店投入资金4300万元，对酒店进行提档升级改造。扶持培育一家企业升规入统工作。积极推动集中安置点乡村旅游发展，引导修建和满园山庄，解决彝欣社区10名群众就业问题，引导南山别苑申报三星级农家乐。以凉山彝族自治州打造四川文艺副中心为契机，不断丰富和充实“彝族老家·幸福喜德”文化元素，加快推进西昌周边最具彝族特色精致小城建设。举办一期涵盖县、乡、村三级的文化从业人员业务能力提升培训班，积极落实省、州文化人员培训任务，派遣相关业务股室人员参加省、州各类培训会议，不断提升全县文化从业人员业务水平，促进文化产业不断发展。全年旅游综合总收入达到5.035亿元，旅游接待人数达到243万人次。

【文化产业发展】 继续推进电视“户户通”项目建设。全年出动车辆20余辆次，人员50余人次，为1000余户三代机户户通用户实施移机重装工作，确保广大群众能够及时收看电视。全年配合各乡(镇)、村、组，免费维修1000余台广播电视接收机顶盒，为集中安置点脱贫户免费更换光终端用户盒180余台。积极配合国家广电完成彝区非法“小耳朵”抽样调查和国家广电100G扩容工作。完成广电700M迁移工作，空出700MHz频率以便广电5G信号使用，对东山寺基站发射机进行更换，对巴久、米市、三合等基站作出调整，以避免全县地面数字与广电5G之间的干扰。实施彝区寄宿制学校广播电视覆盖项目建设。在省、州广播电视行业主管部门的大力支持下，全年完成境内17所寄宿制学校安装100套广播电视设备安装任务。应急广播“村村响”建设。充分利用“村村响”大喇叭完成疫情防控、森林草原防灭火、防汛减灾、禁毒防艾等专项宣传任务。全年共维修“村村响”设备及应急广播主机60余台，维修全县各乡镇、村大喇叭及补点发喇叭300余次，出动车辆100余辆次。推动广播电视高清宽带安装推广工作。全年共推广安装广播电视高清宽度180余户，建设光节点5个，出动车辆130余辆次，抢修主干光缆20次，有效推动全县“高清四川　智慧广电”的项目建设。推进电影市场健康发展。全年喜德县农村公益电影放映服务中心完成2040场放映任务，其间，无安全生产等责任事故发生。

【网络安全与信息化工作】 加强党委对网信工作的统一领导，加强网信干部队伍建设，确保有专责机构和专责队伍从事网信工作。网络舆情中心设在县融媒体中心，与县公安局网安大队负责网络舆情信息监测及处置。结合本县实际，通过召开会议的形式贯彻落实《党委（党组）网络意识形态工作责任制实施细则分工方案》，按照凉山彝族自治州舆情应对处置工作机制，健全属地舆情应对统一领导和统筹协调处置工作体系，推进网络安全和信息化发展工作。加强属地网络意识形态阵地管理，重点管好乡镇、县级部门微信公众号和微信群；加强网络舆情监测发现和分析研判，落实涉事地方和单位主体责任，健全和完善信息公开和网评响应机制。全年向县委、州委通报2次有关网络意识形态的工作。加强网络应急值班，有专人负责网络应急工作，及时贯彻落实网络内容管理指令要求。结合线下意识形态管理，加强党员领导干部网络意识形态工作的教育培训、监督管理。2022年，未发生网络意识形态安全事件。全年召开2次网络安全分析研判，喜德县无网络安全重大事件发生。开展“网络安全宣传周”活动、组织网络安全宣传教育培训2次。统筹协调开展本地区网络安全检查2次。完成2022年网上重大主题宣传和重大议题设置方案的相关工作。策划重大主题网络宣传报道3个，制作推出精品新媒体产品3个。组织开展网络媒体“走转改”活动，组织开展网络诚信宣传教育活动和网络公益活动。加强网评员队伍建设，建立健全网评工作激励机制，积极开展热点敏感话题舆论引导，把各乡镇宣传员作为网评员，取得明显成效。

（撰稿：王雄 / 核稿：王雄）

统战工作

【概况】 2022年，县委统战部始终坚持以习近平新时代中国特色社会主义思想为指导，深入贯彻落实中央、省委统战工作会议、全州统战部部长会议及县委统战工作会议精神，严格对标对表州委统一战线工作领导小组和州委统战部2022年统战工作要点，科学实践“4321”工作法，采取“责任＋清单制”的形式，统筹推进统战工作。

【党外知识分子和新的社会阶层人士统战工作】 加强党外知识分子联谊会建设和党外知识分子政治培养，发展会员60人。推荐6名新阶人士加入州新联会，1人被选为理事。认真做好无党派人士摸底统计和政治面貌认定工作，共统计报审57人，审批12人，向州委统战部人才库推荐优秀党外干部5名。

【助力抗击疫情】 引导民营经济人士坚决服务全县疫情防控大局，履行社会责任。喜德县袁野农业开发有限公司、喜德县星肆玖电子商务有限公司、喜德县康巴汉子商贸等民营企业为全县疫情防控卡点送去445件矿泉水、258件方便面、60件牛奶、10件坚果水果片和3件牛肉干。喜德县袁野农业开发有限公司为且拖乡80户农户和边远群众送去60袋大米和60件菜籽油。喜德新区医院组织党员干部开展“双评价双报到”志愿服务活动。四川省广地饮品有限公司向西昌市卫生、公安、环卫等防疫单位捐赠矿泉水1500件，价值54000元。组织党员干部到联系村（米市镇马多洛村）和结对社区（光明社区）开展疫情防控志愿服务，发放宣传资料2800余份，线上宣传566户2300余人。

【基层统战网络建设】 严把政治标准，紧扣新时代基层统战工作需要，做好乡（镇）和部门统战委员、联络员配备工作，选优配强乡（镇）统战委员13名，村（社区）统战联络员102名（村统战联络员93名、社区统战联络员9名）。

【开展知联会活动】 携县党外知识分子联谊会开展“喜迎二十大·同心跟党走”主题教育活动，组织20余名党外知识分子代表到县级爱国教育基地、彝欣社区党群服务中心、社区村史馆、就业创业基地和社区工厂参观学习，通过实地参观见证和感

2022年11月14日，县委常委、统战部部长布约克期到县委党校为中青班学员作“新时代青年干部如何担当作为”专题授课 （县委统战部 / 供）

悟喜德县三线建设渊源历史、红色文化及脱贫攻坚历史巨变的同时，引导全县广大党外知识分子感党恩、听党话、跟党走，以实际行动庆祝建州70周年和为党的二十大胜利召开营造良好政治环境。

【建设“侨胞之家”】 积极向州委统战部请示报告“侨胞之家”建设工作，主动争取上级的工作支持和政策支持，并取得5000元的“侨胞之家”建设工作经费，并按照上级工作要求成立“侨胞之家”并挂牌，为服务侨胞、凝聚侨智、汇聚侨力提供了有力保证。

【做好工商联换届工作】 根据州委统战部的工作安排，严格按照《中国工商业联合会章程》和中共中央、省委、州委关于做好工商联换届工作的相关文件精神及中共喜德县委关于《中共喜德县委统一战线工作部关于召开喜德县工商业联合会（总商会）第五次代表大会的请示》的批复（喜委〔2022〕143号）要求，严格程序规定，严把标准要求，全面做好并完成工商联换届工作。

【民族团结宣传工作】 按照省、州民宗委的工作安排，省民宗委“民族团结进步示范工程”系列短视频“石榴花开天府情”拍摄组到冕山镇伍合村拍摄“石榴花开天府情”“民族团结进步示范工程”微视频，县委统战部接到通知后，严格按照省、州工作要求，严密配合拍摄组做好协调联络、点位确定、提前踩点、组织拍摄、要素保障等工作，高标准配合省、州民委完成拍摄任务，并被中国新闻社四川分社报道。

【宣传信息工作】 紧扣学习宣传贯彻中共二十大精神和统战中心工作和信息宣传重点，分解落实目标任务，将2022年作为“信息宣传工作”提升年，结合实际采取选派参加上级培训、跟班学习、本级组织学习培训、“传帮带”相结合的形式，加强信息宣传员的业务能力培训，在增量提质上强举措、抓落实，严格落实信息报送审批制度，严谨细致做好保密工作，信息报送数量和质量均有明显提升，全年报送宣传信息84篇，省级采用9篇、州级14篇、县级4篇，为进一步做好宣传喜德统战工作，传播喜德统战声音，讲好喜德统战故事发挥舆论、引导作用。

（撰稿：向英 / 核稿：向英）

党校教育

【概况】 2022年，县委党校以习近平新时代中国特色社会主义思想为指导，全面贯彻落实《中国共产党党校（行政学院）工作条例》，围绕县委、县政府中心工作，牢牢把握“党校姓党”原则，以办学质量评估为抓手，扎实推进各项工作，取得一定的成效。

【机构及人员】 党校领导机构为1正、3副，校长由县委常委、组织部部长陈浩梁兼任，吉伍日坡任常务副校长，克惹阿呷、耿学雄任副校长。县常务副县长张荣寿兼任行政学校校长，县委常委、统战部部长布约克其兼任社会主义学校校长。2022年，党校新增编制1名，现共有人员编制15名，实有14人，拟人才引进1名。

【基础设施建设提升】 根据县级党校分类改革基础设施建设规范性要求，就分类改革建设工作方面及时报告县委、县政府并得到大力支持。县委党校新建项目顺利启动，项目建设用地为18亩，投资预算为6062万元。

【政策支持力度加大】 县委组织部出台《支持县委党校人才队伍建设十条政策实施细则》，优化岗位设置、实行党校教师考评和激励机制、党校教师享受国民教育同等待遇；党校常务副校长当选为喜德县第十三届县委委员，是本县历任常务副校长首次当选县委委员；县委决定党校实行校务委员会领导制，并任命校务委员会委员；加大空缺补员力度，新增1名教师编制。

【办学质量更加规范】 党委履行主体责任方面得到全面贯彻落实；党建工作扎实规范，党建引领、教学严谨；干部教育培训工作规范有序；人才队伍建设得到党委政府支持；基建、办学、师资培养和科研等经费得到足额保障。办学质量终评在原来初评结果大幅度提升。

【加强师资队伍建设】 针对党校教师素质参差不齐，党校采取多种方法和途径强化训练一线教师的教学能力。抓好整体教师队伍作风和素质建设。2022年，认真按照党校教师管理制度，在校内开展集体备课12次，试讲活动36场，使党校专业教师教育教学业务能力得到相应提高，作风和素质得到大幅度转变；培养教学骨干，带动党校整体教学水平。2022年，党校先后派出7位教师分别参加省、州党校组织的专题培训。骨干教师业务能力进一步增强，教学效果明显提升。

【提升干部培训质量】 会同县委组织部开展干部教育培训共12期750人。在干部教育培训活动中，党校教师教育教学课程、方法和组织等均受到学员的高度评价和赞誉，2名教师被评为2022年度校级优秀教师。

【积极参与宣讲活动】 积极会同县委宣传部扎实开展党的重大会议精神宣讲活动，先后选派部分教师参加县委宣讲团，深入机关和基层宣讲家庭家风家教、移风易俗、民族团结、省十二次党代会精神等内容，共完成42场宣讲，受众26010人次。

【调研质数不断提升】 2022年，组织教师深入调研20余人次，共申报调研课题8篇，被州级立项2篇；积极参与决策咨询与智库建设。决策咨询课题申报、立项、结项1项，获得县级党委政府肯定性批示2条；动员和鼓励教职员工积极撰写和发表论文，3篇论文在省级和州级刊物中发表。

【党建工作持续优化】 坚持以学领做，夯实思想政治根基。深化政治理论学习，深入学习习近平新时代中国特色社会主义思想，第一时间组织收听收看党的二十大开幕实况直播，通过“三会一课”认真传达学习党的二十大精神、二十届一中全会精神、《中国共产党章程（修正案）》，党员干部充分交流学习感悟，撰写相关心得体会2篇。聚焦党的二十大精神等内容。严肃党内政治生活，紧紧围绕贯彻落实习近平新时代中国特色社会主义思想和上级决策部署，组织开展党员大会4次、党建月会12次、党小组活动12次，班子成员讲党课4次，开展民主生活会4次，切实营造风清气正的良好政治生态。严明政治纪律和政治规矩，集中学习贯彻《党委（党组）落实全面从严治党主体责任规定》《关于新形势下党内政治生活的若干准则》等党内法

2022年4月21日，中共凉山彝族自治州委党校业务指导组在党校新校区实地察看新建党校情况 （县委党校/供）

规文件，党支部书记带头遵守党内法规制度，严格落实党内法规执行责任制。

【党的建设和自身建设】 切实强化思想理论武装，深刻领悟“两个确立”的决定性意义，增强“四个意识”、坚定“四个自信”、做到“两个维护”，愈发坚定掌握意识形态工作领导权，筑牢党员干部的思想防线。扎实开展“能力作风建设年”活动。根据县委部署，校支部高度重视，精心安排，成立作风建设年活动领导小组，制定《中共喜德县委党校关于开展能力作风建设年”活动的实施方案》及详细的学习计划，结合党校实际，在全校扎实开展形式多样的宣传动员和学习教育活动。活动期间每周组织集中学习1次，每月组织交流研讨1次，并且做到学习有笔记，交流有心得，班子成员带头讲党课10次以上。

【乡村振兴有效衔接】 配齐配强驻村工作队，采取多种措施，持续做好帮扶村低收入人口的动态监测、帮扶工作和已脱贫人口及边缘人口的动态管理工作。组织措施保证，要求主要领导带头、全员上阵积极参与驻村帮扶工作，明确帮扶人员每月入户走访1次以上，切实帮扶解决脱贫户和监测户的政策落实等问题，持续巩固脱贫攻坚成果，在各级检查中不出问题。加强团结协作。主要领导带领驻村工作队与帮扶村“两委”、党员干部密切配合、团结合作共同完成人居环境整顿、户容户貌提升等重点工作，全面完成脱贫攻坚与乡村振兴的有效衔接任务。

（撰稿：潘华 / 核稿：吉伍日坡）

档案工作

【概况】 2022年，县档案馆始终坚持以习近平新时代中国特色社会主义思想为指导，深入学习宣传贯彻党的二十大精神，认真贯彻习近平总书记对档案工作的重要批示指示精神，紧紧围绕“为党管档、为国守史、为民服务”的根本宗旨，紧扣档案“收、管、用”工作职责，在国家、省、州档案局（馆）的关心支持下，在县委、县政府的坚强领导下，围绕五年建成民族地区全国“示范数字档案馆”建设目标，抢抓机遇，夯实基础，打造“彝族老家”特色亮点，加强档案干部队伍业务能力水平，着力推动新时代档案事业高质量发展，各项工作取得丰硕成果。2022年，喜德县档案馆获评“全省档案工作先进集体”；县档案馆与四川省档案校合作项目“精准扶贫档案整理项目沉浸式PDL项目化教学创新案例”被中国人民大学档案事业发展

2022年9月1日，县委书记巫照华（左四）一行在县档案馆调研爱国主义教育基地及档案工作 （县档案馆 / 供）

研究中心评为“十佳案例”之一；喜德县档案馆被省档案局确定为全省55个数字档案馆建设试点单位之一。

【爱国主义教育基地建设】 爱国主义教育基地是档案馆“五位一体”功能建设的重要内容之一。2022年，县档案馆继续完善和提升爱国主义教育基地建设，着力丰富内涵，提高展厅文化档次，以更加真实、直观的实物展示喜德久远的历史文化及脱贫攻坚发展成果。向什邡市对口帮扶喜德县前方指挥部争取资金20万元用于征集彝语标准音、铠甲、彝族漆器、古老的生产生活、脱贫攻坚等相关的实物，并保质保量完成征集任务。全面建成具有“彝族老家”特色的爱国主义教育基地，提高喜德县档案馆的知名度，丰富“彝族老家”内涵。

【示范数字档案馆建设】 在四川省档案局的大力支持和关心下，喜德县档案馆被确定为全省55个数字档案馆建设试点单位之一。为实现三年建成全省示范数字档案馆，五年建成民族地区全国示范数字档案馆建设目标奠定坚实的基础。为推动数字档案馆建设，县档案馆多方争取资金，解决实际困难问题。向国家档案局争取资金10万元，从国家档案局干部教育培训中心争取资金15万元，启动馆藏重点档案数字化。在国家档案局的支持下，从北京远桥科技有限公司争取到价值48.86万元的档案管理一体机一套。争取四川省档案局全省示范数字档案馆建设资金120万元，完成县档案馆机房软硬件采购项目，为五年建成民族地区全国示范数字档案馆建设奠定坚实基础。

【制度建设】 机构改革后，档案局馆分设，档案局馆职能发生较大变化。完成规范齐全的喜德县档案馆制度汇编，制定精细、具有民族特色的制度，并完成所有办公室及库房的制度上墙工作，促进档案管理科学化、制度化、规范化水平，为推动档案事业高质量发展提供坚实的制度保障。

【档案文化建设】 进一步加强档案馆文化建设，丰富档案文化及民族团结、党风廉政、党建等文化建设，增强文化自信，提高知名度，县档案馆充分利用办公大楼走廊，展示国家领导人对档案工作的重要指示批示，宣传党的民族团结政策，加强党风廉政建设，促进党建工作规范化，营造浓厚的文化宣传氛围。

（撰稿：王莉 / 核稿：黑日曲布）

目标绩效管理

【概况】 2022年，县委目标绩效管理办公室深入学习贯彻党的二十大精神和习近平总书记重要讲话精神，全面贯彻落实中央、省、州委决策部署，全力推动县委、县政府决策部署落地落实。

【绩效考核】 全面对标各项考核要求，会同34个县级牵头责任考评部门开展2021年乡（镇）、县级部门目标绩效考评，结合领导评价、社会评价以及争先创优情况，从实对13个乡（镇）和49个县级部门目标完成情况进行考核，汇总形成2021年度综合目标绩效考核结果。对排名靠后的李子乡、北山乡等8个单位督促开展剖析反思会，让其在反思中查漏补缺，对在全州行业系统中考核排名倒数的，按照《喜德县目标绩效管理办法》进行扣分。喜德县2021年度综合目标绩效考评取得全州一等次的成绩。

【目标管理】 印发《2022年度综合目标绩效考评指标体系、分值及喜德县2022年度综合目标绩效考评细则》《喜德县目标绩效管理办法及其配套实施细则》《喜德县目标任务“清单制”管理实施方案》等通知，进一步规范工作流程，差异化下达乡（镇）、县级部门职能职责和考评细则，切实把各项工作成效考准考实。

【指标分解】根据州上考评体系和考核细则制定2022年度喜德县综合目标绩效考评体系、考评细则，差异化下达乡（镇）、县级各部门考评指标体系。按照“总体保持稳定，局部动态调整”的原则，县级部门分有派出机构和无派出机构指标体系，指标项目为一级、二级、三级指标，总分值为200分。乡（镇）一级指标涵盖4个板块，下设13项二级指标和61项三级指标，总分值为200分。对经济发展中的10项重点指标，按照年初州级下达任务，将具体指标逐级细化分解到县发改局、县商务局、县农业农村局和县住建局的相应股室，使抓落实压力传导到最小工作单元。其次结合喜德县实际，进行“每月提醒、季度考评”，每月发放提醒敦促函，每季度会商研判、评估分析、发布通报、敦促交办，共敦促提醒13次，集中会商2次，并将季度完成情况和存在的问题困难向县级分管领导汇报，对于进度不理想的指标，及时提请县级层面协调解决，凝聚起上下齐心、全力以赴拼经济、搞建设、促发展的磅礴力量，高质量、高标准完成喜德县2022年度的各项经济指标。

【专项工作督查】对州委目标绩效办牵头的民族团结、行政赋权、“一网通办”、经济指标“双过半”、党政同责与自建房等省、州下达的督查反馈问题，组织召开6次专题会研究解决销号23个问题，并及时分解下达各责任部门进行督促，确保问题责任到位，整改到点，销号至零。

【重点工作督查】盯牢重点工作落实情况开展督查。紧盯森林草原防灭火、防汛减灾、疫情防控等重点工作落实情况开展跟踪督查督办，全年全覆盖督导森林草原防灭火工作12次、疫情防控工作8次、防汛防地灾减灾6次，其余营商环境等重点工作督查督办达30余次，发放”两书一函”36期。

【重点项目督查】盯实“重点项目”建设开展督查。制定《喜德县2022年重点项目考核细则（试行）》，聚焦项目时间表，以“常态化和随机督查”及“听取汇报和实地督查”相结合方式对全县重大项目推进不力和滞后情况进行跟踪问效，及时反馈督查结果，促进各大项目有力有序落地。

【重要节点督查】为保障节假日工作运转，盯紧劳动节、国庆节等重要节点，着力扬优势、补短板、强弱项，加大督促检查力度，督促各级干部在岗履职尽责，充分发挥督查的引导作用，保障人民群众生命和财产安全。

【基层减负工作】坚持问题导向整治形式主义，严格审核报备，统筹规范督查考核工作，引导6个县级牵头考核部门将年终考核方式由实地转换为书面考核，制止未进行报批的督查检查考核事项3次，督促各部门持续整治文山会海、“指尖上的形式主义”等突出问题。同时按照中央、省委、州委和县委关于统筹规范督查检查考核工作要求，从严把关，逐一会审各单位上报督查检查考核计划，最终审核通过12项督查检查考核计划，形成《喜德县2022年督查检查考核工作计划》，并按相关程序报备中共凉山彝族自治州委目标绩效管理办公室后严格按照计划实施。

（撰稿：阿都伍牛 / 核稿：陈龙）

机构编制

【概况】2022年，县委编办按照全州机构编制工作总体要求，围绕县委、县政府中心工作，立足发展大局，进一步加强机构编制监督管理，持续深化机构改革，有力有序推进各项重点领域改革和专项改革，不断加强自身建设，始终坚持党对机构编制工作统一领导，统筹推进机构职能体系、优化机构编制资源配置、提升机构编制法定化水平，奋力推动机构编制工作高质量发展，为全县社会经济发展提供强有力保障。2022年4月，县委编办获评2021年度凉山彝族自治州机构编制系统先进单位。

【两项改革“后半篇”文章工作】 加强改革后乡镇履职情况、运行情况的调研评估，建立乡镇编制周转池，将编制资源逐步向中心乡镇倾斜，创新基层管理体制，提升服务群众能力。严格落实《优化乡镇机构编制资源配置工作方案》和《喜德县乡（镇）对县级部门考评细则（试行）》等4个配套文件，13个乡镇分A、B、C 3类下放县级行政权力，强化对10个县级赋权部门的指导督促，划分县乡职责边界，为乡（镇）扩权赋能，切实减轻基层负担。

【综合行政执法改革】 有序推进自然资源综合行政执法改革，整合执法职能，组建喜德县自然资源综合行政执法队伍1个，核定编制14名，其中，大队长1名，与县自然资源局实行“局队合一”体制，片区自然资源所4个。稳妥推进县应急管理综合行政执法改革，整合职能，组建喜德县应急管理综合行政执法大队，核定编制6名，其中，大队长1名，与县应急管理局实行“局队合一”体制。在锁定总量不增的前提下，对自然减员后确需补充的执法人员，已按程序启用6名事业编制。以乡（镇）综合行政执法办公室为基础，整合乡镇现有和县级部门派出（驻）执法力量，强化乡（镇）的统一指挥和统筹协调权，逐步构建权责统一、简约高效的基层综合执法体系。

【行政审批制度改革】 顺利完成5510项县本级行政权力清单和责任清单“两单合一”编制公示工作，规范和优化行政职权运行。梳理公布乡镇法定行政权力清单和赋权清单，将乡镇行政审批权集中到便民服务中心办理。

【事业单位改革】 对事业单位进行系统优化、整体重塑和功能再造。设立5个事业机构，调整28家单位事业编制，明确5个事业单位类别，在4个单位内设机构加挂牌子，推进事业编制更多向民生领域倾斜、更高效配置。严格落实事业单位法人年度报告公示制度，审核并一键公示196个事业单位法人年度报告，设立登记18个，变更登记37个，注销35个，证书遗失补领1个，证书到期换领1个。

【重点行业领域体制机制改革】 顺利完成县社科联、县文联等群团机关“三定”规定制定，着力优化调整职能职责。统筹优化县国安办、县网信办职能职责，分别核定专职副主任1名。重新核定县禁毒办主任1名，专职副主任1名。规范县人大、政协机关机构编制事项。完成司法行政复议体制改革，明确行政复议机构和相关职责，并调整优化内设机构设置，新增2名事业编制专门从事司法行政复议工作。在县农业农村局、乡村振兴局内设机构分别加挂相应牌子，做好事业编制保障，进一步理顺县委农办、县农业农村局、乡村振兴局等部门职责关系。明确不动产登记职责关系，建立部门配合协调机制。

【机构编制资源优化配置情况】 围绕严控总量、挖

2022年2月10日，州委编办到喜德县调研督查机构编制工作和纪律执行情况 （县委编办/供）

潜创新、保障重点等内容，对机构编制总体情况、编制使用情况、机构编制统计数据的增减变化情况等进行全面系统客观的分析评估，加强对在编人员年龄、专业结构的分析研判，整合有限编制资源，缩短编制使用空档期，提升管理水平，用活用好机构编制资源。加大对人才引进所需事业编制统筹保障力度，划定全县人才事业编制保障总量及具体分解数量，协助县委组织部深入实施“1+13”深度贫困县人才振兴工程。纵深推动事业单位岗编适度分离，在教育、卫生、农业、文化4个领域探索岗编适度分离改革工作，均建立总量核定、动态调整备案和专项督导机制，提升编制配置水平。将人事、编制管理的权限和归属纳入县级主管行政部门，引导人才向基层流动，服务乡村振兴。

【议事协调机构管理情况】 持续理顺设在有关部门的党委议事协调机构、办事机构与所在部门的关系，健全合并设立或合署办公的党政部门运行机制，优化机构设置和人员力量配置，规范和加强议事协调管理，深入开展县级议事协调清理。2022年，全县共清理撤销议事协调机构44个，较2021年减少16.4%。

【机构编制监督检查】 贯彻落实《机构编制监督检查工作办法》《机构编制违规违纪违法行为处理和问责规则（试行）》等机构编制纪律规定，围绕建立健全机构编制监督检查工作机制、强化日常监督与专项督查、落实巡视巡察问题整改等关键环节下功夫，把机构编制纳入绩效考核体系，确保编制资源使用效益最大化。将机构编制监督检查与调研工作相结合，2022年，共开展2次，全县政策性超编问题台账共94件，整改58件，未整改36件。

（撰稿：谢晓敏 / 核稿：廖芳）

2023
喜德县人民代表大会

县人大

【概况】 2022年，县人大常委会在上级人大及其常委会的精心指导和中共喜德县委的坚强领导下，坚持以习近平新时代中国特色社会主义思想为指导，全面贯彻落实党的十九大、十九届历次全会和党的二十大精神，深入贯彻落实中央及省委、州委人大工作会议要求，坚持党的领导、人民当家作主、依法治国有机统一，认真践行全过程人民民主，紧紧围绕全县工作大局，强化监督、依法履职，全面履行宪法和法律赋予的职权，为促进全县经济社会发展作出积极贡献。2022年度县人大常委会办公室被省人大常委会办公厅评为2022年度“全省人大新闻宣传工作”先进单位，向州人大常委会报送的喜德县人大常委会实践和理论创新成果文章（《喜德县在“西德冕喜”同城化发展战略中面临的机遇和挑战》《发挥代表作用，提高履职实效，贡献人大力量》）分别获得一等奖和三等奖。

【内设机构】 省委、州委《关于进一步加强新时代人大工作和建设的意见》得到贯彻落实，按照凉编办〔2022〕59号文件要求，县人大设立专门委员会5个（从之前的2个专门委员会增加为5个专门委员会），分别为法制委员会（监察和司法委员会）、财政经济委员会、农业农村委员会、城乡建设环境资源保护委员会、社会建设委员会（民族宗教外事侨务委员会、教育科学文化卫生委员会）；县人大机关设立1个正科级办事机构，办公室（研究室）；2个正科级工作机构，预算工作委员会、人事代表工作委员会，从之前的5个办事工作机构减少为现在的3个办事工作机构，人大及其常委会的机构初步得到规范。

【工作监督】 2022年，喜德县召开人大常委会会议7次，党组会议9次、主任会议21次，听取和审议“一府一委两院”专项工作报告26项，听取和审议森林草原防灭火、耕地保护、乡村两级机构改革后国有资产管理、教育卫生、现代农业示范建设、优化营商环境、档案、旅游、残疾人保障、重点项目推进等专项工作报告，分别提出相应审议意见交由县政府等相关部门依法办理。首次听取和审议县监委关于开展脱贫攻坚检查监督工作情况的报告，肯定成绩，提出相应的建议意见，开展县级执法检查7次，配合州上开展执法检查5次，形成审议意见35条，依法作出财政预决算、预算调整等重大事项决议决定6项。

【主动报告维护权威】 严格执行向县委请示报告制度，定期向县委报告人大工作，及时请示人大工作中的机构设置规范、工作开展情况、人员调整、党的建设等重大问题、重要事项、重点工作，确保人大工作始终在党的领导下开展。

【法律监督】 组织开展《中华人民共和国民法典》《凉山彝族自治州民族团结进步条例》《凉山彝族自治州禁毒条例》《凉山彝族自治州艾滋病防治条例》《四川省乡村振兴促进条例》《中华人民共和国献血法》《四川省公民献血条例》实行情况的执法检查。完成州人大委托开展的《中华人民共和国安全生产法》《四川省安全生产条例》《凉山彝族自治州移风易俗条例》的执法检查工作，维护法律的权威。

【积极参与立法调研】 配合完成省人大民族宗教委员会到喜德县调研民族宗教工作，组织各级代表和相关人士参与《凉山彝族自治州施行〈中华人民共和国民法典〉婚姻家庭编的变通规定》《安宁河谷耕地保护条例》《凉山彝族自治州自治条例》的修订工作等法律法规的立法调研工作，提出好的建议和意见。

【专题调研成效显著】 按照县委要求，组织州、县、乡三级代表对产业发展、重点项目推进、“一村一辅警”及反纵火专项行动、旅游工作、母婴保健工作、“义教均衡”巩固情况等工作进行专题调研，通过调研提出好的建议意见，部分调研报告得到县委的充分肯定。

【预算审查力度加大】 依法审查批准县级决算和预算调整方案，听取财政资金审计整改情况报告，对县人民政府涉农资金整合使用情况进行监督，并适时作出相应的决定。开展“穿透式”预算审查监督新模式，率先在县人社局、县民宗局试点，为全县开展“穿透式”预算审查监督探索经验和做法。

【人事任免】 严把审核任免关，坚持任前法律知识考试、供职发言、颁发任命书和宪法宣誓制度，不断规范任免工作。2022年，依法任命本级国家机关工作人员34名，免职8名；接受2名县人大代表、3名常委会委员的辞职；开展宪法宣誓35人次。

【人大监督】 坚持常委会会前学法制度；坚持常委会审议中心发言制度；坚持常委会会议列席人员制度；坚持审议专项工作报告前专题调研制度；坚持每年年初听取“一府一委两院”班子成员落实分管工作打算，年底听取完成工作述职报告制度；试行对领导干部完成任务进行打分制和满意度测评制，有力督促“一府一委两院”领导班子和政府组成部门负责人履职尽责、主动作为；坚持常委会会议听取专项工作报告审议意见办理落实情况报告制度，并进行满意度测评，有力提升审议意见的督办力度。

【代表工作】 2022年，喜德县人大组织人大常委会组成人员开展履职能力提升培训2期，人大常委会集中培训1次、分片区培训13次、外出培训2次，进一步加强代表培训，丰富代表活动，不断增强代表履职主动性和积极性。选派10人次的州、县人大代表参加省州人大履职培训。代表活动有声有色。组织46人次的州、县人大代表参与法院案件审判、干部考核工作；邀请县人大代表、乡（镇）人大主席15人次列席常委会会议；坚持将每次常委会会议情况及时向代表通报、向社会公布，为代表知情知政、依法履职提供保障；指导贺坡洛乡人大开展乡代表评议副乡长的工作，提高代表履行职责的积极性，增强乡人大选举的国家机关工作人员的法律意识、代表意识、公仆意识。履职平台建设启动。按照省州人大的要求，借鉴其他县、市人大常委会的经验，完成冕山镇、两河口镇、贺波洛乡、北山乡4个乡镇人大代表之家建设，实现人大代表履职有场所、有办公设备、有制度、有台账、有工作人员、有经费，为全县代表之家建设工作提

2023年1月31日至2月2日，喜德县第十五届人民代表大会第二次会议召开（县人大常委会办/供）

供经验。意见建议办理有效。继续坚持代表意见建议重点督办、重点调研、重点过问机制，解决一批人大代表关注、人民群众关心的重点难点问题。政府及其相关部门办理代表意见建议工作越来越有成效，对十五届一次会议上人大代表提出的118件建议意见都一一进行答复，代表满意率得到提高。

2022年3月23日，县人大常委会主任苏正忠到北山乡督导森林草原防灭火，在牧区放牧人员家中宣传护林防火 （北山乡／供）

【四大攻坚战】 坚决做好巩固拓展脱贫攻坚成果同乡村振兴有效衔接。围绕巩固脱贫攻坚成果与乡村振兴有效衔接工作重点，听取相关报告，组织代表视察调研全县产业发展工作，提出建设性的意见建议。指导联系乡确定“修路引水兴产业”的发展思路，争取到重大项目5个，投入资金近4000万元，促进联系乡的发展和变化。护林防火全员参与。按照末端发力终端见效工作长效机制，人大常委会5名县级领导带领机关全体干部职工，克服人员少、经费缺、保障差等困难，分赴各联系乡镇和包点村，先后投入经费6万余元，同乡党委、乡政府一道，带领全乡干部群众打好一场森林草原防灭火翻身战、人民战，守住了山、看住了人、控住了火，联系乡镇取得无一火警的成绩。防汛防灾坚守到位。强化了红线意识，树立安全发展理念，时刻把群众的生命安全放在第一位。根据气象预警预报，全体干部职工同联系乡镇的干部职工一道，全员下沉，熬更守夜，严格按照“三避让”原则，做好了预测预报、轮流值守、组织转移群众等工作，确保群众生命财产安全。疫情防控义不容辞。组织州、县、乡三级人大代表深入防疫一线，积极抗击疫情，维护社会安全稳定，各级代表先后1000余人次开展志愿服务，以实际行动践行使命担当。

【自身建设】 通过“三会一课”、党建月会、职工大会、领导干部下基层讲党课等形式，组织干部职工深入学习习近平总书记关于坚持和完善人民代表大会制度的重要思想，学习习近平总书记来川到凉讲话指示，学习党的二十大精神，中央、省委、州委人大工作会议精神，系统学习党中央、省委、州委、县委的各项方针政策，让全体干部职工牢牢把握住正确的政治方向。人大常委会党组持续加强政治、思想、组织、作风、纪律和党风廉政建设，不断锤炼党组凝聚力、战斗力、创造力。坚持增强意识形态领域风险的政治自觉，全力争做新时代中国特色社会主义意识形态安全的坚定捍卫者。修改完善喜德县人大常委会党组议事规则，做到有章可循，有法可依，党组议事程序更加规范、更加民主。丰富党的活动，组织全体党员围绕县委中心工作，在森林草原防灭火、疫情防控、防汛防地灾、农村人居环境整治、移风易俗、重走红军路等方面，开展丰富多彩的主题党日活动，重温入党誓词、传承红色血脉、牢记初心使命，全体党员党性更强、作风更优、先锋模范作用充分展现。制度建设不断完善。充实完善《喜德县人大常委会议事规则》《喜德县人大常委会组成人员守则》《喜德县人大常委会党组会议议事规则》《喜德县人大常委会主任会议议事规则》等规章制度，进一步健全监督、决定重大事项、任免及代表工作机制，为提高常委会依法履职提供制度保障。作风整治持续推进。以作风建设年为契机，不断强化党风廉政建设和意识形态工作，认真落实全面从严治党要求，持续改进作风建设，严格遵守中央八项规定，持之以恒正风肃纪，自觉接受人民监督。队伍建设逐步加强。2022年县人大机关交流县政府组成部门任职1人，调入年轻干部1名充实人大机关，争取预算联网监督中心事业编制1名，增加2名政府购买服务人员，确保人大机关的活力。

【宣传工作】 人大声音不断传播。创建"喜德人大"微信公众号，扩大人大制度宣传面。启动《喜德人大志（1987—2006）》的编撰工作，为总结提炼人民代表大会制度在喜德的生动实践提供帮助。

【规范性文件备案审查】 按照"有件必备、有备必审、有错必纠"的原则，加大规范性文件备案审查工作力度，向州人大常委会报备9件规范性文件。同时充分发挥人大信访优势，进一步完善信访件的转办、交办、督办和反馈机制，提高人大信访工作实效。全年接待来访8次12人次，受理来信3件。

（撰稿：阿苏久则 / 核稿：阿都阿各、翁琼）

2023
喜德县人民政府

县政府综述

【概况】 2022年是十五届县政府履职的第一年。面对发展任务繁重、经济承压巨大、疫情形势复杂等严峻挑战，在县委的坚强领导下、县人大和县政协的监督支持下，县政府坚持以习近平新时代中国特色社会主义思想为指导，深入学习宣传贯彻党的二十大精神，坚决落实“疫情要防住、经济要稳住、发展要安全”的重要要求，“讲政治、抓发展、惠民生、保安全”的工作总思路，积极融入安宁河流域高质量发展和西德冕喜“同城化”发展战略部署，深入实施“一核一带一片”发展战略，全力以赴拼经济、搞建设、促发展，全县经济社会发展取得显著成效，新一届政府工作实现良好开局。

【脱贫成果更加巩固】 全覆盖开展防返贫动态监测，新增监测对象153户632人。实施农村危房改造700户。巩固提升1080户安全饮水。落实学前教育阶段儿童保教费、生活费1280.96万元。发放义务教育阶段学生生活补助3926.76万元、国家助学金460万元。脱贫人口人均纯收入达到11578元、增长14.8%。顺利通过省第三方实地考核评估和国家衔接推进乡村振兴补助资金绩效评价考核。

【乡村振兴加快推进】 全年投入4.9亿元，实施4大类123个项目。北山良田禽类养殖园区等5大省级标准示范园区加快推进。累计建成7个州级农业产业园区、16个县级产业园区。完成12个村24个集中安置点污水处理设施建设。发放富民贷3074.74万元、农业产业到户奖补5925.65万元，开发公益性岗位3653个，促进就近就业11039人。且拖乡且拖村、光明镇干拖村获评2022年度全省乡村振兴示范村，洛哈镇木古宜莫村获评2022年度全省乡村振兴重点帮扶优秀村。

【全域结对助力发展】 统筹各级各类帮扶资金2.3亿元，实施项目195个。引进资金2.6亿元，实施项目65个。转移输出劳动力1176人，认定就业帮扶车间24个、帮扶基地2个。落实37名县级领导联系13个乡（镇），109名正科职领导包村、105个单位结对帮扶102个村（社区）。选派新一轮乡村振兴驻村帮扶干部262名，海曙区、什邡市选派16名帮扶干部人才开展教育、医疗“组团式”帮扶。18074户脱贫户和监测户精准结对帮扶全覆盖。

【综合实力稳中有升】 全年完成地区生产总值38.22亿元、增长5.5%。第一产业实现增加值10.44亿元、增长4.2%；第二产业实现增加值5.72亿元、增长12.7%；第三产业实现增加值22.06亿元、增长4.6%。三次产业结构占比27.3：14.98：57.72。规上工业增加值增长21.1%。一般公共预算收入1.44亿元，增长8.5%。社会消费品零售总额10.96亿元，增长1.7%。城镇居民人均可支配收入31423元，增长5.28%。农村居民人均可支配收入12749元，增长6.97%。

2022年9月20日，喜德县召开十五届县人民政府第一次全体会暨廉政工作会议 （县政府办/供）

2022年1月24日，喜德县召开2022年1—2月经济运行分析暨第一季度“开门红”安排部署会议（县政府办/供）

【经济底盘支撑强劲】 全年新开工建设重点项目49个，续建项目25个，完成固定资产投资25.65亿元、增长50.9%。米市水库保通道路贝雷桥项目开工建设。牧光互补40兆瓦光伏电站二期项目建成运行。凉山康源优质农业农产品加工等3个项目完成技改。减税降费5522万元，办理留抵退税1208万元。为中小微企业提供担保贷款3558万元，企业贷款延期200万元。全县存贷款余额44.5亿元、33.88亿元，存贷比为76.14%，增长31.16%。滚动实施土地增减挂钩项目18个，取得节余指标334亩。

【产业发展进发活力】 农业产业提质增效。建成高标准农田2.6万亩。完成粮食播种面积30.55万亩，总产量8.13万吨。种植特色水果1.21万亩，总产量2.39万吨。种植烤烟8400亩，收购烟叶2万担，实现两烟税收2358.27万元。出栏生猪27.24万头、肉牛0.95万头、羊13.89万只、家禽79.76万羽，分别增长0.09%、3.46%、0.76%、2.7%。注册登记农民专业合作社453个、家庭农场700户。工业经济转型发展。完成工业企业升规入统2户，全县规模以上工业企业达到11户。完成工业投资4.2亿元、技改投资3700万元。良在硅业再生资源综合利用项目竣工投产。凉山信和矿业10万吨硅矿和150万吨废石综合利用项目建成投产。铁骑力士30万吨生物饲料厂项目有序推进。服务行业稳中向好。完成“个转企”24户，新增入统限上服务业企业2户、电商主体3户，实现电商交易额1.9亿元、增长3%。农村网络零售额达到4000万元。新签约招商引资项目7个，总投资14.8亿元。实现货物出口贸易额560万元。建筑行业持续突破。新增3户资质以上建筑业企业，完成建筑业总产值6.32亿元、增长20.3%。新增房地产开发企业3户，德熙温泉府等房地产开发项目顺利推进，房地产业实现从无到有。

【民生事业稳步推进】 坚持教育优先发展理念，投入资金4.23亿元，占财政一般预算支出的17%。提升改造中小学4所、幼儿园12所。发放各类生活补助、助学金1.62亿元，惠及学生6万余人次。新增城镇学位1500个，在校学生51374人，占全县常住人口的1/3以上。适龄学生入学率达到100%，高考录取率达到91.32%。持续提升医疗救治保障能力，基本医疗保险征缴率达到100%，县域内就诊率达到91.2%。艾滋病治疗覆盖率达到97.57%、治疗有效率达到99.16%。完成县人民医院整体搬迁项目第一期主体建设。13个乡（镇）卫生院中医馆、冕山镇AAAAA级预防接种门诊建成使用。

【社会保障不断增强】 全年投入资金16.57亿元、占财政一般预算支出的66%。新增城镇就业350人，城镇失业人员再就业68人，扶持135名大学生、退役军人等重点群体创业就业，失业率控制在4%以内。输转城乡富余劳动力5.86万人，创造劳务收入12.4亿元。追回拖欠农民工工资1141.91万元。发放社会救助资金1.29亿元，城乡低保标准分别提高10.6%和15.7%。新建殡仪馆、集中供养服务体系项目建成投用。

【文明创建持续深化】 建成县新时代文明实践中心、13个乡（镇）文明实践所和102个村（社区）文明实践站。深入开展“树新风促振兴”助力乡村文明创建，评选“洁美家庭”19400户、“最美母亲”100名。成功创建州级卫生县城。积极参加省农民工2022年春节联欢晚会、省第十六届少数民族运动会开幕式文艺会演、建州70周年开幕式文艺演出和花车巡游，展示喜德彝族老家文化内涵。

【城市建设全面加速】 全县国土空间总体规划形成中期成果，完成第一批次乡镇级片区国土空间规划。铺设地下污水管网6.5千米，打通县城规划区6条“断头路”。启动老旧小区改造项目。第二水厂建成运行。完成县城内涝治理。城市建成区扩大到3.11平方千米，新增城市居民1万余人。点亮城市首盏“红绿灯”，实施县城亮化工程。

【基础设施有效改善】 交通路网不断完善。完成战备公路改建34.74千米，通村公路巩固提升7.07千米，通组道路硬化19千米，新建公路生命安全防护工程173.25千米，实现通乡通畅和通村通畅两个100%。成昆复线通车运营，喜德西站建成投用。水利基础持续夯实。建成李子乡大兴村安全饮水、光明镇沙洛村产业园区灌溉项目。完成且拖小流域水土流失综合治理项目。巩固提升冕山镇饮水安全水毁修复和两河口镇洛甘村等8个饮水安全项目，惠及群众4860人。电力保障全面加强。实施成昆铁路凉山扩能3个220千伏供电工程、4个农村电网升级改造、5个大修技改项目建设，完成110千伏喜德变电站迁建，实现双回线路供电，保障能力明显提升。

【环境治理成效明显】 全面落实“河（湖）长制”和“林长制”，持续抓好生态环境保护工作。集中式饮用水水源地和断面水质达标率100%，空气质量优良天数比率达98.63%。城乡污水集中处理率分别达95.83%和45.3%。完成集体林、国有林抚育15300亩。完成源泉村、干拖村干旱河谷生态综合治理1000亩，鲁基乡、贺波洛乡横断山区水源涵养与生物多样性保护项目1万亩。治理水土流失40.86平方千米。

【全面打赢森林防火攻坚战】 全年投入9389万元，持续巩固全县森林草原防灭火工作成果。组建县、乡、村三级扑灭火队伍，986名县、乡、村组干部包保下沉。新建防火通道619千米，建成50立方米消防水池23口，安装3吨水罐2228个，32立方米钢制水池650个，全面卡紧“防抗救”链条，全年实现“零火情”，牢牢守住“两个确保”安全底线。

【全面打赢安全生产保卫战】 在重要敏感时间节点，开展社会治安专项整治，保障了全县社会大局稳定。排查整改各类安全隐患1064条。开展自建房安全隐患排查图斑11.7万个，排查率、整治率均达100%。严格落实“三长两员”“三单四图”“三个紧急避让”，成功避让5起灾害，实现全年人员

2022年3月5日，县政府县长岭明在两河口镇检验森林草原防灭火装备使用情况 （两河口镇/供）

零伤亡。调处化解信访积案和矛盾纠纷416件，喜德被评为全国信访工作示范县。

【政治生态更加清朗】 坚定捍卫“两个确立”，坚决做到“两个维护”，把旗帜鲜明讲政治贯穿于政府工作各方面和全过程。严格执行中央八项规定及其实施细则，认真落实作风建设年要求，持续推进政府系统全面从严治党，牢固树立过紧日子的思想，压减“三公”经费55.74万元、减少22.21%，县本级完成审计项目50个，送审金额5.58亿元，审减资金3609.98万元。

【行政用权更加规范】 坚决服从县委领导，严格执行重大事项请示报告制度和“三重一大”决策机制。修订完善《喜德县人民政府常务会议议事规则》，主动公开政府信息30129条。自觉接受县委巡察监督，人大法律、工作监督，政协民主监督，审计监督和社会监督。办理答复人大代表建议118件、政协提案83件，办复率、满意率、基本满意率均达100%。

【营商环境更加优化】 持续深化“放管服”改革。完成4家县属国企改革。实行县级领导联系包保企业制度，走访企业、个体户312次，解决问题14个。政务服务事项网上可办、企业投诉办结率均达100%。“最多跑一次”“全程网办”事项率均达98%。承诺时限比法定时限平均提速65%，材料减免率达60%，完成网办事项50052件，网上受理率达到69.28%。企业登记注册、开办时间均压缩至3个工作日以内。

（撰稿：李灵聪 / 核稿：孙泽）

县政府办公室

【概况】 2022年，县政府办公室在县委、县政府的正确领导下，紧紧围绕县委、县政府工作大局，以“严标准、强执行、优服务”为目标，以加强“三办”“三服务”工作能力为保障，履行“服务大局、以文辅政、协调各方、高效运转、当好参谋、抓好落实”的职责，以“五加二、白加黑”的工作作风，积极为领导、部门和群众提供优质服务，圆满完成各项工作任务，有效保证了政府机关有序高效运转。

【办文办会】 始终坚持以文立室、以文辅政，把精品意识贯穿于文稿起草始终，在求新、求深、求实上下功夫，把上级要求、领导意图和县情实际有机结合，进一步增强文稿的政策性、指导性和针对性，一年来累计高质量完成领导讲话稿410余篇，阅办上级来文1450余份，以政府或政府办名义发文700余份，较好地发挥以文辅政作用。认真贯彻落实《中国共产党机关公文处理条例》，严把政治关、政策关、文字关、格式关、程序关，坚持短、精、真、实，做到内容全面、严谨细致、精益求精，确保制发的公文符合政策、表达清楚、简明扼要，全年审核政府和政府办文件700份，高质量完成各项汇报材料230余篇，下发重要会议纪要56期。紧紧围绕“拼经济、搞建设、促发展”发展思路，抓住全县发展的“关键点”，揪出深层潜藏的“薄弱点”，突出基层工作的“闪光点”，积极深入开展调研活动，形成产业发展、项目建设等高质量调研报告4篇，为县政府把控全局、科学决策提供及时、准确、可行的对策建议。时刻围绕全县的中心工作，增强信息工作的敏锐性，多角度挖掘信息，有效拓展信息源，上报政务信息191条，被省州采用21条，得分排名较往年大幅度提升。聚焦会务统筹，狠抓会前、会中、会后三个关键环节，会前准备充分，会务方案科学细致，会中服务规范，会议秩序井然，会后落实有力，及时做好会议资料整理印发和会议纪要起草，精心组织政府全体会议、政府常务会议、政府党组会议、县长办公会议和各类专题会议200余次。

【政务督查督办】 紧紧围绕县委、县政府安排部署督重点、查难点，对重点项目建设、安全生产等专项工作开展书面督查、现场督查及联合督查，全年共发出22次提醒敦促函。认真做好政府工作报告目标任务、县政府重要会议议定事项和重大工作部署的分解落实，围绕县政府重要文件、重要会议、重大决策和领导批示，加强跟踪检查与督促，坚持全方位、多角度地督查各责任单位的工作进度，确保督查事项件件有落实、事事有反馈，不断提高督查工作实效。一年来，通过查看现场、电话督查等形式督查30余次，推动各项工作落到实处。贯彻落实人大代表建议和政协委员提案办理工作，全年共办理答复人大代表建议118件、政协提案83件，办复率、满意率、基本满意率均达100%。坚决把抓落实、重实干的要求贯穿于督查工作全过程，决策部署到哪里，督查工作就跟进到哪里，确保贯彻到底，落实到位。

【机关事务管理】 紧紧围绕中心、服务大局，坚决落实“服务至上、管理为要、提升水平”要求，履行好机关“管家”“后院”和“后勤部”“保障部”职责使命，扎实推进各项后勤服务和管理工作。加强对全县重要接待任务的统筹协调，当好经济发展的“勤务员”；持续抓好接待提升活动，做好交流合作的“服务员”；强化节能意识、健全节能制度，当好节能减排的“监督员”；切实当好“三员”，助力机关事务工作高质量发展。做好重大会议、活动的车辆保障，安全行驶里程达252.5万千米，累计出车34677次，累计365天。开展公车统计，2022年度全县公务车辆编制192辆，实有数181辆，实有车辆配置严格控制在编制数内。严格按照省州要求将全县95辆应急保障车纳入“四川省公务用车管理平台”进行管理。成功举办2022年三八节“妈妈节能”系列之“相约美丽村寨·同倡绿色节能”专题宣传活动，发放宣传资料500份，参与人数达3000余人。顺利开展“迎峰度夏”“迎峰度冬”等节电工作。严格落实减排措施，针对重点用能设备和重点区域，采取分类施策、加强督导等方式，强化用能管理；有序推进新能源汽车充电桩建设，引领节能减排提质增效。

（撰稿：李灵聪／核稿：孙泽）

民族宗教

【概况】 2022年，县民宗局深入学习贯彻习近平总书记关于进一步加强和改进民族工作重要思想、对宗教工作的重要论述，进一步增强“四个意识”、坚定“四个自信”、做到“两个维护”，坚持民族宗教工作无小事，正确处理好传统与发展的问题，推进全县民族和睦。宗教和顺，围绕“民族团结进步，宗教和谐稳定”的工作目标，紧跟乡村振兴工作任务，积极主动、富有成效地履行职能，紧紧围绕全县工作大局，坚持稳中求进工作总基调，着力推进民族事务依法治理和宗教事务依法管理，大力开展民族团结进步宣传和创建，加快推进少数民族经济社会事业发展，切实维护民族团结；坚持我国宗教中国化方向，认真实施新修订《宗教事务条例》，积极引导宗教与社会主义社会相适应，转变作风，担当尽责，创新发展，全县民族宗教工作开创新局面。

【大力推进民族团结示范创建工作】 成立以县委书记为组长、县长为第一副组长，并由县委常委、统战部部长担任办公室主任，其他相关单位为成员的创建工作领导小组，形成各部门齐抓共管、合力攻坚提供坚强组织保障；制发《喜德县贯彻落实创建新一轮全国民族团结示范州工作方案》《喜德县创建省级民族团结进步示范县工作方案》文件，细化任务清单、责任清单、督查清单，形成县、乡（镇）、村一级抓一级，层层抓落实的创建工作格局，为创建新一轮全国民族团结示范州和创建省民族团结进步示范县奠定坚实基础；2023年喜德县光明

2022年8月8日至9日，喜德县举办“民族团结杯”献礼建州70周年·我为家乡代言主题演讲比赛（县民宗局/供）

镇彝欣社区创建为第七批全省民族团结进步示范社区，喜德县光明镇四合村复核为全省民族团结进步示范村。喜德县红莫镇、喜德县彝欣社区、喜德县两河口镇两河口村、喜德县思源实验学校、喜德县民族宗教事务局、喜德县国投公司6家单位创建为州级民族团结进步示范单位；开展民族团结进步进学校工作，举办以“铸牢中华民族共同体意识，齐心协力共建美好新喜德”为主题的活动，让学生们了解我国民族团结、民族基本政策及构建民族共同体意识的重要意义；举办“民族团结杯”主题演讲比赛，为庆祝凉山彝族自治州建州70周年，激发广大群众热爱祖国、热爱家乡、团结奋进、崇尚文明的炽热情怀，大力唱响礼赞新中国、奋进新时代的主旋律；结合《创建新一轮全面民族团结进步示范州国检工作清单》的通知，对标国检点位工作清单，选定农文旅产业园区冕山镇伍合村、爱国主义教育基地及学校、企业等15个点位重点打造，形成以点串线、以线连片、以片带面的示范创建格局；制作大型民族团结广告牌6幅、交通要道喷绘标语5处、闹市区及人员集中点宣传栏10处、完善冕宁交界处至越西、喜德段民族团结进步走廊约15千米（300余个灯杆宣传牌），利用移动手机信息平台发送10万余条民族团结宣传短信，并制作展板、画册、汇报宣传片，依托微信公众号、电视台等载体以及积极开展各种文艺活动，正有力有序营造浓厚宣传氛围。全年收集、整理2018年以来各级各部门创建工作档案资料，并形成县级创建工作档案资料6个专卷。

【抓好民生工程项目建设】 全年完成整合光明镇干托村阳光葡萄种植基地建设项目（一期）400万元。争取民族团结进步创建进彝欣社区项目1个，资金20万元。争取民族地区开发资金非整合项目3个，资金440万元；涉农整合项目4个，资金200万元，用于产业发展、人居环境治理、养殖项目。

【抓好项目库建设】 组织工作人员通过实地考察，了解项目的可行性，结合乡村振兴，立足解决基层群众最急需、最困难的问题，择优选取项目，完善项目库建设，完成项目入库18个，为争取上级项目资金打好基础，提供项目申报支撑。

【落实两项资金备案】 7月1日，县政府分管副县长组织召开县两项资金工作领导小组会议，专题研究审定2022年两项资金的项目备案工作。财政局、民宗局、发改经信局等两项资金工作领导小组成员单位参加会议。各成员单位参会人员按项目申报指南和项目申报管理的相关要求，结合喜德实际，依照“紧扣民生、引导投向、精细管理、提升绩效”的基本思路和重点投向，对项目库中2022年推荐申报的项目进行认真梳理、比较、审核、择优。经会议集体研究、审核，决定备案呈报贺波洛乡塔青村葡萄种植园、红莫镇特火村生态黄牛养殖建设等7个项目600万元。

【全面推进宗教管理工作】 全年召开宗教联席会议2次，研判当前宗教领域风险隐患并做好防范工作；

组织乡村宗教网络员、宗教场所及民间信仰点管理人员50多人进行培训；积极配合州民宗委、州统战部等部门开展的民间信仰、伊斯兰教宗教活动等各项调研活动；加强三级网络两级责任体系，形成县、乡（镇）、村（社区）三级网络体系，县与乡（镇）签订责任书，乡与村签订责任书。引导宗教界发挥积极作用。开展以“规范”为主题的和谐寺观教堂创建活动，通过讲经、演讲、研讨会、讲道交流等形式多样的活动，营造遵规守戒、爱国爱教的良好风尚。加强对宗教活动场所的监督管理，组织开展宗教教职人员认定备案和社会保障工作，推动宗教活动场所主要教职人员任职备案；认真开展安全生产大检查工作，对冕山镇清真寺宗教活动场所及各民间信仰站点全面签订安全生产责任书，会同市场监管局、消防救援大队等部门，每个季度全面开展安全生产消防大检查。

（撰稿：陈霞 / 核稿：尔古吉莫）

人力资源和社会保障

【概况】 2022年，县人社局坚持以习近平新时代中国特色社会主义思想为指导，紧紧围绕县委、县政府中心工作，聚焦聚力巩固脱贫攻坚成果同乡村振兴有效衔接工作，全面加强人力资源社会保障工作，较好地完成年度人社各项工作任务。

【机构及人员】 内设办公室、劳务工作股、工资福利、事业单位人事管理股、劳动监察股、社保就业管理股、基金监管股7个股室，下设社保局、就业局两个副科级事业单位。县人社局核定总编制数54名，实有在职人员45人，领导职数一正两副。

【劳务输出】 2022年，劳务输出目标任务5.5万人，实际转移劳动力5.8538万人，完成全年任务目标的106.4%。其中，建档立卡贫困户2.3283万人，完成全年任务目标的101%。东西部协作劳务输出定向输出浙江宁波567人，完成全年任务目标的189%，其中建档立卡贫困户223人。安置公益性岗位300人。针对集中安置后续就业增收难的问题，在易地扶贫搬迁大型集中安置点，举办招聘会4场次，多形式向有务工需求的劳动者发布就业岗位信息3200条，提供岗位4200个。

【人才工作】 2022年度开展10批次考核、考试招聘，共计招考229人。其中考核招聘7批次，含高中教师、人才引进、免费定向培养、“三支一扶”、西部计划，共计90人。公开考试招聘3批次，含中小学教师、事业单位工作人员，共计139人。上报农业系列中级职称（含双定向）评审委员会、中小学教师中级专业技术职务任职资格评审委员会及专家库核准备案。审议事业人员职称评聘739人。岗位设置单位47个，开展机关事业单位技术工人技术等级考核和技师职务考评工作，全县共8人申报。全县113名管理岗位人员全部确认为相应等级职员（含双肩挑），符合晋升条件48人，晋升27人。

【就业增收】 调整优化设置保洁、安保、就业增收专员、禁毒防艾宣传员等公益性岗位，在800人以上集中安置点开发不低于居住人口1%的公益性岗位，安置235个岗位，其中：彝欣社区137人、石门社区69人、火觉莫社区29人，并指导当地妇女通过彝绣等灵活居家的就业形式，帮助安置点留守妇女就业，全年促进搬迁妇女就业594人。优化提升公共就业创业服务能力，在易地搬迁集中安置点开展培训18期，880人次，在彝欣社区、石门社区、火觉莫社区集中安置点建立就业和社会保障服务中心，配置2名专职就业创业服务指导员，其他集中安置点配置1名兼职就业创业服务巡回指导员，并在3个社区开展10次政策宣讲活动就业创业指导服务1230人次，共计发放就业创业宣传资料2700余份，短信政策宣传7000余条。帮助重点人群就业。彝欣、石门、火觉莫、中坝4个社区安置点共550名绣娘参与彝绣产业；彝欣、石门社区开展家政服务技能培训两期90人；申报县级劳务品牌2个（“彝家绣娘”“彝乡绣娘妹”）。

【工资福利】 全年完成3343名在职职工调标工作，3266名在职职工正常薪级工资增资工作；核实全县机关行政工勤127名基本信息；全县事业人员1—9月在职职工基础绩效清算工作；办理事业单位已故职工遗属生活困难补助10人，办理符合认定工龄认定职工39人，办理事业单位符合退休条件的职工27人退休手续。

【劳动仲裁、监察】 全年共受理协调案43件，立案2件，移送公安机关2件，其中，欠薪线索核处管理平台共办理37件，办结率高达100%，追讨农民工工资933.12万元，涉及人数744人，收取农民工工资保证金1485.33万元。申请工伤认定29起，受理28起，不予受理1起（机关事业单位10起，建筑企业19起），其中，已认定26起，2起终止认定。受理仲裁案件21件，办件21件，仲裁调解6件（工伤赔偿类案件），达成调解金额72.94万元。提交劳动能力鉴定5起，已出鉴定结果5起（其中，8级伤残2起、九级伤残2起，十级伤残1起）。信访交办37件（其中，县政府办交办27件，信访局9件，州人社1件），回复办结47件，办结率达到100%。针对建筑行业开展劳动监察6次，涉及企业29家次。宣传《中华人民共和国劳动法》《工资支付条例》等法律法规活动3次，发放宣传资料3000余份。

【就业工作】 全年完成失业登记68人，完成目标任务率112%。就业困难认定26人，完成目标任务率260%。城镇新增就业355人，完成目标任务率111%。城镇失业人员再就业68人，完成目标任务率136%。城镇登记失业率3.3%。完成职业技能培训目标任务。全年共开展47期2241人，完成目标任务率140%。其中，职业技能培训36期1778人（其中，包括东西部协作综合培训11期525人，绿色家园培训1期33人），劳务品牌培训9期403人，返乡创业培训1期30人，创业培训1期30人。培训工种含火盆烧烤、灯具安装、烹饪原料切配、墙面刷涂、灰土回填、家畜饲养、马铃薯栽培、母婴生活护理、起重装卸机械操作（挖掘机）、中式面点师、钢筋工、彝绣手工制作等。完成创业补贴、创业担保贷款发放任务。共50份申贷人员材料（农村自主创业农民、复员转业退役军人、高校毕业生）移交金融机构，成功发放创业贷款30笔，共计发放贷款金额548万元，完成目标任务率137%。完成公益性岗位开发安置。开发公益性岗位1214个，在岗1093人。按照550元/（人·月）的标准发放补贴，覆盖全县13个乡镇、93个行政村。完成创业补贴、稳岗补贴发放。发放创业补贴28人，发放资金28万元。认定帮扶车间24家，吸纳脱贫劳动力525人，帮扶基地2家、吸纳脱贫劳动力23人。完成对57家免审直补的企业和后台申请的2家企业稳岗资金返还工作惠及职工1142名，返还资金71.43万元。发放一次性留工培训补助资金46500元。完成就业帮扶载体建设。海曙区帮扶180.7万元援建喜德县创业孵化基地，7月建设完成并运营，16家

2022年7月13日，喜德县创业孵化基地启动仪式举行　（县人社局/供）

企业入园孵化，带动就业 199 人，12 月认定为县级创业孵化基地。

【社保工作】 持续做好养老保险参保征缴工作。企业职工养老保险参保缴费人数 4596 人，征缴养老保险基金 5987 万元；离退休人员 1778 人，发放养老金 6913 万元。工伤保险参保缴费人数 8391 人，征缴工伤保险基金 272 万元，支付工伤保险待遇 423 万元，工伤保险报销共受理 31 件，共支付 365 万元。机关事业单位参加养老保险单位 138 个，参保人员共计 6675 人，征收养老保险 10178 万元。职业年金参保 6675 人，征缴职业年金 2757 万元，职业年金做实 274 人，记实金额 950 万元。城乡居民养老保险参保总人数 103823 人，其中发放养老保险待遇人数为 16194 人，城乡居民养老保险待遇支出 2279.11 万元；城乡居民养老保险社会保险缴费收入 2392 万元，财政补贴收入 2323.28 万元。全力做好被征地农民参保及养老保障待遇业务。为冕山镇 138 人被征地农民办理生活补贴待遇核定，为 82 人代缴企业职工养老保险，确保被征地农民的合法权益得到保障。全面开展企业缓缴工作。为 28 家企业 545 人的办理社会保险费缓缴业务，涉及缓缴金额企业养老保险 69.44 万元、失业保险缓缴 2.66 万元、工伤保险缓缴 3.71 万元。持续推进困难群体缴费代缴城乡居民养老保险费工作。2022 年城乡居民养老保险州级下达政府代缴人数 20316 人，为符合参保条件的困难群体代缴养老保险 22630 人。其中，低保人员 20922 人、特困人员 42 人、重度残疾人员 1666 人，为困难群体代缴金额 226.3 万元。

（撰稿：吉翔 / 核稿：杨欢）

民　政

【概况】 2022 年，县民政局按照县委、县政府的统一部署，以“民政为民，民政爱民”的民政宗旨，紧紧围绕“一个中心、二个重点和三大工程”目标任务，以“四强化四提升”为抓手，以实现精准服务对象、资金兑付高效、强化事后监管的工作成效为最终目标，在民生保障、乡镇行政区划和村级建制调整改革、项目建设等方面作出巨大贡献，为全县社会稳定和经济发展不懈努力。

【机构及人员】 内设办公室（含计划财务）、社会事务股（民间组织股）、社会救助股（含城乡最低生活保障中心）、政权区划与社区管理股（养老服务股），4 个股室。全局共 21 人，其中，局长 1 人，副局长 2 人。全局公务人员 5 人，事业管理人员 2 人，事业专业技术人员 12 人，事业工勤人员 2 人。

【城乡低保工作】 截至 2022 年 12 月，全县农村低保共有 17995 户 39390 人，全年共计发放农村低保金 12857.9 万元。2022 年，全县农村低保标准分为 6 个档，其中全额档 480 元 /（月 · 人），一档 385 元 /（月 · 人），二档 340 元 /（月 · 人），三档 290 元 /（月 · 人），四档 240 元 /（月 · 人），五档 145 元 /（月 · 人）。截至 2022 年 12 月，城市低保共有 1253 户 2518 人，全年累计发放城市低保金 1355.5 万元。

【城乡困难群众临时生活救助工作完成情况】 2022 年，共救助城乡困难群众 89 户 280 人，发放城乡困难临时生活救助金 50.15 万元。

【孤儿及事实无人抚养儿童生活救助和高龄补贴发放】 全年全县纳入孤儿对象 296 人、事实无人抚养儿童 288 人，共计发放资金 841.38 万元。其中，孤儿生活救助金 436.14 万元，发放事实无人儿童补贴 405.24 万元。孤儿每人每月发放基本生活费为 1200 元，事实无人抚养儿童每人每月补贴 1200 元。全县有高龄老人 1932 人，全年总计发放高龄补贴 242.66 万元。“三老”人员 173 人，共计发放补助资金 86.08 万元。

【残疾人两项补贴】 截至 2022 年 12 月，全县有享受困难残疾人生活补贴 3236 人，困难残疾人生活标准为每人每月 100 元，全年累计发放 376.25 万元；享受重度残疾人护理补贴 3142 人（其中，一级 932 人，二级 2186 人，三、四级精神智力类 24 人），全年累计发放重度残疾人护理补贴 240.196 万元。

【婚姻登记办理】 2022 年，共办理婚姻登记 2556 对，其中，结婚登记 2029 对，离婚登记 200 对，补发结婚证 308 对，补发离婚证 19 对，无收养登记；查阅档案 35 人次，无有效投诉，登记合格率 100%，配合州、县妇幼保健院完成婚检率。完善婚姻历史数据，中华人民共和国成立以来没有录入婚姻登记系统的有 15264 对，全部录入，为便利群众查询婚姻情况奠定基础。

【民间组织工作】 截至 2022 年 12 月，全县登记社会组织共有 64 家，其中社会团体 45 家（2022 年新成立 1 家社会团体），民办非企业单位 19 家（2022 年新成立 2 家）。积极对接组织部了解社会组织党建工作流程，加强社会组织党建工作，推动符合条件的社会组织建立党组织，21 个社会团体建立党支部，并签订党建承诺书。按照《喜德县人民政府关于进一步打击整治非法社会组织的专项行动方案》注销一批“僵尸”社会组织。开展社会组织 2021 年度年检工作。全县应检社会组织 61 家。其中：社会团体 47 家，民办非企业单位 14 家。县民政局通过喜德县社会组织管理微信群进行业务指导，及时解决年检过程出现的问题。全年社会团体参检 20 家，参检率 42.5%，合格 16 家，合格率 80%，基本合格 4 家，不合格 0 家；注销 2 家；未参加 27 家。参加 2021 年底检查民办非企业为 14 家，参检率 100%，合格 14 家，合格率 100%。积极引导社会组织参与乡村振兴深化行业协会商会改革，培育发展社区社会组织。截至 12 月，全县完成 2 个社区社会组织备案，1 个社区社会组织孵化园已挂牌使用。经排查，社会团体无分支（代表）机构，未发现行业协会商会乱收费现象，未发现社会服务机构开展营利性工作。

【行政区划工作】 通过考试从社区书记、持证社区常职干部、持证社区工作人员中选拔出 4 名社区专职工作者；推进创新基层群众自治试点工作，全年申报省级试点 1 个，州级试点 5 个，县级试点 20 个；抓牢党务、村务、财务公开，联合县委组织部、财政局、农业农村局等部门制定“三务”公开标准，做到事前、事中、事后全过程公开，使群众在决策前能了解、决策中能参与、决策后的执行情况能监督。开展国家地名信息库质量建设专项工作，对全县行政区域、群众自治组织、居民点、交通运输设施、建筑物、各类单位 6 大类 5000 余条地名名称进行核改、修校，全面完成目标专项质量建设工作任务；抓好《地名管理条例》宣传和运用，广泛通过政府门户网、微信公众号等形式开展宣传活动，在县城新区街道（路）巷命名工作中具体融入，确保工作合法合规、程序完善。

【社区工作服务站情况】 积极动员全县各部门及 13 个乡（镇）、102 个村（社区）两委常职、志愿者、社会服务等各类人群积极参加考试，初级社工报考人数 593 人，中级社工报考人数 78 人，并对接州民政局免费发放考试资料 671 套，过国家线 36 人，其中，初级 34 人，中级 2 人。全县 13 个乡（镇）社会工作服务站完成挂牌工作，引入凉山至善社会工作服务中心和成都奋扬社会工作服务中心负责两河口镇、且拖乡、冕山镇社工站建设工作；顺利完成 29 名疫情排查防控社工岗招聘工作，下派分配至各乡（镇），进一步充实民政基层力量；“五社联动”持续深化，以彝欣社区为示范引领，以点带面，在光明镇石门社区、冕山镇希望路社区、且拖乡联合村深耕孕育，培育喜德县彝星社会工作服务中心本土社会组织，逐步推动喜德从无到有，从有到

2022年11月1日，喜德县殡仪馆建成投用 （县民政局/供）

好，从好到专的良好开端。围绕优化资源配置、提升发展质量、增强服务能力、提高治理效能“四大任务”，坚持问题导向、基础导向、利民导向、发展导向、目标导向、结果导向“六个导向”，着力优布局、打基础、补短板、建机制，细分工作任务11项，于2022年年底全面完成。

【民政重点项目建设】 2022年，喜德县开展集中供养体系项目建设，建筑内容主要包括老年公寓、孤儿公寓、办公综合楼、综合性食堂及餐厅、老年活动中心、健身房及公共厕所等配套设施，占地面积24亩，建筑面积9790平方米，其中，孤儿公寓3750平方米，办公综合楼、综合性食堂及餐厅共1240平方米，公共厕所等配套设施用房720平方米；建成后可入住老年人和孤儿各300名，对全县的社会保障服务事业乃至经济发展起到重要促进作用。一期项目总投资2100万元，工程于2020年10月完成建设并验收，一期项目资料已报送县审计局，并已完成审计工作。儿童福利院因前期存在缺口资金导致儿童福利院暂未投入使用，为加快推进儿童福利院问题整改工作，县长岭明组织召开专题会议和政府常务会议研究落实整改工作，整合资金680万用于集中供养建设资金，项目由县农旅投公司牵头开展项目建设，已于2022年7月15日前完成项目建设，现已达到入住标准。殡仪馆二期项目建设。喜德县殡仪馆项目选址位于贺波洛乡跃进村一组，已征地52.886亩，一期项目于2019年3月正式动工建设，已于2019年12月完成建设并验收。二期总投资资金2700万元，现交于县农旅投统筹以债券或贷款形式修建，招标工作已于2021年2月21日完成，项目已于2022年4月6日开始动工，前期申请1300万元的财政债券资金已经到位，剩余1400万元，项目已于2022年8月竣工，11月1日投入使用。

（撰稿：吉尔阿甲、谢伍加莫/核稿：海来克火）

应急管理

【概况】 2022年，县应急管理局坚持“防风险、除隐患、遏事故”的方针，采取有效的措施，落实责任、强化监管，确保全县应急管理和安全生产形势持续稳定好转。全年共计排查各类安全隐患1099余条，完成整改1064条，限期整改35条，各类行政处罚33.28万元。全年全县森林草原未发生一起火情。

【安全生产组织领导】 始终把安全生产工作作为建设和谐喜德的重要环节来抓，认真落实“党政同责、一岗双责、失职追责、齐抓共管”要求，做到强化责任落实，全年召开县委常委会、县政府常务会4次，安委会全体会议4次，传达学习《中华人民共和国安全生产法》《四川省安全生产条例》、国务院安委会“十五条”措施、中央、省、州关于加强安全生产工作的系列重要指示批示精神及各级安全生产电视电话会议精神，及时分析研判形势，听取工作汇报，研究贯彻落实意见，切实解决安全生

2022年11月19日，县委常委、县政府常务副县长张荣寿带队对全县非煤矿山企业开展安全生产节前大检查　（县应急管理局/供）

产领域的薄弱环节和突出问题，安全发展理念得到不断强化；坚守“发展决不能以牺牲人民的生命安全”这条红线，确保2022年全县不发生一起安全生产事故。制定2022年度安全生产大检查、森林草原防灭火和防汛减灾等各项工作相关工作计划。按照州委、州政府和县委、县政府安排部署，从各行业单位抽调精干人员组建充实喜德县安全生产、森林草原防灭火、防汛减灾3个工作专班，并对相关工作实行“每日一研判、每周一通报、每月一调度”要求，力促督导检查常态化。

【校园安全工作】 全年联合相关部门对全县9所学校开展反恐演练、应急消防演练、防自然灾害演练等10次。开展春季和秋季学校疫情防控和食品安全专项检查，共检查学校食堂81所、校园周边食品经营店168家次，共下发责令整改书21份。召开喜德县2022年学校大宗食品配送单位约谈会1次。

【消防安全工作】 全年累计排查高层建筑1处，老旧小区5处，生产经营租住村（居）民自建房10人以下241处、10～30人65处、30人以上7处，石油化工企业4处；联合县住建局、县公安局、县市场监督管理局等相关部门对喜德县农贸市场进行排查整治并提请县政府挂牌督办。同时对群租房和“三合一”场所、文物古建筑、娱乐场所清理整治、电气火灾、电动车综合治理等进行专项治理活动，共检查社会单位495家，发现火灾隐患453处，整改439处，下发责令改正通知书389份，临时查封2家，责令“三停”2家，共处以行政罚款12.19万元。

【道路交通安全】 全年排查道路隐患38处，整治重点隐患6处，督促重点车辆检验89辆，重点驾驶人审验换证239人，检查运输企业3家。查处道路交通违法行为27579起，行政拘留168起，其中，无证驾驶256起，饮酒驾驶562起。重点对3家客运企业、车站、公交公司、出租公司、31家普通货物运输企业和维修企业进行全面检查，共组织各类安全检查139次，查处违法案件196件，查处违规违章行为536起。检测货运车辆865台次，查处未

2022年5月12日，县应急管理局组织开展救护伤员演练

（县应急管理局/供）

按规定采取有效防护措施装载货物运输车辆56台次，治理违规超载超限车辆963辆。

【食品药品安全】 全年出动执法人员456人次，车辆120台次，检查食品生产经营者735家，查获过期变质等食品450余千克，3批次不符合预包装食品。下发责令整改通知书82份，监督意见书162份，食品领域立案25件。

【加强安全生产宣传】 结合"5·12"及安全生产月等重要时间节点，充分利用广播、喜德电视新闻频道、宣传栏、标语口号、悬挂横幅等宣传方式，广泛深入地宣传《中华人民共和国安全生产法》等法律法规知识和有关的安全生产常识。宣传活动悬挂安全标语16余幅，分别发放印有安全知识宣传手提袋6000个、围裙300件、毛巾300条、挂历200余幅，各类安全知识手册、宣传单130000余份。同时，强力推进消防安全宣传"五进"工作，紧扣安全宣传教育进企业、进社区、进农村、进学校、进家庭示范点建设标准，采取专家服务、实地指导、检查考核等方式，扎实推动安全宣传教育"五进"活动走深走实。发放安全宣传资料2800余份，悬挂安全标语20余幅，设置大型固定式宣传牌。

【森林草原防灭火】 进一步深化落实责任，建立县委书记、县长轮流到森防指值班调度机制，建立县包乡、乡包村、村包户责任体系，落实37名县级领导、99名包村干部、850名村组干部包保责任下沉和背包入住。从各行业部门、乡镇抽调23名骨干人员组成森林草原防灭火工作专班。按照"依乡建队、依村布防"原则，组建县、乡、村三级1564人扑火队伍，全面构建起县级"1小时"、乡镇"半小时"扑火圈。严格对标装备设备配置要求，"宁可备而不用，勿可用而无备"，全县配备消防水车31辆、运兵车2辆、225台消防水泵、12.43万米水带、962支背负式水枪、20个水囊、90部对讲机、2040套单兵装备等扑火物资。组织召开森林草原防灭火应急预案专题讨论会修订完善应急预案8次，新修订乡（镇）应急处置办法13份，制定村级应急处置手册102份。开展县专业扑火队伍演练27次2130人次，乡（镇）级"以水灭火"演练448次13480人次，村级"以水灭火"演练739次16779人次。按照"应建尽建"的原则，新建619千米防火通道确保全县"山山相连、路路相通"。按照所有进入林区通道两侧每隔300～500米建设至少1个3吨水罐的标准，建成50立方米的消防水池23口，安装3吨水罐2228个，32立方米的钢制水池650个，共计蓄水量33078立方米。建成直升机野外停机坪1座、航空应急取水点1处。推进"两点一哨"建设，按照"山下有防火检查卡点、山中有前置点、山顶有瞭望哨"的要求，在所有重点林区山脚设置标准化卡点10处、简易卡点31处，前置点36个、瞭望哨48个。安装15套林火视频监控系统，对54个卡点和路口视频监控，实现"技防＋人防"一体化推进。加大全县火源管理力度，及时发布《喜德县森林草原防火令》《喜德县森林草原禁火令》，始终保持野外用火"零容忍"态度，严格执行防火令、禁火令，在重要林区安排辅警驻村值守。严格执行野外用火管理制度、入山许可证和野外用火许可证制度。全县共审批116起特殊野外用火，查处违规野外用火198起，行政拘留15人，罚款183人。加强对痴呆、聋哑及精神病人和老人及儿童的监管监护，严格执行"十户联保"，全县共形成3117个联保组，覆盖农户33959户。

【加强防汛防地灾】 严格遵守防汛值班值守工作纪律，加强防汛值班，实行领导干部带班，值班人员两班倒，每班4人，实现24小时专人值班，确保全县应急救援和防灾减灾工作不出现任何问题。严格落实行政首长负责制，调整完善实战化防汛防地灾联合指挥部，加强对防汛防地灾工作的组织领导，强化责任落实，细化责任分工，统筹协作，确保工作有人抓、问题有人管。确立39名隐患点点长，26名常务副点长，100名副点长，76名督导员，192名隐患点监测人员。组建县、乡、村3级应急救援队伍114支、应急救援队员1675人随时保持临战状态。完善按图响应工作机制。为压紧压实各级责任，明确各级任务，切实落实好联合指挥照单履职、按图响应工作机制，进一步调整完善全县“三单四图”，编制完善2022年度《喜德县地质灾害防治工作方案》《喜德县地质灾害应急预案》《喜德县防汛工作方案》等方案预案，明确防灾责任，抓实防灾工作，确保防汛防地灾工作落实落地。准备充分的救灾帐篷、折叠床、棉被、防寒服、单衣裤、彩条布、雨衣雨鞋、变频发电机、手持喊话器等各类应急救援抢险物资，确保一旦发生险情能够拿得出，用得上，切实保护好全县3714户17462人受山洪、地灾威胁群众的生命、财产安全。

（撰稿：何东 / 核稿：毛金沙）

党史研究与地方志编纂

【概况】2022年，县党史研究与地方志编纂中心始终坚持以习近平新时代中国特色社会主义思想为指导，深入贯彻落实省、州史志工作会议精神，紧紧围绕县委、县政府的中心工作，以史志“征、编、研”为重点，以提高编纂质量为宗旨，持续用力推进喜德党史、中共喜德县委执政实录、喜德年鉴等编纂出版发行任务，全力指导部门志、乡镇村寨志编纂，全力打造省、州、县三级共建史志阅览室、驻村结对帮扶等多项工作，较好地完成年度各项目标任务。

【党史研究】在县委主要领导及分管领导的高度重视下，在州史志办的业务指导下，县党史编写组历时两年多，于2022年10月全面审定完成《中国共产党四川省喜德县历史（1935—1978）》所有彩页及正文内页内容，11月，由成都卓尔传媒公司承印，中共党史出版社正式公开出版发行1000册，并分送全县各级党组织共200余册。全面完成《中共喜德县委执政实录（2021）》编纂工作。3月完善制发编纂实施方案，8月前收集整理完成《中共喜德县委执政实录（2021）》编纂资料，10月出版公司完成排版审核并寄送样书，11月以内刊方式出版发行200册。积极落实上级党史部门交办各项党史工作。按州史志办的要求，于3月2日完成喜德县抗美援朝相关资料征集上报；5月，按时完成《中共凉山彝族自治州委执政实录（2021）》（喜德篇）相关资料报送任务；认真抓好喜德县红色遗址普查的后续工作。

【地方志编纂】精心编纂完成《喜德年鉴（2022）》。全年以提升喜德年鉴编纂质量为宗旨，本年度喜德年鉴正文首次采用四色印刷和随文彩图，编纂质量得到新的提升。年初制定年鉴编纂方案，从3月起开始收稿，采取点对点、逐一审核的模式进行组稿，6月前完成所有乡镇、部门年鉴资料的收集、整理及审核，9月前出版公司完成审核校对并寄送样书，10月前县史志办完成样书审核修改并反馈意见，实现公开出版发行200册。点面结合推进部门志、乡镇志编纂。2月县史志编纂中心印发《关于切实做好2022年度乡镇、村志和部门志编纂工作的通知》文件，制定节点任务清单，全面督促推进。6月13日在冕山镇召开《冕山镇志》《小山村志》修编工作业务培训会，全方位加强业务指导。8月县政府分管领导高度重视，县财政追加冕山镇乡镇（村）志编纂经费预算20万元，强力推进喜德首部镇志、村志编纂。9月对全县部门志、乡镇志推进情况进行全县通报，县人大办、组织部、审计局、气象局、人社局等部门完成编纂大纲，取得实质性进展。省、州、县携手共建三级史志阅览室。积极推进省、州、县三级共建史志阅览室工作，完成1个乡镇1个村1个社区，即贺波洛乡、贺波洛乡跃进村、鲁基乡中坝社区史志阅览室挂牌创建工作，县级层面共赠送《喜德县志》《喜德年鉴》等史志书籍48套，其中每个点位赠送书籍各16本，下一步还将按省、州地方志部门要求，丰富乡村史志阅览室书籍资料。积极完成省州地方志交办业务工作及培训任务。按时认真完成《四川年鉴》《凉山年鉴》《四川地方志发展报告（2021）》（喜德篇）等编纂供稿任务。及时组织干部职工线上参加“精品年鉴品读季”活动启动会议暨2022年中国年鉴精品工程研讨会、第七期全国年鉴主编培训班、全省年鉴质量提升工作会议，并认真学习省地方志办主任陈建春讲话精神，全面提升喜德史志干部地方志业务水平。

【其他重点工作】 狠抓光明镇前进村结对帮扶。全年干部职工深入帮扶村开展森林草原防灭火及防汛防地灾、疫情防控、巩固脱贫成果、引导环境卫生、软件资料规范等工作120余次，为帮扶村110户农户送去大米110袋，价值7150元，制作森林草原防灭火宣传标语10余幅。抓好史志工作年度目标考核。以执政实录和年鉴报送时效性和编纂质量为考核内容，客观、公正地评定乡镇、部门史志考核分值，有效提升乡镇、部门对史志工作的重视程度。认真配合落实好县委巡察组各项工作。中心党组高度重视县委巡察工作，进一步提高政治站位，主动配合，举一反三，积极落实巡察问题整改工作。抓好史志资政服务工作。全年为全县招商引资、发展规划、外界了解喜德提供史志资料和咨询服务20余次，并协助完成县委、县政府交办的其他任务。

（撰稿：孙凡 / 核稿：赵生亮）

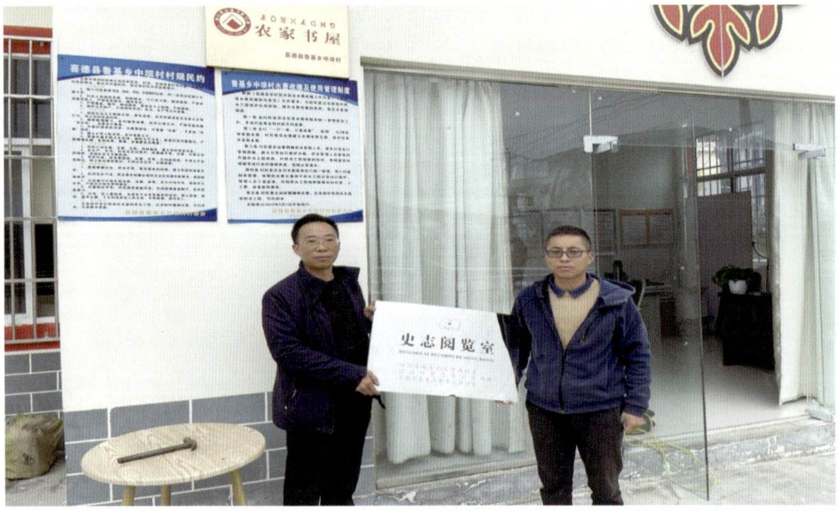

2022年5月19日，县史志编纂中心到鲁基乡中坝社区举行设立村级史志阅览室挂牌仪式 （县史志编纂中心 / 供）

政务服务

【概况】 2022年，县政务服务管理局高举习近平新时代中国特色社会主义思想伟大旗帜，以党的二十大精神为引领，坚持以人民为中心的发展理念，持续转变政府职能和简政放权，推动“放管服”改革向基层延伸。认真贯彻落实中央、省、州深入推进“放管服”改革及审批服务便民化的实施意见，不断完善营商环境，大力提升政务服务效能。

【“放管服”改革】 成立喜德县推进政府职能转变和“放管服”改革暨政务公开协调领导小组办公室，由县政府常务副县长张荣寿任组长，县政府办主任苏胜利为副组长兼协调领导小组办公室主任，涉及行权和公共服务事项单位“一把手”为成员。办公室设在政务服务管理局，由政管局负责同志担任办公室副主任，负责处理日常事务。同时，成立喜德县“一网通办”能力跨越提升工作领导小组，由县政府常务副县长张荣寿任组长，并组建工作专班，为政务服务工作整体推进提供组织保障。为全面推进行政审批制度改革，由县委编办牵头、司法局、政管局协助配合，对全县行政权力事项进行动态调整。调整后的事项共5258项，其中行政许可245

项、行政处罚4205项、行政征收23项、行政强制159项、行政确认39项、行政裁决8项、行政给付26项、行政检查236项、行政奖励106项、其他行政权力211项，行政审批事项得到进一步优化。

【“一网通办”全面提升】 认真落实喜德县政务服务“一网通办”能力跨越提升实施方案。狠抓政务服务系统运行基础配置、服务事项统一、运行流程优化、电子证照和电子印章应用、政务服务“全域通办、川渝通办、跨省通办”“天府通办”推广使用、大厅服务水平提升等22项工作，政务服务能力和水平有新提升。全县在四川一体化政务服务平台对应省级部门认领事项5258项，并严格按照“一网通办”要求，进一步完善事项法定依据、办理时限、申请材料、办理流程、常见问题等信息，确保办事指南完整率达100%。工程建设项目审批流程得到优化。依托政务服务平台及政务服务网等载体，对工程建设项目审批流程进行场景化服务设置、划分审批阶段，优化审批流程，合并审批事项、缩减审批时间。同时，在县政务服务大厅设立工程建设项目综合窗口（住建局窗口），组织综窗人员及办件人员开展业务培训，确保工程建设项目审批业务熟练、业务精通。“一网通办”成效初步显现。围绕同企业和群众关系密切的高频事项，下功夫砍环节、减材料、优流程、压时限，推进数据共享。实现办事企业及群众以四川政务服务网查询需要办理事项并利用网络申报，各部门通过一体化平台进行网上办理，打印证照后通知办事群众及企业领取相关证照，切实方便群众办事，降低办事成本。全县在省“一网通办”平台上累计受理各类事项73271件，办理72342件。

【镇村便民服务体系建设】 认真贯彻落实省、州、镇、村便民服务体系创建要求，2022年，共完成4个乡镇、9个村的示范创建。为102个村（社区）便民服务站制作统一标识标牌，统一各类制度模板，为13个便民服务中心统一制作综合窗口桌牌。

【公共资源交易服务】 主动对接联系，有序应对政府采购新规对喜德县集采目录内政府采购工作带来的新挑战。根据省州相关文件要求，县政务服务管理局于2022年11月完成“示范交易中心”创建，并于12月通过省公共资源交易和服务中心考核小组验收。全县公共资源交易平台完成集采目录内政府采购54批4483.2万元，其中，货物采购43起1794.84万元，100万～400万元集采目录内工程采购11个2688.34万元，累计节约采购资金160.78万元。

（撰稿：阿说曲哈／核稿：麦吉瓦体）

信访工作

【概况】 2022年，县信访局着力打造“阳光信访、责任信访、法治信访、开放信访、和谐信访”，及时反映社情民意，切实维护群众合法权益，不断提升信访工作水平，努力推进从政策层面化解信访突出问题，做大量富有成效的工作，进一步密切党群干群关系，为维护全县工作大局、维护人民群众合法权益、促进社会和谐稳定、脱贫攻坚与乡村振兴有效衔接、护林防火工作营造良好的社会环境。2022年，信访局被评为全州党的二十大信访工作先进集体；获全州信访工作年度考核二等奖；被评为全州信访“三率”工作三项先进集体；被评为全州信访信息先进集体；被评为全县森林草原防灭火工作先进集体、全县党的二十大信访工作先进集体。信访局党支部被评为“五好”支部。2022年8月14日，喜德县信访局聘用彝族“德古”参与调解信访案件做法被央广网刊登宣传，凉山彝族自治州喜德县创建全国信访工作示范县经验被四川省社情与民意刊登发表，喜德县力推“123”工作模式成功创建全国信访工作示范县的工作经验被中共凉山彝族自治州委全面深化改革委员会采用并报省委全面深化改革委员会。喜德县信访“三率”（群众来信来访受理率、按期办结率、平均满意率）工作先后六次登上州信访局全州通报“红榜”，全县信访工作“三率”持续保持100%；全力开展治重化积专项行动，中央联席办和省联席办交办喜德县的3件“治重化积”信访案件得到圆满化解，荣登州信访局通报红榜。

【机构及人员】 内设机构为办公室、综合业务股、督察督办股、群众来访接待中心。信访局核定编制人数行政编制5名，行政工勤1名，事业编制6名，2022年在职人员共13人。其中：行政7名、事业编制6名。

【案件办理】 全年信访总量229批643人次，其中，来访217批643人次（集体访27批496人次），来信12件；本级信访部门当场答复解释及引导走司法程序共139批305人次；上级交办83件，到京访2批4人次、到省访3批5人次，到州访21批64人次。四川省信访信息系统信访部门及时受理信访件13件；责任单位期限内受理30件，及时受理率为100%。喜德县在期限内办结并答复上访人员信访件共计71件，按期办结率为100%。全年信访部门满意率评价件17件，已经评价17件，参评率为100%；责任部门满意度评价件16件，已评价16件，评价结果满意率为100%。信访“三率”工作，在全州名列前茅。全年组织相关部门协处了州、县委领导批示件和其他突发群体性事件15件，为维护社会稳定作出积极贡献。

【宣传贯彻落实《信访工作条例》】 深入集市、学校、社区、车站等地开展“落实贯彻信访工作新《条例》为党分忧为民解难”的主题宣传月活动和常态化宣传。在县委常委、政法委书记赵支勇，县政府副县长、公安局局长周若鹏亲自带领下，向过路群众、过往车辆、附近商户和学校等发放各类宣传手册和资料3万余份；向群众发放2万余元的纪念品；向现场5000余名群众讲解新条例内容。通过宣传进一步提高群众对信访工作条例的知解率，群众依法信访、依法维权、理性合理表达利益诉求的意识得到加强。

【信息报送工作】 全年制作印发简报60期，被州局采用5篇；印发文件15份，草拟县委、县政府发文4篇。信访局按要求及时报送每月信访动态、信访工作情况；及时报送各级信访工作重要会议、重要决策部署贯彻落实情况；对紧急重大信访信息及时报送；及时、准确填报矛盾纠纷排查月报表、信访统计月报表、半年报表、全年报表和群众信访情况综合分析。

【重大节庆信访工作】 成立党的二十大和全国“两会”期间信访工作领导小组，由县委书记和县长任组长，县委、县政府分管领导为副组长，全县13个乡（镇）和县级各单位主要负责人为成员。领导小组办公室设在信访局，由信访局局长吉布伍呷兼任办公室主任。全年认真完成全国、全省“两会”、省十二次党代会、冬奥会、冬残奥会、党的二十大、建州70周年庆祝活动、巩固脱贫攻坚成果后评估迎检工作、省委巡视组巡视喜德、全国妇联主席到喜德县调研等20余次重要会议和领导视察期间信访安保任务，做到“万无一失”工作目标。

【矛盾纠纷排查化解】 落实中央、省、州关于信访积案化解工作的要求，畅通信访渠道，扎实推进领导干部接访包案工作，全力抓好上级交办的信访积案的后续工作，对州县排查交办的3件重点群体及各乡镇各单位2022年以来进京赴省到州到县上访案和未纳入积案化解任务的上访老户，逐一明确包案领导，落实化解责任，限期进行化解。对已经化解的积案，要求要进行一次认真的“回头看”，坚决防止发生重访现象。

【领导包案、接访、下访】 县级领导接访已形成常态，县级领导每周三于县信访接待中心坐班接访，现场接待群众来访协调处理信访事项，并结合喜德县实际开展“党的二十大、省十二次党代会、建州70周年庆祝活动”期间大接访大约访活动，相关单位和乡镇积极配合县领导每日在县信访接待中心坐班，实行“无假日”接访约访，加大接访力度和密度。对所接待的信访案件，认真负责，抓好落实，积极采取重点约访、带案下访等有效形式，及时予以化解，保证群众反映的问题在第一时间得到回应和妥善解决，最大限度地把问题解决在基层。同时，对矛盾纠纷多、问题突出的乡镇，实行领导干部包重点制度，按照领导干部联系乡镇制度，组织专门的工作组蹲点下访，到地头、入家门，帮扶救助，严防各类信访问题、突发性事件的发生。全年县级党政领导接访84人次，接访群众42批100人次；乡镇党政领导接访下访352人次。

2022年3月20日，县信访局在光明镇则约村宣传森林草原防灭火政策

（县信访局／供）

【派驻工作】 按照凉山彝族自治州信访工作联席会议办公室要求，及时抽派精兵强将开展派驻工作，全年抽派3人分别在州群众来访接待中心、凉山彝族自治州驻蓉联络处、凉山彝族自治州驻京联络处开展派驻工作，派驻的工作人员服从中心统一安排，未发生迟到、早退、旷工、无故缺席、无故脱岗等情况，派驻人员认真履行信访首问责任制，积极协助其他县（市）做好接访工作，并及时办理初访，妥善处理重访，确保中心工作正常开展和派驻人员的稳定性。

【扎实帮扶工作】 2022年，县信访局共捐赠投入资金5万余元，深入开展森林草原防灭火、防汛防地灾和控辍保学工作。积极协助则约村开展控辍保学工作，劝导辍学儿童再次入校。

（撰稿：沙马小红／核稿：吉布伍呷）

2023
政协喜德县委员会

县政协

【概况】 2022年，是十五届县政协履职的开局起步之年。一年来，县政协及其常委会在县委坚强领导和州政协有力指导下，在县人大、县政府的大力支持下，坚定以习近平新时代中国特色社会主义思想为指导，深入学习贯彻党的二十大和习近平总书记来川视察重要指示精神，认真贯彻落实省、州、县委全会决策部署，用中央和省、州、县政协工作会议精神指导履职实践，牢牢把握团结和民主两大主题，积极履行政治协商、民主监督、参政议政职能，求真务实，开拓创新，积极作为，党建引领更加有力，自身建设更加规范，专门协商机构作用更加彰显，建言资政和凝聚共识双向发力实践更加有效，新时代人民政协新形象更加鲜明，为推动全县经济社会发展作出积极贡献。

【机构及人员】 2022年，根据《凉山彝族自治州政协、中共凉山彝族自治州委机构编制委员会办公室关于规范县（市）政协机关有关机构编制事项的通知》，规范县政协机关有关机构编制事项，喜德县政协组织机构设置为：全体委员会、常务委员会、主席、副主席、秘书长、机关办公室（办公室下设信息服务中心）、5个专门委员会（提案委员会、教科卫体和文化文史学习委员会、民族宗教法制群团委员会、经济资源环境与农业农村委员会、联谊委员会）。有全体委员会委员181名，共分为22个界别（中共、工会、共青团、妇联、工商联、农业、军队、台侨联、文艺、经济、科技、教育、医卫、法律、少数民族、宗教、社会福利与社会保障、社科联、体育、科协、特邀、新闻出版）。常务委员33名，主席1人，副主席4人，共5人；秘书长1人，副秘书长兼机关办公室主任1人，提案委员会、教科卫体和文化文史学习委员会、民族宗教法制群团委员会主任1人，联谊委员会副主任1人，信息服务中心主任1名。政协第十四届喜德县委员会设中共喜德县委员会党组和中共喜德县委员会机关支部。党组书记宋和远，党组副书记布约克期（县委常委、统战部部长兼）、彭建华，成员刘云鸿、曲木迟迁。机关党支部书记曲木迟迁，支部副书记孙丽华，支部委员吉古几体、尔古阿呷、蔡天禄。

【政治协商、民主监督、参政议政】 深入推进民主协商。2022年，将“喜德县旅游产业规划建设发展情况”“全县森林草原保护利用情况”作为专题协商议题进行专题协商。坚持将民主协商贯穿于视察调研的全过程，围绕“喜德县城新城区街道（路）命名”“加大全县规模化养殖场环境监管”两个课题组建调研组进行专项现场调研，形成2个建议方案报县委、县政府供决策参考。务实推进“有事来协商”平台建设。13个乡镇和93个村、9个社区“有事来协商”平台建成后，县政协敦促乡（镇）、村（社区）两级协商议事平台切实以“关注民生、反映民意、凝聚民心”为宗旨，按照科学合理、规范有

2022年11月9日，县政协主席宋和远在洛哈镇主持召开草原保护与利用工作调研座谈会（县政协办／供）

序、简便易行、协商充分、民主集中的要求，扎实有效开展协商活动。调整充实平台建设实施责任体系，印发《关于持续深入推进“基层有事来协商”工作的通知》，持续强力有效推进工作开展。全年完成290件基层协商事项，内容包括经济发展、社会管理、民生改善等。2022年，喜德县政协被评为全州“有事来协商”先进单位，彝欣社区、干拖村被评为全州“有事来协商”先进协商平台，3名乡、村干部被评为全州“有事来协商”工作先进个人。精心组织视察调研。聚焦巩固脱贫攻坚与乡村振兴有效衔接、生态文明建设、重点项目建设、教育卫生事业发展、县城新区建设等事关全县经济社会发展的热点难点问题精心制定视察调研课题，围绕“乡村振兴战略实施”“全县非物质文化遗产保护和传承”“金昌高速喜德段规划建设”“学前教育发展”“体育产业发展”等开展调研，全年开展视察调研12次，形成视察调研报告12份，指出存在问题60余个，提出中肯的建议意见70余条，视察调研报告报县委、县政府供决策参考，为全县经济社会发展贡献政协智慧。

【提案工作】 2022年共收到提案83件，其中，大会期间81件，会后2件。经审查，立案72件，占提案总数的86.75%，转工作建议案11件，占提案总数的13.25%。立案件中，经济建设方面12件，占立案总数的16.66%；政治建设方面14件，占19.44%；社会建设方面34件，占47.10%；文化建设方面7件，占9.8%；生态文明建设方面5件，占7%。提案关注的重点为：脱贫攻坚与乡村振兴有效衔接、城镇民生工程建设、农业产业发展、政务服务建设、教育体育事业发展、文化旅游产业发展、生态保护建设。将《关于在政府主导的农业产业化建设中实质性建立农民利益链接机制的建议》《关于建设喜德种养结合的现代智慧农业的建议》《关于抢抓同城化发展机遇，打造西昌周边喜德县域最具彝族特色旅游文化体验区的建议》等11件提案列为重点提案。对审查确定的立案提案，严格按照程序，及时协商交办，对重点提案进行专项跟踪督办。全年72件立案件全部办理答复，办复率100%。其中，已经办结26件，占36.11%；正在办理的有46件，占63.89%；经县政协第三次常委会测评，满意率达86%。

【文史工作】 充分发挥政协文史资料“存史、资政、团结、育人”的作用，围绕县委、县政府中心工作，广泛征集多方面的“三亲”资料。围绕喜德“彝族老家”文化特色，制订喜德文史征编五年计划，计划征编《喜德县政协志（2006—2026）》《喜德县脱贫攻坚专辑》《成昆铁路喜德段建设专辑》《喜德县非遗文化专辑》《东西河飞播林区专辑》等史料，完成动员部署等工作。积极服务省、州文史资料编纂工作，圆满完成省、州政协文史委部署的文史资料征编任务。

（撰稿：孙丽华 / 核稿：曲木迟迁）

2023
喜德县纪律检查委员会
喜德县监察委员会

纪检监察

【概况】 2022年，全县纪检监察系统在州纪委监委和县委的正确领导下，紧紧围绕中心、服务大局，认真协助县委落实全面从严治党主体责任，扎实履行全面从严治党监督责任，坚定不移正风肃纪反腐，充分发挥监督保障执行、促进完善发展作用。2022年度，喜德县纪委监委获评“凉山彝族自治州经济适用房专项清理整治工作先进单位”。

【机构及人员】 县纪委监委机关核定行政编制27名、事业编制5名、工勤编制3名。县纪委领导班子职数7名，其中，书记1名、副书记2名、常委4名。县监察委员会领导班子职数与县纪委领导班子职数均为7名。其中，监察委员会主任1名，由县纪委书记兼任；副主任2名，由县纪委副书记两位同志兼任；委员4名，2名由县纪委常委兼任，另2名为专职监委委员。机关内设10个职能科室和下设1个法纪教育中心，即办公室（挂信访室）、组织部、宣传部、党风政风监督室、案件监督管理室、案件审理室、第一纪检监察室（挂纪检监察干部监督室）、第二纪检监察室、第三纪检监察室、第四纪检监察室及法纪教育中心。

【党风廉政建设】 压紧压实“两个责任”。制发《喜德县落实党风廉政建设“两个责任”清单》，明确六级责任主体，细化85条责任清单，“点对点”向20名县级领导发送履行主体责任的一封信。县委常委会专题听取履行主体责任情况汇报并专题研究党风廉政建设工作。制发《关于加强对“一把手”和领导班子监督责任清单》，以有效监督把“关键少数”管住用好。积极探索推进党风廉政“纪企共建”。持续强化政治监督。紧紧围绕疫情防控、森林草原防灭火等重点工作开展监督检查94次，发出通报17期、提醒敦促函18份，约谈25人次，发现并督促整改问题641个。做实做细日常监督。围绕“三资”清理等工作开展监督检查18次，发现并督促整改问题60余个，查处村（社区）集体“三资”领域案件6件6人。清理简易审批村庄建设项目591个，涉及资金6亿余元，依纪依法收缴资金42.7万元。坚持时间服从质量，共回复党风廉政意见2953人次，叫停7人、暂缓10人。

【违纪违法案件查处】 喜德县纪检监察系统全年共处置问题线索169件200人，立案133件135人，结案133件，留置4人，给予党纪处分109人，政务处分32人（双重处分10人），组织处理4人，移送司法4人。收缴违纪违法资金958.99余万元，挽回经济损失1864.13万余元。

【中央八项规定精神贯彻落实】 紧盯重要时间节点常态化开展“提醒＋督查”，发现并督促整改问题44个，查处违反中央八项规定精神问题8件8人。扎实开展违规收送红包礼金、大操大办婚丧喜庆事宜、借培训名义搞公款旅游等问题专项整治，查处违规收送红包礼金3件3人，3人主动说清问题、上交或退赔资金7.7万余元。

【扶贫领域专项治理】 接续推进过渡期专项监督，积极开展乡村振兴领域不正之风和腐败问题专项整治，加强对乡村振兴重大资金使用、重大项目实施的监督检查，深化三个领域和简易审批村庄建设项目问题专项治理，深入推进村（社区）集体“三资”提级监督。把推动解决群众“急难愁盼”问题作为基层党风廉政建设主攻方向，扎实开展“走基层、访民生、解难题”活动，组织纪检监察干部下基层，“面对面”听民声、察民情、访民意，实打实推动解决群众最恼火、最烦心问题背后的吃拿卡要、截留挪用、优亲厚友、推诿塞责等风腐问题，持续增强群众信任感、满意度。

【基层“微腐败”整治】 聚焦侵害群众利益的“微

2022年8月3日，喜德县举办2022年凉山彝族自治州“阳光问廉”喜德县专场　（县纪委监委 / 供）

腐败”问题，深入排查纠治就业创业、教育医疗、养老社保、生态环保、安全生产、食品药品安全等民生领域突出问题。优化“一卡通”监管平台和政府投资工程项目全流程监管平台，探索构建“人防+技防”的大数据监督体系。围绕常态化扫黑除恶，大力整治基层“腐”“恶”合流问题，持续推动“打伞破网”。

【“四种形态”监督执纪】 坚持纪法情理贯通融合，精准运用“四种形态”，运用第一种形态处理83人次，占比39.0%，运用第二种形态处理90人次，占比42.3%，运用第三种形态处理24人次，占比11.3%，运用第四种形态处理16人次，占比7.5%。与县国网电力公司建立党风廉政“纪企”共建机制，推动清廉国企建设，构建亲清政商关系。严把党风廉政意见回复关，共回复党风廉政意见2953人次，叫停7人，暂缓10人。

【反腐倡廉宣传教育】 全年开展全县警示教育大会3场，500余人参加，旁听庭审活动2场，60余人参加、重大案件案发地专题民主生活会3次、回访教育67人次、“一案一警示”97件（次）。组织开展读《忏悔录》写心得体会等活动，积极推进廉洁文化建设，着力打造“清廉喜德”廉政文化品牌。开设2期“问题大曝光　作风大建设”电视栏目，开播2期“阳光问廉”，督促整改问题18个。立足彝族“母语之乡”优势，翻译移风易俗“四严禁四不准”纪律规定彝语版，被州纪委监委采用并在全州推广宣传。

【纪检监察信访举报受理】 全年共接受信访举报75件（次），同比2021年72件相比增长4.2%。其中，检举控告类71件（次），与2021年同期69件相比增长2.9%，重复举报19件，占总量的25.3%。从信访举报方式看，来信19件，来访22件，网络举报26件，其他8件。从被反映人员职级看，反映乡科级部门单位和党员领导干部的23件，一般干部6件，事业单位5件，村干部34件，其他7件。

【队伍建设】 全面推进“四强行动”。今年择优新进干部10名，干部配备率92.2%，全面实现乡镇纪委“两专三兼”；选派11名年轻优秀干部到州纪委监委机关跟班锻炼，从乡镇纪委和派驻纪检监察组抽调29人参与联合办案、“专案”查办。健全“室组”联动监督、“室组地”联合办案机制，加强乡镇纪检监察组织规范化建设，优化基层工作环境。扎实开展教育活动。以“纪检监察夜校”为载体，通过“纪法大讲堂”“以考促学”“领导干部讲党课”等多种形式，实现全员学习、全员培训、全员测试。派员参加州、县组织的各类培训50余人次，受训干部1300余人次。

（撰稿：马燕 / 核稿：龚力）

县委巡察

【概况】2022年，县委巡察办在县委和县委巡察工作领导小组的领导下，在州委巡察办的坚强指导下，坚持以习近平新时代中国特色社会主义思想为指导，全面贯彻习近平总书记关于巡视工作重要论述，落实中央、省委、州委和县委巡视巡察决策部署要求，锐意进取、守正创新，把"两个维护"作为根本任务，牢固树立以人民为中心的价值取向，深化政治巡察，强化政治监督，着力完善巡视巡察上下联动监督格局，奋力推动县委巡察工作高质量发展。

【主要职责】向上级巡视或者巡察工作领导小组办公室报送巡察工作规划、年度计划、年度巡察工作总结、重要情况和信息等。向巡察工作领导小组报告工作情况，传达贯彻巡察工作领导小组的决策和部署。统筹、协调、指导巡察组开展工作。承担政策研究、制度建设等工作。对县委和巡察工作领导小组决定的事项进行督办。配合县纪委、县委组织部及有关部门对巡察工作人员进行培训、考核、监督和管理。健全与纪检监察机关、政法机关和组织、审计、信访等部门的联系机制，负责与其沟通衔接。办理巡察工作领导小组和上级巡视或巡察工作领导小组办公室交办的其他事项。

【巡察工作】坚持有形覆盖和有效覆盖相统一，积极探索有效合理的覆盖方式，加强板块轮动、分类安排，着力增强巡察针对性和时效性。完成对县教育体育和科学技术局、县卫生健康局、县红十字会、县医疗保障局、县退役军人事务局5个单位的常规巡察，发现问题87个，问题线索17件。完成十三届喜德县委第二轮对米市镇、洛哈镇、沙马拉达乡、且拖乡、县商务经济合作和外事局、县小相岭灵关古道风景名胜区管理局、县档案馆、县党史与地方志办公室8个乡（镇）和部门的常规巡察。落实村（社区）巡察工作要求，采取巡乡带村的方式，完成4个乡镇所属26个村的巡察，其中7个重点村开展为期5天左右的驻点巡察。2022年，开展巡察后评估2次，巡中调研3次，召开县委巡察工作领导小组会议2次，书记专题会2次，听取粮食购销领域专项巡察和十三届县委首轮巡察工作情况。

【上下联动】按照州委巡察工作领导小组统一部署，2022年3月县委组建机动巡察组，在州委第三巡察组的领导下，配合开展对喜德县森林草原防灭火为期一个月的机动巡察。按照《中共四川省委巡视工作办公室关于做好迎接十二届省委第一轮巡视有关工作的通知》要求，2022年10月，县委组建县委第一、第二巡察组和机动巡察组配合省委第四巡视组开展对县人民检察院、县人民法院联动巡察和相关领域的机动巡察。

2022年3月17日，十三届喜德县委第一轮巡察工作动员部署会召开

（县委巡察办 / 供）

【自身建设】 按照新一届巡察工作要求，经县委常委会会议审议通过，印发《中共喜德县十三届委员会巡察工作五年（2022—2026年）规划（试行）》。全面落实同级纪委领导班子成员担任巡察办主任要求，1月30日，县委正式任命纪委副书记、监委副主任龚力任县委巡察办主任。着力充实巡察机构队伍，调入县巡察工作保障中心1名事业干部，完成巡察人才库35人调整入库工作。通过“以干代训”“上挂下派”“跟班学习”等形式，2022年，县委巡察机构派员到州委巡察机构跟班学习2人次。县委巡察机构融入全县“铸魂提能转作风”教育活动，开展谈心谈话8人次，召开专题组织生活会1次。对2个乡镇和5单位开展巡察监督回访，回访谈话80人次。

（撰稿：罗志虎 / 核稿：龚力）

群众团体

喜德县总工会

【概况】 2022年，县总工会在州总工会和县委、县政府的统一领导下。在各有关部门、基层工会的全力配合下，秉承着全心全意为职工服务的理念，突出在疫情防控、森林草原防灭火、乡村振兴、职工权益维护、会员普惠制、自身建设等方面，不断拓展服务领域和职能，助推各项工作取得新成效。

【机构及人员】 喜德县总工会为正科级全额行政单位。根据工会工作的主要任务和职责，县总工会机关下设网络和社会工作部，基层组织工作部，权益保障部，职工服务中心。现有编制7名，其中，行政人员4名，工勤人员3名。编外人员5名，其中，社会化工作者3名，西部志愿者2名。设有3个领导职数。即常委主席1名、常务副主席1名、副主席1名。

【工会组织建设】 全县共建成300个基层工会组织，吸纳会员6003人，其中经费审查委员会25个、女职工委员会13个。县总工会按照“哪里有职工，哪里就要建立工会组织”的要求，指导17家社会组织、6家新就业形态劳动者商家完成建会入会工作，工会组建率达100%，职工入会率达98%，工会组织规范化建设率达95%，构建覆盖面广、代表性强的基层工会组织体系，增强工会组织的凝聚力和向心力。全年共上解工会经费54万余元，下拨乡镇工会工作经费20.82万元（省总补助资金9.36万元、州总补助资金5.73万元、县总补助资金5.73万元），着力解决基层工会缺人员、缺资金、缺阵地、活力不强、作用发挥不理想等突出问题，使基层工会建起来、转起来、活起来。

【劳模工作】 全县共有省级劳模14名，州级劳模11名，均全部纳入系统，由专人负责管理。通过电话关心、定期看望慰问等方式，与他们交流，了解生活情况、工作情况以及面临的困难；定期召开劳模慰问会，为每人发放慰问金1000元，春节前走访慰问先进模范，为每人发放慰问金2000元和价值500元的慰问物资2份。全年共收到省财政拨付的省部级劳模专项补助资金82700元，省总专项资金6200元，共计88900元。其中31500元用于14名省部级劳模春节慰问金，25200元用于符合条件的7名省部级劳模荣誉津贴，4800元用于补助1名困难劳模，20000元用于补助特殊困难劳模1名。资金使用率达到100%，做到资金专款专用，切实保障劳模的基本待遇。

【职工之家、职工书屋建设】 深入贯彻上级工会组织文件精神，为职工群众提供文化休闲、体育健身、学习阅览、教育培训、心理疏导、劳动人事争议调解的多功能服务阵地，充分发挥工会组织服务职工群众的职能作用。2022年，指导光明镇彝欣社区建设共享型职工之家，配套4万元的阵地建设经费；指导中国邮政集团有限公司四川省喜德县分

2022年1月28日，州总工会组织开展“寒冬送温暖，冬衣暖人心”喜德县环卫工人慰问活动 （县总工会/供）

公司建设职工书屋，配备价值1万元的图书。

【常态化送温暖】 持续开展“四季送”(春送岗位、夏送清凉、金秋助学、冬送温暖)活动，在元旦、春节、“五一”、中秋、国庆等国家法定节假日以及彝族年期间，慰问八大群体困难职工，职工子女，开展夏季送清凉、金秋助学、暖冬行动等活动，惠及干部职工百余人。共计投入14万余元，用于购买慰问品，发放慰问金。同时在元旦、春节、“五一”、中秋、国庆等国家法定节假日以及彝族年期间，深入各部门、各乡镇，走访慰问干部职工百余人次。共计支出16万余元购买慰问物资。把党和工会组织关心关爱送到一线职工群众的身边。

【职工维权】 深入基层企业开展“女职工维权宣传月”“工资集体协商集中要约月”“法律援助宣传周”“尊法守法·携手筑梦”服务农民工公益法律服务行动“冬季根治欠薪专项服务”等活动10余次。累计发放维权知识手册、宣传单5000余份、召开座谈会40余场、制作宣传标语、横幅80余条，接待工会法律服务咨询和来信来访30人次，覆盖职工(农民工)900余人次。签订集体合同或专项集体合同48份、覆盖职工1207人，工资专项、劳动安全卫生专项、女职工权益保护等专项集体合同书面协议签订率达到98%。有效增强广大职工群众特别是农民工群众对《中华人民共和国劳动法》《中华人民共和国劳动合同法》《保障农民工工资支付条例》《女职工劳动保护特别规定》等法律法规的知晓度和利用度，为引导群众依法、理性维权，为维护社会和谐稳定发展发挥了积极作用。

【劳动技能竞赛】 组织全县13个乡(镇)、教育、卫生系统共96名基层工会主席参加学习新《中华人民共和国工会法》、工会组织规范化建设标准、互助保险、基层工会经费收支使用办法等培训。推动工会工作落实落地；开展医护人员应急技能比赛暨培训活动，农民工厨师技能培训、羊毛手工艺培训等一系列培训活动。共计支出14万余元。结合开展“安康杯”知识竞赛活动，深入企业各车间、班组广泛开展安全生产、防范各类燃气安全事故、职工职业健康知识、新冠疫情的宣传，共宣传10次，宣传面达100%。对企业加强《中华人民共和国工会法》、劳动法律法规的宣传普及，共开展宣传3次，宣传面达100%，通过对法律法规的宣传，增强职工法制意识，确保职工依法理性维权。

【普惠性服务】 把开展会员普惠性服务工作作为工会工作的重点任务，采取灵活多样形式开展宣传、有序推进会员普惠性服务工作，活动期间，凡是持有工会会员服务卡的职工，即可参与1元换购价值63.8元的大米活动，活动共投入20万元，惠及全县3000余名干部职工，充分体现工会组织服务职工群众的职能作用，进一步提升广大会员的获得感和幸福感。

【经费审查】 为加强工会财务管理，规范基层工会经费收缴，促进财会工作的科学化、规范化、制度化，不断提高工会财会工作管理水平，保障工会各项职能的充分发挥和工作的顺利开展，确保工会资金安全、合规使用。按照县总工会经审委成立经审工作组，责成专人负责，坚持问题导向，定期对全县25家基层工会经费收缴、使用和管理情况进行全面审查。经审组审查发现，有10家基层工会未按时收缴会员会费，5家基层工会在使用经费中存在未区分上级工会专项工作经费与拨缴收入经费，以及挤占上级工会专项工作经费的情况，4家基层工会存在未记账，仅有原始支付单据的现象。2家在开展活动时，在原始凭证上未附活动方案且在开展活动时超标准使用伙食补助的现象，2家单位未严格按照文件要求使用工会经费，1家造成滞留工会资金150余万元，1家未按年度法定节假日开展职工福利及文体活动。针对上述问题，县总工会督促基层工会开展问题整改。

(撰稿：吉么伍加 / 核稿：毛金科)

共青团

【概况】 2022年，共青团喜德县委在共青团凉山彝族自治州委的正确指导下，紧紧围绕喜德县委、县政府中心工作，认真贯彻落实中央、省、市、县委群团工作会议精神，充分发挥组织、引导、服务、维护青少年合法权益的作用，解放思想，开拓创新。团结带领全县团员青年，充分发挥生力军和突击队作用，不断深化共青团改革，各项工作有序推进，坚持党建带团建，大力发挥共青团员是党的助手和后备军作用，以党的二十大精神和习近平新时代中国特色社会主义思想为行动纲领，组织引导全县各级团组织和广大团员青年开展一系列具有特色、富有成效的活动项目，开创全县共青团事业发展的新局面。2022年1月10日，共青团喜德县委获得共青团凉山彝族自治州委县（市）团委工作综合考评二等奖；获评2022年度喜德县第二届优秀志愿服务组织；获评2022年度凉山彝族自治州第三届十佳志愿服务项目；获评2022年度喜德县"五好"党支部。

【思想政治建设】 聚焦青年思想引领第一要务，坚定信念、丰富活动，青年事业发展再上新台阶。通过专题团课、社会实践、学习座谈、志愿服务等多种形式，切实增强全县青少年"听党话、跟党走"的思想和行动自觉。引导广大青年不忘初心、牢记使命，切实增强"四个意识"、树立"四个自信"。在全县广泛开展青年大学习任务，每期青年大学习覆盖青年人数超过4000人次。向团员青年开展理想信念教育、爱国主义教育、道德品行教育等活动，积极教育引导团员青年营造清朗网络空间，全县约有4600多位团员、3000多位青年参与党史学习教育活动和其他各类教育活动。积极打造网络宣传员队伍，并通过"青年之声"、团属微信公众号、网络团校、微博、抖音等新媒体平台，及时推送政策法规、团学动态、地方讯息和校园特色活动等与青年学生相关最新信息，全面加强对青少年的思想教育和引导，立体覆盖传播青春正能量。累计发放重大活动、励志故事、政策法规等各类信息500余条。

【基层团建】 贯彻落实《中国共产主义青年团重大事项请示报告条例》，重大事项均以正式文件的形式汇报上级团委。以智慧团建为工作载体，切实加强团员管理。团喜德县委团员登记在册共4693人，共有下级组织218个，其中团的领导机关0个，团委18个，团工委1个，团总支1个，团支部177个，毕业生团组织21个，乡镇街道团委13个。推进"一专两联"工作，全县建立团代表联络站112个。完成13个乡镇（街道）团委书记、102余个村团支部书记换届选举。

【青年志愿服务】 入驻志愿四川线上平台，将每次开展活动主题、内容参与人数等在志愿四川发布，招募志愿者。构建青年志愿服务体系，积极吸纳大学生、返乡青年、农村技能人才等青年群体，依托青年之家建立青年志愿者服务队，定期开展志愿服务。成立县级青年志愿服务协会，规范管理统筹全县各项志愿服务。积极开展各项志愿服务，全年共组织志愿者推送禁毒防艾、移风易俗、控辍保学、创业就业、普通话教学等相关志愿服务信息1352条，开展各类志愿服务活动160余场次，覆盖青少年3584人次。

【青年之家】 聚焦易地扶贫搬迁集中安置点的青年需求，在4个易地扶贫搬迁集中安置点建成4个青春扶贫超市、童伴之家、文体活动、就业创业、志愿服务、感恩宣讲和"四点半课堂"等功能的线上线下"青年之家"、建立团组织4个，"网上青年之家"18个，推送禁毒防艾、移风易俗、控辍保学、创业就业、普通话教学等相关信息978条，开展各类志愿服务活动60余场次，覆盖青少年2500余人次，形成"团干部＋志愿者＋青少年事务社工"的

2022年6月27日，县总工会、团县委到光明镇彝欣社区开展“6·26”国际禁毒日主题宣传活动　（团县委/供）

工作模式，全县共有25名乡（镇）兼职团干，1名青少年事务社工和1名西部计划志愿者等专职负责“青年之家”工作，召开大型易地扶贫搬迁集中安置点“青年之家”建设工作推进会。

【青春助学项目】 全年开展“我要上大学”、资生堂等2个青春助学项目，资助贫困学生32名，涉及资金5.8万元。

【“童伴妈妈”项目】 “童伴妈妈”项目是中国乡村发展基金会第一个专门瞄准儿童福利保障与儿童保障的公益项目。“童伴妈妈”项目通过“一个人、一个家、一条纽带”的模式，以“童伴妈妈”为抓手，“童伴之家”为平台，以县级横向联动机制为保障，在项目实施村建立农村留守儿童安全监护网。“童伴之家”由团县委组织建立，每个“童伴之家”设有一名“童伴妈妈”，已成功建立1个“童伴之家”，依托于彝欣社区易地扶贫搬迁集中安置点。共获得“童伴妈妈”项目计划经费56万元，确定20位“童伴妈妈”。

【“双培工程”项目】 联合县委组织部等相关部门印发《喜德县新时代农村青年“双培”工程实施方案》（喜组通〔2020〕31号），经13个乡镇、村推荐，县团委和组织部审核把关，确定148名“双培”对象。开展喜德县“助力乡村产业振兴暨特色农业产业考察培训”和“碧桂园—粤菜师傅”培训，全面推进农村青年致富带头人和村级青年后备干部培养工作。

【“西部计划”项目】 持续实施“大学生志愿服务西部计划”项目，现在职在岗西部计划志愿者53名，其中，包括复旦大学研究生支教团3名，西华师范大学研究生支教团3名。2022年新到岗西部计划志愿者48名，所学专业包括教育、历史、体育、汉语言文学、微电子科学与工程、会计、社会工作、英语等。2022年喜德县项目办组织西部计划志愿者开展三次安全健康自护培训和两次岗位培训。共计开展3次大学生西部计划志愿者交流座谈会，还有团县委组织开展4次慰问活动。喜德县每月发放西部计划志愿者岗位补贴800元，为每位西部计划志愿者缴纳每月社保总数1452.47元，其中，个人缴纳432.26元，单位和县级部门共同缴纳1020.21元。2022年度喜德县西部计划志愿者常态化开展志愿服务活动，累计超过30次，覆盖人数超过450人。

（撰稿：沙马阿佳／核稿：胡晓红）

喜德县妇女联合会

【概况】 2022年，县妇联坚持以习近平新时代中国特色社会主义思想为指导，认真贯彻落实习近平总书记关于妇女儿童工作重要批示精神，坚持围绕中心，服务大局，在县委、县政府的领导下，在上级妇联的指导下，在各级妇联的共同努力下，坚持创新服务手段紧紧围绕妇女儿童身心健康发展、促进妇女儿童权益为根本，大力开展妇女儿童能力素质建设、权益维护、特殊妇女儿童群体关爱等工作，并结合“树新风促振兴”暨妇女儿童关爱提升行动，努力为妇女儿童办实事、办好事。全县共有13个乡（镇）妇联、101个行政村（社区）妇联和县直单位39个妇委会、15个妇代小组。1个妇女儿童中心。

【主要职责】 喜德县妇女联合会是喜德地区各族各界妇女的群众组织，是中国共产党领导下的人民团体。担负着团结引导各族各界妇女听党话、跟党走的政治责任，以围绕中心、服务大局为工作主线，以联系和服务妇女为根本任务，以代表和维护妇女权益、促进男女平等和妇女全面发展为基本职能；坚持改革创新，保持和增强政治性、先进性、群众性，发挥党开展妇女工作最可靠、最有力的助手作用，巩固和扩大中国共产党执政的阶级基础和妇女群众基础。喜德县妇女联合会积极引导、代表妇女参与管理国家事务、管理经济和文化事业、管理社会事务，参与民主决策、民主管理、民主监督，参与社会治理和公共服务，推动保障妇女权益法律政策和妇女、儿童发展纲要的实施。维护妇女儿童合法权益，倾听妇女意见，反映妇女诉求，向各级国家机关提出有关建议，要求并协助有关部门或单位查处侵害妇女儿童权益的行为，为受侵害的妇女儿童提供帮助。联系和引导女性社会组织，加强与社会各界的协作，推动全社会为妇女儿童和家庭服务。

【妇女维权和发展工作】 县妇联充分利用重大节假日和三年行动，深入基层开展妇女儿童权益法律法规宣传。努力营造社会氛围，形成促进妇女儿童权益维护的责任感和自觉性。做好信访接待处理工作。全年共接待妇女来信来访3起，重点是家暴咨询、维权等，县妇联积极与司法、公安等对接，回访满意率100%。县妇联对全县13个乡镇困难单亲母亲家庭进行摸排，以“丰县生育八孩子女子”事件为契机，并对摸排出的795户单亲母亲建立“一户一策”帮扶台账。对可能存在影响妇女儿童健康发展和关爱隐患，立查立改，并形成周报告清单制。

【妇联组织建设】 顺利完成县、乡、村三级妇联组织换届工作。2022年全县妇联换届：共选举产生妇联主席1人，副主席2人，挂职副主席1人，兼职副主席4人，执委39人；县级机关妇委会（妇代小组）换届：共完成换届产生县级机关妇委会39个，妇女小组15个；乡镇妇联换届：共选举产生妇联主席13人，专职副主席24人，兼职副主席23人，执委317人。

【妇女就业创业】 增强妇女居家灵活就业能力。县妇联在“彝心彝意·爱购凉山”项目的基础上，积极为搬迁安置点妇女提质增收谋出路。6月，成都成华区幸福里女红编织创意室与喜德县几几彝绣农业专业合作社签订“蓉宝”订单合同协议。推荐2人参加四川省“乡村女能人”评选：1名为魅力乡村女创客评选，1名为“巧手乡村女工匠”评选。2022年，全县共500余名绣娘通过居家就业人均增收1000元以上。

【关爱行动】 创新开展暑期儿童关爱活动。7月，县妇联招募65名大学生志愿者深入彝欣、石门、火觉莫、鲁基中坝社区对620名6~13岁的儿童开展为期一个月的“七彩假期·阳光陪伴”暑期志愿关爱服务活动。同时，组织36名特殊困难留守儿童和6名优秀大学生志愿者参加“走出家门看凉山”七彩假期红色教育夏令营活动。中华女子学院40名师生赴喜德开展妇女儿童关爱社会实践服务活动。做好“两癌”宣传、救助工作。对2021年度、2022年度共计16名“两癌”妇女每人发放公益救助金1万元；同时，13个乡（镇）共有159名妇女获得中国人寿保险股份有限公司每人20元份额的“两癌”免费投保，有200名妇女获得每人40元“两癌”免费投保。大力实施“春蕾计划”。全县

2022年7月12日，县妇联开展2022年"七彩假期·阳光陪伴"暑期儿童关爱活动（县妇联/供）

共有40名高一女生获得新疆建设兵团每人4000元的资助，资助金额达16万元；8月25日，全国妇联携手中国儿童基金会在喜德县举行"春蕾女童"助学金发放捐赠仪式，20名"春蕾女童"现场获得"春蕾计划梦想未来"资助。

【妇女儿童权益保护】 充分利用重大节假日和三年行动，深入基层开展妇女儿童权益法律法规宣传。并认真做好信访接待工作。同时，以"丰县生育八孩女子"事件为契机，对全县13个乡（镇）困难单亲母亲家庭进行摸排，并对摸排出的795户单亲母亲建立"一户一策"帮扶台账。为推进妇女儿童优质共享公共服务，宁波妇联携手宁波女企业家协会在彝欣社区建立凉山首个"妇女儿童驿站"，浙江女企业家协会在冕山民主村建立1个儿童之家，成为党开展妇女儿童工作的"坚强阵地"和深受广大妇女儿童信赖热爱的"温暖之家"。

【树新风促振兴】 切实提升妇女儿童素质能力建设。县妇联在"彝心彝意·爱购凉山"项目的基础上，积极为搬迁安置点妇女提质增收谋出路。2名彝绣绣娘被评为凉山彝族自治州"金针绣娘"。深化文明家庭建设。在喜德县范围内评选"最美家庭"50户和"最美母亲"50名。1人获州级"最美母亲"、2户家庭获州级"最美家庭"，4名妇女获评省"最美母亲"、1户家庭获全国"最美家庭"称号。全县村级"洁美家庭"创评率达40%，创评户达17200户，乡级2000户、县级200户、州级"洁美家庭"55户、州级"洁美家庭"标兵6户、省级"洁美家庭"13户。充分发挥"三支队伍"作用，组织志愿者队伍进村入户开展"巾帼心向党·奋斗新征程"移风易俗等宣传活动15场次，覆盖群众1800余人次。充分挖掘和展示新时代少年的良好品德和美好形象，为广大少年儿童树立可亲可敬可学的榜样。评选县级"阳光少年""最美少年"各20名，推荐评选州级"阳光少年"5名，1个优秀集体，省级"阳光少年""最美少年"各3名。在全县建立7个关爱儿童示范岗，评选12名儿童关爱示范标兵，推荐1名州级儿童关爱示范标兵。联合县语委开展适龄妇女普通话培训。深入推进45周岁以下农村留守妇女"学普用普"提升行动工作。引导更多的家庭投身到家庭家教家风建设，养成新风文明，共同营造良好的新时代社会氛围。结合"树新风促振兴"暨妇女儿童关爱提升三年行动，在元旦、春节、"三八"妇女节、"七一"建党节、中秋节等都深入全县各乡（镇）开展送温暖系列活动。全年共开展各类慰问活动10余场次，送去各类慰问物资3万余元，为全县13个乡（镇）的特殊困境妇女儿童、家庭送去党和政府的温暖。切实把为民、爱民、惠民举措落到实处。

（撰稿：杜启树/核稿：邓莉）

喜德县残疾人联合会

【概况】 2022年，县残联坚持以习近平新时代中国特色社会主义思想为指引，在州残联有力指导和县委、县政府的正确领导下，推动残疾人事业高质量发展。以党建工作为引领，全面贯彻党的路线、方针政策，健全残疾人帮扶制度，全力构建全方位的残疾人服务体系，攻坚残疾人民生重点难点问题，狠抓残疾人社会保障、慰问救助、康复服务、教育就业、宣传文化体育等工作，织密织牢残疾人基本服务保障网，改善残疾人生产生活状况，推进喜德县残疾人事业高质量发展。

【主要职责】 听取残疾人意见，反映残疾人需求，维护残疾人权益，为残疾人服务。团结、教育残疾人遵守法律，履行应尽的义务，发扬乐观进取精神，自尊、自信、自立、自强，为社会主义建设贡献力量。弘扬人道主义，宣传残疾人事业，沟通政府、社会与残疾人之间的联系，动员社会理解、尊重、关心、帮助残疾人。开展残疾人康复、教育、劳动就业、扶贫、文化、体育用品供应、福利、社会服务、无障碍设施和残疾预防等工作。帮助残疾人平等参与社会生活，为残疾人在经济发展和社会进步中发挥作用，创造良好的环境和条件，发挥社会稳定的机制作用。协助政府研究、制定和实施残疾人事业的法规、政策、规划和计划，对有关业务领域进行指导和管理。承担政府残疾人工作协调委员会的日常工作，做好综合、组织、协调和服务。开展残疾人事业的横向交流与合作。统筹开展为残疾人事业的募捐活动。协调落实残疾人社会保障措施。承办县委、县政府领导交办的事项。

2022年5月13日，县残联开展第32个全国助残日“促进残疾人就业，保障残疾人权益”宣传活动（县残联/供）

【残联组织建设】 下设办公室（含财务、组织宣传职能）、就业服务所、残疾人康复服务指导站3个内设事业机构，级别为股级。机关核定现有编制数4名。

【残疾人康复服务】 以“人人享有康复服务”为目标，从根源上改善残疾人生活、居住、出行情况。配合做好残疾人“两项补贴”精准发放工作。配合做好残疾人两项补贴精准发放工作。完成困难残疾人生活补贴3236人，落实重度残疾人护理补贴3142人，确保符合条件的残疾人“两项补贴”按时足额发放。同时做好残疾人证换发和管理工作，全县累计持证5466人。结合县内残疾人实际需求，落实残疾人康复救助，关注肢体残疾人便捷出行，根据残疾人实际需求，免费发放适配辅具125套，共计13万元；投入资金15.5万元，完成残疾儿童康复救助77人；落实残疾人办证补贴2850元，惠及19名残疾人；落实资金3万元，完成40人的盲人定向行走康复培训，切实提高残疾人自我发展和创收、增收的能力。投入资金50万元，在喜德县最大的集中安置点——光明镇彝欣社区建立一间多感官康复训练室，覆盖198名残疾人，为一些严重智力障碍、脑瘫、自闭症等残障人士体验到不同的感官刺激，帮助残疾人补偿或恢复功能，提高生存质量，促进社会参与。

【残疾人社会保障】 加强与县民政部门和医保部门的沟通协调和残疾人信息比对核实工作，健全和落实残疾人“两项补贴”动态调整机制。严格落实医疗保障脱贫攻坚成果有效衔接乡村振兴战略有关要求，优化调整医疗救助资助参保政策，分类调整脱贫人口、易返贫致贫人口中的残疾人参保资助政策，持续做好农村残疾人医疗保障措施。落实阳光家园计划资金13万元，对200名处于就业年龄段的智力残疾人、精神残疾人及重度肢体残疾人提供托养服务，提升残疾人的幸福感和获得感。

【残疾人就业扶贫】 全年投入资金10万元，扶持5户在就业年龄段、有创业愿望和能力且有创业项目的残疾人，推动有就业能力的残疾人从庇护型就业走向劳动型就业；另投入资金8.5万元，对150名居家灵活就业残疾人发放残疾人居家灵活就业补贴；投入资金12万元，对全县13个乡（镇）和14个集中安置点的第一批80名符合条件的残疾人开展农村实用技术培训，切实提高残疾人自我发展和创收、增收的能力。年内投入残疾人事业发展补助资金25万元，为261名残疾人开展实用技术培训；投入资金14.4万元，对12户具有发展潜力的残疾人进行创业扶持。重视残疾人家庭学生，积极实施残疾人大学生就业帮扶行动，向残疾人大学生宣讲就业相关政策，提供岗位推介，投入资金18万元，对222名小学至大学阶段本人残疾学生和重度残疾困难家庭中符合条件的大学生进行扶残助学教育资助。

【残疾人慰问救助】 充分加强残疾人与社会的联系交流，向残疾人传递关心、关爱之情。筹措资金7.5万元，在春节前夕开展“温暖万家行”残疾人慰问活动，为150名残疾人发放棉被、床上四件套等过冬慰问品。

【残疾人宣传文化体育】 充分利用“助残日”“爱耳日”“残疾预防日”活动，通过悬挂标语、横幅，发放宣传资料，对《中华人民共和国残疾人保障法》《残疾人就业条例》《残疾人康复条例》及残疾预防基本知识进行宣讲，进一步增强残疾人维权意识以及社会大众残疾预防意识。

（撰稿：李玲 / 核稿：张莫格）

喜德县文学艺术界联合会

【概况】 2022年，县文联始终坚持党的领导，强化思想政治引领，注重优化职能，密切联系文艺工作者，遵循文艺人才规律，坚持问题导向。通过深化改革，切实解决文联组织存在的问题，推动文联系统深化改革，加快转型，创新发展。充分发挥文联在服务经济建设和脱贫攻坚与乡村振兴有效衔接中的重要作用，各项工作有序推进，重点工作创新发展，文艺事业蓬勃发展。

【文联工作】 全年完成《喜德拉达》杂志的出版和发行任务，共出版发行期刊4期；完成2022年度凉山文联下达的《凉山文学》彝汉双语版800册的征订任务；按照中央、省州文联系统深化改革的精神，结合中共凉山彝族自治州委办公室《关于印发〈凉山彝族自治州文学艺术界联合会机关职能配置、内设机构和人员编制规定〉的通知》的文件精神，县文联2022年9月向县编委会呈报《喜德县文学艺术界联合会关于增加内设机构和人员编制的请示》，并向县政府办递交《喜德县文联及所属6个文艺家协会办公用房的请示》，请示启用原环保局办公点1~2楼作为县文联及所属6个文艺家协会临时办公地点和活动场所；并按政府采购程序购买办公桌椅，有关电脑等办公设备。贯彻关于延伸文联工作“手臂”，扩大文联工作格局的改革精神，3月8日，喜德县文联与四川省丰谷火把液酒业有限责任公司联合开展“三八”妇女节系列庆祝活动，也是文联深化改革后第一次进企业，在企业建阵地、拉队伍，开局良好；6月1日，在喜德县瓦尔学校挂牌首个“文学艺术进校园示范基地”，让喜德广大

2022年5月31日，凉山彝族自治州文联党组书记苏彬一行到贺波洛乡小学调研民族文化传承发展 （县文联/供）

文学艺术爱好者有展示的平台，拥有一本属于自己的纯文艺刊物。《喜德文艺》杂志创刊坚持精益求精，优中选优的原则，从收集到的个人材料和作品中进行再三的比较和筛选，严格按照出版印刷三审三校的标准，编辑完成特色鲜明，内涵丰富，拿得出手的精美杂志。喜德县文联认真办理《关于全面深化改革，让广大文艺工作者成为乡村振兴的重要力量》的提案，对当前改革的推进情况和实施的力度作答复。

【文联调研工作】 5月31日，凉山彝族自治州文联党组书记苏彬一行到喜德县思源实验学校、喜德县贺波洛小学、喜德县青少年宫和喜德县则约小学调研，通过实地察看、听取汇报等方式，详细了解喜德县文艺工作和民族文化传承发展主要做法及成效、存在的问题及下一步工作计划。苏彬强调，一要继续重视并加强民族文化保护传承工作，认真梳理、挖掘其蕴含的文化内涵。二要进一步加强优秀民族文化传承人培养工作。三要进一步增强文化自信，深入挖掘民族文化的价值。

【作家协会工作】 发展会员，提升素质，鼓励会员进入州、省级协会。2022年，喜德县推荐的作协副主席尼苦古尔和副秘书长马海木呷加入省作协，音乐舞蹈协会主席马海木加成功加入省音协，继续向凉山彝族自治州各协会推荐喜德县六大协会优秀会员加入州级协会。组织人员收集州级实物，参加凉山彝族自治州建州70周年成就展，其中有《锦绣凉山》(喜德县60周年特辑)、《媒体聚焦的“8·31”》(2012年喜德县特大洪灾新闻报道文稿汇编)、《走近喜德》、《跨越千里的牵手》文献档案4件；《母语之乡的呼唤》《彝人梦》《彝族老家·喜德拉达》《俄尔则俄》《潮音寺的遐想》《玛果火普》文学作品6本；大漆木钵、大漆高足盘、大漆矮足盘、大漆花瓶、大漆梅瓶、大漆牛皮碗、马鞍等艺术作品数件。按照凉山彝族自治州举办艺术节和庆祝建州70周年活动相关文件精神和要求，协调组织作家协会推送书籍24部。喜德县作协由陈昭敏提供资料，沙马阿古和殷德荣编辑整理的《待老人如父母，视群众为亲人》《呕心沥血为农民工讨回损失》《热血铸就，危难之处显身手》作品推送给喜德县总工会参加凉山彝族自治州总工会关于持续深入开展2022年“网聚职工正能量·争做四川好网民”主题活动、参评活动等。

【音乐舞蹈协会工作】 喜德县音乐舞蹈协会荣获“凉山彝族自治州文化工作表现突出集体”荣誉称号，协会主席马海木加荣获“全州文化工作表现突出个人”，是全州17个县(市)文艺家协会中唯一获此殊荣的音乐舞蹈协会；7月31日，喜德县音乐舞蹈协会沙鸿等12位会员应邀参加“凉山彝族自治州第六届民族文化艺术节”，参演的喜德情景剧节目《希望之光》荣获州级三等奖。11月4—6日，喜德县音乐舞蹈协会选派38位会员参加“凉山彝族自治州建州70周年庆祝大会”方队表演，得到各级领导和社会各界的好评。另外，音乐舞蹈家协会原创节目《彝家幸福谣》应邀参加两河镇三合村、冕山镇民主村参加“树新风促振兴”家庭家教家风巡讲暨贯彻落实《凉山彝族自治州移风易俗条例》宣讲会、宣传等文艺汇报演出。

【民间文艺家协会工作】 喜德县民间文艺家协会凝聚国家级非物质文化遗产传承项目《玛牧特依》代表性传承人沙马史体为代表的全县民间文艺力量，有效地组织实施对全县各民族民间文学、史诗，尤其是彝族克哲尔比，民间音乐、民歌和彝族器乐等的发掘，先后深入尼波镇、米市镇、沙马拉达乡、鲁基乡和北山乡等地开展全县性大规模的民间文学、民间艺术、民俗文化等采风和民间艺人走访活动；喜德县民间文艺家协会全面协助喜德县彝族语言文字展览馆筹备组工作人员，收集各种民间文艺资料及文艺作品，为喜德县彝族语言文字展览馆的建设和开放作出应有的贡献。

2022 年 11 月 2 日，喜德县举办庆祝凉山彝族自治州成立70周年书法、美术、摄影展 （王成湖 / 摄）

【美术书法家协会工作】 按照凉山彝族自治州举办艺术节和庆祝建州70周年活动相关文件精神和要求，协调组织喜德县美术书法家协会开展征集作品活动，推送美术作品30件，书法作品30件，共60件；10月，县文联组织县美术书法家协会开展喜德县庆祝建州70周年和迎二十大书法、美术展，展览在喜德县少年宫举行，其中，展览美术作品20件，书法作品80件，进行为期20天的美术书法展览活动，参观人数累计达到350人次。喜德县美术书法家协会4幅油画作品，5件彝文书法作品参加中央电视台迎接党的二十大美术、书法作品展；喜德县美术书法协会蓝鹏飞主席为喜德县纪律监察委员会创作2幅书法作品，参加凉山彝族自治州廉政书画参评活动。

【摄影家协会工作】 按照凉山彝族自治州举办艺术节和庆祝建州70周年活动相关文件精神和要求，协调组织县摄影家协会推送摄影作品40件。10月，县文联组织县摄影家协会开展喜德县庆祝建州70周年和迎二十大摄影展，展厅设在喜德县少年宫，共展出摄影作品100件，摄影展览活动举办20天，参观人数陆续到达350人次。

【民间手工艺家协会工作】 喜德县民间手工艺协会在县文联领导下开展日常工作，继续在温泉大厅设置好的彝族漆器展示柜做好喜德县彝族漆器的展示，为打造喜德县彝族漆器的宣传和销售服务。全力协助喜德县漆器展览馆筹备工作组，发挥其民间手工艺协会独特的作用，为喜德县漆器展览馆收集民间各种彝族漆器，为喜德县漆器展览馆早日开馆服好务。

（撰稿：沙马阿古 / 核稿：沙马阿古）

工商业联合会

【概况】 2022年，县工商联坚定以习近平新时代中国特色社会主义思想为指导，全面贯彻落实中共十九大、二十大精神，深入学习贯彻习近平总书记系列重要讲话精神和中央、省、州、县委决策部署，紧紧聚焦县委、县政府中心工作，紧扣“两个健康”主题，积极创新、主动作为、真抓实干，高质量完成了各项年度目标任务，为促进全县民营经济高质量发展和民营经济人士健康成长、经济社会发展作出积极贡献。2022年，喜德县工商联荣获“全州工商联系统业务综合考评先进单位”“全州工商联系统会员组织和宣教工作先进单位”“全州工商联系统‘万企兴万村’先进单位”称号。

【主要职能职责】 加强和改进非公有制经济人士思想政治工作；参与政治协商，发挥民主监督作用，积极参政议政；协助政府管理和服务非公有制经济；促进行业协会商会改革发展；参与协调劳动关系，协同社会管理，促进社会和谐稳定；反映非公有制企业和非公有制经济人士利益诉求，维护其合法权益，参与经济纠纷的调解、仲裁；依法加强会产管理和保护。

【围绕中心大局服务】 坚持围绕中心、服务大局，紧紧围绕中央、省、州、县委决策部署，全面聚焦巩固拓展脱贫攻坚成果同乡村振兴有效衔接、疫情防控、森林草原防灭火等县委、县政府中心工作，充分发挥职能优势，团结带领民营经济人士主动增强政治自觉，凝心聚力、克服困难、全力攻坚，战疫情、助发展，强服务、稳民生，促改革、激活力，积极参与解决全县性、全局性重大问题，促进“两个健康”工作取得新的进展。数据显示，全县民营经济发展速度明显加快、质量进一步提升、社会贡献明显增强。全县现有民营企业862家，个体工商户1002户。全县民营经济实现增加值13.55亿元，占GDP的比重为35.4%，贡献税收66.6%。疫情影响之下，非公有制经济支撑起喜德经济发展的“半壁江山”。民营经济在稳定增长、推动创新、增加就业、改善民生等方面发挥重要作用，为推动全县经济社会发展作出重要贡献。

【全面参与疫情防控】 新冠疫情发生后，县工商联闻令而动、迅速反应，积极引导、动员、组织民营企业全面参与疫情防控阻击战，第一时间发布“关于助力打赢新型冠状病毒感染肺炎疫情防控阻击战的倡议书”，广大民营企业和个体商户火速响应，在抓好自身疫情防控的同时，慷慨解囊，踊跃捐款捐物、积极复工复产。全县23家民营企业累计捐款捐物25.55万元。喜德县民营企业四川省广地饮品有限公司、四川吉泓建筑工程有限公司被州工商联评为“全州抗击疫情先进企业”，2人荣获凉山彝族自治州“抗击新冠肺炎疫情先进个人”奖。全县民营企业用实际行动彰显社会责任与担当。

【开展教育培训活动】 深入开展民营经济人士理想信念教育实践活动，引导全县民营经济人士进一步增强对中国特色社会主义的信念、对党和政府的信任，对企业发展的信心、对社会的信誉。采取上下联动、整合部门资源、“走出去”与“请进来”相结合等方式，对民营企业家进行经营管理、法律和党建等方面的培训。聚焦重点行业、重点领域，提

2022年12月29日，喜德县工商联（总商会）第五次代表大会召开合影

（县工商联/供）

升服务能力，积极开展惠企送政策活动，广泛宣传中央、省、州、县有关优化营商环境的政策法规，扩大宣传覆盖面，提高政策知晓率，引导企业用好用足扶持政策，有效推动各项纾困惠企政策落地见效。2022年，县工商联同县总工会进入冕山工业园区、李子工业园区开展集体协商“集中要约季”行动。

【乡村振兴“万企兴万村”】 紧紧围绕群众持续增收这条主线，按照“因地制宜，突出特色，典型带动，整村推进”的总体思路和“公司（合作社）+基地+农户”的共建模式，扎实推进“资源变资产、资金变股金、农民变股东”为主的村企共建模式，积极引导龙头企业、合作社等新型农业经营主体与脱贫户建立紧密相关的利益连接机制。“万企兴万村”行动取得阶段性显著成果，持续带动当地村民增收。

【重要活动】 2022年6月15—16日，浙江省宁波市海曙区工商联党组书记陈亮率海曙区“创二代”青年企业家联谊会、海曙区慈善总会到喜德考察调研，并召开海曙区“创二代”青年企业家联谊会赴喜德考察座谈会，签订海曙喜德工商联缔结友好协议；12月2日，喜德县召开乡村振兴“万企兴万村”工作推进会，安排部署“万企兴万村”相关工作，签订“万企兴万村”村企共建、帮扶协议书；12月29日，喜德县召开喜德县工商联（总商会）第五次代表大会，会议审议通过工作报告，完成换届选举工作。

（撰稿：孙英文 / 核稿：侯琼）

科学技术协会

【概况】 2022年，县科协在县委、县政府的正确领导下，在州科协的大力支持和指导下，以中共十九大和十九届历次全会精神为指导，以“向科技要质量、以科技增效益、用科技求发展”作为工作思路，以“农业增效、农民增收”作为工作目标，以贯彻落实《全民科学素质行动计划纲要》为重点，紧紧围绕全县中心工作，积极开展各项工作，取得了较好的成绩。2022年，喜德县科协荣获“第37届凉山彝族自治州青少年科技创新大赛县（市）优秀组织奖”，荣获“第14届凉山彝族自治州青少年科学影像节活动”优秀组织单位奖，荣获“2022年度凉山彝族自治州青少年科学调查体验活动”优秀组织单位奖。

【全民科学素质行动计划纲要】 按照“政府推动，全民参与，提升素质，促进和谐”的方针，狠抓“四个重点人群”“四项基础工程”，不断创新工作思路，完善政策措施，强化协作配合，全面推动公民科学素质建设。制定印发《2022年纲要工作要点》，指导全县纲要工作顺利实施，并把纲要实施工作纳入乡镇和部门年度目标考核。纲要联席会成员单位形成大联合、大协调，推进《全民科学素质行动计划纲要》各项工作。

【科普宣传】 以“科技三下乡”“科技之春”“科技活动周”等活动为契机，依托“天府科技云”App多渠道、多形式地开展科普宣传活动。先后到彝欣社区、洛哈镇、两河口镇、光明镇等乡（镇）、社区，采取科普展览、发放科普资料和图书、科技咨询、科普知识讲座等群众喜闻乐见的形式开展科普宣传活动。共参加科普宣传18次（场）；组织干部职工、科普志愿者、科普先进带头人参加科普宣传96人（次）；现场注册并教学使用“天府科技云”App、发放各类科普图书、宣传手册、资料20余种8000余份（册）；发放“农村实用技术核桃嫁接技术”光盘125张；发放围裙800条；设立咨询台15台，咨询人数1300余人（次）；展出科普展板35块；悬挂横幅9条；刷写永久性标语6幅；开展科普知识讲座2次（场）；更新科普宣传栏内容3次；发放科普宣

2022年12月28日，县科协到洛哈镇阿洛村举办“喜德县农技服务到身边，养羊技术培训会”（县科协/供）

传品盆、毛巾、烧水壶、雨伞、水杯各300样。据统计，科普宣传受益人数1万余人。

【科普培训】 邀请县农牧局专家在彝欣社区举办1期水果嫁接与病虫害防治技术培训班，培训人数180人；喜德县科协在帮扶村洛哈镇阿洛村举办两期“农技服务到身边”技术培训会。洛哈镇阿洛村专业养殖和种植户近50户参加培训。培训聘请县农业农村局畜牧兽医、县林业局专家进行专业授课，采取理论与实践操作和现场疑难杂症问答的方式进行。

【科普基础设施建设】 积极实施“科普惠农兴村”计划和“科普照亮山村行动”计划，大力培育和发展农村专业技术协会、农村科普示范基地和农村科技示范户，推进农村“一站一栏一员”工程建设。新建科普宣传栏2个；申报州级科普示范社区1个。

【协（学）会】 对全县各协（学）会进行管理，指导业务工作。开展智慧农技协建设暨入驻智慧农技协网上平台工作，共上报智慧农技协入驻2个。9月26—27日，县科协在州科协的大力支持下，联合凉山电视台对光明镇拉克村殷木且葡萄种植基地和冕山镇伍合村俄尔五呷油橄榄种植基地进行专题拍摄采访，更好地宣传和发展科技致富带头人的产业，带动辐射当地特色产业发展，助力乡村振兴和农民增收致富。积极组织科技工作者和群众开展2022年凉山彝族自治州“全国科普日”科普知识网络大赛，获得2022年凉山彝族自治州全国科普日活动优秀组织单位奖。通过天府科技云平台深入挖掘喜德县人民群众科技所需和科技工作者技术所能，做到科技所需和科技所能之间有效衔接，全程跟单服务做好天府科技云“保姆式服务”工作。

【“天府科技云服务”工作】 成立喜德县开展“天府科技云服务”工作领导小组，制发《开展“天府科技云服务”总体方案》，调查摸底全县科技工作者情况。按照《中共凉山彝族自治州委组织部凉山彝族自治州科学技术协会关于进一步建立健全凉山彝族自治州科协基层组织的通知》文件要求，督促指导各乡（镇）选举工作，全力推进乡（镇）科协组织建设。按照《中国科学技术协会章程》规定，圆满完成喜德县乡（镇）科协组织建设工作。共选出13名乡（镇）科协主席、26名副主席、13名秘书长、102名村（社区）智慧科普传播员。组织全县科技工作者和企事业单位注册天府科技云。平台注册用户3755人；注册科技工作者2158人；注册组织机构用户131个。喜德县科协保姆人数为6人，保姆单数为233单，服务6单，完成233单；创建科创工作室117个，向四川省科创会报送“喜德县乌骨阉鸡生产及繁育技术提高”“云南松、华山松林下经济林药材模式技术研发”“花椒提前老化的防治技术研发”科创项目，精准科普服务群众数373人，精准科普服务量503877次，发布科技所能4条、科技所需229条，成交订单8笔，成交金额108498元。

（撰稿：吉布木加/核稿：王华）

红十字会

【概况】 县红十字会自2002年10月成立以来，遵守国家宪法和法律，遵循国际红十字运动“人道、公正、中立、独立、志愿服务、统一、普遍”的基本原则，依照日内瓦公约及其附加议定书、《中华人民共和国红十字会法》和《中国红十字会章程》独立自主地开展工作。

【机构及人员】 2002年10月，按照《喜德县机构编制委员会关于成立喜德县红十字会的通知》(喜编委〔2002〕10号)精神，喜德县红十字会与县卫生局实行两块牌子、一套人马的工作体制，属事业机构，不增加人员编制，所需人员在卫生局现有职工中调整。2009年4月，喜德县委机构编制委员会根据《关于确定县(市)红十字会机构性质的通知》(凉编办〔2008〕558号)、《喜德县机构编制委员会关于确定县红十字会机构性质的通知》(喜编委〔2009〕4号)精神，经2009年4月10日县编委会研究，规范设立“喜德县红十字会”为群团机构，会长由县政府分管领导兼任，设专职副会长1名(副科级)，核定事业编制2名。2021年12月31日，中共喜德县委印发《喜德县红十字会机关职能配置、内设机构和人员编制规定》(喜委办〔2021〕50号)。内设机构综合股和赈济救护股，核定事业编制2名，领导职数：会长1名(由县政府分管副县长兼任，不占编制)、常务副会长1名(事业正科级)。

【惠民救助】 1月21日，凉山彝族自治州红十字会在伍合村举行“红十字博爱送万家”活动启动仪式，州委常委、总工会主席沙英，州红十字会党组书记、常务副会长安荣会出席启动仪式，到困难群众家中开展慰问，为困难群众送去家庭包、棉被、棉衣、鞋子等价值13万元的物资；8月，为1名白血病患儿申请“小天使”救助金5万元。

【救护培训】 2022年12月2—3日，组织持证救护师在欣欣小学开展应急救护培训，培训救护员57名，普及培训600余人。

【重要活动】 2022年11月下旬，按照州红十字会安排，积极对接中央和国家机关定点帮扶喜德县的中央广电总台、国家档案局两个部门申报中国红十字总会助力乡村振兴博爱家园项目资料；完善红十字治理结构，理顺县红十字会管理体制，开设县红十字会基本账户，纳入一级财政预算，实现机构独立设置、人员、经费、办公场所、财务“四独立”的管理体制。

(撰稿：邓明丽 / 核稿：比尔莫阿各)

法　治

政法委及综治

【概况】 2022年，县委政法委在州委政法委的正确指导和县委、县政府的坚强领导下，坚持以习近平法治思想为指引，认真贯彻落实党的二十大精神，以推进“平安喜德，法治喜德”建设为抓手，坚持“防风险、保安全、护稳定、促发展”的工作主题，聚焦防范化解重大风险构建大稳定格局，着力化解社会矛盾，扎实开展常态化扫黑除恶，严打各类突出违法犯罪，为全县经济社会健康发展和社会大局和谐稳定创造良好的社会治安环境。

【加强政法队伍建设】 坚持把深入学习贯彻习近平法治思想和习近平总书记来川视察重要指示精神及对政法工作重要指示精神作为政治任务，全年共开展政治轮训33场次，受训干警1233人次，全县政法机关“一把手”讲党课6场次，受教育干警422人，开展“一把手”谈心谈话，累计谈心谈话94人，对乡（镇）政法委员进行全覆盖的政治轮训和业务培训共计2次，有力强化党委政法委对乡（镇）政法工作的领导管理，提升谋全局、抓统筹、促落实的履职能力水平，推动基层政法体系更加富有活力和效率。围绕贯彻落实党的二十大、省第十二次党代会、州委九届六次全会精神等组织专题宣讲10余次，以“三会一课”、党建月会为形式载体，组织干部职工开展集中学习10余次，切实将中央、省、州的思想和要求传达至每个干部职工，真正做到入脑入心。

【提升政治安全】 深入推进“护网2022”专项行动，持续治理网络谣言乱象。对辖区企事业单位进行网络安全执法检查，发放整改意见通知30余份。检测清理涉网络谣言和有害信息21条，教育训诫12人。共上报反恐情报28条，省公安厅采用情报16条，公安部采用情报12条。

【防范化解重大风险】 依托防范化解重大风险构建大稳定格局这一中心，下先手棋，打主动仗，成立指挥部，组建工作专班，夯实工作的基础；制发《喜德县防范化解重大风险构建大稳定格局工作方案》，分5批次组织各行业部门和乡镇参加培训，确保全县52个部门13个乡镇每个单位至少两人学会使用平台系统，构建AB角互补的机制，并开展督导42次。上报县委书记手书“周清单”47期，排查风险75条，化解风险71条；依托防范化解重大风险平台排查风险隐患2946条，化解2889条，尚有57条需长期关注，正在化解中。

【常态化扫黑除恶斗争】 制发《喜德县2022年度扫黑除恶斗争工作要点及责任分工方案》，强化线索核查，全年共接收线索3条，核查完毕3条，无涉黑涉恶案件。开展集中整治涉凉人员在外违法犯罪专项行动，打处13名外流犯罪人员，接回州外“三无”人员12人，督促各乡（镇）自行劝返“三无人员”76人，顺利完成重点区域劝返率100%。组织扫黑除恶、《中华人民共和国反有组织犯罪法》、打击整治养老诈骗等专题宣传100余次，悬挂横幅60余条，发放宣传手册资料1万余份，宣传受众约22万余人。

【夯实基层基础】 制定《喜德县网格划分方案》，把全县划分为131个网格，并同步配备专兼职网格员131人。制定《喜德县网格员工作职责》等相关文件，进一步完善对网格员和网格事务的有效管理。全年共处理事件4741件，报送宣传教育208条，事件办结率98.2%。对3217名特殊人员每月进行不少于2次走访管理。全面落实县级每月、乡镇每半月的矛盾纠纷分析研判制度，开展大排查、大化解行动3轮，共排查矛盾纠纷3800件，成功调解3729件，调解成功率达98.13%%。完成13个乡镇的综治中心规范化建设和“火觉莫社区综合维权站”和“彝欣社区综合维权站”2个妇女儿童维权综合站的建设，为妇女儿童提供专业化、人性化、公益性的维权服务和便捷高效的法律服务。

（撰稿：陈小苹／核稿：的日瓦哈）

公 安

【概况】 2022年，县公安局在州局党委和县委、县政府的坚强领导下，以党的二十大安保为主线，以开展“百日行动”“磐石”等系列专项行动为抓手，紧扣州局“1335”战略发展，创新提出“1234”工作思路，上下一心、奋勇拼搏，全力做好防风险、保安全、护稳定各项工作，取得党的二十大、建州70周年等重大安保的决胜完胜。

【持续严打违法犯罪】 全县共立刑事案件201起，比2021年同期的153起同比上升31.4%；破案110起，破案率54.7%。侵财类案件立案75起，比2021年同期的78起下降3.9%；破案26起，破案率34.7%。抓获刑事案件犯罪嫌疑人171人，刑拘108人，逮捕50人，起诉61人。实现侵财类案件发案数降低、破案数上升的目标。

【森林草原防灭火攻坚法治震慑有广度】 面临全县严峻的森林草原防灭火形势，县局抓早动快、系统谋划，充分发挥战时思想政治工作生命线作用，全体参战民辅警保持高昂斗志、顽强作风、严格纪律、必胜信念，全面投身森林草原防灭火攻坚战，成效显著，助力全县森林草原防灭火大局平稳可控。2022年，全县公安民辅警全力以赴，坚守一线。共查处违规野外用火205起，查处227人，敏感时间节点“3·30”和重点时段清明节平稳过渡，筑牢护林防火安全之“墙”。

【保驾护航坚定有为社会大局持续平稳】 紧扣党的二十大安保主题主线，按照上级机关、党政统一部署，聚焦防风险、保稳定、护发展，筑牢组织指挥、情报研判、整体防控、公共安全管控及战时保障“五个体系”，全面吹响冲锋号，全力确保全县政治安全和社会大局平稳有序。全方位摸排化解。通过积极调动各种工作资源和各方力量，全方位、多渠道收集影响社会稳定的深层次、内幕性、行动性情报信息，进一步拓宽信息来源。共排查化解各类矛盾纠纷192起，有效防止矛盾纠纷向民、刑案事件转化。全面及时掌控化解影响社会稳定的各类风险因素，组建工作专班，加强对涉稳风险隐患苗头的预测、预判、预警和预处。

【禁毒攻坚成果巩固有厚度】 全县共立毒品刑事案件6起，打处11人，逮捕6人，查处吸毒人员

2022年10月16日，县公安局举行决战决胜二十大安保维稳誓师大会 （县公安局／供）

11人，缴获各类毒品10.72克；抓获涉毒逃犯2人（公安部部督逃犯1人）；立省目前案件1起。紧扣2022年外流贩毒整治，挖掘线索、开辟案源，与贵阳、毕节建立完善的协作机制，建立良好的沟通机制和良好的氛围。

【安全监管坚守有力】 狠抓交通安全治理。聚焦“风险防控、隐患排查、源头监管、重点整治、宣传警示”5项任务，深入推进道路交通安全“减量控大”专项工作。2022年，全县共发生交通事故415起，同比上升3.49%，未发生3人以上重大交通事故。查处各类交通违法行为17382起，酒驾506起，无证驾驶688起，货车超载933起，摩托车不戴头盔763起，非机动车违法13622起，行政拘留158起。狠抓危爆行业监管。全面清查所有枪爆、危化品、管制刀具等危险物品从业单位、从业人员，开展以“查违规、查隐患、查制度”为重点的安全大检查，累计排查辖区民爆单位18家次、加油站16家次，危化品单位18家次；签订治安责任书35份，查处非法持有枪支案3件，抓获3人，收缴非法枪支4支，纸雷管23发，群众主动上缴各类枪支47支，收缴射钉枪12支、气枪2支、手榴弹10枚、炸药240千克、雷管87枚、管制刀具3把、易制爆危险化学品16.4千克。

（撰稿：丰姣 / 核稿：罗伟）

检　察

【概况】 2022年，县检察院在县委和州检察院的坚强领导下，在县人大及其常委会的依法监督、县政府的大力支持、县政协的民主监督以及社会各界的关心支持下，深入学习贯彻习近平新时代中国特色社会主义思想，深入践行习近平法治思想，全面学习宣传贯彻党的十九大、二十大精神和《中共中央关于加强新时代检察机关法律监督工作的意见》，围绕县委和州检察院决策部署，坚持稳字当头、稳中求进，忠诚履行法律监督职责，努力推动“四大检察”“十大业务”全面协调充分发展，各项工作取得新成效。全年共办理各类案件465件，同比上升51.5%。其中，刑事检察案件109件，同比持平；民事检察案件20件，同比上升17.6%；行政检察案件26件，同比上升62.5%；公益诉讼检察案件63件，同比上升57.5%；其他检察案件247件，同比上升112.9%。

【机构及人员】 喜德县人民检察院积极推进内设机构改革，按照“3+2”的模式，共设置办公室、第一检察部、第二检察部、第三检察部、政治部5个内设机构。政法专项编制23人，在职政法编制干警22人，缺编1人。有8名员额检察官，占全院编制总数的34.7%；检察官助理3人，占干警编制总数的13%；检察技术1人，占干警编制总数的4%；司法行政人员4人，占干警编制总数的17%；司法警察3人，占干警编制总数的13%；书记员3人，占干警编制总数的13%。工勤2人，聘用制书记员7人。

【打击违法犯罪】 认真贯彻落实县委信访工作总体部署，积极参与社会面稳控，全面细致开展涉稳风险隐患排查5次，妥善化解周某某重复信访案。认真履行刑事检察职能，持续严惩故意杀人、抢劫、强奸、放火等重大刑事犯罪，批捕12人，起诉6人。严厉打击寻衅滋事等扰乱社会公共秩序犯罪，批捕2人，起诉2人。积极参与禁毒综合治理，严惩毒品犯罪批捕6人，起诉3人，毒品犯罪案件下降70%。常态化推进基层治理、扫黑除恶、打击整治养老诈骗、电信诈骗等专项工作，坚决维护国家安全、政权安全，全力服务保障党的二十大、省第十二次党代会胜利召开。

【助推乡村振兴工作】 加强耕地资源保护，办理涉及占用农用地公益诉讼案件4件。推动农村人居环境整治，办理督促农村生活污水和生活垃圾治理公益诉讼案件2件。联合乡村振兴部门建立国家司法救助助力巩固拓展脱贫攻坚成果同乡村振兴有效衔接机制，向农村地区五类重点当事人7人发放司法救助金6万余元。选派驻村第一书记、驻村工作队员共3人到两河口镇开展工作。开展“暖冬行动”，向帮扶村提供物资，折合资金3.8万元。深化“法治进乡村”活动，开展法治宣传、宣讲27场次，助力法治乡村建设。

【加强社会治理工作】 坚持“司法办案既要抓末端、治已病，更要抓前端、治未病”理念，更深融入社会治理。紧盯医疗卫生、森林资源保护、职务犯罪、电力线路保护等领域，发出社会治理类检察建议11件，实现“治罪与治理并重”。落实“八号检察建议”，开展林牧区输配电线设备火灾隐患整治专项监督活动，向国网喜德县供电公司发出社会治理类检察建议1件，督促其排查清除林区线下可燃物共16处，建章立制推动长效治理，有效助力全县森林草原防灭火工作。

【守护群众“舌尖安全”】 开展食品药品安全领域公益诉讼专项监督，办理案件15件。针对食品安全领域4类问题（销售过期食品、生产销售不符合安全标准的食品、餐饮服务人员未办理有效健康证明、实际经营者与食品经营备案证登记不符等问题），向负有食品安全监督管理职责的行政机关发出诉前检察建议11件。针对饮水安全领域5类问题（未按规定申领、续办卫生许可证、未建立健全水处理设施消毒、检修制度及操作规程、直接从事供、管水的人员未进行卫生知识培训），向城镇饮用水供水主管部门和城镇饮用水卫生监督监测部门发出检察建议2件。开展口腔诊疗行政检察专项监督活动，针对医疗行业3类问题（非法医疗活动、未建立医疗器械的进货查验记录制度、未建立并执行药品进货检查验收制度等问题），向负有监督管理职责的行政机关发出社会治理类检察建议2件。

【护航未成年人健康成长】 依法办理涉罪未成年人刑事案件，最大限度教育感化挽救涉罪未成年人，不捕7人，不捕率58.3%；不诉10人，不诉率62.5%。监督落实“一号检察建议”，联合教体科局和市场监管局开展校园安全监督落实专项行动1次、入职查询“回头看”1次。以“保护少年的你”为主题开展强制家庭教育指导9次，督促4名未成年人监护人树立“家庭是第一课堂、家长是第一任老师”的意识。为未成年人提供法律援助16次，向3名未成年被害人发放司法救助金3万元。加强未成年人法治宣传教育，法治副校长实质性开展法治进校园3次、法治讲座7场次，辐射对象3000余人。制作“致广大中小学生家长的一封信”，大力宣传《中华人民共和国义务教育法》《中华人民共和国家庭教育促进法》，有效开展控辍保学法律监督工作，受众达2000余人。办理的凉山彝族自治州首例拐骗在校生外出务工案在喜德县向荣中学公开庭审，3000余人观看，达到“审理一案、教育一片”的良好社会效果和法律效果。

【群众信访】 深化“12309”检察服务平台建设，落实检察机关对群众信访“7日内程序性回复、3个月内办理过程或结果答复”，接收各类举报、控告、申诉等信访案件13件。狠抓领导干部带头办理疑难复杂信访案件，检察长接访3人，院领导包案办理首次信访案件3件，答复率100%。常态化开展简易公开听证14件，促进信访矛盾源头化解。办理刑事申诉案件3件。办理国家赔偿案件1件，发放赔偿金4.9万余元。

【刑事检察】 全年落实行政执法与刑事司法衔接工作，监督行政执法机关移送涉嫌犯罪案件2件，起诉1件。加强立案和侦查活动监督，监督立案10件，纠正漏捕1人、漏诉3人，纠正侦查活动违法8件。深入落实“少捕慎诉慎押”刑事司法政策，

2022年3月21日，县检察院在两河口镇火觉莫社区开展《家庭教育促进法》宣传周活动 （县检察院/供）

依法不捕31人，不捕率33.7%；不起诉16人，不起诉率13.7%。开展"挂案"专项监督活动，监督公安机关移送纪委监委处理2件，监督继续侦查1件，"挂案"处置率达100%。持续强化执行活动监督，书面纠正社区矫正、财产刑执行和监管场所监管执法等各类违法案件25件。严厉惩治贪污腐败，办理监委移送职务犯罪案件6件6人，起诉6件6人。

【民事检察】 全年受理民事检察案件20件，同比上升17.6%。加大民事审判程序和执行活动监督力度，提出检察建议10件，法院全部采纳。办理民事支持起诉案件4件，为弱势群体挽回经济损失22万余元。加强对人民法院生效裁判结果案件的监督，发出再审检察建议5件，其中，涉及民事虚假诉讼案件1件，涉案金额44.5万元，移送犯罪线索1件2人。办理的对吉日某某等17人向喜德县贺波洛砖厂追索劳动报酬虚假诉讼检察监督案是县检察院办理的首例虚假诉讼监督案，有力维护了诉讼秩序和司法权威。

【行政检察】 切实发挥行政检察"一手托两家"职能，在监督人民法院公正司法的同时，对检察履职中发现的行政机关存在的违法行为进行监督，共办理行政检察案件26件，同比上升62.5%。强化行政审判程序和执行程序监督，向法院发出检察建议5件，采纳率100%。开展行政检察护航民生民利专项活动，针对行政机关在医疗、交通、社会治安、森林资源保护等领域违法履职或不行使职权行为向行政机关发出检察建议18件，均采纳纠正。常态化开展行政争议实质性化解，化解行政争议3件。

【公益诉讼提质增效】 认真落实县委办、县政府办联合印发的《关于深入推进公益诉讼工作的实施意见》，办理公益诉讼案件63件，同比上升57.5%。办理国有财产保护领域公益诉讼案件17件，督促挽回国有财产损失97.6万余元。积极稳妥拓展公益诉讼案件范围，办理个人信息保护领域公益诉讼案件13件。办理生态环境资源保护领域4件，发出公告4件，督促恢复被损毁耕地7.36亩，增殖放流裂腹鱼苗1.17万尾。

【深化体制改革】 深入落实司法责任制。突出检察官主体地位，保障检察官依法享有独立司法办案决定权的同时，压实权力清单，促使权责一致。加强案件流程监控，监控案件33件。组织开展案件质量评查，评查案件6件。落实员额检察官动态调整、常态化遴选机制，遴选员额检察官1人。认真落实检察长带头办案制度，检察长、副检察长办案48件，占总案件数的10.3%。强化司法办案新机制。持续优化"案－件比"，本年度案件比1∶1.09，较2021年下降7.5个百分点。深化"捕诉一体"办案机制，与公安机关建立1个侦查监督与协作配合办公室，提前介入引导侦查案件13件，退回补充侦查率、延长审查起诉期限率均为3.1%。深化认罪认罚从宽制度适用，适用率93.7%，量刑建议采纳率100%，提出确定刑量刑建议占量刑建议总数的82.96%。全面推开检察听证。坚持"应听尽听”原则，开展检察公开听证14件。坚持领导带头示范，检察长主持听证4次。邀请人大代表、政协委员、人民监督员、律师、有关专家参与听证42人次，助力打造“阳光检察”。办理的阿勒某某民事执行监督案采取检察听证的方式进行办理，充分听取人大代表、政协委员意见建议，促使纠纷当事人签订支付欠薪承诺书，履行义务，化解矛盾纠纷，有效节约司法资源，该案被州检察院、省检察院内网转载学习。

2022年4月20日，县检察院联合多部门举办“开展增殖放流 修复渔业生态”活动 （县检察院/供）

【检察队伍建设】 持之以恒增强党建统领。坚持以党的建设统领检察工作，落实“思想引领、学习在先”机制，持续推进党史学习教育走深走实，巩固和深化政法队伍教育整顿成果。接受省委第四巡视组联动巡察1次，州检察院政治巡察1次。深入落实意识形态工作责任制，全年向县委及州检察院报告意识形态工作4次。坚定不移从严管党治检。全面推进党风廉政建设主体责任细化、实化、常态化，开展警示教育6次，排查部门和个人廉政风险点23个，落实防控措施23条，推动立行立改、抓源治本。认真落实新时代政法干警“十个严禁”要求，加强检察人员“8小时内外”的监督。扎实推进全省政法系统“忠诚铸魂、铁纪担当”专项活动和全州检察机关“关爱·纠风”行动，自查整改问题36个。严格执行重大事项请示报告制度，及时向同级党委和上级检察院请示报告重大复杂敏感案、事件。常态化落实“三个规定”，记录报告过问或干预、插手检察办案等重大事项24件，“逢问必录”蔚然成风，依法独立行使检察权的办案环境更加清朗。坚持不懈锻造队伍素能。坚持以“强作风、重落实、提效能”为导向，锻造革命化、正规化、专业化、职业化检察铁军，组织参加中国检察教育网、国家检察官学院线上线下培训9期。参加公益诉讼勘验取证与快速检测技术、未成年人案件集中办理、大数据赋能刑事检察、落实少捕慎诉慎押等专项培训，参训227人次。四川省检察系统帮扶凉山工作队选派1名业务骨干挂职指导业务。借力对口援助机制，与什邡市检察院互访交流1批7人次。

【自觉接受监督制约】 县检察院自觉接受人大、政协及社会各界监督。主动向人大及其常委会专题报告重点工作3次；常态化走访联络人大代表、政协委员，落实代表委员“两会”提出的意见建议14条。主动发声回应社会关切，及时向外界发布程序性信息120件，公开法律文书14件，各项检察工作被州级以上主流媒体宣传报道15次，以司法公开有效保障检察权依法正确行使。

（撰稿：赵远发/核稿：王东云）

法 院

【概况】 2022年，县法院坚持以习近平新时代中国特色社会主义思想为指导，深入贯彻习近平法治思想，全面贯彻十九届历次全会和党的二十大精神，认真贯彻习近平总书记到四川到凉山重要讲话重要指示精神，坚持服务大局、司法为民、公正司法，忠实履行宪法法律赋予的职责，全面提升审判质效，大力推进智慧法院建设，积极构建多元解纷体系，深入开展社会治安综合治理，统筹服务巩固脱贫攻坚成果与乡村振兴有效衔接、疫情防控和保障经济发展，踔厉奋发，笃行不怠，为县域经济社会高质量发展提供有力的司法保障。2022年度，喜德县人民法院被四川省高级人民法院评为全省法院宣传文化工作先进集体、全省法院人民法庭工作先进集体；陈盛阳被四川省高级人民法院评为2021年全省法院审判管理工作先进个人；单孝俊被四川省高级人民法院评为2019年以来全省法院思想政治建设先进个人；乔云被四川省高级人民法院评为2021年度全省法院智慧法院建设先进个人、全省法院司法保障工作先进个人。

【主要职责】 依法审理由基层法院管辖的刑事、民事和行政等第一审案件。依法审理由上级人民法院指令再审的案件。受理不服本院判决、裁定的各类申诉和再审，对其中确有错误并已发生法律效力的判决、裁定、依法再审。依法行使司法执行权和司法决定权。对法律法规、规章等草案提出意见，针对案件审理中发现的问题提出司法建议。负责本院干部队伍思想教育、表彰奖励和教育培训工作；按照干部管理权限管理法官、执行员、书记员、司法警察及司法行政人员。领导本院的纪律作风等督查工作。管理本院的有关经费和物资装备。在业务工作中宣传法制，教育公民忠于社会主义祖国，自觉遵守宪法、法律和社会公德。承办其他应由本院负责的工作。

【刑事审判】 依法打击刑事犯罪，维护社会平安稳定。审结各类刑事案件56件，判处罪犯96人。严惩严重刑事犯罪，审结故意伤害、抢劫等暴力犯罪案件9件20人。严惩危害公共安全、妨害社会管理秩序犯罪，审结涉枪涉爆、寻衅滋事、“黄赌毒”等案件8件14人。严惩扰乱产品质量监督管理秩序犯罪，审结销售伪劣产品案件2件3人，涉案金额达110余万元，切实维护市场良好秩序，保护消费者合法权益。严厉打击涉众型经济犯罪，审结非法集资、电信网络诈骗等犯罪案件1件9人，维护公民财产和个人信息安全。针对近年电信诈骗案件高发态势，县法院靠前加强教育宣传，说服被告人现身说法，拍摄以案示警微视频“不听话的会被拉去后山埋掉”，揭露“境外高薪网络兼职”的背后骗局，浏览量达27.3万人次，提高群众网络安全防范意识，切实有效保护人民群众财产安全。保持惩治腐败高压态势，审结贪污、贿赂等职务犯罪案件6件6人。秉持教育感化挽救方针，审结未成年人犯罪案件3件4人。贯彻宽严相济刑事政策，适用认罪认罚从宽制度判处罪犯54件91人。

【民事审判】 妥善化解民商事纠纷，促进社会和谐发展。以弘扬社会主义核心价值观为统领，充分发挥司法引领作用，依法调节经济社会关系。共受理各类民商事案件724件，审结713件。加强劳动者权益保障，审结劳动争议、追薪维权纠纷90件。加强老人、妇女、儿童权益司法保护，注重以调解方式修复亲情，化解家事纠纷，审结婚姻家庭、继承等纠纷130件。司法保障发展大局，注重保护国家利益，对发展改革和经济信息化局与被告人阿鲁某某等19人、第三人洛哈镇人民政府不当得利纠纷19件系列案，以调解、判决等方式依法审结完毕，挽回国家损失72.25万元。积极服务县域经济，注重保护特色产业园项目建设和发展，快审快结涉花椒种植产业纠纷案件，在两河口法庭等地开展调解，在维护163名农民工等群体利益的同时，对阻工民工进行深刻批评教育，确保产业园项目健康发展。以“法律进乡村”为依托，将办公地点搬到村组院落、田间地头，以案说法，弘扬尊老爱幼、和睦亲邻的优良传统，倡导公序良俗、诚实信用，弘扬社会正能量。

【行政审判】 强化重点领域行政案件审理，支持、监督行政机关依法履职，审结行政案件6件。促进行政机关负责人出庭应诉、出声，及时向相关部门发出司法建议，促进行政部门严格依法依规行权，促进行政争议从源头实质性解决。邀请行政机关工作人员旁听庭审，发挥以案施教的法治宣传作用，提升行政机关工作人员依法行使职权的意识及水平。

【执行工作】 合力破解执行难格局，助推社会诚信建设。兑现胜诉当事人的合法权益，打通实现公平正义"最后一公里"。2022年，县法院不断强化执行措施，加大执行力度，努力将当事人的"纸上权利"变成"真金白银"。共受理各类执行案件394件，执结389件，执结率为98.73%，执结标的总金额达3686.18万元。开展专项行动，攻克"骨头"难案。先后开展"金鹰行动""执行利剑""涉职务案件专项执行""涉黑恶行动""涉党政行动"等专项执行活动，掀起执行风暴，集中力量攻克难案。强化执行手段，扩大执行成果。限制出境、高消费67人次，纳入全国法院失信被执行人名单12人次，查封车辆23辆、房产15套，在官方抖音开通"失信被执行人曝光台"专栏，公开发布5期曝光视频，浏览量达到63.9万人次，司法拘留7人，其中，3名被执行人迫于失信压力主动履行义务，发起司法拍卖12次，总成交金额达360.19万元，有力破解财产处置难的局面。拒执依法入刑，强化惩戒机制。2022年4月，在县委政法委的协调领导下，喜德县2022年度执行工作联席会议在县法院召开，全县10余家联席成员单位参会，促进坚持问题导向，同心协力破解切实解决执行难的难点堵点痛点，强化执行联动责任，进一步加强查人找物协作联动，增强打击拒执罪合力。全县第一起拒执罪在2022年12月宣判，依法判处被告陈某某有期徒刑8个月，缓刑一年。全年判决2案2人，有力打击震慑拒不执行判决的犯罪行为。

【立案信访】 全面完成繁简分流改革。大力推进繁简分流、轻重分离、快慢分道，成立繁案团队、简案团队，优化适用小额诉讼程序结案121件，普通程序独任审23件，简易程序结案646件，简易适用率80.34%。广泛适用网上立案、电子送达等在线诉讼方式，累计网上立案81件，电子送达1600余次，进一步优化司法资源配置，缩短办案周期，全面提升司法质量、效率和公信力。时刻以人民群众为中心，让群众司法体验更加满意。建立多元解纷体系，纵深推进"一站式"多元纠纷解决机制建设，打造多层次诉讼服务平台，将诉前调解、登记立案、案件查询、预约法官、评估鉴定等职能集约在诉讼服务中心，实现诉讼服务"一站通办、一网通办"。从接收诉状申请、审批立案、核算诉讼费用、编号登记到办理受理手续、预交诉讼费用实行"一站式、一条龙"服务，实现统一立案标准，统一核算费用，统一管理收费的管理模式，让当事人走进一个厅，事情全办清，切实便民、利民。设置多元解纷诉调对接中心，诉讼辅导室、法律援助律师值班室，挂牌建立"石榴籽调解室"，开设"彝族母语导诉窗口"让来访者真切感受到人性化关怀。

2022年7月6日，县法院召开执行案款集中兑付会　（县法院/供）

设立接访室，每周一固定“领导接访日”，由8名院领导班子成员轮流值班负责信访接待，做到来访必接、有问必答，有效化解涉诉信访1件。对18案21人发放司法救助金9.08万元。对符合条件的10名当事人缓、减、免诉讼费5.5万元，有效维护困难群众合法权益，保障社会公平正义，促进社会和谐稳定。

【审判监督】 始终坚持党的领导。深刻把握人民法院政治属性，坚持党的绝对领导，严格执行《中国共产党政法工作条例》，落实重大事项请示报告制度，县法院每年向县委及县委政法委请示汇报重点工作、重要事项、重要案件，自觉将审判工作融入县委重大决策部署，确保法院工作始终保持正确方向。严格执行《中国共产党党内监督条例》，全面接受审务督察、司法巡察以及县委第二巡察组配合省委第四巡视组联动巡察，实现党的监督具体化、制度化、长效化。依法接受人大监督。加强与人大代表的联络，制定《喜德县人民法院联系人大代表及政协委员工作方案》，将与代表联络工作制度化、常态化，定期向县人大及其常委会报告审判执行相关工作，及时整改存在的问题和不足，主动走访人大代表，邀请人大代表视察法院、观摩案件庭审、监督执行工作30余人次。认真贯彻执行《中华人民共和国人民陪审员法》，选任人民陪审员50名参与案件审理案件，全力推进人民陪审工作。自觉接受政协及各方监督。坚持广开言路、问计问策，主动向政协和社会各界通报工作。邀请政协委员和社会各界人士走进法院，旁听案件20余人次。以公开促廉洁、保公正、树公信。自觉接受法律监督，维护司法公正。积极利用司法公开，促进司法公正，直播庭审460余场，裁判文书上网做到应上尽上，让司法在阳光下运行。

【法警工作】 全年常规开展司法警察综合训练，始终把全面从严治党要求贯穿司法警察队伍建设中，牢牢坚持司法为民、公正司法，全面提升警务保障水平和实战能力，忠实履行职责，出色完成各项司法警务保障任务，有效维护法律尊严和司法权威，为保障审判执行工作顺利作出突出贡献。

【综合治理】 发挥“法制副校长”机制作用，保护未成年人合法权益。推选优秀法官干警担任全县各学校的法治副校长，每年坚持开展“法治进校园”活动，为师生开展形式多样的普法活动。2022年6月28日，为加强普法宣传教育和控辍保学工作，刑事审判庭3位法治副校长将法庭搬进向荣中学公开开庭审理首例拐骗儿童罪一案，来自全县3000余名师生旁听庭审，以真实案例生动现场普法，让厌学孩子“零距离”感受司法公正，摒弃

2022年6月28日，县法院到喜德县向荣中学开展“以案说法、以案示警”为主题的庭审进校园活动　（县法院/供）

辍学念头，切实为未成年人健康成长撑起一片蓝天，司法服务全县控辍保学工作。按照“谁执法谁普法”要求，夯实普法责任。强化微信、微博、官网、抖音等宣传阵地建设，全面加强司法宣传，讲好法院故事，弘扬社会主义核心价值观。积极开展“法律七进”，送法下乡、进企业、入学校等30余次。在州级以上各类媒体刊发宣传稿件100余篇次，同凉山电视台《今晚800》栏目合作录制《法庭内外》节目6期，制作发布抖音短视频258期（粉丝1.7万人），总浏览量达619.6万人次。其中，干警自主创新拍摄“为群众办实事”系列25期、“以案示警”7期、彝语“尔比普法”3期。成立覆盖全县各村的“喜德法院法治宣传微信群”，将有关法律知识的视频、图文层层推送至村民手中开展学习，通过官方抖音、微信群等多种方式为群众普法，深受广大群众喜爱，为乡村振兴营造良好法治环境。

2022年10月14日，县法院携手爱心人士为沙洛村特殊困难家庭儿童送去爱心资助金 （县法院／供）

【司法为民】 持续发力，优化营商法治环境。积极践行“法治是最好的营商环境”理念，立足审判职能，及时审理涉企纠纷225件，服务社会经济发展。开展“企业走访”活动，先后送法进农商银行、永盛投资实业有限公司等企业，选派优秀法官提供法律咨询，切实回应企业诉求，解决企业法律难题，助力全县营商环境健康发展。为助力疫情后企业顺利复工复产，及时开通涉企案件绿色通道，强化涉企纠纷诉前调解，促进做好“六稳”工作，落实“六保”任务。闻令而动，全力保障疫情防控。新冠疫情发生后，县法院坚决响应县委号召，第一时间部署法院疫情防控工作，组织98人次干警投身彝欣社区、沙洛、拉克等地防疫一线协助开展核酸检测工作，服务群众2万余名，全力保障32个全民核酸检测采样台顺利完成工作，1个进出卡口防疫值守。先后抽调4名干警组成“党员先锋小队”加入县“疫情防控党员志愿者机动组”，有紧急任务时接受县委统一调度及时支援各防控卡口，无紧急任务时开展日常志愿服务。全院干警众志成城、齐心协力守护人民群众生命健康安全，全心服务大局，成为政法战线中强有力的一支战疫队伍。疫情期间妥善做好审判执行工作指引，开通网上立案、网上庭审、网上调解等多平台，最大程度保障疫情期间诉讼活动的顺利进行。服务乡村，倾情服务打赢巩固拓展脱贫攻坚成果战。为进一步巩固脱贫攻坚胜利成果，全面服务乡村振兴建设，派出驻村“第一书记”1人，驻村工作队2个4人，对口帮扶光明镇沙洛村、拉克村，派出干警47人，结对帮扶两村边缘易致贫户、脱贫不稳定户、脱贫户233户，在新征程上担新使命，全力帮扶振兴乡村发展建设。协助帮扶村扎实抓好防汛防地灾、疫情防控、移风易俗、人居环境整治等各项工作，根据工作需求捐赠雨衣雨鞋、瞭望台、望远镜等价值3万余元的物资及慰问品。关心关爱留守儿童、困难家庭儿童、孤儿等特殊群体，为沙洛村小学33名儿童，争取到爱心资助金3.3万元及字典、书包等价值3万元的学习用品一批，为拉克村2名辍学未成年人捐款4220元及衣服、生活用品一批，并送回学校继续完成学业，确保全县控辍保学工作有力有序。疫情期间组织51名干警捐款1.02万元，以购代捐，购买重点监测帮扶对象滞销牲畜及农产品，帮助沙洛及拉克村脱贫户稳收增收。全力参与森林草原防灭火，依法保护喜德生态环境。深入践行“两山”理念，不折不扣落实省委、州委和县委关于森林草原防灭火工作的决策部署和要求，全院干警不分年龄、性别，全员下沉到帮扶联系村群众的家中、田间地头、放牧的林间小路，向群众和儿童、老人讲解防火政策、“十户联保”奖惩措施、违规用火和失火、纵火的承担的法律责任。在重要时期、重点时段深入喜德县大型易地扶贫搬迁集中安置点，巡回审判审结一起放火案并开展警示教育，在凉山彝族自治州及喜德县打赢森林草原防灭火攻坚战关键时期，起到良好警示教育和震慑作用。协助帮扶村巡查防火通道、林边林中可燃物清理、储水桶储水、卡点值守等情况。经过全院干警的努力，县法院帮扶联系的沙洛村、拉克村的群众防火意识明显增强，主动互相监督遵守森林防灭火相关规定，各村的防灭火的物资进一步配齐，村级火情初期处置小组工作状态进一步提升，为全县打赢森林草原防灭火攻坚战奠定坚实的基础。深化提速智慧法院建设。顺应“互联网+”时代发展趋势，注重群众所需所求，善用网络新方法、新形式开展诉讼活动，利用“移动微法院”平台，实现网上立案、跨域立案等难题。优化诉服中心，引入智能导诉、风险评估、诉讼文书自助生成等智能化设备，便利群众立案咨询、查询，充分享受智能化司法服务。搭建互联网法庭，开启“云诉讼”时代，实现异地网络开庭，真正便捷群众诉讼，减轻诉累。全面升级科技法庭，实现庭审直播全覆盖，形成“互联网+阳光司法”布局。

【队伍建设】 政治建设呈现新气象。扎实开展巩固“两个坚持”专题学习成果，开展“两个确立”主题教育，“忠诚铸魂　铁纪担当”主题教育、党史学习教育和队伍作风整顿，始终把政治建设摆在首位，常态化开展政治教育，组织干警参加州、县政治轮训280人次以上，实现理论学习多层次、全覆盖。深化党建引领，抓实党支部书记党建述职测评，组织“喜迎二十大·奋进新时代”系列活动，做到党建与审判两手抓、同发力，不断提升干警思想政治水平，全院干警自觉增强“四个意识”、坚定“四个自信”、坚决做到“两个维护”，忠诚拥护“两个确立”，政治判断力、政治领悟力、政治执行力不断提升。履职能力实现新提升。强化司法履职能力建设，定期组织法院干警参加业务培训，干警司法理念不断更新，专业素养明显提升。打造合作交流平台，与省社科院法学研究所建立交流基地，大兴学术研究之风，培养法律人才，推动审判实践和法学理论深度融合提升。同金牛区人民法院签署司法协作框架协议，双方将聚焦法治化营商环境建设、服务乡村振兴等工程，紧紧围绕服务大局、“立审执”协作、人才培养等领域深入开展协作。

2022年7月13日，县法院到光明镇彝欣社区公开审理一起纵火案　（县法院/供）

强化司法协同联动、拓展司法合作空间、共建司法合作链，充分发挥司法对大局工作的服务保障作用，为双方的长远发展搭建更多的桥梁和渠道。从严治警步入新常态。始终保持“严”的主基调，切实履行全面从严治党管警主体责任，深刻领悟“两个确立”决定性意义，扎实开展“两个维护”主题教育，推进党风廉政建设，强化警示教育，严格执行防止干预司法“三个规定”，杜绝违法过问案件、干预案件情况发生。常态化开展正风肃纪，实行纪律作风定期通报制度，把经常性思想教育、刚性制度规定和严格管理监督结合起来，深入贯彻落实中央八项规定，干警纪律意识和作风不断增强，法院政治生态进一步优化、纪律作风进一步好转、司法公信力进一步提升。

（撰稿：陈昭敏 / 核稿：刘勇刚）

司法行政

【概况】 2022年，县司法局认真贯彻落实党的十九大及十九届历次全会、党的二十大精神，充分发挥法治固根本、稳预期、利长远的保障作用，牢固树立司法为民理念，自觉将司法行政工作融入县委、县政府工作大局中，努力为全县经济社会发展和人民美好生活需要提供优质高效的法治保障和法律服务，推动彝欣社区获得全国民主法治示范村（社区）。

【机构及人员】 县司法局内设7个股室，下辖13个司法所，管理公证处、法律援助中心2个二级事业单位。7个内设股室分别为办公室、政工股、法宣股、社区矫正股、法治股、公共法律服务管理股、行政应诉与复议股。全局共有政法专项编制35个。其中，局机关12个、司法所23个，截至2022年年底，局机关在编11人，空编1个，司法所在编23人。共有行政工勤编制1个，实有4名工勤人员，超编3人。共有事业编制8个，公证处3个，法律援助中心5个，公证处在编1人，空编2人；法律援助中心在编2人，空编3人。

【主要职责】 定位于为县委、县政府做好法治参谋助手，统筹推进全面依法治县，负责政府重大行政决策合法性审查，监督行政执法，负责全县行政复议和行政应诉，组织普法宣传工作，指导人民调解工作，负责全县社区矫正和安置帮教工作，拟订全县公共法律服务体系建设，完成上级部门和县委、县政府交办的其他工作。

【依法治县】 印发《2022年喜德县普法依法治理工作要点》和《喜德县2022年“一月一主题”法治四川行活动实施方案》，将全面依法治县工作纳入《中共喜德县委常委会2022年工作要点》，组织开展党委理论学习中心组学法9次，政府常务会前学法15次，组织全县干部职工参加网上学法考试1次。重新选拔“法律明白人”310名，实现每个村（社区）至少有3名“法律明白人”。推荐光明镇彝欣社区成功创建全国民主法治示范村（社区）。成

2022年5月26日，县司法局在冕山镇开展“美好生活　民法典相伴”主题宣传活动

（县司法局 / 供）

立喜德县司法局志愿服务大队，将法治宣传和法律援助纳入2022年新时代文明实践志愿服务项目，围绕扫黑除恶、森林草原防灭火、禁毒防艾、国家安全、民法典宣传、打击整治养老保险诈骗、宪法宣传等共开展宣传14次，发放宣传资料8000余份，增强群众学法、守法、用法意识。按照省、州、县要求，完成行政复议体制改革，增设行政复议与应诉股，挂牌喜德县人民政府行政复议办公室，增加行政复议事业编制2名，全年共受理行政复议案件6件，办结4件，应诉一审行政诉讼案件3件，行政负责人出庭应诉率100%。加大合法性审查力度，坚持重大行政决策法制审核的原则，共审核各类涉法文件68件，提出建议184条。组建13支乡镇综合行政执法队，组织全县388名行政执法人员参加“大学习、大练兵”知识考试。开通行政执法监督专线1条，开展3次执法监督活动。

2022年12月5日，县司法局公证处对喜德县中小水电站增殖放流活动作现场公证 （县司法局/供）

【社区矫正】 全力推进平安喜德建设，建立亲情帮教远程探视室7个，受理服刑人员家属远程探视47件86人次，实现服刑人员与家人“家门口”见面，为群众节约大量时间、金钱成本。开展调查评估共29次，加强社区服刑人员监管和帮扶，一年来社区服刑人员再犯罪率为“零”。

【法律援助】 整合法治资源，建成覆盖县、乡、村的公共法律服务机构，派出34人兼任村法律顾问，满足群众多元的公共法律服务需求。按照应援尽援、应援优援原则，共办理法律援助案件26件，共解答咨询150件、代书40件、提供认罪认罚见证等法律帮助50件，为群众挽回50余万元经济损失，切实维护群众合法权益，增强群众法治幸福感和获得感。

2022年8月3日，县司法局法律援助中心核对追索劳动报酬农民工身份信息并给予法律援助 （县司法局/供）

【安置帮教】 2022年累计接收刑满释放人员160人，刑满释放人员信息核查、录入率100%，安置帮教160人。

【人民调解】 发扬“枫桥经验”，加强矛盾纠纷化解，尽力做到矛盾纠纷不出乡镇，成立乡镇级人民调解委员会13个，村级人民调解委员会102个，共指导参与调解矛盾纠纷102件，调解成功率达98%以上，开展矛盾纠纷排查1086次，有力维护了社会安全稳定。

【公证工作】 严格公证管理，全年共受理公证87件，出证率100%，错证率为“零”，接待群众来访760余人次，为困难群众提供上门公证服务4次，为困难群众减免公证费用0.3万元，共办理公证法律援助案件15件。

【帮扶工作】 加强森林草原防火相关法律法规宣传，共悬挂相关标语7幅，加强“十户联保”、相关奖励制度宣传，发放宣传资料共计2000余份，组织干部下沉到宣传员、卡点值守员、巡山员等岗位中，累计下沉300余人次，出资5万余元为所联系的村购买防灭火设备，所联系的尼波村、甘洛村没有发生任何火情和火险。派出4名干部全脱产驻村开展巩固拓展脱贫攻坚成果与乡村振兴有效衔接工作，干部职工结对帮扶联系尼波村、甘洛村脱贫户和监测户，为困难党员和群众发放物资2.6万余元。

（撰稿：罗祥 / 核稿：陈宏）

军事

人民武装

【概况】 2022年，喜德县人民武装部（以下简称县人武部）始终高举新时代中国特色社会主义伟大旗帜，以习近平新时代中国特色社会主义思想和习近平强军思想为指导，按照西部战区、军委国防动员部和省军区、军分区党委扩大会议精神，坚持看齐追随听指挥、聚焦备战强能力、正风肃纪守规矩、从严治军促稳定，奋力推动全县新时代国防动员和后备力量建设再上新台阶，全县军事斗争国防动员能力稳步提升。

【思想政治建设】 2022年，县人武部坚持把政治建军作为首要任务，确保部队始终做到“三个绝对”。狠抓理论武装。严格落实党委中心组带机关理论学习制度，认真组织机关干部、文职人员、职工深入学习习近平新时代中国特色社会主义思想、习近平强军思想，及时跟进学习党的二十大精神、“两会”精神和习近平主席重要讲话，干部、文职人员、职工爱党信党跟党走的信念更加坚定。狠抓军委主席负责制的贯彻，坚持把贯彻军委主席负责制作为坚决维护权威、维护核心的最高政治要求来落实，扎实抓好军委主席负责制的学习宣传教育和制度落实，确保习近平主席的各项决策指示和要求在县人武部得到坚决彻底的落实。狠抓党委班子建设，认真贯彻中央军委党的建设会议精神，坚决落实党委工作条例，严格规范党委议事决策程序，部党委的凝聚力战斗力进一步增强。狠抓全民国防教育落实，坚持把国防教育作为提高全民素质、增强民族凝聚力的重要手段，结合民兵军事训练、征兵、国家公祭日等时机，抓好民兵和应征青年及各族群众的国防教育，全县各级干部群众和民兵的国防观念和国防意识得到进一步提升。

【军事斗争准备】 2022年，县人武部坚决贯彻落实习近平主席关于刻不容缓做好打仗准备和应对复杂局面的重要指示精神，狠抓练兵备战工作落实。狠抓战备制度落实，根据担负的任务和喜德县实际，研究细化森林草原火灾、洪涝、山体滑坡、群体性事件等突发情况应对处置措施，及时修订“3+1”应急预案，筹划构建“1+N”方案体系，充实战备物资，科学配置值班民兵分队，抓好重大节假日和重要敏感时节战备值班和情报信息搜集，确保部队始终保持良好战备状态。从严从实按纲施训，坚持党委统抓统揽，严格落实党委议战议训制度，定期分析训练形势，研究训练计划，促进训练落实，确保心思精力向战斗力聚焦。认真贯彻执行《国防动员单位军事训练大纲》，狠抓首长机关军事理论、

2022年12月24日，喜德县召开2022年度县委议军会暨国防动员委员会全体会议　（县人武部／供）

课题研究、基本技能、应急应战业务、军事体育等内容的学习、训练及考核，部机关应急应战组织指挥能力不断提升。强化遂行任务能力，8月底，对喜德中学、喜德民族中学和喜德瓦尔中学共计2000余名学生开展为期一周的军训。

【安全稳定工作】 2022年，县人武部以确保“三个不发生”为目标，准确把握面临的复杂形势和严峻考验，把全面从严治军贯穿部队建设全过程，狠抓安全稳定工作落实。狠抓安全教育，坚持把安全教育纳入年度思想政治教育内容，认真组织学习新颁布的《军队安全管理条例》《军队保密条例》《军队预防犯罪工作条例》和《共同条令》等内容，及时传达各级安全管理工作指示精神和各类事故案件问题通报。元旦、春节、“五一”、“十一”等节日均组织进行节日安全教育、战备教育和节前安全检查，不断强化安全意识。狠抓制度落实，严格落实党委议管和安全形势分析制度，定期分析安全稳定工作形势，研究安全管理工作。训演练、实弹作业和执行抢险救灾等重大任务时机，及时进行安全风险评估，防范和管控安全风险。扎实开展“条令条例学习月”“安全大检查”“保密工作集中整治”“管理领域负面问题清理整治”“三零”“百日安全”等各项安全活动，部机关“四个秩序”进一步正规。狠抓问题整治，坚决贯彻省军区和军分区“三议”会议精神，始终坚持问题导向，抓好各类安全隐患排查整治工作。对单位通信网络线路进行全面改造，添置碎纸机、复印机、移动硬盘等设备，各类风险隐患得到有效消除。

【参建参治】 2022年，县人武部坚持以习近平新时代中国特色社会主义思想为指导，深入贯彻党的二十大精神和两会精神，全面贯彻落实军地各级有关部署要求，聚集实施乡村振兴重点任务，立足新发展阶段，贯彻新发展理念，融入新发展格局，以满足人民群众日益增长的美好生活需要为根本目的，结合中共凉山彝族自治州委、凉山彝族自治州人民政府印发的《乡村振兴战略规划（2018—2022年）》和中共喜德县委、喜德县人民政府印发《喜德县两项改革“后半篇”文章“1+27+1”工作方案》，会同米市镇党委政府、则觉村两委，共同推动巩固拓展脱贫攻坚成果同乡村振兴有效衔接政策举措、工作体系逐步向乡村振兴平稳过渡，坚决守住脱贫攻坚胜利成果，确保实现同乡村振兴有效衔接。2022年，部派出驻村队员1人、帮扶责任人15人，全年累计投入资金12.2万元，帮扶村护林防火卡点站建设；为贫困大学生发放生活补助；为脱贫户购买慰问品。在完成自身帮扶任务的同时，主动联系四川省军区帮扶点两河口镇火觉莫村帮扶任务，出色完成年度帮扶工作。

【后装保障】 2022年，县人武部着力在科学化建设、法治化管理、精细化使用上下功夫，不断提升后勤综合保障能力。抓好疫情防控，新冠肺炎疫情发生以来，人武部党委站在政治和全局高度积极参与打赢疫情防控阻击战，及时成立疫情防控工作领导小组，购置防疫物资，落实营区封闭式管理、每日3次消毒、食堂分餐、佩戴口罩、体温检测等措

2022年9月29日，县人武部到帮扶村开展移风易俗宣传 （鲁银富/摄）

施。搞好整肃治理。扎实开展聚力打好后勤重点行业领域整肃治理攻坚仗活动，重点对5个方面16个问题进行整肃治理，进一步规范后勤重点行业领域。对军队资产、账户资金、公寓住房、车辆装备等方面进行清理清查，核准核实单位固定资产和公寓住房相关情况，完成历年家底经费清理上缴工作。管好兵器室，按照上级要求，落实一键报警系统安装。

（撰稿：鲁银富／核稿：曹振）

消防救援

【概况】 2022年，喜德县消防救援大队坚持以习近平新时代中国特色社会主义思想为指导，围绕改革转隶、双稳定为主要目标，重点抓好喜德县城市消费规划、消防监督、消防法制建设、消防队伍管理教育、灭火救援和应急处置等工作，较好地完成年度各项急难险重任务。2022年，喜德县消防大队完成重点单位调整，确定51家重点单位。

【机构及人员】 喜德县消防救援大队（以下简称县消防救援大队）于2000年正式成立，隶属于凉山彝族自治州消防支队领导，具有监督、指导、管理的职能，下设1个政府专职消防队、1个专职消防救援站。大队位于光明镇光明大道140号，大队领导3名，其中，教导员1名、参谋2名，消防文员4名，下设政府专职合同制专职队员28名。

【消防宣传教育】 2022年，县消防救援大队以宣传和执法监督为中心工作，开展消防宣传教育培训，切实做好消防宣传工作，增强广大人民群众的消防安全意识，全县以日常消防安全宣传和“119”消防宣传月为契机，加大社会宣传力度。开展形式多样的消防安全知识宣传教育，通过走家入户、发放宣传资料、现场讲解等方式，有效提升辖区民众的消防安全意识和消防知识水平。全面开展各行各业、部门消防知识培训，组织党政干部、派出所民警、学校、企业、乡镇、社区的相关人员培训1500人次，全年，举办消防站开放日和消防演练90余次，确保消防宣传“七进”工作进一步得到落实。积极与新闻媒体良性互动，“喜德消防”微信公众号每日定时推送消防安全知识，喜德县电视台不定期播出消防公益宣传片、警示教育片，采播消防新闻达30余条。逢重大节庆期间，定时向全县手机用户发送消防公益宣传短信，消防安全“三提示”已经覆盖网吧、KTV电脑系统，让广大消费者在休闲娱乐中轻松学到消防安全知识。县城户外电子屏幕不间断滚动播放消防公益广告（标语），让人们在潜移默化中受到教育，自觉关注消防，消除身边火灾隐患。2022年，消防宣传重点延伸到学校、企业、小区、农村，注重彝汉“双语”消防宣传。全年累计开展消防宣传102次，发放消防宣传资料25000余份，积极推动消防站建设7次，播放消防公益广告时长约137小时，受益群众达6.3万人。

【消防执法监督】 2022年，县消防救援大队全面贯彻落实上级消防监督工作部署，创新执法工作机制，深入推进执法规范化建设，全面规范执法行为，努力提高消防执法质量和执法水平，不断加大执法工作力度，依法打击消防违法行为，消防综合执法能力明显增强。完成今冬明春消防隐患排查、夏季消防安全大排查、易燃易爆及危化品专项整治、公众聚集场所专项整治等专项工作和彝族年、火把节等重要安保任务。深化消防安全“户籍化”管理工作，强化消防安全网格化管理，加强消防监督管理职责，积极排查辖区火灾隐患，加强对危险品和易燃易爆场所、医院、学校、幼儿园、养老院、KTV、网吧等场所的检查。根据实际情况，分类制订火灾隐患整治计划，对问题突出、隐患较多的单位场所进行集中督办，做到严格依法督促整改。县政府多次组织开展消防安全联合检查，县政府副县长、公安局局长周若鹏亲自参与消防安全隐患整治工作，调动一切力量合力查隐患、除“顽疾”。2022年，共检查单位2046家，发现火灾隐患2031处，督促整改火灾隐患2031处，下发责令改正通知书2031份，下发行政处罚通知书51份，罚款9.68万元，下发临时查封决定书12份，责令“三停”单位13家，挂牌督办重大火灾隐患1家，有效遏制重大特大火灾事故的发生。

【执勤备战】2022年，县消防救援大队严格落实部队管理制度，实行24小时值班备勤，加强执勤车辆器材装备的维护保养力度，认真开展重点单位、商场市场、宾馆饭店、易燃易爆及娱乐场所的“六熟悉”和实战演练工作，结合实际修订和完善灭火应急救援预案，对重点地区、重点场所落实驻守巡防等措施，确保一旦发现火灾等灾害事故，能够快速反应、及时处置，切实提高部队出战制胜能力，第一时间抢救人员生命、控制和处置火灾，最大限度地减少灾害损失。大队共开展“六熟悉”88次，开展实战演练67次；接警出动77次，其中，火灾12起、社会救助23次、抢险救援12起、其他30起；出动消防车68辆次，消防人员316人次，抢救被困人员11人、疏散人员132人，抢救财产价值43万元。2022年，按照城市消防规划和公共消防设施评估、发展意见，对辖区县城街道消火栓进行改造，新增市政消防栓5具，修复损坏消防栓4具，市政消防栓完好率达到96%，完成年初签订的目标任务。

（撰稿：白玛 / 核稿：孙合建）

2022年3月12日，县消防救援大队在光明镇彝欣社区开展消防安全知识宣传（县消防救援大队/供）

退役军人事务

【概况】2022年，深入贯彻落实中央、省、州退役军人事务工作有关要求，落实退役军人思想政治、管理保障和安置优抚等政策法规，褒扬彰显退役军人为党、国家和人民牺牲奉献的精神风范和价值导向，有效推动全县退役军人方针政策和决策部署全面落实，管理和服务好退役军人、军烈属，喜德县退役军人事务局在县委、县政府的坚强领导下，在州局的指导帮助下，全县退役军人服务管理精准、规范、有效，各项工作得到有力有序推进。在州级退役军人事务工作评比中，喜德县被中共凉山彝族自治州委退役军人事务领导小组办公室评为“2021年度综合工作先进单位”。

【机构及人员】喜德县退役军人事务局（以下简称县退役军人事务局）为正科级政府组成部门，行政编制4名，内设股室3个，即办公室、安置就业股、拥军优抚股含褒扬纪念股，在岗7人。其中，局长1人、副局长2人、县民政局职能划转2人、县人社局职能划转1人，退二线1人；局所属事业单位1个，即“喜德县退役军人服务中心”，为县退役军人事务局下设的公益一类事业单位，核定全额拨款事业编制6名，到位6名，其中主任1名，按事业副科级配备，通过公开招考到岗人员2名，商调3名。

【退役军人思想政治】2022年，县

退役军人事务局严格贯彻落实省、州退役军人事务厅有关文件精神，制定“两活动一制度”的相关实施方案。对全县2038名各类服务对象进行信息采集，对全县430名各类重点优抚对象开展“大走访”，并及时做好相关宣传，要求各级退役军人工作者切实提高政治站位，抓好服务站建设、教育管理、常态化联系走访和业务能力提升，有效推动喜德县退役军人服务工作落到实处，有力保障退役军人群体权益。

【培育培训】 2022年，县退役军人事务局对全县退役军人实行分类管理，创新教育培训助力退役军人精准就业。积极探索“精心策划一个全员适应性培训班、系统推进一个学历技能提升计划、探索搭建一个线上线下就业平台、建设一个退役军人就业友好环境”的“四个一”措施，助力退役军人精准就业。组织对2011—2022年期间的退役士兵、士官、自主择业干部、复员干部就业创业进行全面调查摸底，并对有就业意向者进行分类建档，申请落实4.3万元的自主就业退役士兵培训经费，依托州培训平台举办线上退役军人专场招聘会1场、现场招聘会1场，达成意向4人。

【管理保障】 2022年，县退役军人事务局坚持把做好退役军人服务保障体系建设作为退役军人事务最重要的基础，着力健全县、乡、村三级服务网络。在县委、县政府的全力支持下，成立县退役军人服务中心，全县共设立乡镇退役军人服务站13个，村级服务站3个，社区服务站5个，全部挂牌并落实专兼职人员。积极发挥退役军人参与社会治理中的作用，在村级党支部建设中，村两委任职的36名退役军人在一线主动作为，脱贫攻坚工作中模范带头，在全县的村级建设上发挥引领作用。

【安置工作】 2022年，县退役军人事务局严格落实军转干部和退役士兵阳光安置政策，在全州范围内首创安排退役士官到局具体岗位锻炼培训和考核制度，对符合安置条件的退役士官进行“阳光安置”，顺利接收自主就业退役士兵安置和档案移交管理工作，档案管理规范清晰，满意率达到100%。

【伤病残退役军人服务管理和优抚抚恤工作】 2022年初，组织人员对全县优抚系统进行再核实清理，全面掌握各类优抚对象数据，并通过完善制度和优抚标准自然增长机制、办理相关流程、“一卡通”核发等制度，保障相关补贴及时发放到位。全年，共为重点优抚对象发放抚恤定补款380.15万元，为退役士兵发放一次性地方经济补助43万元，足额发放现役军人家属优待金367.9万元（含大学生增发部分），优待面达100%；按政策为应征入伍大学生发放奖励金17.7万元，为69名立功受奖军人（12名立功军人、57名“四有”优秀士兵）发放奖励金5.71万元；发放9名退役士兵技能培训补助1.9万元、2名转业士官待安置期间生活补助1.182万元，为100名优抚对象发放“三难”补助资金23.42万元，完成45名伤残人员的换证工作，在各类优抚资金上做到政策到位、资金到位和“零差错”发放到位。

【社保接续工作】 2022年，县退役军人事务局成立工作专班，发布工作通告，组织人员参加培训，制定实施方案，设立绿色通道，符合政策纳入社保补缴对象3名，缴费成功3名，全县如期完成部分退役士兵社保接续工作任务。

【双拥工作】 2022年，结合春节、“八一”等节日，县双拥慰问团积极深入驻县部队驻地及优抚对象家中进行走访慰问。全年走访慰问2个军事单位、一个救援大队，发放慰问金和慰问物资合计24万余元；慰问优抚对象480余人次，发放慰问金和慰问品合计8.6万余元；慰问边防执勤战士4人，发放慰问金和慰问品合计0.8万元。全年，召开军政座谈会1次、双拥座谈会1次，及时沟通了解，增进军政军民感情。

【光荣牌发放】 全面落实退役军人、军烈属的光荣牌发放悬挂工作，完成26户家庭悬挂光荣牌，并及时组织各乡镇、社区准备好迎接退役士兵光荣返乡的横幅标语、海报和鲜花等，充分利用板报、公告栏等载体广泛宣传，在乡镇、社区、街道文化活动点等地方张贴海报、图片和悬挂横幅，做好“光荣返乡”系列主题宣传，通过营造浓厚的氛围、强烈的仪式感增强退役士兵的获得感和荣誉感。

【纪念走访活动】 2022年，在第9个国家烈士纪念日，喜德县在烈士陵园举行烈士纪念公祭活动，县四大班子领导，县人武部主官，县公安局、县城关小学学生代表共计49人参加公祭活动，深切缅怀革命先烈的丰功伟绩和崇高精神，弘扬红色革命精神。积极按照新冠肺炎疫情防控要求，做好全县退役军人及烈士家属的网上祭扫工作。持续巩固矛盾问题攻坚化解成果，健全风险研判和防控机制。在县退役军人服务中心成立一支2人以上的有关退役军人政策法规的专家队伍，专门做好来信来访、权益咨询、法律援助等工作，取得良好效果。全年，开展走访和下访活动12批次以上，接访退役军人和优抚对象130余人次，覆盖全县所有重点优抚对象。在接待来访人员时，及时落实来访登记备案工作，及时做好政策法规宣传和解释，满意率100%。按照省、州要求，加大对全县退役军人困难帮扶力度，搭建关心关爱平台，制定《喜德县困难退役军人关爱帮扶专项基金使用管理办法》，县级落实退役军人关爱基金50万元，州级配套25万元，合计75万元。按基金管理办法，分两批对全县26名困难退役军人发放生活、医疗补助7万元，为13名退役军人发放就业创业资金21.3万元，切实解决困难退役军人实际困难。

（撰稿：张竞／核稿：的日你布）

农业农村

乡村振兴

【概况】 2022年，县乡村振兴局坚持以党的二十大精神为指导，深入贯彻落实中央、省、州、县关于巩固拓展脱贫攻坚成果同乡村振兴有效衔接相关决策部署，坚持稳中求进工作总基调，聚焦“守底线、抓发展、促振兴”总目标，严格按照“四个不摘”要求，不断提升贯彻落实支持乡村振兴重点帮扶县各项政策的能力和水平，有序推动乡村振兴战略实施，确保全县巩固衔接工作走上新台阶。

【主要职责】 喜德县乡村振兴局于2021年6月重组挂牌，负责指导乡（镇）、村开展防止返贫监测和帮扶工作，贯彻落实中央、省、州出台乡村振兴重点帮扶县和重点帮扶村支持政策，协调、配合完成东西部协作、社会帮扶任务，研究提出各级财政衔接推进乡村振兴资金分配建议方案并指导、监督资金使用，推动农村社会事业和公共服务发展等职责。

【返贫动态监测】 根据省、州政策变化及时调整完善《喜德县健全防止返贫动态监测和帮扶机制实施方案（2022年）》。压实部门风险线索推送、监测信息比对、监测措施制定和帮扶责任落实，严格按照“一月一摸排、两月一督查、一季一跟踪”工作要求，指导乡（镇）开展日常摸排和集中排查，识别监测对象153户632人，确定风险消除61户265人。建立《喜德县防止返贫和帮扶“三色”管理机制》，对脱贫人口和存在返贫致贫风险的人口按照等级实行“红、黄、绿”三色风险管理，按照“三级书记抓落实”“户户有人包”原则落实全覆盖结对帮扶。

【解决饮水困难】 按照属地管理原则，同步安排自发搬迁迁入户防止返贫动态监测和帮扶工作，全面规划自发搬迁集中点基础设施建设，投入资金721万元在鲁基乡中坝村、大埂村实施2个供水安全保障项目，解决230户自发搬迁农民饮水困难问题。

【易地搬迁后续扶持挂牌督办】 对标《四川省易地扶贫搬迁集中安置点后续扶持示范建设标准（试行）》完成11个200人以上易地搬迁集中安置点全覆盖排查。以就业、产业为主要手段有序推进对标补短，全年实现安置点脱贫群众外出务工5856人，开发公益性岗位1214个，实施产业发展项目21个。

【增收“百日行动”】 以“提总量、保增速、守底线”为主要内容开展促脱贫人口增收“百日行动”，筹集资金5925.65万元，实施农业产业到户奖补，用好铁骑力士生猪代养场分红资金374.6万元、光伏扶贫项目收益资金134.75万元，累计带动1.9万人增收；开发公益性岗位3653个促进脱贫人口就近就业，依托东西协作、对口帮扶资源转移农村富余劳动力务工增收；2022年，全县脱贫人口人均纯收入达11578元，增长率14.8%，实现“两个高于”目标。

【项目建设】 编制印发《喜德县巩固拓展脱贫攻坚同乡村振兴有效衔接实施方案（2022—2025年）》和《喜德县“十四五”巩固拓展脱贫攻坚成果同乡村振兴有效衔接规划》，规划2022—2025年实施项目1111个。有序推进2022年项目建设，安排衔接推进乡村振兴资金48894万元，实施项目123个。

【定点观测调研】 深刻认识国家关于乡村振兴典型项目调研的重要意义，作为全省唯一定点观测县，新增光明镇干拖村、且拖乡且拖村、两河口镇瓦尔西总村、尼波镇尔曲村、冕山镇伍合村为定点观测村，全力配合中国人民大学开展典型项目调研，为国家制定帮扶政策提供实际支撑。

【完成考核评估】 全力以赴推动各项目标任务圆满完成。2022年10月，易地搬迁后续扶持挂牌督

2022年10月6日，喜德县县长岭明（右一）率相关部门负责人到尼波镇调研乡村振兴产业发展项目 （县乡村振兴局／供）

元，实施项目5个；农产品消费帮扶338.59万元。四川省军区、四川省社会科学院、四川省应急管理厅等7家省直部门、企事业单位、院校、金融机构直接投入帮扶资金716.73万元，实施项目65个；引进帮扶资金13929.05万元，实施项目15个；开展培训1460人次；消费帮扶采购农产品226.6052万元，帮助销售农产品248.7万元。什邡市直接投入帮扶资金713万元，实施项目18个；引进帮扶资金9000万元，实施项目3个；开展培训944人次；

办整改通过省、州摘牌初验；11月，通过四川省第三方实地考核评估；12月，完成国家财政绩效评价考核。

【东西部协作】 2022年7月、11月，喜德县党政领导代表团和海曙区党政代表团专题对接3次，高规格完成互访任务。2022年东西部协作支持喜德县协作资金投入6000万元，安排项目17个；引入落地投产企业投入资金10323万元实施项目6个。“点对点”输出浙江海曙区务工451人、省内就近就业626人，累计举办劳务协作培训班128期，培训农村劳动力545人。援建帮扶车间5个，吸纳农村劳动力就业267人。采购、帮助销售喜德县农特产品1213.54万元。宁波市海曙区累计选派25名党政干部和技术人才到喜德挂职帮扶，喜德县3名党政干部和13名专业技术人员在宁波市海曙区挂职和顶岗锻炼。

【社会帮扶】 积极协调、配合中央、省、州级领导和部门定点联系帮扶喜德县工作，加强汇报衔接，积极争取项目资金支持，做好调查研究、规划编制、项目实施，确保各类帮扶取得实效。国家档案局和中央广播电视总台直接投入帮扶资金2791.68万元，实施项目19个；引进帮扶资金1276.94万

消费帮扶采购39万元，帮助销售农产品2300万元；选派党政干部和医疗、教育方面专业技术人才共61人，在乡（镇）、机关、学校和相关医疗机构开展“传帮带”工作。

【产业发展】 全年累计投入各级衔接资金48894万元，其中，中央资金41621万元、省级资金2933万元、州级资金1234万元、县级配套3106万元，共安排项目123个。衔接资金中安排用于产业发展资金27490.01万元，占衔接资金总额的56.22%。

（撰稿：刘春燕、童正刚／核稿：王燕平）

东西部协作工作

【概况】 2021年以来，在浙川两省党委政府的坚强领导和高度重视下，海曙区、喜德县认真落实中央、浙川两省关于东西部协作新部署新要求，聚焦巩固脱贫攻坚成果接续推进乡村振兴，携手共建，高位谋划，高位推进，阶段性工作成效显著。

【协作资金和项目安排情况】 2021年，东西部协作支持喜德县协作资金6000万元，安排项目22

2022年8月23日，喜德县召开2021年度东西部协作资金项目扫尾工作部署会 （县东西部协作办/供）

个。其中产业合作项目7个，资金3180万元；劳务协作项目3个，资金464.5万元；人才协作项目1个，资金80万元；消费协作项目1个，资金50万元；教育协作项目4个，资金237.5万元；医疗协作项目4个，资金1000万元；民生改善项目2个，资金988万元。22个项目全部完工，支付资金5849.79万元。2022年，东西部协作支持喜德县协作资金6000万元，重点聚焦产业发展、劳务协作、乡村振兴等，共安排17个项目，其中，产业合作项目7个涉及资金3210万元、劳务协作1个项目涉及资金620万元、人才协作项目1个涉及资金120万元、消费协作项目1个涉及资金100万元、改善民生项目4个涉及资金950万元、其他项目3个涉及资金1000万元。17个项目全部开工，支付资金5472.9万元，支出进度91.22%，完工15个，完工率88.23%。

【加强组织领导】 2022年，海曙—喜德双方高度重视，建立两地领导小组，高位推动东西部协作，立足“喜德所需、海曙所能”，构建全方位、多领域、深层次的东西部协作格局。2022年以来，两地专题对接6次，高规格完成互访任务，东部海曙区各级领导到喜德对接指导帮扶工作65人次，喜德县各级领导到海曙区对接调研97人次；县委常委会会议、县政府常务会议、东西部协作领导小组会议多次专题研究东西部协作工作，为产业协作、人才交流、项目实施、劳务协作和消费协作等工作奠定坚实基础。

【聚力劳务协作】 2022年以来，两地政府牵头，搭建多渠道的劳务合作平台，制定出台务工人员激励和用工企业补助政策，同时出台《东西部协作就业帮扶车间、以工代训实施方案》，制定奖补办法，落实奖补资金，鼓励企业扩大生产规模，积极吸纳农村劳动力实现就近就地就业，进一步加大稳岗力度。通过开展就近就业、定向劳务输出、举办劳务协作培训等，确保群众外出务工精准组织。截至2022年年底，喜德县“点对点”输出浙江海曙区务工757人，其中脱贫劳动力314人；省内就近就业1359人，其中脱贫劳动力875人；累计举办劳务协作培训班17期，培训农村劳动力1234人。

2022年7月12日，2022年海曙—喜德“东西部协作”劳务输出专场招聘会在喜德县彝欣社区举办 （县人社局/供）

【推进区域协作】鼓励引导各地企业到喜德注册落地、投资兴业，通过发展产业、吸纳就业、建立利益联结机制等带动农户增收。2021年以来，引导落地投产企业14个，投资金额13485.7万元，累计吸纳农村劳动力就业611人，其中脱贫劳动力就业266人；围绕主导产业，2022年喜德县东西部协作建设鲁基乡现代农业产业园、北山乡良田禽类养殖产业园区，吸纳农村劳动力就业231人，其中脱贫人劳动力90人；援建5个帮扶车间，吸纳农村劳动力就业381人，其中脱贫人劳动力140人；积极组织喜德县优质企业参加各类商品展销会，开展电商培训，拓宽线上线下销售渠道，加大喜德县产品宣传推广力度，助销优质农特产品。通过央视、抖音等网络平台直播带货、工会采购、组织企业参加省内外展销会等方式，采购、帮助销售喜德县熏腊制品、苦荞制品、生鲜肉类等农畜牧产品和特色工艺产品额达5583.1万元。同时，在海曙区设立2家喜德县特色农产品体验店，结合产品销售展示、文化互动、餐饮品尝模式，助力喜德腊肉、腊肠、跑山鸡、阉鸡、橄榄油、核桃仁、蜂蜜等80多款喜德特色农产品走出凉山。

【持续深化人才交流】2022年，两地建立干部人才定期互派机制，确定干部人才培训计划，在两地干部锻炼交流、教育培训、专业人才交流方面形成交流合作体系。2021年以来，举办乡村振兴干部培训9期，培训干部945人次，举办乡村振兴专业技术人才培训72期，培训专业技术人才1640人次；截至2022年年底，累计有38名党政干部和技术人才参加喜德挂职帮扶工作，其中，由中组部牵头的第一轮教育、卫生组团式帮扶人才于2022年全部到位，在挂职喜中校长、县人民医院院长带领下，共有16名专家人才正在喜德挂职帮扶，同时喜德县3名党政干部和10名专业技术人员在宁波市海曙区挂职和顶岗锻炼，为喜德县教育、卫生等社会事业发展注入新的活力。

【全力推动社会帮扶】借助东西部协作平台，海曙区动员组织党政机关、企事业单位、社会团体等爱心资源和力量，积极参与对喜德县的社会帮扶工作。2021年以来，喜德县累计收到捐款捐物合计1852.98万元，其中捐款1411.28万元。海曙开投集团捐赠喜德县325万元，用于购买13辆森林草原防灭火消防车、应急抢险救援车等；海曙“八方有爱”儿童爱心基金覆盖到喜德县，为患有大病儿童的困难家庭提供基金救助；海曙区新生代企业家捐赠10万元设立“山海情”创业基金，鼓励和支持大学生创新创业，缓解创业资金匮乏的问题；宁波太学眼科开展“睛彩·喜德行”白内障复明公益项目，捐赠100台人工晶体白内障手术，让喜德县白内障患者的眼疾得以治疗，重见光明；韦豪创芯公司支持喜中甬凉鸿志班138万元（三年），助力优秀的高一新生实现人生梦想。阿里巴巴公益继续扎根喜德，覆盖全县4万余人脱贫人口和动态监测户的防返贫保险已进入实质性理赔阶段，预计赔付120万元，涉及2100余人。同时，一批电子商务与直播人才培训、“百县百品”四川助农行动、“童伴妈妈”项目、电商陪跑项目、乡村卫生室提升等项目有序落地。

【加大东西部协作宣传报道】充分利用中央广播电视总台定点帮扶喜德优势，密集宣传海曙·喜德东西部协作创新工作及特色亮点，进一步提升喜德美誉度、吸引力，助力喜德乡村振兴。劳务协作、产业发展、教育、医疗帮扶等工作在央视、央广、新华社等中央级新闻媒体报道多达45次，其中中央电视台等多个频道报道10次。

（撰稿：毛福东 / 核稿：曹磊）

什邡市对口帮扶喜德县工作

【概况】2022年，什邡市在认真总结2021年对口帮扶工作经验基础上，进一步明确重点、创新思路、增添措施，将工作重心调整到“科学实施帮扶项目、多方挖掘帮扶资源、全面加强干部管理”上，帮扶工作取得新的成绩。

【专题分析研究帮扶工作情况】 2022年，什邡市委、市政府高度重视帮扶工作，安排什邡市对口帮扶喜德县前方指挥部于年初认真谋划帮扶工作，明确年度项目、资金筹措、保障措施等。在此基础上，什邡市委、市政府和喜德县委、县政府随即召开常委会会议、常务会议，专题研究2022年对口帮扶喜德工作，并以会议纪要的形式明确全年对口帮扶的项目、措施、进度等，最终形成《什邡市对口帮扶喜德县2022年项目实施计划》，什邡市全年召开专题会议12次，分析研究帮扶工作情况。

【全域结对帮扶工作】 制定《2022年度什邡市对口帮扶喜德县全域结对帮扶工作要点》，从部门、乡镇、企业、社会组织四个维度，有针对性明确工作重点，确保结对帮扶工作全方位、立体化推进。什邡市69个部门（镇）、33个学校、18个医疗机构、6个企业、4个社会组织先后到喜德开展全域结对工作。2022年，什邡市共选派77名干部人才支援喜德，其中，干部人才36名，分别挂职于喜德县相关部门、乡镇；安排36名优秀教师（上半年22名、下半年14名）到喜德县支教，建立“校对校”教育联合体2个；“什邡代培喜德学生”项目取得丰硕成果，2022年高考本科上线率100%，其中一本上线率60%；9月初在喜德中学顺利开办“瓦尔班”，招收学生55名。继续选派5名医务骨干到喜德开展“传帮带”，指导妇产科、麻醉科等科室建设；持续选派学科带头人到喜德县冕山卫生院驻点指导妇科门诊建设，全力打造喜德县医疗次中心；举办喜德县2022年医师资格考试技能操作培训班，40名医务工作者“面对面”观摩心肺复苏等29项技能操作，“零距离”学习业务知识。

【调研督导情况】 2022年，什邡市相关市领导、部门负责人、业务骨干、学校、医院、企业家、社会组织负责人等262人次先后赴喜德考察、调研。其中，县处级领导及部门负责人140人次；其他人员调研、指导检查帮扶工作122人次。

【帮扶资金使用情况】 坚持以“省内对口帮扶工作重点任务”为导向，通过“一线调研寻需求、科学论证定项目”，真正以喜德发展所需，作为什邡帮扶所行，最大限度发挥援建资金效益，全面助力喜德乡村振兴。全年帮扶资金713万元，其中，直接投入帮扶资金713万元，于年初全部拨付到喜德财政。截至10月中旬，实施的18个项目全部完成；共拨项目资金698万元，拨付率97.9%。帮助引进帮扶资金9000万元，实施帮扶项目3个。

【开展培训情况】 开展就业技能提升培训、县、乡党政干部、教师、医生、致富带头人、重大项目推进专班等6类培训，各类培训38班（次），总培训944人次。其中，培训县、乡、村基层干部56人

什邡市对口帮扶喜德县乡村人居环境治理项目环卫设备捐赠仪式

（什邡前指办/供）

次，培训乡村振兴带头人28人次，培训专业技术人才860人次。

【消费帮扶情况】通过完善销售平台，进一步助力喜德农特产品外销，先后帮助销售蔬菜、橄榄油、花椒、蜂蜜等农特产品共计208万元；通过“以购代捐”的方式，认购桃子3000余千克，总价5.6万余元，李子2.5万余千克，总价25余万元；通过补贴扶持，帮助销售农特产品2000余万元。

【广泛发动社会力量】发动什邡爱心企业为喜德学生捐赠“六一节”礼物，发动海南成美慈善基金、“10+1微助学”公益项目、“山里的花花”志愿者协会为喜德困难学生提供每人每年1200～6000元的资助。与慈济慈善基金会达成意向，正在全力谋划“洗澡项目”，免费为每所学校配套建设洗澡房。通过引入民间组织、行业协会、企业以及个人积极投身帮扶事业，进一步壮大社会帮扶力量，有效推动对口帮扶工作深入开展。

（拟稿：张世明／核稿：吴本忠）

种植和养殖业

【概况】2022年，县农业农村局认真贯彻落实党的二十大精神、中央一号文件和省、州、县乡村振兴工作会议精神，以农业基础设施建设、产业发展和增收为中心，坚持稳字当头、稳中求进、进中求优，聚焦聚力“农业高质高效、乡村宜居宜业、农民富裕富足”，持之以恒强农业、惠农村、富农民，在农牧生产、农村经济和科技工作中作出积极应有的贡献。

【机构及人员】内设办公室、产业信息股、乡村宜居建设股、种植业股、养殖业股、农业综合开发股，下设农业综合行政执法大队、农村能源办公室、农产品质量安全监督检验检测站、科教站、农技站、土肥站、种子站、植保站、多经站、农经站、畜牧站、疫控中心、良种繁殖场、农机推广站、烟技站、现代农业产业发展中心、北山畜牧兽医站、光明畜牧兽医站、红莫畜牧兽医站、沙马拉达畜牧兽医站、两河口畜牧兽医站、洛哈畜牧兽医站、米市畜牧兽医站、尼波畜牧兽医站、且拖畜牧兽医站。核定行政编制8人，行政工勤2人，事业编制162人（其中参公编制24人），在编职工145人。领导班子职数5名（1正4副）。

【粮食生产】2022年，全县粮食作物年播种面积30.55万亩。其中大春粮食作物总面积27.6万亩，总产量7.39万吨；其中水稻种植2.04万亩，总产量0.667万吨；马铃薯种植12.84万亩，总产量3.84万吨（5折1）；玉米种植6.76万亩，总产量2.06万吨；豆类种植0.16万亩，总产量0.018万吨；其他作物5.8万亩，总产量0.8万吨。小春粮食作物总面积2.95万亩，总产量0.75万吨；其中，大（小）麦种植0.91万亩，总产量0.25万吨；小春马铃薯种植1.97万亩，总产量0.49万吨（5折1）；豆类种植0.07万亩，总产量0.0077万吨。

【多经生产】2022年，全县水果总面积1.212万亩，总产量达1.3677万吨，产值3282.48万元；蔬菜及食用菌种植面积1.4205万亩，总产量2.4265万吨，产值8694.4217万元。中药材种植面积0.15万亩，总产量0.1万吨，产值240万元。

【烟叶生产】2022年，全县种植烟叶8400亩，收购烟叶20000担（出口备货1858.26担）完成计划的100.00%，共签订烟农合同户146户，涉及6个乡（镇）、20个村、22个村民小组，户均种植面积达57.53亩，现完成2022年任务的100%。实现均价28.53元／千克，烟农售烟收入达2846.54万元。上等烟比例55.26%，中部烟比例59.28%，出口备货比例9.02%。

2022年9月2日，县委书记巫照华（右一）到冕山镇调研烟叶烘烤情况

（毛小军/摄）

【畜牧生产】 2022年，全县能繁母猪出栏任务为2.09万头，生猪出栏27.24万头、肉牛出栏0.95万头、羊出栏13.89万只、家禽出栏79.76万羽，分别增长0.09%、3.46%、0.76%、2.7%。

【水产养殖】 2022年，全县水产品以养鱼为主，主要为草鱼、鲤鱼2个品种；总体养殖面积为315亩，鱼总产量完成181吨，产值达410.9万元。

【农机化建设】 2022年完成农业机械总动力74591千瓦，检维修农业机具1220台次，农机化总投入342万元，农业生产燃油消耗2300吨，拥有拖拉机1442台、拖拉机配套农具760台、耕整机3712台，耕作机具动力17866千瓦；完成机耕面积80054.85亩、经济作物机收面积增加6300亩、机械化秸秆还田5325亩；机械脱粒农产品总量28700吨、粮食初加工28700吨。完成农机购置补贴中央资金批次结算进度达94.7%；拖拉机年检率达50.2%，未发生较大农机事故。

【农业社会化服务】 持续推进职业农民培训，2022年培训农业产业领军人才2名，农业经理人9名，新型农业经营主体带头人14人，职业农民112人。

【农技推广】 2022年，组织基层农技人员到省厅参加高级人才知识更新培训19人次，州、县级调训任务91人次，公开招募特聘农技员5名。同时，国家乡村振兴科技特派团举办技术讲座1场，举办座谈会1次，开展科技下乡5次，受益群众约1000人次。

【农作物病虫害防治】 2022年，农作物病、虫、草、鼠害发生面积26.644万亩次，防治面积27.729万亩次，挽回损失2295.35吨，实际损失115.181吨；建立红火蚁监测点16个，农田发生红火蚁3762亩，开展防控5105亩次，红火蚁疫情得到有效遏制未再扩散蔓延。

【动物防疫情况】 2022年完成免疫重组禽流感病毒三价灭活疫苗40.6万只（羽），猪瘟活疫苗26万头、猪口蹄疫26万头，牛羊口蹄疫二价灭活疫苗27.42万头，羊小反刍—山羊痘二价灭活疫苗20.49万头，抗体自检样品906份，送检血清样品180份，核检结果均达标；非洲猪瘟排查规模养殖场户632250个，累计消毒面积达5126万平方米，检测925份，大宣传、大培训38期690余人次，发放宣传资料手册和明白纸2372份，张贴宣传栏挂图310份；共检测布病血清6331份，呈阴性6329份，呈阳性2份，阳性均进行无害化处理，切实保障全县畜产品安全。

【农村经营管理】 2022年，在13个乡（镇）、97个行政村（涉农社区）、419个村民小组、40167户承包农户中全面开展农村土地承包确权工作，确权登记承包地、自留地、开荒地、机动地65万余亩，颁证39398户，发证率98%。加快培育各类现代农业新型经营主体，全县农民专业合作社总数达到453家，其中，国家级示范社1个、省级示范社3

家、州级示范社6个、县级示范社5个；家庭农场达到700余家，其中，省级示范场4家、州级示范场12家、县级示范场25家。同时，全县97个行政村村集体经济收益814.4万元，其中，经营性收益644.4万元，投资收益73.81万元，发包收益14.03万元，其他收益82.16万元；全县97个行政村村级集体经济发展基金8020万元，使用5921.03万元，剩余2098.97万元，其中，村集体经济组织使用5059.28万元用于发展壮大村集体经济产业，脱贫户、边缘易致贫户、突发严重困难户借款861.75万元。

【培育新型农民经营主体】 全县农民专业合作社总数达到453家，其中，国家级示范社1个、省级示范社3家、州级示范社6个、县级5个；家庭农场达到700余家，其中，省级示范场4家、州级示范场12家、县级示范场25家。

【"三资"清理工作】 制发《喜德县农业农村局关于印发〈农村集体"三资"和产业发展项目专项清理整治工作实施方案〉的通知》，集中清理整治农村集体"三资"问题。2018—2021年，共清理出总资产7.83亿元，其中经营资产1.97亿元，非经营资产5.85亿元；资源性资产农用地194.92万亩；建设用地总面积6.36万亩；林木资产483.38万立方米；债务总额426.75万元，其中，经营性债务178.91万元、公益性事业债务20.17万元、其他债务227.67万元。

【农业行政执法】 全年累计出动农资执法人员230人次，累计检查农资生产经营企业215家次，其中，种子经销36家次，农药经销36家次、化肥经销门市12家次、兽药饲料添加剂经营55家次、农机具12家次、种植养殖生产企业64家次，立案5件，其中违规使用农药案4件、销售伪劣兽药案1件；开展"十年禁渔"宣传累计参加执法车辆12余台次，出动执法人员30人次，发放宣传资料500多份，清理违规网具数量10张，出具渔具鉴定11份，生态补偿意见书8份，同时查获"电、毒、炸"鱼工具一套，办理1起非法电鱼案件，打击非法捕捞人员3人，有效震慑破坏水生态环境的违法犯罪行为。

【农产品质量安全】 根据凉山彝族自治州农业农村局《关于开展2022年全州农产品质量安全例行监测（风险监测）工作的通知》文件要求，县农业农村局在全县13个乡（镇）开展种植业产品、畜禽产品质量安全例行监测（风险监测）及监督抽查检测样品数量为79个。全县入驻国家农产品质量安全追溯信息管理平台生产主体数量110家，县级监管、检测、执法工作机构应用国家农产品质量安全追溯管理信息平台开展监管、检测、执法业务信息录入317条，县域内生产经营主体应用国家农产品质量安全追溯管理信息平台开展追溯业务录入生产批次1905余条、销售批次近2309条。联合县农业行政执法大队对县域内的农民专业合作社、家庭农场、种植养殖大户等连续开展生产、流通环节的执法抽查，2022年共计检查农产品生产基地80多家，签订农产品质量安全生产承诺书80余份，张贴"禁限用农药名录"百余张。开展农产品质量安全监督抽检16个样，抽检种植业产品8个，畜禽蜂产品6个、水产品2个。其中，有15个为合格、1个不合格（蜂蜜），并对不合格样品进行相应的处罚，极大地保护人民群众"舌尖上的安全"。

【农村能源】 积极开展农村地区畜禽粪污沼气设施安全隐患排查和整改工作。成立联合检查小组对全县境内49个养殖场点开展农村地区畜禽粪污沼气设施安全隐患排查和整改工作，共排查化粪池47处，沼气工程9处，发现安全隐患20个，累计组织农村沼气安全生产隐患排查检查组10支，检查农村户用沼气518户，发现安全隐患26处，整改26处；大型沼气工程项目4处，沼气集中供气项目5处，发现安全隐患6处，全部完成整改；积极开展“沼气安全生产月”活动。在全县9个项目乡镇开展农村能源行业安全生产大宣传大排查行动，共计开办沼气安全咨询日活动5场，联系县融媒中心在县有线电视台开播7天的沼气安全宣传片，在15个村广播站播放沼气安全语音广播，培训10场120人次，散发沼气知识传单3000张，检查企业3个和养殖场9处，入户排查570户，敦促整改一般隐患35处；开展大排查和底数摸清行动。在全县李子、红莫、沙马拉达、两河口、光明等12个沼气实施乡镇进行沼气工程安全隐患排查和农村户用沼气安全使用宣传，开展入户排查1350多户，排查整治安全隐患325处，开展工程沼气安全排查9处，发现整治隐患6处。

【农田基本建设】 全年高标准农田建设项目共2.6万亩，其中高效节水0.15万亩；项目总资金7800万元，其中，中央资金3380万元、省级资金450万元、县级资金3970万元。截至2023年3月29日，资金拨付已达6041.94万元，资金拨付率77.5%。完工并完成县级验收，正对县级验收反馈问题进行整改。

【“两品一标”建设】 充分利用本地现有资源，发挥地域优势，加大品牌培育力度。截至2022年年底，创建特色农产品区域公用品牌4个，即喜德阉鸡、喜德乌金猪、喜德燕麦、喜德水蜜桃，扶植农业企业品牌3家，即袁野、伍合坊、彝人老家，申报认证“两品一标”农产品2个，其中，绿色食品1个、地理标志保护农产品1个。

【惠农富民补贴】 实施耕地地力保护补贴、种粮大户补贴资金、稻谷补贴资金、农业产业奖补等补贴政策，全年发放实际种粮一次性补贴580万元、种粮大户补贴资金15.29万元、稻谷补贴资金71.24万元、草原禁牧29.07万元、草畜平衡222.97万元、农机购置补贴33.39万元、农业产业奖补资金5925.65万元。

【产业帮扶】 在种养发展上使力气。为实现“产业兴旺、生活富裕”总目标，推动喜德县推动种养业高质量发展，制发《喜德县种养业高质量发展实施方案（试行）》，大力推进标准化规模种植养殖，不断拓宽农户增收渠道。在园区创建上下功夫。结合乡村振兴战略规划和“十四五”规划要求，紧紧围绕“优质粮油、有机果蔬、生态畜禽”三大主导产业，制发《喜德县现代农业园区建设考评激励方案（试行）》，通过就近就业、入股分红等方式带动农户持续增收。在产业奖补上做文章。为促进全县农业发展农民增收，制发《喜德县2022年巩固拓展脱贫攻坚成果同乡村振兴有效衔接农业产业到户奖补项目实施方案》，全年发放农业产业到户奖补资金5925.65万元，惠及脱贫户、监测户达1.65万户，惠及人口达6.61万人。

【乡村宜居建设】 以农村人居环境整治为契机，统筹推进农村生活垃圾治理等各项重点工作，助力乡村生态振兴。全县13个乡（镇）、93个村、9社区、43210户农户，全县有43210户农户，户厕标准达到卫生厕所的有30766，普及率达到71.2%；户厕达到无害化卫生厕所的有13175户，普及率达到30.5%。同时，在鲁基乡鲁基村实施“厕所革命”新改（建）农村卫生厕所254户，洛哈镇木古宜莫村新改（建）农村卫生厕所195户，完成建设并超额完成省下达的1个厕所革命“整村推进”示范村建设，惠及420户农户，切实推动农村旱厕改造工作见实效、惠民生、美乡村。

（撰稿：张斯雅 / 核稿：刘昌乾）

林业和草原

【概况】 2022年，全县林草工作始终坚持贯彻一个理念，即“绿水青山就是金山银山”；实现三个目标，即守住绿水青山、当好森林卫士、保证森林安全；突出两个重点，即发展现代林业、建设生态文明。截至2022年年末，林业有害生物成灾率控制在3‰以内，森林火灾损失率控制在1‰以内。全县森林面积90368.90公顷，森林覆盖率43.6%。

【推进森林抚育项目】 完成2022年森林抚育项目作业设计的编制、施工指导、资金兑现等工作。项目总面积15300亩，其中，集体林抚育12300亩、国有林抚育3000亩。完成2021年10000亩横断山区水源涵养与生物多样性保护项目作业设计的编制、施工指导、资金兑现等工作。项目涉及2个乡、5个村，其中贺波洛乡补尔村1200亩，造林树种为云南松；鲁基乡中坝村829亩、依洛洛村2161亩、鲁基村1586亩、大埂村4224亩，造林树种为皂荚。

【推进干旱河谷生态综合治理项目】 完成2021年1000亩干旱河谷生态综合治理项目作业设计的编制、施工指导、资金兑现等工作。项目涉及光明镇干拖村42.26亩、源泉村957.74亩。完成喜德县草原基况监测、喜德县草原有害生物普查方案编制。完成2019年退牧还草（优质牧草项目）方案编制工作，并完成招投标工作，因已错过实施季节，预计2023年4月底开工实施。

【抓好国有林森林管护工作】 喜德县2022年度天然林资源保护工程国有林森林管护实施方案编制工作完成，按方案完成752798亩国有林的日常管护和管护费支付，完善鲁基、洛哈、拉克、两河口及米市森林管护站附属保坎、防盗档、防火通道等附属设施；修建洛哈、北山瞭望哨围墙；光明国有林场、东西河国有林场、小相岭国有林保护处3个管护单位和天保办采购执法记录仪、电脑等办公设备一批，共完成中央财政林业改革发展资金816.4万元。

【惠民资金兑现工作】 完成全县2018年2万亩新一轮退耕还林第三次800万元补助资金，2020年5万亩新一轮退耕还林第二次1500万元补助资金，6871.6亩邛海及西昌城区周边植被恢复工程坡耕地造林178.66万元补助资金，前一轮退耕还生态林105135.84亩补助到期森林抚育补助资金210.27万元的兑现工作。完成2022年喜德县国家和省级集体生态公益林生态效益补偿基金，兑现面积53.18万亩，兑现资金850.91万元。完成2022年喜德县集体和个人天然商品林停伐管护补助，兑现面积1.91万亩，兑现资金286.18万元工作。完成2022年1105名脱贫人口生态护林员的选聘，并兑现补助资金1105万元。完成2020年喜德县退耕还草项目1万亩第二次现金补助工作，兑现金额400万元。

【森林防火】 通过加强宣传教育，加强隐患排查、火源管控、基础设施建设、扑火力量建设的方式，结合“林长制”“三林”工作的开展，建立初期火情处置99个小组，共计1485人。开展乡（镇）级“以水灭火”演练448次13480人；开展村级“以水灭火”演练739次16779人。新采购便携式消防泵55台、水带1051根、风力灭火机79个、油锯127

2022年10月30日，县林草局在冕山镇开展雪梨修枝整形标准技术指导
（县林草局/供）

台、半专业扑火队防火服（衣服、护目镜、阻燃口罩等单兵装备）390套、村级初期火情处置小组防火服等单兵装备1530套、宣传喇叭204个、260个摩托车载消防水桶。为进一步提高简易卡点值班值守条件，在各乡镇安装箱式活动板房19个，卫星接收机、电视等14套，为实现早发现，早处置，规划新建瞭望塔3座。隐患排查常态化。全县共排查发现森林草原火灾隐患407处，并全部落实整改。排查并整改林牧区输配电设施313千米、防火输配电设施隐患户58户。全县各乡镇共完成计划烧除52826亩，实施“五周五缘”可燃物清理32000余亩。全面落实“十户联保”，动态完善管理台账，全县共计3117个联保体，涉及33655户。划定火险区339个，覆盖面积69万余亩，设置火警线269千米，设置警示标牌1620个，排查出林中自发搬迁户1047户4412人，并全部落实监管责任。

【林草有害生物防控】 完成北山乡松材线虫病疫区综合防控，病疫区内清理疫木164株。在迹地内营造其他树种的营林措施，增强抗病虫害能力，有效阻止虫害的发生和蔓延。在天牛羽化期对松材线虫病发生区内松林开展全覆盖诱捕器的挂设，共悬挂48个。并对全县林管区红火蚁新发生项目进行申报。

【林业产业】 全年完成核桃提质增效面积0.68万亩，水果产业园区提质增效0.32万亩。种植油橄榄61000株。完成2022年米市水库生态修复项目、孙水河花椒产业园区和水果产业园区的检查验收工作。完成2023年油茶产业发展规划，根据省、州的安排部署，2023—2025年全县将种植油茶2.2万亩，其中，2023年0.5万亩、2024年0.9万亩、2025年0.8万亩。利用全县低产低效林进行栽植，把油茶产业做大做强，作为当地群众致富增收的重要渠道。

【科技培训】 全年开展林业产业技术培训9期（包括核桃提质增效、花椒修剪、肥水管理、油橄榄种植技术等）受训人数达1109名人次，发放修剪工具158套。

【林政执法检查】 审核审批各类建设项目使用林地47件，批准使用林地面积122.2026公顷。完成林木采伐审批89宗，批准采伐蓄积5441.61立方米；完成国家下发森林督查2216个图斑的外业核实工作；完成国家下发2162个及省下发955个林草湿监测图斑外业核实工作。处理违法案件36起，毁林开垦6起8413.96平方米，擅自改变林地用途29起26362.16平方米，损毁林木116.15745立方米。非法占用草地1起2367平方米。移交公安局8起。

（撰稿：莫色伍呷 / 核稿：吉克木加）

水　利

【概况】 2022年，县水利局紧紧围绕年度目标任务，统筹谋划，扎实做好防汛抗旱、农村饮水安全、水土保持等重点水利工程项目建设，全面推行河长制，开展水环境整治，认真履行部门职责，积极践行新时期可持续发展治水思路，大力发展民生水利，顺利完成全年各项工作任务。

【农村安全饮水工作】 投入1527万元完成李子乡大兴村安全饮水、光明镇沙洛村产业园区灌溉2个续建项目。完成安全饮水及产业用水验收审计项目9个。对23个行政村45个饮水工程进行维修养护，安装消毒31套，解决水质不达标问题。投入260万元实施维修养护及饮水巩固提升项目4个；迅速启动饮水安全应急预案，解决冕山镇“5·25”山洪泥石流灾害导致冕山镇机关、学校和4个村4500余人饮水中断问题，保障群众生产生活用水。

【防洪堤防建设】 喜德县热水河防洪治理工程。综

2022年8月1日，喜德县水利局组织施工方、监理方现场查看且拖乡小流域水土流失综合治理项目（县水利局/供）

合治理河道7.24千米、新建堤防11.12千米、保护农田3500亩。项目已完成可行性研究报告编制、技术审查、立项批复等工作；预计投入7727万元的深沟河产业防洪治理工程、俄尔则俄村人居环境整治堤防项目、孙水河瓦库段防洪治理工程的项目已完成可行性研究报告编制、技术审查、立项批复等工作，力争新建堤防11.82千米、治理河道11.7千米、保护农田926.83亩。

【水保工程与水政水资源工作】 完成孙水河流域水土保持规划编报，全力推进水利发展资金水土保持工程，投入800万元实施且拖乡小流域水土流失综合治理，2022年，完成工程量的80%。征收水土保持补偿费44.7万元，审批水土保持方案33家。开展最严格水资源考核资料收集任务，共收集资料32大项100余条。完成2022年四个季度水量核定工作并转报税务机关。按照水利部要求，处罚县自来水公司超量取水问题，处罚金额4万元。

【防汛工作】 山洪灾害监测预警平台及群测群防体系建设情况。通过山洪灾害非工程措施项目对26座简易雨量站和水位一体站设备更换，完成县级应急预案和山洪防御预案，13个乡（镇）和67个山洪灾害危险区应急预案。通过山洪灾害避险搬迁摸底调查，对全县67个山洪灾害危险区进行分类，避险搬迁、工程治理、群测群防。

【河长制工作】 调整印发《喜德县河长制工作方案》，设立县级河长31名、乡级河长26名、村级河长79名，乡镇级警长8名，健全县、乡、村三级河长责任体系。4月26日召开全县河长制工作推进会，深入学习《四川省河湖长制条例》，全面推行河长制，实现河长治。加强巡河督导，落实治河管河职责。136名河长安装使用“河长制巡河”App软件，全年县级河长巡河192次，乡级河长巡河168次，村级河长巡河111次。对22个河长制公示牌进行更新替换。有力有效推进河湖“清四乱”。3—4月，对孙水河光明至冕山段河道进行集中整治，清理河道管理范围内开垦种地20余亩，拆除5座桥墩，清理生活垃圾100余吨，建筑垃圾、弃土弃渣300余立方米。依法监督规范采砂

2022年11月7日，县水利局召开节水型单位建设宣传培训会（县水利局/供）

行为，严厉打击河道非法采砂行为。编制《喜德县2023—2027年河道采砂规划》。开展砂石执法专项行动，发放责令停止水事违法通知书7份，上缴罚没款36万元。

【小水电安全工作】 成立水电站运行安全风险隐患排查整治工作领导小组，制定出台《喜德县水电站运行安全风险隐患排查整治方案》，实行水电站“一对一”包保责任，落实27名县级领导和24名乡（镇）领导干部负责24个水电站的安全监督管理工作；层层签订安全生产责任书与任务承诺书。召开常务会议2次、常委扩大会议1次、专题会议4次，排查督查执法检查6次，下发反馈问题限期整改通知书5次，县级联系领导、包保单位、属地乡镇整改进度通报8次。针对省、州、县各级督查反馈问题1702条，现完成整改1702条，整改率为100%。

【重点项目工作】 米市水库道路保通贝雷桥工程已于2022年12月实现开工，计划于2023年4月完工。米市水库可行性研究报告已转报国家发改委，待立项批复。总投资2.8亿元的热水河水库位于凉山彝族自治州喜德县红莫镇阿尼村，拟选坝址位于安宁河左岸一级支流热水河中上游的树库拉达沟和勒觉拉达沟两条支沟汇河口下游130米处。本工程为Ⅳ等小（1）型工程，完成可行性研究报告由州局转报省水利厅后，拟开展技术审查。

【宣传工作】 2022年3月，县水利局组织开展水土保持、移风易俗宣传活动，“3·22”世界水日和“中国水周”期间，在县中心街百货大楼前和各乡镇主要地方设立咨询点开展宣传，悬挂条幅，制作宣传展板，印发宣传资料900份，并在电视台播放水利部《人·水·法》宣传片、在县广播电台进行系列宣传。结合实际，与县级各部门、各乡镇开展形式多样的宣传活动，大力宣传新水保法和水土保持基本国策。

（撰稿：洛布史波 / 核稿：莫色木加）

气　象

【概况】 2022年，县气象局深入学习领会习近平新时代中国特色社会主义思想、党的二十大精神和十九届历次全会精神，持续巩固和拓展党史学习教育成果，推动“不忘初心、牢记使命”主题教育常态化制度化，积极开展喜德县地面气象探测、气象预警预报服务、防雷安全管理、人工影响天气管理、气象法制度建设、气象现代化建设等工作，较好地完成森林草原防火、汛期防汛减灾、人影烤烟防雹等气象服务保障工作。2022年，县气象局继续保持凉山彝族自治州州级文明单位标兵称号；荣获2022年度凉山彝族自治州三八红旗集体；2022年凉山彝族自治州气象新闻宣传先进集体；2022年度凉山彝族自治州人工影响天气工作优秀达标单位；2022年度全州气象部门安全生产工作先进集体；喜德县2022年度森林草原防灭火工作先进集体；喜德县烟叶生产先进集体；喜德县2022年度县直机关五好党支部。

【气候总体情况】 2022年，气温正常，降水正常略偏少，日照正常。本年年平均气温为14.7℃，与历年年平均气温值14.5℃比较，偏高0.2℃；本年年极端最高气温为34.4℃，与历年极端最高气温37.7℃比较，偏低3.3℃；本年年极端最低气温为−5.4℃，与历年极端最低气温−7.1℃比较，偏高4.9℃；本年年总降水量为830.1毫米，与历年年总降水量平均值1019.0毫米比较，偏少188.9毫米，距平百分率为18.5%；本年年总日照时数为1959.7小时，与历年年总日照时数平均值1883.6小时比较，偏少137.7小时，距平百分率为−6.8%。雨季于4月17日开始属偏早年份。

【气候事件】 2022年出现5次寒潮天气过程，分别出现在1月27—29日、2月17—21日、3月25—26日、3月30日—4月1日、10月6—7日，过程降温分别为7.8℃、10.6℃、10.1℃、10.8℃、8.6℃。2月1—2日、2月20—22日出现2次暴雪天气，对道路交通和牲畜越冬不利。2022年出现3次强降雨天气过程，5月25日20时—26日6时出现强降雨天气过程，导致冕山、两河口、尼波等8个乡镇遭受洪涝灾害，直接经济损失达782.36万元。6月18日22时—19时2时，洛哈、李子等乡镇出现强降雨天气，造成直接经济损失80.28万元。7月29日20时—30日20时，喜德县出现强降雨天气，造成7个乡镇受灾。2022年，出现1次冰雹天气过程，7月30日18时11分—20时06分洛哈镇出现冰雹，造成直接经济损失93.42万元。2022年，出现阶段性高温少雨干旱天气过程，3月1—31日连续31天降水量为8.6毫米，7月1—17日连续17天降水量为1.7毫米，8月2—24日连续23天降雨量为7.4毫米，8月月总降水量为50.0毫米，创历史最少值；7月和8月平均气温创历史最高值，分别为22.7℃和23.0℃；3月和7月极端最高气温分别为31.7℃和34.4℃，均创历史最高值；11月日照时数为242.8小时，创历史最多值。2022年，出现阶段性低温寡照连阴雨天气过程，4月4—6日出现3天春播低温天气。6月8—13日，出现了6天连阴雨天气。9月1—5日、20—28日出现2段秋绵雨天气。5月日照时数为92.2小时，创历史最少值。

2022年12月13日，喜德县森林草原火险气象形势会商研判会召开

（县气象局/供）

【防灾减灾气象服务】 2022年，县气象局提请县政府印发《喜德县人民政府办公室关于成立喜德县人工影响天气指挥部的通知》《喜德县人民政府办公室关于进一步加强人影防雹工作的通知》，进一步强化人工影响天气工作，提升气象服务保障能力。对预警信息服务对象信息进行更新和备案。发布联防协作会商研判材料191期、雷电和暴雨预警信号49期、手机短信40余万条，进入暴雨应急响应9次，成功应对“5·25”冕山镇洪涝灾害等3轮强降雨天气过程，实现全县安全度汛。与森防指、林草、应急等部门建立森林草原火险会商研判机制，每日发布森林火险气象等级，年内组织开展11次增雨（雪）作业，全员下沉到联系的红莫镇阿尼村开展入户宣传、卡点值守、巡山护林等工作。

【人工影响天气】 完成全县人影作业点设备年检维护，年内实施防雹作业近60次，耗用高炮弹420余发、JFJ火箭弹30余枚，烟叶、花椒、水稻等农经作物未遭受冰雹侵害，效益明显。森林防灭火期间，抓住每一次有利天气过程，组织开展9次增雨（雪）作业，耗用高炮弹50发、JFJ火箭弹90枚、车载WR-1D火箭弹30枚，作业效果良好，有效降低森林草原火险气象等级。

【基础设施建设】 投入政府资金100余万元，采购1套六要素便携式应急气象站，新建设12套六要素自动气象站，其中5个站点安装有北斗通信系统，切实提升气象监测和服务能力；完成山洪补短板工程鲁基乡依洛洛智能气象站建设；完成喜德国家气象站风塔建设；投入经费4.5万元，开发“喜德气象”微信公众号，并在全县推广使用，受到全县各级领导和各部门、乡镇及群众的喜爱。

（撰稿：何灿/核稿：何乃彦）

2023
工 业

工业集中区管理

【概况】 2022年，县工业集中区管委会紧紧围绕县委、县政府确定的“科技创新、协调发展、绿色环保、开放合作、互利共赢”发展主题，加快工程项目建设，加大基础设施投入，努力优化投资软环境，使园区经济和各项事业稳步推进。喜德县工业集中区产业及发展定位是以再生资源综合利用为基础，黑色金属冶炼及精深加工，汽车零部件及配件制造，短程仓储物流运输为主导，努力打造凉山彝族自治州新材料与循环经济产业园区，凉山彝族自治州战略资源创新开发的战略新兴产业基地。截至2022年年底，喜德县工业集中区共入驻10家工业企业。

【园区经济发展指标完成情况】 截至2022年12月，园区全部企业的工业总产值达4.67亿元，同比增长34.26%，主营业收入有39288.93万元（约合3.9亿元），同比增长21.32%；其中，规模以上工业企业的工业总产值有4.18亿元，同比增长6.26%，主营业收入有12441.5万元（约合1.2亿元）；同比增长11.25%，增长态势较好。

【园区招商引资及项目建设情况】 新建硬化红山嘴通组公路建设项目总投资385.12万元，完成土石方铺设、路基防护、路面排水工程，采用参照四级公路标准建设，路基路面宽度达6米，设计时速30千米，线路全长1.2千米；李子工业园区饮水工程项目建设费590.68万元，总投资1092万元，主水管长度17.237千米，单日供水量达到50立方米，在主管沿程布置2处蓄水点，保障应急用水；李子工业园区电力线路配套项目总投资237.2万元，实施花椒冻库1000瓦地下电缆铺设工程，铁骑力士饲料厂2000瓦地下电缆铺设工程，确保园区企业开足马力生产；李子园区鑫鸿工贸至石桥道路及堡坎建设总投资约200万元，解决企业物资运输，保障园区用水用电及便于企业的交通运输；30万吨饲料厂项目总投资10024.6万元，建成占地面积41.67亩，主要建筑面积12203平方米，配套建设筒仓基础工程，地中衡基础及配套工程；采用先进饲料生产技术，每年实现生猪饲料生产30万吨，年销售收入9.15亿元，提供生产经营性就业岗位80余个；花椒冻库项目总投资800万元，建成占地面积10亩，主要建筑面积300平方米。

【支持服务园区企业】 2022年，冕山工业园区多次出现生产用水枯竭，县工业集中区管委会会同县水利局、冕山镇人民政府先后多次实地调研并展开讨论，县水利局拿出切实有效的解决方案；县工业集中区管委会和县发改经信局积极协调州经信局电力运行办争取园区企业留存电量，会同州发改委价格科负责人，前往省发改委协调解决电价问题，确保园区企业降低生产成本，力争达到满负荷生产。县工业集中区管委会会同县发改经信局、李子乡政府、史觉村委会协调解决凉山彝族自治州建国商品

入驻李子工业园区的喜德县铁骑力士30万吨饲料厂正在进行施工建设

（县工业集中区管委会/供）

混凝土有限公司电力线路安全隐患整治，确保企业安全生产。

（撰稿：吉木伍哈 / 核稿：金锋）

电力保障

【概况】 2022年，县供电公司深入学习贯彻党的二十大精神、习近平总书记系列重要讲话和重要指示批示精神，以省公司“12333”发展战略和“十讲十增强”为统领，团结带领全体员工同心同德、迎难而上、主动作为，公司生产经营稳中向好，各项工作取得新成效。2022年，公司固定资产原值1.2088亿元，同比增长12.72%；售电量3.27亿千瓦时，同比增长13.31%；电费回收100%；营业收入1.4亿元，同比增长32.99%；综合线损率2.35%，同比减少0.18个百分点；人才当量密度0.9452，同比增加0.0105个百分点；安全、廉洁、稳定持续保持“零目标”。公司荣获国网凉山供电公司防山火先进集体、2022年度乡村振兴先进集体称号；阿吼村获国网公司助力乡村振兴示范村、凉山彝族自治州2021年乡村振兴示范村、喜德县2022年优秀志愿服务社区”称号，第一书记王小兵当选四川省第十二次党代会代表、国网公司二十大宣讲团成员；计量及采集运维班荣获省公司五星级班组称号，光明供电所获省公司企业文化示范点称号。

【机构设置】 公司下设党委办公室、党委党建部、党委组织部、安全监察部、财务资产部、发展建设部等6个职能部门，设运维检修部［检修（建设）工区］、营销部（客户服务中心）2个业务支撑和实施机构，管理西昌电力工程有限责任公司喜德分公司、凉山彝族自治州三新供电服务有限公司喜德分公司2个产业单位。有供电所3个，生产班组9个。

【安全生产】 严抓安全生产。严格落实国家安全生产15条重要举措和国网公司38项落实措施，认真汲取“4·9”“4·16”“4·22”事故教训，开展“向违章开战、向陋习说不、反麻痹、守纪律，保人身安全”宣誓活动5次、签订责任书171份；组织“三种人”85人培训考试、安全准入考试162人；分层实施26人安全述职，推动责任逐级传递、工作层层落实。抓实风险防控。修订公司安全生产“两个清单”，召开安全会议27次、安全督查57次，作业现场风控平台管控率100%，统筹开展安全生产专项整治“三下三上”“护安2022”“春、秋安全大检查”等工作，发现整改问题隐患271项，查纠各类违章55起，出具整改通知单16份，约谈施工单位2次。2022年，公司未发生红线违章。抓牢安全基础。投入安全费用198.04万元，补充班组、供电所安全工器具449件，完成安全警示标牌、安全工器具库房标准化、供电所“三个一”建设。完成311户用户自备电源防倒送、42户分布式光伏防孤岛装置隐患排查。抓好应急管理。开展防山火、防汛防地防灾应急演练9次，完成党的二十大、全国人大副委员长兼妇联主席调研等重要保

2022年10月23日，县委常委、常务副县长张荣寿（右六）到李子乡史党村现场协调解决产业园区内道路建设问题 （县政府办 / 供）

电 25 次。

【森林防火工作】 政企联动促落实。积极对接县发改经信局，协同属地乡镇、村组，有效处理“树线矛盾”和通信线路挂接电力杆塔隐患整治，排查隐患 56 处、完成整治 54 处，清理林木 516 棵，确保防山火工作有序开展。隐患整治控风险。清理输配电线路易燃物 314.77 千米、整治本体隐患 675 处，完成率 100%；完成穿越林区 97 台配自开关、17 台微气象和 182 套可视化监测设备调试。严格客户侧防火措施。协同发改经信局开展客户侧隐患排查整治，与 267 户客户签订产权运维责任告知书，签订率 100%，排查专线、专变穿林用户 125 个，排查整改用户侧山火隐患 77 处。防山火前置期工作扎实有效。结合实际整理防山火 47 项重点工作，制定 2022—2023 年防山火“一张图”，开展 3 次防山火培训参培 194 人次，完成林区 79 台漏保定值调试、输配电线路开关重合闸退出和“零序”投入，投资 94.7 万元实施前置期防山火项目 4 个，登杆检修 1160 基、消除隐患 2265 个，硬化 3 个台区 8 基杆塔，清理可燃物 15.84 万平方米、通道 24 处、树竹 516 棵。

【电网建设】 2022 年，喜德县电网建设取得实效。110 千伏喜德变电站易地搬迁建成投运，配套建设 1 条 35 千伏、4 条 10 千伏线路，有效改善喜德电网单线串供网架结构，提升城区电网供电可靠性。实施总投资 1427.51 万元进行 4 个农网改造、5 个技改项目建设。配电运维有序推进。投入 1760.24 万元实施运检成本项目 41 个，实施台区绝缘化整治、高跳线路综合治理、变压器维修、漏保监测设备完善等项目。完成 35 千伏光明变综合数据网通信建设；完成电压检测仪安装、PMS 建模、点位清理，输变配“五码”贯通率 100%。实施 35 千伏洛自线、自山线改接，2022 年喜德电网供电可靠性 99.67%，同比提升 6.5%。属地化协调成效显著。完成成昆复线喜德西站、西昭高速 35 千伏自日莫变电站（10 兆伏安）接入，有力解决政府重点项目用电问题。协调政府出台征地、拆迁、青苗赔偿、林木砍伐等政策依据，定期召开施工协调会，确保成昆复线喜德西、越西南、甘洛南 220 千伏供电工程按期建成投运。

2022 年 5 月 12 日，县供电公司开展电力抢险救援应急演练

（县供电公司 / 供）

【优质服务】 2022 年，喜德县反窃查违成效显著。营销稽查成效 16.55 万元，管控成效 187.22 万元，完成率 336.58%。实施“线损治理 + 智能营销”精准查处违约用电 9 起；编制“私自开启电能表盖”窃电典型案例并入围省公司案例汇编。营商环境持续优化。制定《优质服务工作方案》《工单管控实施细则》，“95598”客户诉求一次解决率 90%，业务办理满意率、停送电通知到户率达 95% 以上，客户经理网格化服务覆盖率 100%，2022 年，实现供电服务“零投诉”。迎峰度夏（冬）保供电平稳有序。深化“供电 + 能效服务”，上报 11 户有序用电企业名单，能效走访 126 户，与 5 户大客户签订错峰避峰负荷响应协议，错避峰负荷 1.8 万千瓦；累计结算直接参与市场化交易优惠电量 1.95 亿千瓦时，占

2022年11月15日，国网凉山供电公司开展"廉洁教育进阿吼"宣讲活动

（县供电公司/供）

比79.15%；国网代理购电电量0.51亿千瓦时，占比20.85%。

【助力乡村振兴】 2022年，喜德县高位求进助推乡村振兴。投入业扩配套资金415.04万元，完成2144户高低压用户业扩项目，新增负荷18.7兆伏安。深化"政电融合、村网共建"，与全县13个乡镇签订村网共建协议，新增、更换29台配变，着力解决台区低电压、重过载问题。以"党建+乡村振兴"为抓手，助力乡村振兴产业发展5次。结对共建推进文明新风。协同喜德县委宣传部，与阿吼村党支部签订文明实践共建协议，举办第五届文明新风评比、党的二十大精神宣讲，实施"双扶两助促振兴行动"，组建青年志愿帮扶团，定点帮扶阿吼村6名高三学生；争取国网爱心公益资金2万元补充电力爱心超市物资，为村民兑换物品8566余件、价值75000余元，组织村民举行篮球比赛、坝坝学习会、"阉鸡养殖生产技能培训""廉洁教育"等文化活动10次，宣讲人居环境整治政策25次、发布红黑榜5期，推动阿吼村新时代文明实践走深走实。产业拓展助力振兴发展。制定电力助力阿吼村、洛哈村乡村振兴示范创建方案，增派1名帮扶人员，配合完成阿吼村产业园区光伏项目勘察；做强"甜百合""乌金猪"等特色产业。

（撰稿：王懿、张晓琴/核稿：耿星）

2023
文化旅游

文化广播电视和旅游

【概况】 2022年，县文广旅游局深入贯彻落实党的二十大精神，以习近平新时代中国特色社会主义思想为指导，认真贯彻落实县委、县政府各项决策部署，继续保持求真务实的工作作风，坚持精准发力，狠抓落实，圆满完成全年文化、广电、旅游建设目标任务。

【机构及人员】 县文广旅游局内设办公室（行政审批股）、文化管理股（广播电视管理股）、旅游管理股3个内设股室，文化市场综合行政执法大队、文物所（非遗中心）、文化馆（美术馆）、图书馆4个下属单位。全系统共有职工31人，其中，公务员8人、参公人员4人、事业人员13人、工勤人员6人。贾涛任党组书记、局长，孙云任党组成员、副局长，唐永富任党组成员、副局长。

【加强公共文化服务体系建设】 继续实施县文化馆、图书馆、美术馆和乡镇综合文化站免费开放工作，全年完成10000小时免费开放任务。继续举办器乐、音乐、舞蹈、美术等免费培训班，全年县文化馆（美术馆）累计免费培训达1000余人次。开展群众文化活动。组织开展2022年“书香喜德·全民阅读”、“树新风促振兴”暨移风易俗宣传文艺会演、喜迎二十大文艺演出等群众文化活动，丰富人民群众的精神文化生活。积极参加各类汇报演出，宣传促销喜德文化旅游品牌。圆满完成四川省农民工2022年春节联欢晚会、凉山彝族自治州第六届少数民族艺术节喜德专场、凉山彝族自治州建州70周年开幕式文艺会演和花车游行、第十六届四川省少数民族运动会开幕式文艺会演大型文艺会演任务。积极宣传促销喜德文化旅游品牌。新创作出7个精品文艺节目，其中，歌曲3个、舞蹈6个、情景剧1个。筹办大型公益性美术书法摄影展览活动。由县文化广播电视和旅游局牵头，组织协调县美术家协会、摄影家协会、书法家协会等行业组织，在青少年宫开展了公益性展览活动，参观人数达10000人次。对标第七次全国公共图书馆评估定级标准，对喜德县图书馆进行图书馆藏量增加、设施设备更新、图书集成管理系统补充完善等补短板建设。充分利用自身资源优势，创作精品文艺节目，圆满完成“送戏下乡”任务。为打造一台特色浓、质量优、留得住精品文艺剧目，对喜德县五彩云霞演出队伍进行补充优化，并邀请了专业编导围绕喜德特色，精心编创一台精品文艺剧目，深入全县13个乡镇、102个行政村开展155场“送戏下乡”演出，深受广大基层人民群众的欢迎。加强对文化旅游市场的监督检查力度。累计派出车辆12车次，执法人员22人次，对全县文化旅游市场进行安全生产、疫情防控等检查，检查人次累计达到192场次，确保喜德县文旅市场的健康发展。

【加大非物质文化遗产的传承、保护与利用】 成立

2022年11月3日，喜德县参加凉山彝族自治州成立70周年庆祝活动之花车巡游 （县文广旅局/供）

2022年11月2日，喜德县组织彝族漆器髹饰技艺国家级非遗传承人参加凉山彝族自治州建州70周年非遗展演活动　（县文广旅局/供）

喜德县非物质文化遗产保护工作专家委员会，组织专家对县级非物质文化遗产进行严格评审，并公布第六批县级非物质文化遗产项目代表性传承人名单；成功申报“卟策布偶格”习俗和“丹红扎妮”制作技艺两项为第七批凉山彝族自治州州级非物质文化遗产项目名录；成功申报吉伍五沙为“彝族漆器髹饰技艺”第六批州级非物质文化遗产名录项目代表性传承人，吉布日哈为“彝族烟斗制作技艺”第六批州级非物质文化遗产名录项目代表性传承人；扎实推进非物质文化遗产进“机关”“社区”“校园”活动，全年组织全县非遗传承人到光明镇、喜德中学、且拖乡中心小学校等地开展非遗进机关、社区、校园活动；组织开展“文化和自然遗产日”活动。6月7日，在喜德县光明镇中心小学举办喜德县“文化和自然遗产日”活动，通过非遗实物现场展览和文艺表演等形式，向广大人民群众大力宣传保护文化遗产重要意义，从而在全社会形成保护文化遗产的良好氛围，促进全县文化遗产保护工作；参加建州70周年非遗展演活动。组织国家级非遗项目“彝族漆器髹饰技艺”及其国家级代表性传承人吉伍巫且代表喜德参加了凉山彝族自治州建州70年以“家园遗珍·时代新风”为主题的非遗展演活动。吉伍巫且及其漆器产品还受省委组织部邀请，参加2022年攀西川西北片区党群心连心活动。

【加强全县文物保护工作】 根据省、州的安排部署和有关要求，继续完善文物资料的归档、整理，图片、数据修改等工作。根据省、州相关文物安全整治工作要求，对喜德县24处文物保护单位和52件可移动文物进行隐患排查、日常巡查等工作，确保文物安全落到实处。积极协助县自然资源局等部门完成多宗探矿权、文物环境调查等工作。按照省、州文物主管部门的安排部署，组织人员对喜德县境内的红色标语类革命文物进行专项调查，已按照工作方案完成前期的资料收集。

【旅游工作】 推进冕山镇小相岭红军石公园项目建设，完成石龙景墙、浮雕墙砖砌体及抹灰、场地内土方平整及砼基础施工、绿化种植土回填、铝合金围墙、出入口沟盖涵施工，累计完成工程量的70%。积极推进引导冕山镇伍合村现代农业产业园AAA级景区创建工作。项目基础设施建设由乡村振兴局牵头，完成规划设计，待伍合村基础设施修建设完成后进行AAA级景区的申报工作。引导喜德阳光温泉大酒店投入资金4300万元，对酒店进行提档升级改造。积极推动集中安置点乡村旅游发展，引导修建和满园山庄，解决彝欣社区10名群众就业，引导南山别苑申报三星级农家乐。全年旅游综合总收入达到5.035亿元，旅游接待人数达到243万人次。

【“户户通”项目建设】 由于移动2G基站的撤站，使喜德县大部分用2G移动信号定位的户户通用户无法正常收看电视节目。针对此问题，县文广旅局全年出动车辆20余次，人员50余人次，为1000余户三代机户户通用户实施移机重装工作，确保广大群众及时收看电视。开展送服务到乡村活动。全年配合各乡镇、村、组，免费维修1000余台广播电视接收机顶盒，为集中安置点脱贫户免费更换光终端用户盒180余台。积极配合国家广电完成彝区非法“小耳朵”抽样调查和国家广电100G扩容工作。完成广电700M迁移工作，空出700MHz频率以便广电5G信号使用，对东山寺基站发射机进行更换，对巴久、米市、三合等基站作出调整，以避免喜德县地面数字与广电5G之间的干扰。对损坏地面数字发射设备进行维修和改频。由于雷雨季节和冕山高铁施工的影响，加上广电5G 700MHz迁改等因素，喜德县地面数字基站部分设备电源损坏较为严重，对损坏的电源设备进行及时维修和改频。实施彝区寄宿制学校广播电视覆盖项目建设。在省州广播电视行业主管部门的大力支持下，全年完成喜德县境内17所寄宿制学校安装100套广播电视设备。

【“村村响”广播建设】 充分利用村村响大喇叭完成疫情防控、森林草原防灭火、防汛减灾、禁毒防艾等专项宣传任务。全年共维修“村村响”设备及应急广播主机60余台，维修全县各乡镇村大喇叭及补点发喇叭300余次，出动车辆100余次。推动广播电视高清宽带安装推广工作。全年共推广安装广播电视高清宽度180余户，建设光节点5个，出动车辆130余次，抢修主干光缆20次，有效推动喜德县“高清四川　智慧广电”的项目建设。

【广播电视安全播出】 圆满完成春节、五一、省十二次党代会等节假日和重大政治活动安全播出任务，全年喜德县广播电视安全播出实现了“零事故、零插播”。圆满完成党的二十大期间安全播出任务。充分认识安全播出工作的极端重要性和紧迫性，始终绷紧安全生产这根弦，以“时时放心不下”的政治责任感，将安全播出工作抓得细而又细、实而又实。前期专门制定二十大安全播出应急预案，并认真组织应急演练；其间，加强安全播出技术管理，建立更加科学的风险防范预警预测机制和应急处置预案，切实把安全播出各项部署要求落实到位，确保责任到岗到人，强化“一盘棋”思想，协同作战、形成合力，按严要求、高标准、实举措圆满完成了二十大的安全播出等任务。圆满完成国家、省干线传输中继站日常维护工作，积极配合国家和省广电网络公司完成国、省干线网络维护工作；完成喜德县有线电视机房播出和设备日常维护工作，并完成机房数字电视设备更换以及光传输设备的安装等工作。

（撰稿：岳强 / 核稿：孙云）

小相岭景区管理

【概况】 2022年，县小相岭景区管理局深入实施乡村振兴与旅游产业深度融合战略，以高效推进县域文旅产业发展为目标，立足“保护为主，合理开发”原则，持续推进小相岭景区生态保护、资源宣传、景区规划与开发建设等工作，并取得实质性进展。

【主要职责】 负责贯彻执行国家、省、州有关风景名胜区管理、建设的政策、法规，草拟景区管理、建设的政策和规范性文件；会同有关部门编制、修编小相岭灵关古道风景名胜区的建设和发展的中长期规划、年度发展计划，并组织实施；负责小相岭灵关古道景区内土地、矿产、地质地貌、水源等资源的保护、管理，开发和利用，负责景区内土地、矿产、地质地貌、水源等资源开发利用的审核报批，组织开展风景名胜资源的调查、评估；负责风景名胜资源有偿使用的管理；负责景区基础设施与公共服务设施的建设、管理和维护，负责景区内环境卫生、商业和服务业监督管理，负责景区内的安全工作台，定期检查景区内的安全设施，维护景区的游览秩序，保障旅游者的合法权益和人身安全；负责协调、处理小相岭灵关古道风景名胜区与有关单位、居民的关系。

【景区保护】 严格按照县委、县政府的要求对景区采取封闭式管理，无审批手续一律禁止进入景区；景区地界涉及喜德、冕宁、越西3县行政区域，为防止游客从其他县入口进入景区，严格落实景区值班巡逻制度，尤其节假日及索玛花开期间，实行领导带班巡逻，在景区主要景点开展值班巡山，及时劝返擅自进入景区的人员；积极协助喜德生态环境局、县自然资源局、县林草局等相关部门进行县域内矿产及景区周边建设项目的坐标范围核实，全年对县域内4处矿权勘、采、转、续等进行核实，确实守住景区环保红线；积极组织景区管护队员定期维护景点环境，全年开展景区垃圾清运10次；深刻汲取凉山彝族自治州森林火灾教训，严格落实小相岭景区及俄尔则俄村森林草原防灭火值班巡山制度，新增小相岭景区入口防火卡点一处，高火险期间，每日配备带班领导1名与值班人员2名，做好卡点值班及巡山护林工作，协助帮扶村制定村级“三林”工作台账，监管村内特殊人群，入户宣传“十户联保”内容，切实提升群众防火安全意识，保护景区生态环境安全，保障群众生命与财产安全。

【景区宣传】 积极接待中央电视台及中央美院画家到景区采风、拍摄，陪同省科院和西昌学院城乡规划学院到景区开展生物资源调查，积极宣传小相岭旅游资源，为景区对外开放奠定基础；同时，积极接待省、州、县相关部门到景区考察调研，争取旅游相关项目资金，高效推动景区开发建设进度。

【景区开发建设】 2022年10月，小相岭景区第一期基础设施建设项目经县政府常务会议及县委常委会通过并决定实施，成立景区开发领导小组及指挥部专项负责景区开发建设各项工作，并委托四川省国土空间规划院编制小相岭重点片区详细规划，小相岭景区第一期基础设施建设项目拟定于2023年动工建设，小相岭景区开发实现突破性发展。

（撰稿：阿加阿衣 / 核稿：阿七克的）

彝族文化研究学会

【概况】 2022年，县彝族文化研究学会坚持围绕中心、服务大局，以社会主义核心价值观为引领，积极挖掘、传承和弘扬民族优秀传统文化，助力城乡精神文明建设，在引领民众“感党恩、听党话、跟党走”方面发挥应有的作用。

2022年11月5日，县委书记巫照华（左二）一行调研组到冕山镇俄尔则俄村调研小相岭景区开发事宜 （袁凌霄 / 摄）

【学会工作】 发挥县彝族文化研究学会会员熟悉社情民意、接触群众广泛的优势，积极选派相关会员参加有关部门开展森林草原防灭火、廉洁文化、国土空间规划调研、非遗工作、中小学双语教育教学、家庭家教家风建设、旅游开发、群众文化等工作调研、座谈。积极建言献策，为县委、县政府及有关部门作出正确决策提供咨询服务；积极参与州、县人大部门立法调研、咨询活动，派员参加州有关部门高额

2022年5月7日，西昌民族幼儿师范专科学校校长赵波一行到县彝族文化研究学会调研彝学工作　　（麦吉有呷/摄）

彩礼问题立法调研、评审、座谈等会议。充分利用会刊、各种新闻媒体、微信群等载体（平台），大力弘扬优秀文化，分析研讨摒弃陈规陋习和新产生的陋习，在社会上起到教育引导作用。在开展各类文化活动中，始终把握正确的政治方向，唱响主题歌、弘扬正能量，广泛宣传中华民族共同体意识，为促进各民族共同团结奋斗、共同繁荣发展添砖加瓦。

【喜德彝学编写】 克服人手不足、经费短缺等困难，广泛向社会各界征集彝、汉文稿件，并围绕传承文明、摒弃陋习的主题，编辑、印刷和发行会刊《喜德彝学》2022年期，并免费向县内外相关单位、个人和投稿者赠阅。

【研讨座谈】 积极派员参加相关部门邀请的各类研讨座谈会，为县委、县政府及有关部门作出正确决策与喜德的经济文化建设提供咨询服务。先后派员参加县彝族漆器展览馆、语言文字展览馆建设项目及参加州庆活动方案征求意见座谈会、由县委主持召开宣传思想工作调研座谈会、由县委宣传部主持召开喜德县母语广场建设设计方案讨论会、由县人民政府主持及相关部门召开喜德县县城新区街道命名研讨会、县人大常委会召开“移风易俗”工作与民族团结工作调研座谈会等会议。

【文化交流】 县彝学会派员参加县人民法院接待马边县人民法院考察组座谈会，参会人员就喜德县“德古”调解相关情况进行交流；派员参加州高额彩礼问题立法调研组赴喜德县调研工作座谈会，参会人员在座谈会上进行发言；西昌民族幼儿师范专科学校校长赵波一行到县彝族文化研究学会调研彝学工作，县政协主席宋和远、副主席彭建华等陪同调研，双方就彝学工作情况进行深入交流；派员参加州“德古”协会赴喜德调研会；组织部分会员与全国妇联和中华女子学院调研组就传承民族优秀传统文化、毕摩文化和德古文化等进行座谈交流。

【移风易俗】 县彝族文化研究学会协助相关部门积极开展移风易俗及廉政文化建设等各项活动。先后

2022年8月16日，县彝学会组织部分会员与全国妇联和中华女子学院调研组就传承民族优秀传统文化、毕摩文化和德古文化等进行交流座谈　　（麦吉有呷/摄）

派员到两河口镇三合村、县纪委监察干部学习会、基层干部彝汉双语培训班、两河口镇火觉莫社区开展“移风易俗”“传承各民族优秀传统文化，助力廉政文化建设”“传承各民族优秀传统文化”“党的二十大精神”和“家庭家教家风”等知识讲座。

（撰稿：麦吉有呷 / 核稿：阿于古格）

社会科学界联合会

【概况】2022年，县社科联在县委、县政府的坚强领导下，在州社科联、县委宣传部的支持和指导下，以习近平新时代中国特色社会主义思想为指导，以理论宣讲、课题研究、科普宣传、成果评奖、阵地建设为抓手，全力推进喜德社科工作发展，在新征程上奋力谱写喜德发展新篇章，为喜德高质量发展贡献社科智慧和力量。

【理论宣讲】积极组织县社科联干部学习宣传贯彻习近平总书记到四川考察系列重要指示精神、四川省第十二次党代会精神、凉山彝族自治州第九次党代会及省委州委县委全会精神和党的二十大精神。干部通过各种宣传媒体进行深入学习，全面准确把握会议的精神实质和深刻内涵，在此基础上，精心制作每篇宣讲稿，结合报告原文讲解关键词，解读重点内容，同时制作播放相关短视频丰富宣讲内容，增强宣讲效果。

【课题研究】围绕本年度全县重大项目和民生工程，深入开展调查研究，撰写《喜德县深度融入同城化发展研究》《喜德县实施乡村振兴战略路径思考》《关于加快推进喜德县农业产业化发展助力乡村振兴对策研究》调研报告3篇，《深入学习深刻领会省第十二次党代会精神　奋力推进喜德经济社会高质量发展》《守初心　担使命　新征程　新作为》等学习贯彻省委第十二次党代会精神和党的二十大精神理论文章2篇。其中，《喜德县实施乡村振兴战略路径思考》调研报告被《凉山党校》刊物采用、《深入学习深刻领会省第十二次党代会精神　奋力推进喜德经济社会高质量发展》被《凉山党建》刊物采用。

【科普宣传】2022年度，科普宣传以森林草原防灭火工作先进典型人物周玉刚、敬老爱亲的好儿媳严忠燕、爱岗敬业劳动模范拉马甲甲、全省民族团结进步模范村伍合村等为重点大力宣传社会主义核心价值观；积极参加疫情防控志愿者服务活动，向广大干部群众宣传疫情防控知识；深入沙马拉达乡巴久村帮扶家庭，讲解乡村振兴知识，引导村民感党恩、听党话、跟党走，自觉抵制陈规陋习，依靠党的好政策和勤劳的双手过上幸福美好生活。

【成果评奖】按照州社科联关于做好全州第十八次优秀社科成果评奖申报文件要求，通过广泛宣传发动，收集社科论文、调研报告20余篇；通过筛选，选送8篇质量较高的学术论文和研究报告参加评选。

【阵地建设】2022年，县社科联顺利完成换届工作。同时，加强对彝学会的联系与指导，县彝学会严格按照章程开展工作，坚决落实意识形态工作责任制；积极弘扬彝民族优秀传统文化；完成《喜德彝学》的编撰工作，如实记录民风民俗、社会文明等优秀民族文化；积极为全县文化、旅游发展建言献策。

（撰稿：赵雄 / 核稿：程波）

城建环保

住房和城乡建设

【概况】 2022年，县住建局始终坚持以习近平新时代中国特色社会主义思想为指导，深入学习贯彻党的十九届历次全会和二十大精神，紧紧围绕县委、县政府中心工作，坚持以巩固拓展脱贫攻坚成果同乡村振兴有效衔接为主线，以规划为纲领、项目为载体、民生为抓手，积极履新，担当作为，突出抓好住房保障、城乡建设、城市管理等各项工作，为全面建设社会主义现代化新喜德贡献住建力量。

【主要职责】 贯彻执行国家、省、州住房和城乡规划建设、人民防空法律、法律法规、方针、政策，研究拟定工程建设、城市建设、村镇建设、建筑业、房屋装饰装修业、住宅、勘察设计咨询业、市政公用事业的方针政策、规范性文件以及相关的发展战略、中长期规划并指导实施，进行行业管理；承担建立本县工程建设标准体系的职责；承担规范房地产市场秩序、监督管理房地产市场的职责；承担推进住房制度改革、保障城乡中低收入家庭住房的责任和房屋管理职责，贯彻实施国家及省、州住房保障相关方针政策，负责安居工程建设；承担监督管理建筑市场、规范市场各方主体行为的职责；承担勘察设计咨询市场的职责；承担城镇建设管理的职责；承担规范和指导村镇建设的职责；承担人民防空工作的职责；承担城镇容貌、城市环境卫生规划和监管的职责；制定建设行业人才培养和教育发展规划并组织实施，指导建设行业人才队伍建设、专业技术职务评审和执业资格管理工作等。

【建筑业发展】 2022年，州住建局下达喜德县建筑业发展目标任务5.5亿元，实际完成建筑业总产值6.3155亿元，同比增长20.3%，圆满完成目标任务。全面贯彻落实凉山彝族自治州优化营商环境二十条措施，每季度深入企业、走访企业，为企业纾难解困，共走访企业100余次，与企业召开座谈会20多场次，培育新增“资质以上建筑业企业”3户，超额完成州级下达新增1户的目标任务。大力支持本地建筑企业发展，出台《喜德县建筑业产业发展激励办法》，激励建筑企业“走出去、引进来”，全县建筑业企业总数达49家，较2021年新增10家，其中，二级施工总承包资质企业7家、三级施工总承包资质企业42家。行业内2022年共办理施工许可证15件，安全施工备案21件，质量监督备案23件，勘察文件及施工图纸备案20件，消防验收备案13件，竣工验收2件，多验合一1件，水电信报装50件。

【保障性住房】 2022年，全县农村危房改造任务数为700户，投入资金2800万元，完成改造700户，竣工率100%，省补助资金拨付率100%；全年开展2次自建房全覆盖排查整治工作，共完成排查11.7万个图斑38646户，整治土坯房及C级、D级危房10463栋，拆除农村应拆未拆不安全住房3527栋；集中对全县已分配的1223套（廉租房1023套、公租房200套）公共租赁住房开展专项清理整治，清退不符合公共住房租赁政策的住房427套；发放租赁补贴100户，发放金额137424元；科学研究确定棚户区改造实施方案确保计划任务“清零”。

【房地产发展】 2022年，州住建局下达喜德县房地产开发投资目标任务0.48亿元。1—12月，喜德县房地产开发投资入统实际产值为1.8亿元，超额完成2022年下达房地产开发投资目标任务，实现喜德县房地产业“零”的突破。德熙温泉府、德欣怡苑两个房地产项目顺利开盘，京泰温泉佳缘项目正在建设中。为促进房地产业发展，因城施策出台《喜德县促进房地产平稳健康发展措施》，力争用1年的时间实现全县房地产业销售企稳回升，实现稳地价、稳房价、稳预期的目标。

【城市基础设施建设】 2022年，实施光明镇人居环境整治项目，完成112巷管网550米，农贸市场明渠17.08米，乃觉依嘎沟260米，火车站侧沟47米，二道沟拦石坝、导流墙及明渠85米；积极推动城市道路畅通，全年实施完成喜德大道7条连接“断头路”打通工程；实施并完成喜德县6个亮化美化、办公楼“亮化工程”，做到让县城亮起来并优化县容县貌；将光明大道西延线改扩建项目与2019年204套进度滞后的棚户区改造任务统筹推进，同规划、同部署、同推进，完成前期工作；推进城镇老旧小区改造工程，计划总投资1.8亿元，项目实施后将改变当前城区交通拥堵、没有停车位和危房多等现状。

2022年4月8日，喜德县城市管理工作座谈会召开　（县住建局/供）

【城乡环境综合治理】 推进部门协同合作、社区共管共治的跨行业、跨部门高效运行的城市管理体系建设。协同公安、市场监管、交通等多部门开展以整治占道、出店经营，治理乱贴乱画、乱倒垃圾、机动车违停占道等“九乱”为重点的综合整治规范活动。全年予以行政处罚21起；处纠占道、出店经营400余次；取缔不规范广告牌、灯箱20余个；清理不规范横幅61处。开展城管与社区深度融合共治，及时弥补喜德县老旧小区物业管理缺失的空位，实现全方位精细化管理。全年处理小区公共违建5件，管道疏淤4次，维修公共基础设施20余处，对县城所有路灯进行2次大检修。

【安全生产】 落实工程质量安全手册制度，健全和完善安全生产隐患排查和预防控制体系。全年辖区内在建项目16个，总面积21.1万平方米，总投资6.2亿元。全年结合专项督查及日常巡查，组织检查20余次，出动检查人员60余人次，发现安全隐患100余个，下达限期整改通知书5份、停工整改4份（全部完成整改），行政处罚1起、罚款6万元，没有发生安全生产事故。同时组织开展燃气等市政管道及设施普查和燃气管道老化评估，建立普查台账，出台《喜德县居民用户燃气灶具更换补贴方案》，确保居民用户燃气使用安全。

【城乡垃圾处理】 持续推进农村生活垃圾治理工作，全面完成“村收集、乡（镇）运输、县处理”垃圾收转运处置体系。全县13个乡（镇）、102个村（社区）、380个村民小组实现全覆盖。农村生活垃圾收转运处置体系覆盖率达100%。全年处理生活垃圾2.92万吨。加强对农村人居环境工作督导，定期、不定期安排治理办曝光卫生死角，督促乡（镇）限时整改，全年以治理办名义通报24次，为完成人居环境“百日攻坚”行动打下坚实基础。积极探索符合喜德实际的农村生活垃圾分类方式，开展光明镇彝欣社区农村生活垃圾分类试点，有序拉开全县农村生活垃圾分类工作序幕。

（撰稿：阿加阿依/核稿：张来）

生态环境保护

【概况】 2022年，喜德生态环境局贯彻落实中央、省、市生态文明建设要求，以改善环境质量为核心，忠诚履行生态环境保护各项职责，着力打好污染防治攻坚战。在“2021年度各县（市）和州直有关部门（单位）生态环境保护党政同责目标任务考评”中排名第四，在“2021年度全州生态环境派出局综合目标考核”中考核结果为优秀等次。

【机构及人员】 内设办公室、自然生态保护股、污染防治与应急信访股、综合业务股（审批服务股）4个机构。下属喜德生态环境保护综合执法大队（参公单位）和凉山彝族自治州喜德生态环境监测站两个事业机构，均为副科级单位。全局现有编制共23名，实有人员20名，其中，行政编制5名（公务员4名、行政工勤1名），实有公务员4名，行政工勤1名。大队编制7名，实有4名，监测站11名，实有11名。局机关配领导职数3名（1正、2副），实有3名（1正、2副）。

【打好蓝天保卫战】 2022年受计划烧除影响，轻度污染4天、中度污染1天，年均$PM_{2.5}$浓度为19微克/立方米，优良率为98.63%，主动向县委、县政府主要领导汇报，积极参加计划烧除研判会，科学制定烧除方案，有效降低烧除方案对空气质量的影响。紧扣重点，全力削减大气污染物。采取雾炮车每日在城区内喷水降尘2次，彝历新年期间加密频次等方式，有效控制居民生产生活污染物对大气环境质量的影响。开展扬尘治理，加强督查。联合住建部门对城区内建筑工地环保设施运行情况督察20余次，要求住建部门每日对城区道路冲洗2次，监管施工单位运输车辆遮盖、冲洗措施到位，及时清运生活垃圾，建筑工地、道路扬尘得到有效管控。制定《喜德县重污染天气应急预案》，加强重污染天气应急管控。

【全力打赢碧水保卫战】 按照《2022年凉山彝族自治州生态环境监测方案》，投入74万元开展水质监测等工作，完成冕山新桥国考点断面和光明联合大桥省考断面开展每月1次监测任务，水质均达Ⅲ类及以上，对孙水河5条支流进行水质监测，全面掌握地表水环境质量。强化责任考核。修订和完善年度考核细则和生态补偿机制，强化水环境质量“只能变好不能变坏”刚性要求。强化入河排污口监管。投入50万元对全县河流入河排放口进行“大体检”，筛选出入河排污口问题清单20个，并结合实际制定《喜德县入河排污口“一口一策”整治方案》。

【持续推进净土保卫战】 强化重点企业土壤环境管控。指导和督促5家企业履行土壤污染防治主体责任，并加强监督检查，完成相关企业土壤自行监测和隐患排查工作。严格建设用地再开发准入标准，全县用途变更的地块全部完成土壤污染状况调查。强化全县核与辐射安全管控。通过专项检查，进一步强化全县核技术利用单位核与辐射安全的主体责任，全面落实环境安全管理措施，有效消除辐射安全隐患。加强危险废物监管。建立健全辖区内危险废物“四张清单”，全面掌握全县危险废物产生、经营、自行利用处置单位的基本情况。加强危险化学品日常监管工作，开展全县危险化学品环境安全专项整治行动，摸清底数，加强废弃危险化学品处置过程中的环境安全管理。

【环保执法监督工作】 集中力量查办生态环境破坏等典型违法犯罪案件，全年对企业进行专项执法100余次，开展“双随机”及移动执法检查30次，涉及环境违法案件2件，共计处罚18.5万元，接到群众来信来访和“12345”州长信箱投诉11件（次），按照及时、稳妥、有效的原则，处理率达100%。加强部门联动，全年会同县发改经信局对全县“散乱污”企业开展排查整治，检查企业50余家。会同县运管所开展排查整治行动，检查汽修厂10余家。会同县卫生执法大队集中排查整治固（危）废生产经营及涉及核与辐射场所8家。会同县水利局集中排查整治县域小水电生态下泄流量点位8个。会同县农业农村局对全县53个点位、87个生猪规模养殖场进行全面检查。切实把环境执法关口前

2022年6月2日，喜德生态环境局联合县自然资源局、县林草局开展主题为“共建清洁美丽世界”的宣传活动　（喜德生态环境局／供）

移，实施环境监察执法会商联动工作机制，实现全过程环境监管，源头控制与末端管理相结合，把重审批、轻监管带来的各类环境违法行为尽可能消灭在萌芽状态。强化环境执法属地管理，工作重心下移，加强环境监察巡查，依法查处和纠正各类环境违法行为，及时发现和消除环境安全隐患和环境信访隐患。以“零容忍”的态度严厉打击企业环境违法犯罪行为，用足用够新环保法、“两高”司法解释和环保部4个配套办法，提高企业环境违法成本，引导和促使排污企业走上环境守法型、环境友好型企业的良性绿色发展轨道。

【持续深化“放管服”改革】畅通项目审批绿色通道。做到提前介入、加强协调、快速审批，不让建设项目在环保部门搁浅。提高审批效能。在依法行政的前提下，推出“阳光、高效、便捷”审批，减少行政审批合规成本。全年共审批建设项目环评报告表15个。

【环保项目推进情况】2022年，县政府下达860万元乡村振兴项目资金，在12个易地移民搬迁集中安置点建设生活污水处理设施和“千村示范”工程，工程全部建成，并通过竣工验收。投入400余万元，开展饮用水水源地规范化建设，其中，投入100余万元对则约河二水厂县城集中式饮用水源地进行规范化建设，工程完工并通过竣工验收；投入300余万元对全县备用水源地进行规范化建设，现工程正在施工阶段。

【全面筑牢生态防线】严格落实“三线一单”约束，严格实行环境准入制度。严格遵守集中式饮用水源保护区相关管理规定，对全县新、改、扩建项目和探矿、采矿等47个项目是否占用生态保护红线和集中式饮用水源保护区进行有效核实，对涉及集中式饮用水源保护区的项目坚决不批。抓好国家重点生态功能区建设。扎实推进县域生态环境质量考核工作，按时上报2022年国家重点生态功能区县域生态环境质量监测数据。2021年喜德县考核成绩全州排名第四。做好重点领域和重大环境政策社会风险防范与化解相关工作，编制并发布《喜德县重污染天气应急预案》《喜德县生态环境局辐射事故应急预案》《喜德县生态破坏事件应急预案（修订）》，进一步强化责任意识和底线思维，做好应对各类突发环境事件的应急准备。

【开展环境宣传教育】2022年6月2日，开展主题为“共建清洁美丽世界”的“六五”世界环境日宣传活动，广泛宣传习近平生态文明思想。走进学校开展环保知识进校园宣传活动，活动通过发放资料的形式向同学们宣传生态环境保护知识。指导喜德县良在硅业有限公司开展公众开放日活动，保障群众的环境知情权、参与权和监督权。

（撰稿：马海阿甲／核稿：陈红波）

城市供排水

【概况】2022年，县自来水公司共有3个水厂，供水能力11000立方米/天，其中，第一水厂日供水能力3000立方米/天，第二水厂日供水能力6000立方米/天，甘哈觉莫供水站日供水能力2000立方米/天，能保障县城及周边群众约7万人的生产生活用水。2022年，县自来水公司全年售水总量为136万吨，全年总收入304万元，实现利润6万元。

【供水设施建设】喜德县第二自来水厂管网建设项目于2021年3月16日施工建设。项目占地面积30余亩，总投资7500万元，中标价为6600万元，日供水量6000立方米，铺设取水管网30.8千米。供水取水点为：一号取水点则约河吞地村、二号取水点则约河沙各西作、三号取水点则约河汝波乃拖等3点。历经8个月工期，工程质量优质、无质量安全事故，项目工程全面如期竣工完成。共铺设完成取水主管道30.8千米。厂区建设主体部分有：取水泵房、配水井、折板絮凝池、配电房、平流沉淀池、加氯间、清水池、吸水井、增压泵站配水机房等。第二自来水厂厂区主体建设及7千米的出水供水主管网与第一自来水厂供水主管网对接完成，于2021年12月9日开始试运行，试运行情况良好，并在逐步解决连续运行时产生的出水浊度、出水余氯大、水压小等常见的问题。2022年11月喜德县第二自来水厂投产以来，有效改善及保障喜德县城镇居民的基本生产生活用水需求，水质得到保障，间断停水现象也得到有效解决。该工程项目服务范围覆盖全县城机关企事业单位，以及县城周边诸多村社区，包括环城东路社区、新联村、光明社区、幸福村及甘哈觉莫大型易地搬迁彝欣社区安置点等区域。

【生产经营】2022年，为改善县城水环境质量，促进节约用水，公司积极配合县环保局在水源地周边进行修建水源地保护围栏工程，对周边农户垃圾污水进行处理；对农户家庭的畜牧进行统一规划圈养；完善饮用水源保护区标识标牌，统一设置界碑、交通警示牌和宣传牌等标识，进一步明确和核实保护区地理界线。

【智能水表】开始在县城分批次推行IC卡智能水表，建立智能水表收费管理系统，全年先后完成人才公寓小区、廉租房小区、新联村等4200支智能水表安装，实现用户“定制水量、先买后用”的方式，同时也减轻水公司抄表人员的劳动强度，提高工作效率和对外服务质量，加大水费回收力度。组织收费人员查到户、核对到户、收到户，使全年水费回收率达到96%以上。

【城市生活污水处理厂建设情况】总投资2870万元的喜德县城市生活污水处理厂建成并投运，工程项目占地面积10.05亩，日处理量4000立方米/天，污水处理厂的正常运行明显改善县城水体环境，提高环境质量水平，保护生态环境，美化城区，促进各行业的发展。2019年9月29日开工建设的喜德县城市生活污水处理厂，日处理量4000立方/天，该工程项目（配套截污干管9.569）总投资2870万元，占地面积10.05亩，2020年5月10日竣工，2020年6月30日验收，通过购买服务由第三方营运，正在进行细菌培养调试运行。日处理规模从近期的0.35万立方米/日到后期的0.70万立方米/日测算工程理论污水排放单价按3.08元/立方米，年均营业收入393.08万元，年均销售税金及附加为47.56万元。2021年10月接受国家级环境环保反馈督察，2022年8月整改完成环保督察反馈的所有问题，包括更换损毁管网、清理淤泥、建立临时污水处理池等。污水处理厂的正常运行明显改善县城水体环境，提高环境质量水平，保护生态环境，美化城区，促进各行业的发展。

（撰稿：海龙/核稿：翁古合加）

住房公积金管理

【概况】2022年，县住房公积金管理部以习近平新时代中国特色社会主义思想为指导，全面贯彻落实党的二十大精神和县委、县政府决策部署，坚持稳中求进工作总基调，牢固树立和贯彻落实新发展理念，紧紧围绕“优化营商环境、扩大增量、提高使用、规范管理、确保安全”这一重点，开拓创新，用心服务，各项工作业务圆满完成。

【机构及人员】 县住房公积金管理部于2009年10月挂牌成立，受凉山彝族自治州住房公积金管理中心垂直管理，属事业正科级单位。2022年，有在职在编职工5名，临聘人员3名，其中管理部主任(事业正科级)1名，拉马伍支任管理部主任。管理部内设办公室、财务室、归集科、信贷科。办公室负责督办管理部工作、政务协调、文秘、档案、机要、会务及出纳工作。财务室负责编制全县住房公积金收支预算、审计、统计工作。信贷科负责全县住房公积金贷款管理、逾期贷款催收、贷前调查及贷款资料的初审工作。归集科负责全县各单位缴存职工账户管理、缴存比例提高、降低、基数调整、提取、转移和对账工作。

【主要业务】 住房公积金缴存业务：截至2022年年底，全县归集住房公积金累计总额达4.40亿元。2022年全县住房公积金归集1.32亿元，同比增长22.22%，新增缴存单位7个，新增缴存职工366人。缴交人数稳步递增，正常缴交公积金单位255个、缴存人数5776人。住房公积金提取业务：2022年，累计提取住房公积金1.7万人次、0.87亿元，其中，住房消费类提取0.07亿元，非住房消费类提取0.8亿元，本着以人为本、应提尽提的原则，最大程度满足缴存职工的使用需求。住房公积金贷款业。全年共向4户职工家庭发放公积金贷款109万元。公积金贷款风险控制良好，全年贷款本息回收率始终坚持在100%。呈现出“高个贷零风险”的可喜局面。

【“互联网＋政务服务”】 围绕“加快作风转变、推动创新发展、提升服务效能”目标要求，着力打造一流住房公积金行业形象，扎实推进政务服务“百日攻坚”“一网通办”。创新“互联网＋公积金”服务模式，本地缴存职工可通过四川政务服务网、“天府通办”App、凉山住房公积金管理中心官方网站、凉山公积金微信公众号等线上服务渠道，查询个人住房公积金缴存、贷款进度等信息，打印住房公积金缴存使用证明，办理正常退休等提取业务，办理单位及个人缴存信息变更等业务。规范服务行为，业务窗口工作人员上班期间统一工装，统一工作标识标牌，积极倡导微笑服务，虚心接受服务对象提出的合理化建议和意见，积极回应群众的

2022年3月24日，县住房公积金管理部开展以“森林草原防灭火党员在行动”为主题的党日活动

（县住房公积金管理部／供）

期望和诉求，高效准确处理相关业务。

【巩固脱贫成果】 贯彻落实州中心及地方县委、县政府决策部署，落实帮扶部门相关责任。聚力打赢商业街社区森林草原防灭火攻坚战。红色预警期间全员下沉，开展“支部书记＋党员队伍＋党员突击队”三级联动模式等督导森林草原防灭火工作，为商业社区解决森林草原防灭火物资费用4.2万元。坚决扛起疫情防控政治责任，积极参与社区疫情防控工作，组织党员干部开展20余次志愿服务活动，为社区提供价值1万元的防疫物资。准确把握新形势、新任务，高质量巩固拓展脱贫攻坚成果，坚决守住不发生规模性返贫底线，让脱贫群众生活更上一层楼。开展“暖冬行动”慰问脱贫户60户，妇女儿童20人，困难老党员10人，“巾帼防火宣传队”40人，“洁美家庭”40户。

（撰稿：陈正宏／核稿：拉马伍支）

2023
综合经济管理

发展改革和经济信息化

【概况】 2022年，县发展改革和经济信息化局紧紧围绕县委、县政府中心工作，深入实施“打造一核、发展一带、开发一片、带动全县”的战略部署，锚定高质量发展目标，积极应对风险挑战，攻坚克难、埋头苦干，努力促进全县经济社会平稳较好发展。

【机构及人员】 2022年，县发展改革和经济信息化局内设办公室（安全生产监督管理股）、项目投资与社会发展股（行政审批服务股）、经济运行股（中小企业股、盐业股）、物价股、粮食和物资储备股、综合改革和农村经济股、信息化管理和计划统计股、喜德县以工代赈8个机构。喜德县发展改革和经济信息化局设4个（喜德县中小企业服务中心、喜德县粮食流通执法大队、喜德县价格认证中心、喜德县经济信息中心）下属事业单位。行政编制15名。其中，局长1名，副局长2名，县以工代赈办主任1名（副科级），机关工勤人员控制在2名。杨朝顺任发展改革和经济信息化局党组书记和局长，左霞、阿的木且任发展改革和经济信息化局副局长，陈晓英任以工代赈办主任。

【计划执行情况】 2022年，坚决落实“疫情要防住、经济要稳住、发展要安全”的重要要求，“讲政治、抓发展、惠民生、保安全”的工作总思路，积极融入安宁河流域高质量发展和西德冕喜“同城化”发展战略部署，深入实施“一核一带一片”发展战略，全力以赴拼经济、搞建设、促发展，全县经济社会发展取得显著成效。全年完成地区生产总值38.22亿元，同比增长5.5%。第一产业实现增加值10.44亿元，同比增长4.2%；第二产业实现增加值5.72亿元，同比增长12.7%；第三产业实现增加值22.06亿元，同比增长4.6%。三次产业结构占比27.3：14.98：57.72。规模以上工业增加值同比增长21.1%。一般公共预算收入1.44亿元，同比增长8.5%。社会消费品零售总额10.96亿元，同比增长1.7%。城镇居民人均可支配收入31423元、同比增长5.28%。农村居民人均可支配收入12749元，同比增长6.97%。

【重大项目建设】 2022年，全县新开工建设重点项目49个，续建项目25个，固定资产投资完成25.65亿元，同比增长50.9%，超额完成州上下达的目标任务，增速居全州第三名。米市水库保通道路贝雷桥项目开工建设。牧光互补40兆瓦光伏电站二期项目建成运行。凉山康源优质农业农产品加工等3个项目完成技改。筹备并成功举办2022年全州第一次、第三次项目投资建设现场拉练会。全力推进成昆扩能改造工程（喜德段）遗留问题，解决红线内牵引变电站（冕山苗圃）征地拆迁30.1亩、强制拆除冕山烧结厂拆迁工作，在既定时间内督导、协调完成喜德西站站前广场项目建设，2022年6月21日上午8点，历经2200多天的艰苦奋战，成昆复线控制性工程最长隧道——小相岭隧道顺

2022年2月7日下午3点，成昆复线小相岭隧道平导顺利贯通

（县发改经信局/供）

利贯通，不断刷新建设“进度条”，成昆复线全线于2022年12月26日建成通车，喜德正式迈入动车时代。

【工业经济转型发展】 2022年，完成四川锦荣瑞和新材料有限公司和喜德县新诚建材有限公司2户工业企业升规入统，全县规模以上工业企业达到11户。完成工业投资4.2亿元、技改投资3700万元。良在硅业再生资源综合利用项目竣工投产。凉山信和矿业10万吨硅矿和150万吨废石综合利用项目建成投产。铁骑力士30万吨生物饲料厂项目有序推进。

【粮食安全工作】 全面落实粮食安全党政同责，扎实开展粮食购销领域腐败问题专项整治，召开粮食购销领域巡察反馈问题专题民主生活会1次，坚持从政治上谋划、部署和推动工作，抓收购、管库存、保供应、稳粮价、强保障，牢牢守住粮食安全底线。2022年以来，县粮油收储公司实现净利润1.66万元，较2021年同期净利润1.56万元增加0.1万元，增长6%。

【医疗防护物资保障工作】 作为后勤物资保障组牵头单位，严格按照中央、省、州、县疫情防控要求，快速落实防疫物资保障职责，全力以赴做好医疗防护物资保障工作。

（撰稿：王婷／核稿：杨朝顺）

商务经济合作和外事

【概况】 2022年，县商务经济合作和外事局面对疫情的阶段性不利影响以及宏观经济疲软、商贸需求不振等诸多不利因素，紧紧围绕商务、招商引资、供销社及外事等工作职能职责，以抓落实促发展为目标，凝心聚力，砥砺前行，各项工作取得较好成绩。

【主要职责】 承担全县服务业、招商引资、商务领域对外贸易、电子商务、物流业、投资促进工作、指导外商投资促进和管理工作、外事工作、因公出国（境）管理工作、供销合作社、为农服务、农村合作经济的战略发展规划。

【商务工作】 2022年，州下达的货物进出口指标任务为300万元，全年完成货物进出口总额564万元。根据地区生产总值初步核算结果，2022年，喜德县实现地区生产总值（GDP）382176万元，同比增长5.5%，增速排名全州第11位，低于全州（6.0%）0.5个百分点。其中，第三产业实现增加值220588万元，增长4.6%，增速排名全州第12位，低于全州（4.9%）0.3个百分点。社会消费品零售总额109570万元，同比增长1.7%，增速排名全州12位，低于全州增速1.1个百分点。持续开展入企走访，宣传奖励政策，为企解忧。成立喜德县服务业领导小组，按照“三联三月”工作要求，县级领导和商务局继续抓好联系企业、走访企业机制，全年共走访80余次、300余户次，解决企业问题50余次，以“店小二”精神帮助企业跑订单、拓市场、增加营收；扩内需促消费，积极开展产销对接活动。利用中秋节、国庆、火把节、彝族年等大型节假日开展5次惠民购物促消费活动，累计发放消费券293万元，直接拉动销售1000余万元；组织县内7家主要农特产品企业参加8场国家、省、州举办的展会和促消费活动，现场销售50余万元，签订合同金额1000余万元。

【招商引资】 不断创新招商引资方式，加大招商引资力度，做好招商项目推介，狠抓项目落地，全县招商引资工作呈现出稳步推进的良好态势。2022年，州下达招商引资项目签约目标数为5个项目，全年完成签约项目7个总投资19.995亿元，其中，签约上海自然人房岚（凉山）喜德生态种养殖循环

2022年6月13日，喜德县召开2021—2022年度服务业表彰暨培训大会
（县商务经济合作和外事局/供）

农业示范产业园项目总投资4.5亿元；北京国电投（凉山）喜德北山、玛果梁子风力发电项目总投资12.9亿元；成都自然人陈忠斌（凉山）喜德粮经现代农业产业园项目总投资1.05亿元；贵州思淼（凉山）喜德食用菌种植项目总投资0.4亿元；成都自然人吴仲明（凉山）喜德温泉改建项目总投资0.5亿元；德阳自然人王绍波（凉山）喜德艮田光农融合家禽养殖基地建设项目总投资0.6亿元；宁波自然人杨秀智（凉山）喜德扶贫车间羊毛编织项目总投资0.045亿元。2022年，州下达喜德县固定投资任务签约项目2亿元，全年完成固定投资2.3亿元，完成目标任务的115%。党政主要领导外出招商5次，举办2次招商推荐会。2022年，全县招商引资目标任务完成情况较好，经州经合外事局考评，实际得分108.36分，全州排名第8名。

【供销社工作】 成立由县商务经济合作和外事局局长任组长，分管副局长任副组长，相关负责人为成员的筹备工作领导小组，并成立工作专班。组织工作专班，深入基层调研，积极与市场监管局对接，做好乡镇基层社全覆盖注册工作，力争通过搭建供销服务平台更好推动“三农”工作。同时加强与乡镇党委政府的沟通协调指导力度，确保基层社会建设得到乡镇的大力支持和配合。2022年，州供销合作社下达喜德县工作目标任务销售总额760.13万元，其中，农产品购进额44.52万元、农产品电子商务销售额31.8万元、农资销售额406.28万元。截至12月，销售总额完成845.41万元，超额完成全年任务。2022年，县级建立农业服务中心1个，13个乡镇全部完成基层供销社建设，建成俄尔则俄村村级供销社1个。选定原拉克乡供销社建设为基层社示范社、俄尔则俄村为村级供销社。根据2022年“两项改革”任务要求，在2022年选定红莫镇供销社升级为示范社，对其经营场所进行扩建、扩大经营范围，完成经营场所的重新建设，其他工作正在积极进行。主要从事农产品上行及工业品下行服务网点，集农村电商、快递物流为一体化的经营模式。供销社参股企业开展技术培训534人次。

【物流工作】 全面完成电子商务公共服务中心建

2022年12月26日，喜德县举行食用菌产业园建设项目签约仪式
（县商务经济合作和外事局/供）

2022年11月17—18日，喜德县2022年首届短视频与直播大赛成功举办
（县商务经济合作和外事局／供）

设。2022年，顺利通过国家级电子商务进农村综合示范项目州级验收；全面完成快递物流中转中心及三级物流体系建设。全县快递物流中转中心完成建设并投入使用，同时按区域重点打造6条县内物流配送主通道。2022年，全年收件数量2446385件，发件数量77382件，电商交易额突破1.95亿元。农村电商行政村数量170个，快递覆盖行政村数量85个，行政村快递覆盖率50%；电商人才培训体系更加完善。对全县相关工作人员、驻村干部、电商带头人开展电商培训，共培训16人次；短视频制作、直播带货水平再上新台阶。在阿里巴巴支持和帮助下，在全县陪跑一批电商人才，2022年，举办喜德县首届短视频、直播大赛；积极拓宽电商销售平台，2022年，支持和帮助3家企业入驻淘宝天猫店，全年农产品网络零售达4000万元以上，同比增长33%以上。

（撰稿：沙小杰／核稿：张燕琼）

财　政

【概况】 2022年，县财政局坚持以习近平新时代中国特色社会主义思想为指引，全面贯彻党的十九届五中、六中全会及省、州、县委全会精神，紧紧围绕县委、县政府中心工作，充分发挥财政工作职能，贯彻落实积极财政政策，始终坚持“稳字当头、稳中求进”工作总基调，凝心聚力、真抓实干，为全县经济社会发展提供坚实保障。2022年，喜德县财政局被凉山彝族自治州委办公室、凉山彝族自治州人民政府办公室评为2020—2021年度防艾工作先进集体，被州国资委评为2020年度国有资产统计及2021年度财务快报工作先进单位，凉山彝族自治州财政局通报表扬2021年度国有企业财务会计月度快报、会计决算工作及全州行政事业性国有资产报告编制工作，2022年度惠民惠农补贴资金“一卡通”工作、预算收支执行工作、财政信息报送工作。

【财政收入】 全年完成县级财政决算总收入289086万元，其中，地方公共财政收入14435万元，同比增加1130万元，增长8.49%；上级补助收入241661万元，债券转贷收入4757万元，调入资金6600万元。上年结余5666万元，调入预算稳定调节基金9967万元，东西部协作资金收入6000万元。

【财政支出】 全年实现财政总支出289086万元，其中，一般公共财政预算支出251232万元，同比减少10029万元，下降3.84%；政府性基金支出19976万元；债务还本支出4660万元。

【加强预算管理】 加强预算编制管理，抓好预算源头管控，对部门预算项目进行必要的修正与取舍，加大对重大改革、重要政策和重点项目的支持力度；结合重点领域发展规划和中期财政规划，根据项目轻重缓急以及财力状况，统筹安排重点支出。加强预算执行管理，抓好支出进度管控，明确预算资金执行进度及下达时限，把加快支出进度作为常态工作，每月初制订各股室当月支出计划，将支出责任落实到股室，以通报制度督促预算单位狠抓支出。同时优化支出结构，坚持“三保支出”“两个优先”的保障顺序，兜牢“三保”底线，全力保障民生等刚性支出。牢固树立过紧日子的思想，抓好“三公”经费压减，制定《2022年喜德县“三公”经费压减工作方案》，严格按比例压减“三公”经费。2022年压减“三公”经费55.74万元(其中公务接待费55.74万元)，压减比22.21%。加大民生领域投入，安排和配套30件民生实事资金，2022年，预算下达民生资金33009.04万元，实际支付32561.87万元，支付进度为98.65%。在保工资、保运转、保民生不留缺口的前提下，统筹资金安排森林草原防灭火经费9389.99万元、疫情防控经费2280万元、地质灾害应急抢险经费2248.47万元等刚性支出。

【财政改革】 全面推进预算管理一体化建设，按照省财政厅统一部署，强化组织保障，明确职责分工，积极开展预算管理一体化系统建设工作。完善预算编制、预算执行、预算绩效、会计核算、资产管理、政府采购等模块，将财政业务各流程和模块内嵌至一体化系统，促使喜德县财政管理模式和业务流程不断规范，科学化、标准化水平不断提高。全面推进财政电子票据改革，2022年，财政电子票据系统上线126家，使用财政电子票据单位98个，县人民医院电子医疗票据上线启用。票据入库145815份，出库144358份(核销68310份、未核销76048份)，库存结余1457份，涵盖公益捐赠、罚没、维修基金、医疗票据等众多领域，实现“数据多跑路，群众少跑腿”，切实打通电子票据落地“最后一公里”，为老百姓提供便捷服务。

【加强政府采购】 加强政府采购监管，梳理制定政府采购工作流程指导性文件，规范各单位政府采购行为。2022年，全县共备案政府采购120笔次，采购计划金额22668.13万元，完成采购106笔次，实际采购金额19525.55万元，节约率3%。积极响应政府采购脱贫地区农副产品推进乡村产业振兴工作，2022年，全县“832贫困地区农副产品平台”采购份额预算216.07万元，51个采购单位完成118笔订单，采购金额220.8万元，采购完成率为102%。

【规范投资评审】 充分发挥财政评审职能职责，不断提升财政评审质量、优化送审程序、严守评审标准，从严把控财评质量，提升财政资金使用效益。2022年，完成政府投资建设项目(概)预算评审项目99个，预算投资额79140.40万元，审定投资额75526.72万元，审减财政资金3613.68万元，审减率4.57%。

【财政存量资金管理】 严格按政策管理财政存量资金，建立财政存量资金清理、统筹、拨付、使用管理机制，统筹用于乡村振兴、社会发展等重点领域，逐步压缩存量资金规模。截至2022年年末，收回存量资金40176万元，其中，2022年收回单位自有存量资金7332万元，专户缴回6704万元，2021年以前收回部门存量资金26140万元。

【债券、债务管理】 2022年，县财政局争取债券资金10097万元(其中，新增专项债券10000万元、新增一般债券97万元)。安排用于成昆复线喜德西站站前广场及配套基础设施7300万元，殡仪馆二期建设1300万元，城镇老旧小区改造工程建设1400万元，地质灾害治理97万元，支持喜德县经济建设。加强政府债务管理，积极化解隐性债务。2022年计划化解任务数为4000万元，实际安排财政资金化解隐性债务4309.47万元，完成化解任务数的108%。

【助力乡村振兴】 按月召开专题研究会，精准安排项目，有力推进项目进度，形成实物量，为巩固脱贫攻坚成果助力。2022年财政衔接推进乡村振兴补助资金共投入48894万元。其中，中央补助资金41621万元、省级补助资金2933万元、州级补助资金1234万元、县级补助资金3106万元。实现支出47886.71万元，支付率97.94%。

【预算绩效管理】 加强预算绩效评价，预算绩效管理与目标绩效考核挂钩，强化绩效结果运用，真正做到事前有评估、事中有监控、事后有评价，切实管好财政“钱袋子”，拧紧资金“水龙头”。2022年完成2021年度州本级绩效评价8个问题整改，完成6个项目重点绩效评估工作和绩效运行监控，结合第三方机构力量，抽取21个单位19个项目、10个部门整体支出，开展绩效评价工作。

【国资国企管理】 加强行政事业性国有资产管理。修订完善《喜德县行政事业单位国有资产出租出借暂行管理办法》《喜德县行政事业单位国有资产处置管理办法》，明确与县机关事务管理局、农业农村局在行政事业性资产、村集体资产管理中各自的关系和对应的权力职责，为全县行政事业性资产的有效管理提供了保障。截至2022年12月31日，喜德县行政事业性资产总额为（账面净值，下同）741757.56万元，较2021年同期减少4.47%。负债总额33420.07万元，较2021年同期减少4.58%。净资产708337.49万元，较2021年同期减少4.46%。持续推进建设现代化国企，全面提升企业治理能力。推动国有经济布局优化和结构调整，做好整合重组以优化资源配置，引领县域经济高质量发展。加大国资国企监管力度，促进国有企业提升盈利能力。建立18项权责事项清单加强对企业党建、投融资、资产（产权）处置、人员安排等监管，推动劳动、人事、分配“三项制度”改革，激发企业经营活力。聚焦关键岗位人才，按照激励与约束并重、收益与风险共担的原则，建立任期绩效薪酬、延期支付和追索扣回机制，真正实现管理人员能上能下、员工能进能出、收入能增能减的机制。

【金融管理】 提升金融服务能力，优化发展环境。推进金融顾问服务，依靠金融顾问工作落地项目17个，促成融资金额4.84亿元。持续加强脱贫人口小额信贷，巩固脱贫成果。2022年，全县脱贫人口小额信贷累计贷款1.07万笔，贷款金额42124.97万元，累计贷款余额25488.94万元，其中2022年当年新增贷款1504笔，贷款金额7072.1万元。2022年，脱贫人口小额信贷累计贴息942.29万元，为巩固脱贫成果助力。

2022年11月4日，喜德县“清廉国企”建设工作动员部署会召开

（县财政局/供）

【惠民惠农补贴资金管理】 把持续深化惠民惠农财政补贴资金“一卡通”管理问题治理作为“我为群众办实事”实践活动的一项重要抓手，着力推动“一卡通”阳光审批平台建设，进一步加强对相关资金的监管，确保惠民惠农财政补贴资金每一分都用在群众身上。现有18个单位89个补贴项目通过惠民惠农“阳光审批”平台发放，平台上各项目年度资金计划及各单位、乡镇、村级人员的权限配置全面完成。2022年，平台录入资金计划43271万元，

2022年9月9日，县金融工作局组织县内金融机构开展2022年国家网络安全宣传周金融日活动（县财政局/供）

资金支付成功43079万元，余192万元结转2023年使用，支付率99.56%，惠及群众75.14万人次。

【财政监督】 多举措强化财政监督职能，组织开展预决算公开专项检查、公务员津贴补贴专项清理、“三项清理”制度、“6+4”专项复查等工作，对监督检查发现的问题，建立问题台账，压实预算单位部门责任，扎实推进整改落实，规范财经工作持续发展。强化专项检查与日常监管相结合，加大事前、事中、事后监督力度，加强资金安排、资金拨付等关键环节的约束，真正形成财政监督与财政管理的紧密融合，逐步形成对财政资金运行全过程的动态监控，提高财政资金使用主体对财政安全性的重视。

（撰稿：曾洁/核稿：杨鹰）

税 务

【概况】 2022年，县税务局始终坚持以习近平新时代中国特色社会主义思想为指导，深入学习贯彻党的二十大精神，立足新发展阶段、贯彻新发展理念、服务新发展格局，始终坚持党建引领，对标落实“四精要求”，围绕州局“12356”工作思路，圆满地完成各项工作任务，为服务地方经济社会发展作出积极贡献。

【机构及人员】 下设11个内设机构，即办公室、法制股、税政一股、税政二股、社会保险费和非税收入股、收入核算股、纳税服务股、征收管理股、税收风险管理股、人事教育股、信息中心；派出机构6个，即第一税务分局（办税服务厅）、第二税务分局、两河口税务分局、米市税务分局、尼波税务分局、红莫税务分局；另设2个机构，即机关党委（党建工作股）、纪检组。共有领导职数1正4副、1纪检组组长。2022年，在册干部职工79人，退休职工28人。

【税收收入】 全年地税组织各项税费收入55069万元，同比增长20%。其中，组织税收收入19161万元，同比下降3.3%。（县级收入9890万元）圆满完成州税务局和县委、县政府下达的收入目标；组织社会保险费和非税收入35908万元，同比增长38.7%。其中，社会保险费收入29471万元，非税收入6349万元，其他收入88万元。

【优化营商环境】 开展两会代表“话春风”座谈会。对深化税务系统“放管服”改革、优化税收服务、落实减税降费政策、建立税企双方沟通联络机制等问题进行广泛交流和探讨，为进一步创新服务、改进办税环境、加强政策宣传和为纳税人纾困解难奠定坚实基础。开展大走访活动。深入重点税源企业以及中小微企业问需解困，宣传国家支持企业发展的各项税收优惠政策。全年走访纳税人2000余户，收集问题11类41个。便民办税提档升级。通过大力推广电子税务局涉税事项办理，优化人员配置，维护办税大厅自助终端机，进一步提升“非接触式”办税缴费比例，压缩办税时间，切实增强纳税人满意度和获得感。2022年，税务局纳税人满意度测评在全省排名145位，较上年提高56位。

2022年12月15日，县税务局网格员通过“彝语＋汉语”双语的方式对网格内纳税人进行宣传、辅导 （县税务局/供）

【税收征管】 学习落实中办、国办《关于进一步深化税收征管改革的意见》和《全省税费征管方式转型升级意见（试行）》及州税务局工作要求。推动精细服务优化升级，实现了第一税务分局、纳税服务股、税费支持中心三合一的机构改革。安排专人负责数据质量管理，一年来从税务登记、税种认定等功能领域处理问题数据927条；依托征管质量5C监控评价指标，加大对税收征管质量全过程的监控预警，常态化开展数据质量管理工作，全年制发5C问题提示单35份，共8000余条数据。开展“数电票”推广工作，由税源管理分局成立专家团队，建立征纳互动平台辅导群，开展内部培训6次，全电发票知识测试2次，实现内部全覆盖强化培训。开展外部“面对面”线下宣传6次，宣传户数352户。利用纳税人学堂线下培训的方式依托辅导群向纳税人发送全电发票宣传辅导资料共200余人次。为扩大宣传面，与市场监督管理部门建立1个对接点位，向其提供各类型宣传资料1000份。

【税收服务】 对标落实“四精要求”，不断优化征管、办税缴费服务。探索税费矛盾调解新模式，建立“格西调解室”，打造“枫桥式税务分局”。推广征纳互动平台、电子税务局平台等，按要求开展电子税务局答复，咨询答复，全年77条留言咨询工单均得到及时答复和办结。配合县政务服务管理局，密切关注下发的任务清单，完成税务局的事项认领及录入工作，做好一体化平台建设工作。联合工商联开展“惠苗政策进万家”减税降费政策“百日”宣传、小微企业“助苗服务优体验”互动体验日、“百千万”等主题活动，层层推进“春雨润苗”专项行动。

（撰稿：陈青/核稿：米阿合）

审　计

【概况】 2022年，县审计局坚持以习近平新时代中国特色社会主义思想为指导，坚持“全面审计、突出重点”的要求，统筹安排，紧密协调，大力推进审计相关事项，履行审计监督职责。全年共完成审计项目31个，是年初审计项目计划（13个）的238%，超额完成任务。审计共查处各类问题132个，其中，管理不规范资金3004.35万元，违规资金595.54万元，为国家节约建设资金2041.45万元。提出审计建议63条，被采纳审计建议63条。向县纪委监委移送问题线索1件，涉及人员2名。

【主要职责】 贯彻执行国家有关审计工作的方针政策和法律法规，对县级财政进行审计监督和监督检查，维护国家财政经济秩序、提高财政资金使用效益，促进廉政建设，保障国民经济和社会健康发展。

对县管党政主要领导干部经济责任审计和自然资源资产离任（任中）审计。依法监督检查审计决定执行情况，督促整改审计查出的问题。指导和监督内部审计工作，组织开展审计专业知识培训学习和各种交流活动。完成县委、县政府交办的其他任务。

【财政审计】 全年对县2021年度财政预算执行及决算（草案）编制情况审计共发现问题6个，涉及违规资金124.56万元，管理不规范资金2825.66万元，提出审计建议3条。对县政府办和县民宗局部门预算执行情况审计查出问题21个，涉及违规资金112.38万元，管理不规范资金34.16万元，提出审计建议8条。

【重大政策审计】 为有效防范和化解重大风险，推动重大政策措施落实落地，重点审计涉企收费目录清单执行情况、罚没收入情况、切实减轻企业负担情况等相关政策措施工作落实情况。审计发现问题8个，涉及违规资金295.46万元，管理不规范资金59.16万元，提出审计建议6条。针对查出问题，加强对整改结果的审核把关跟踪审计查出问题整改情况，整改查出问题6个。

【基建外资企业投资审计】 加强政府投资项目审计监督。全年共完成项目13个，审计查出问题多计工程造价、建设流程管理不规范等问题24个，提出审计意见27条。2022年政府投资项目送审金额26563.57万元，审定金额19522.12万元，为国家节约建设资金2041.45万元。

【经济责任审计】 促进领导干部廉洁自律，“有权必有责、用权受监督、违法要追究”，规范权力运行，全年完成2人任期经济责任审计，共查出5类共25个问题，涉及管理不规范资金44.01万元，违规资金32.57万元。

【内部审计】 按照2022年政府投资建设项目，监督指导各单位内审机构完成政府投资项目37个，送审金额29284.13万元，审定金额27715.98万元，为国家节约建设资金1568.15万元。

【其他全覆盖审计】 关注生态环境保护，开展2名同志任期自然资源和环境保护责任审计，查出问题9个，涉及管理不规范资金22万元，提出审计建议4条；对4家单位开展领导干部重大事项集体决策及执行情况专项审计调查。审计查出问题20个，提出审计建议16条，有效增强各部门主要领导依法决策和民主决策意识，加强领导干部遵守重大事项集体决策的原则和政策法规的要求；对川西及攀西地区林草资源生态保护修复专项审计调查，审计查出问题6个，提出审计建议4条；对县艾防资金专项审计，审计查出问题5个，涉及违规资金30.57万元，管理不规范资金14.31万元，提出审计建议3条；对喜德县2019—2021年扶持壮大村集体经济项目资金使用及项目实施情况专项审计调查，审计查出问题8个，提出审计建议3条；对县红莫镇瓦西村2018—2022年村“三资”管理情况审计，审计查出问题6个，提出审计建议4条。

2022年6月28日，喜德县2021年政府投资建设项目前期费用使用情况专项审计调查见面会召开（县审计局／供）

【狠抓审计整改落实】 2022年，喜德县建立健全审计整改制度，聚焦审计整改，写好审计“后半篇文章”。梳理2018年以来审计发现问题，共计179个审计项目，488个问题，完成整改458个，未整改到位30个；形成衔接有力、配合有效的“大监督”格局，进一步提升审计监督效能。

（撰稿：阿加莫 / 核稿：彭晓彬）

统　计

【概况】 2022年，县统计局坚持以习近平新时代中国特色社会主义思想为指导，深入学习贯彻党的二十大精神，在县委、县政府的正确领导和州统计局的指导下，认真贯彻落实党中央、国务院关于统计工作决策部署，以提高统计数据质量为核心，为高质量发展和乡村振兴脱贫攻坚成效衔接提供统计支撑。2022年度，喜德县统计局荣获第七次全国经济普查州级先进集体、四川省实施女儿童发展纲要先进集体、2022年全省农业畜牧业统计监测调查先进单位等称号。

【统计服务】 始终围绕县委、县政府中心工作，充分发挥统计职能职责，为县委、县政府决策部署和全县社会经济发展提供有力的统计支持。做好统计监测分析。圆满完成GDP、工业、投资、服务业等专业季度和月度统计工作，按月或按季及时撰写统计分析报告。认真做好乡村振兴战略统计监测等新增工作。在全州工业和投资由负转正的关键时间点，加强工业经济和投资运行统计监测和分析研究。强化统计预测预警。月度数据在当月20日前，季度数据在当季最后一个月20日前，及时收集各方信息，形成预测材料送达县委、县政府分管领导。2022年，发布统计信息82篇、统计分析57篇，编辑印刷《喜德县2021年统计年鉴》。

【统计调查】 继续做好各专业统计数据的搜集、整理、录入、评估和及时上报；按时保质地完成全县工业、农业、商业、服务业、投资、劳动工资、综合、建筑业、基本单位名录、计算机等专业报表的年报和定期报表任务，抓好民营经济、妇女儿童“两纲”等方面的统计监测。认真抓好规上企业入库申报工作，确保统计调查工作正常有序开展。进一步强化对住户调查监测点的监督管理，加大培训力度，加强访户交流，加强宣传力度，不断提升辅助调查员的业务知识和调查户的支持配合力度。全力推进新一轮住户调查大样本轮换工作，按照规定的时间组织开展小区划分、地图绘制、编制住宅名录表、摸底调查，完成落实调查户开户、辅助调查员选聘和培训、调查户记账培训、1个月的试记账等工作。

2022年2月23日，喜德县召开2022年经济运行分析工作会

（县统计局 / 供）

【全国人口变动抽样调查】 根据人口变动抽样调查制度有关规定，全面完成光明镇拉克村第6、第7、第8、第9小区40户人口变动抽样填报录入工作。

【统计管理】 统计工作在转变职能

和职能归位中，从管理上提高对统计工作的地位和统计数据的权威认识，立足管理统计，把更多的精力放在强化统计管理上，依法行使统计管理权，行使好统计资料发布权，统计行政执法权，统计社会管理权，绩效考核评价权。

【依法统计】 通过党组中心组学习、全体干部职工学习会等多种方式，组织全局干部职工认真学习贯彻习近平总书记关于统计工作的重要讲话指示批示精神，以及中央《意见》《办法》《规定》《监督意见》等重要文件精神。通过“12·4”国家宪法宣传日、“12·8”《中华人民共和国统计法》颁布纪念日等时机加大法治宣传。将普法和依法治理工作纳入年度目标管理。通过一系列措施，进一步提升依法统计良好环境。扎实开展关于统计造假不收手、不收敛专项纠治工作，扎实开展统计数据质量核查工作，对纳入联网直报的规上工业、固定资产投资、限上批发零售业和住宿餐饮业、建筑业、劳动工资、规上服务业等152个相关单位和项目进行了现场核查，对发现问题立行立改及要求限时整改。全面清理入退库企事业和项目。对2个投资项目和1家限上批零住餐企业进行执法检查，责令1家违法行为轻微的企业进行整改。

【乡村振兴战略统计监测】 根据《四川省乡村振兴战略统计监测制度》要求，在全县开展2022年度乡村振兴战略统计监测工作，截至2022年年底，完成县、乡、村三级数据采集处理平台录入及审核。

（撰稿：罗玲 / 核稿：陈晓玲）

自然资源管理

【概况】 2022年，县自然资源局以习近平新时代中国特色社会主义思想为指引，以加强党的建设为切入点，以凸显规划引领作用为主线，以增强资源对经济社会可持续发展的保障能力和维护城乡居民自然资源权益保障民生为目标，最大限度地发挥资源的经济效益、社会效益和环境效益，积极主动地开展工作，较好地完成各项工作任务。2022年，喜德县自然资源局荣获全州安全生产先进集体、全州自然资源系统信访工作先进集体称号。喜德县人民政府获凉山彝族自治州2021年耕地保护目标考评先进县（市）政府、凉山彝族自治州2021年农村“房地一体”宅基地和集体建设用地确权登记目标考评先进县（市）政府称号。

【主要职责】 贯彻落实中共中央关于自然资源工作的方针、政策和省、州决策部署；会同有关部门起草地方性自然资源管理的办法、规章制度。按照规定权限，履行全民所有土地、矿产、森林、草原、湿地、水等自然资源资产所有者职责和所有国土空间用途管制职责。负责全县自然资源调查监测评价，全县自然资源统一确权登记工作，全县自然资源资产有偿使用工作，全县自然资源的合理开发和利用，建立全县空间规划体系并监督实施，统筹全县国土空间生态修复，组织实施最严格的耕地保护制度，管理全县地质勘查行业和地质工作，落实综合防灾减灾规划相关要求，组织编制并实施地质灾害防治规划，全县矿产资源管理工作，查处全县自然资源开发利用、国土空间规划等领域违法案件，开展有关行政执法工作，职责范围内的安全生产和职业健康、生态环境保护、审批服务便民化等工作，统一领导和管理喜德县林业和草原局，完成县委、县政府交办的其他任务。

【国土空间规划编制】 全面完成国土空间规划编制工作；完成第一批次2个乡（镇）级片区国土空间规划编制，初步完成第二批次3个乡（镇）级片区国土空间规划编制。

【耕地保护】 严格落实各级党委、政府耕地保护主体责任，健全耕地保护制度，多举措确保喜德县耕地保护43.70万亩的目标任务数。启动2022年耕地质量等别更新工作；完成喜德县"三调"后耕地流出情况调查分析工作；超额完成2021年、2022年恢复耕地工作。全面推进"田长制"，下达耕地保护党政同责考核指标，层层签订耕地保护责任书，确保耕地保护任务分解到乡（镇），耕地保护举措落地落实。有序推进农村乱占耕地建房违法清理整治工作。及时组织人员完成14491个农村乱占耕地建房图斑的外业调查。

【城乡建设用地增减挂钩】 持续推进城乡建设用地增减挂钩工作。全年完成尼波镇、北山乡、依洛乡3个城乡建设用地增减挂钩项目县级验收工作，取得334亩节余指标；完成冕山镇、贺波洛乡、鲁基乡等7个城乡建设用地增减挂钩项目县级验收工作，可取得700亩节余指标。顺利完成城乡建设用地增减挂钩试点项目国家级外业核查工作和2019年跨省调剂项目部级备案省级核查工作，较好地完成挂钩项目区国土变更调查工作。

【土地、矿产执法监察】 扎实开展卫片执法工作。全年完成2022年土地、矿产卫片共310个图斑的核查、合法性判断和系统填报工作。立案查处土地违法行为1宗，矿产违法行为1宗。形成部门联动巡查机制，清理整治喜德县违规乱建行为。其中自然资源部门共开展动态巡查177次349人次，下发责令停止违法行为通知书16份，拆除违法建筑16个，有效遏制喜德县新增违法建设行为。

2022年4月16日，喜德县耕地保护工作推进会召开 （县自然资源局/供）

【矿产资源勘探】 2022年，县内有花岗石、铁、铅、锌、白云石、大理石、玄武岩等矿产资源。矿（脉石英）探明储量达139.892万吨；铁矿探明储量达96.74万吨；白云石探明储量达1303.16万吨；玄武岩探明储量达976.61万吨；大理石探明储量1633.46万立方米。水资源理论蕴藏量38万千瓦，可开发量12.8万千瓦。根据2021年变更数据统计全县共有耕地44.43万亩，其中基本农田31.52万亩。

【矿产资源管理】 建立科学、规范、安全的矿产资源开发利用秩序，完成喜德县矿产资源勘查开采整治专项行动、"护安"2022专项行动、安全生产三年行动，完成喜德县境内117处长期停工停产的废弃矿洞的封闭。加强矿政审批登记管理，有序进行矿权管理。全面推行三级联网系统审批，完成县级登记2宗、转报州级登记1宗、整改4宗；对矿山勘查开采信息公示工作进行抽查，1宗矿山纳入异常名录；开展矿业权专项清理工作，通过挂网公告注销2宗县级颁证矿山。完成喜德县第四轮矿产资源总体规划（2021—2025年）方案，完成喜德县公塘子理疗天然矿泉水普查出让，全面推进喜德县尼波镇尼觉村玄武岩的出让工作。

【地质灾害防治】 全面开展汛前排查。汛前聘请专业技术队伍对地质灾害易发地段及重大地质灾害隐患点开展两轮排查工作。全年共排查地质灾害隐患点156点次，在建工程30点次，矿山56点次、交通沿线21点次、学校210点次、医院24点次、集中安置点204点次、电站28点次，落实107名地质灾害隐患点监测人员。编制完善地灾防治工作方案、预案。重新编制完善《喜德县2022年度地质灾害防治工作方案》《喜德县2022年地质灾害应急预案》，更新完善“三长两员”“三单四图”。全面推进地质灾害信息化建设项目。2022年新建监测预警设备246套（其中，补强设备57套、风险区189套），并完成部、省、州、县四级互联互通，进一步提高地质灾害隐患点及风险区预警预报能力。开展宣传培训和应急演练。累计开展培训982场次9132人次；累计开展演练828场次15519人次，涉及107处隐患点、18处在建工程，发放宣传资料3000余份。加快治理工程进度。全年共完成工程治理项目3处，1处排危除险项目。完成34户地质灾害避险搬迁工作，并组织验收。完成喜德县斜坡地质灾害隐患风险详查项目、5个重点乡镇1：10000地质灾害精细化调查项目、隐患点和风险区“双控”试点项目野外验收，12月底完成成果资料评审。严格值班值守。汛期以来严格执行24小时领导带班和值班值守制度，累计发布地质灾害气象风险黄色预警31次，橙色预警10次，发送地质灾害气象风险预警短信25350条，电话抽查6296人次。

2022年2月14日，县自然资源局联合相关部门开展尼波镇等3个县级城乡建设用地增减挂钩项目验收工作 （县自然资源局／供）

【土地市场管理】 2022年，处置闲置土地14宗，总面积29.01公顷。完成6宗土地“招拍挂”出让，面积总计57920.7平方米（约86.88亩），成交金额总计3014万元。完成州级调剂使用喜德县占补平衡指标3475.248亩，为喜德县增收土地指标交易款总计7233.91万元，喜德县财政到账6942.02万元。建设用地报件分为3个批次，涉及5个项目，总面积18.49公顷。办理用地预审及选址意见书35份。

【土地综合整治】 2022年，两河口镇、且拖乡、光明镇拉克村垦造水田项目3个项目通过县级初验，项目完成后可取得623亩水田指标；完成9个历史入库土地整治项目排查整治省级复核工作，备案面积共计310.93公顷，省级核减后保留123.78公顷。

【建设用地报征】 2022年，喜德县共报征农用地转集体建设用地项目一宗，为喜德县光明镇拉克农贸市场搬迁升级新建项目，用地规模为1.1147公顷，其中，农用地1.1147公顷（耕地1.1147公顷，不涉及永久基本农田），农用地转集体建设用地。

【不动产登记管理和调查确权】 分类优化不动产登记办理流程，减少办理环节，提高办事效率。2022年全县共完成不动产登记863件，其中，证书登记679件，证明登记184件，出具完成不动产查询2840件，协助司法机关办理不动产查封42件。加快推进喜德县“房地一体”农村宅基地和集体建设用地确权登记工作、有力推进自然资源统一确权登记工作。截至2022年年底，完成23个乡（镇）的县级阶段性验收（喜德县“房地一体”工作开展是在行政区划调整以前，且原东河乡未划转，故“房地一体”工作按照原24个乡镇进行），其中20个乡镇通过州级阶段性验收。完成52924宗农村宅基地和420宗集体建设用地的外业测绘、地籍调查、权属资料收集、公示，录入不动产登记信息系统11724宗，制证发放到户5278本，其中易地扶贫搬迁安置房5046本；按照分年度分类型的方式开展自然资源统一确权登记工作，完成喜德县探明储量矿山登记单元的外业调查，权属资料、内业整理和公示；完成3个国有林权和13条县管河流的确权登记政府采购工作。实施林权数据整合，进行历史林权登记。完成林权历史登记数据整合档案数据清理录入、数据落宗。

2022年10月24日，喜德县农村“房地一体”首证颁发仪式在且拖乡博洛村举行 （县自然资源局/供）

【生态保护修复】 全面完成东沟河、则约沟、拉克北矿段3个项目山水林田湖省级修复试点项目，绿化面积73.3万平方米，土地复垦7992平方米。启动喜德县历史遗留废弃矿山生态修复项目，项目总面积39.495公顷。完成喜德县境内矿山的生态修复专项行动和矿山巡检工作，建立矿山生态环境及土地复垦基金账户16个，存入恢复治理基金1000余万元，并与11家矿山企业签订三方监管基金协议书。正式启用“三调”及“三区三线”成果，划定生态保护红线87.055万亩，全面启动国土空间生态修复规划工作，并通过县级评审。

【机构改革】 全面完成自然资源所和执法监察大队改革。将原5个片区自然资源所优化设置为4个片区自然资源所，分别为喜德县两河口片区自然资源所、喜德县红莫片区自然资源所、喜德县米市片区自然资源所、喜德县光明片区自然资源所。坚持以人民为中心的发展思想，整合优化自然资源系统执法职能，统筹执法资源，强化执法力量，完善执法体系，将土地、矿政、国土空间规划和测绘等方面的行政检查以及相关的行政处罚、行政强制等执法职责进行整合，依托喜德县国土资源执法监察大队，组建喜德县自然资源综合行政执法队伍，喜德县国土资源执法监察大队更名为喜德县自然资源综合行政执法大队。

【强化作风建设和干部人才保障】 持续深化巩固作风建设，聚焦土地整治、地灾防治等重点领域，组织开展“作风建设年”“学习提升年”“清廉机关建设”“窗口腐败”问题等专项行动，开展警示教育、开设廉政党课加强干部教育管理，着力纠正“四风”，提升服务水平，深化“放管服”改革，优化营商环境。选优配强各股室力量，加强干部轮岗交流。全面加强自身建设。立足自然资源系统实际，分别确定2021—2023年为作风提升年、学习提升年、能力提升年，持续在全系统掀起比学赶超、人人争先的学习狂潮，全年召开党组会议31次，中心组学习会议8次，召开专题组织生活会1次，党风廉政及反腐倡廉会议13次，党建月会12次，组织广大党员认真学习“书记讲党课”“党员开会了”“书记龙门阵”等活动、开展自然资源业务、国家安全等各类讲座4期。用好用活“清单制”管理办法，第一时间贯彻落实州局、县委、县政府工作安排，确保直达基层、直抵一线、直接惠民。

（撰稿：张丽/核稿：勒古子布）

市场监督管理

【概况】2022年，县市场监督管理局坚持以习近平新时代中国特色社会主义思想为指导，紧紧围绕县委、县政府中心任务和决策部署，紧扣省、州业务工作目标，以深化“放管服”改革为着力点，创新监管方法手段，发挥市场的力量，创造良好的营商环境和消费环境，激发市场主体的活力，为喜德经济高质量发展提供支撑。2022年度，喜德县市场监督管理局荣获凉山彝族自治州2021年度民营经济发展工作先进集体、凉山彝族自治州2022年度政务办理工作先进单位等荣誉称号。

【机构及人员】内设办公室（行政审批股）、食品综合监督管理股、药品医疗器械综合监督管理股、市场规范管理股、企业信用管理股（民营经济发展股）、标准计量与质量安全监管股、知识产权规划发展股7个机构。下设城关、冕山、两河口、红莫、米市、洛哈、北山、尼波8个基层监管所（副科级）；一个事业参公单位，即喜德县市场监管综合行政执法大队；两个事业单位，即喜德县食品药品快速检验检测站和喜德县保护消费者权益委员会秘书组。喜德县市场监管局机关核定行政编制14名，基层监管所核定编制24名，8个所长（副科级实职）；综合执法大队核定编制22名，大队长1名（按副科级配备）；事业编制13名。全局实有公务员27人，参公14人，事业12人，机关工勤2人。

【主要职责】主要负责喜德县市场综合监督管理。组织实施食品药品安全、质量强县、标准化和知识产权战略，拟订并组织实施全县食品药品安全等规划，规范和维护市场秩序，营造诚实守信、公平竞争的市场环境；负责喜德县市场主体统一登记注册、综合执法、市场秩序、食品安全监督管理、食品安全监督管理综合协调，统筹指导全县食品安全工作；贯彻执行国家有关药品、医疗器械和化妆品监督管理的方针政策和法律法规、负责麻醉药品、精神药品、医疗用毒性药品、放射性药品及戒毒药品的监督管理；负责广告、商标、知识产权的监督管理；负责计量、特种设备安全、标准化的工作；负责民营经济发展监督管理工作；负责宏观质量管理，拟订并组织实施质量发展的制度措施；负责质量监督管理工作，推进质量强县和品牌发展战略；负责市场监督管理科技和信息化建设、新闻宣传；承担省、州政府公布的有关行政审批事项；完成县委和县委、县政府交办的其他任务。

【食品安全监管】贯彻落实食品安全“两个责任”工作，建立包保主体台账，包保到人，签订食品安全责任书与任务承诺书。开展冷链食品、“两超一非”食品、粮库粮食安全、“长江禁捕”、学校疫情防控和食品安全等专项检查。全年检查684户，查获过期变质等食品235千克，没收无证猪肉120.9千克，1批次不符合预包装食品，下达责令整改通知书31份，监督意见书182份。召开喜德县2022年学校大宗食品配送单位约谈会1次。查封扣押128千克准备低价将猪肉销售至学校食堂的劣质猪肉。全年共完成省、州级食品抽检44批次，县级食用农产品监督抽检160个批次，不合格10个批次。完成县级普通食品抽检100批次、校园及周边食品专项抽检36批次。完成农产品质量安全例行监测抽样检测达46批次，合格率100%，完成粮食抽检20批次。

【非洲猪瘟疫情防范】以冷链食品为重点，对县境内15家冷链冷冻食品经营户、餐饮服务单位、7个冻库进行5次专项检查。开展农贸市场猪肉安全专项检查10余次，没收无动物产品检疫合格证明、肉品品质检验合格证的猪肉120.9千克。联合县教体科局开展学校食品安全专项检查，查封扣押128千克准备低价将猪肉销售至学校食堂的劣质猪肉。

【食品安全防范体系建设】 修订和完善《喜德县食品安全事故应急预案》，制定《喜德县2022年食品安全重点工作》《喜德县党政领导班子成员食品安全责任清单》等，确保喜德县食品安全体系完整。开展喜德县2022Ⅳ级食品安全事故应急演练，突出风险管控、全面夯实责任，在演练中检验《喜德县食品安全事故应急预案》，进一步强化底线思维，锤炼一支作风扎实、训练有素、战斗力强的食品安全应急处置队伍。

【食品监督管理】 贯彻落实食品安全监管“党政同责”，先后召开专题会议9次，专题研究部署全县食品安全工作、学习等会议。把食品安全工作纳入县委工作重要议事日程，纳入县委常委会向全会报告工作的内容，纳入乡镇党委书记述职内容。落实县、乡、村三级党委、政府食品安全监管职责，将食品安全监管与乡村振兴相结合，纳入“四好”创建，与全县13个乡镇签订食品安全目标责任书。与县检察院建立“两法衔接”长效机制，联合公安、检察院等部门对从事食品行业开展专项整治，依法查处食品安全违法违规行为。县委、县政府、县人大主要领导多次深入学校、市场等开展食品安全调研及疫情防控工作。贯彻落实食品安全“两个责任”工作，建立包保主体台账，包保到人，签订食品安全责任与任务承诺书。

【餐饮安全监管】 全年完成对全县81所学校食堂的春、秋季学校食堂专项大检查，校园周边食品经营店168余家，共下发责令整改书21份，监督意见书182份，召开喜德县2022年学校大宗食品配送单位约谈会1次。对县境内300余户餐饮服务单位开展专项检查，严厉打击不落实冷链食品进货查验、消毒等主体责任的违法行为。结合“长江禁捕、打非断链”的要求，对100余户火锅店、中餐店、烧烤店等开展线上线下一体化执法，严禁采购、销售和加工非法捕捞渔获物，严厉打击虚假违法广告行为，严查违反国家“十年禁渔”政策要求的食品经营违法行为。

【食品安全隐患整治】 对大型商超、食品批发部、农村食品店分片区开展专项整治，对“两超一非”食品（超范围、超限量、非法添加食品添加剂和非食用物质）、“三无”食品（无厂名、厂址、生产日期）、过期变质食品、不符合安全标准食品、宣称特殊功能的普通食品以及特殊食品虚假宣传、欺诈销售等违法行为进行重点查处。联合公安局、泸州老窖酒厂、牛栏山知识产权打假人员对喜德县境内19家烟酒专卖店、超市销售的泸州老窖、牛栏山系列产品进行检查。查获30瓶泸州国窖、15件牛栏山，涉嫌侵犯注册商标专用权，对商品进行扣押并做调查，案件移送公安机关。

2022年2月23日，县市场监管局执法人员在县城农贸市场开展猪肉安全专项检查 （县市场监管局/供）

【有机产品认证示范】 持续推进省级有机产品认证示范区（县）创建工作，2022年是创建省级有机产品认证示范区（县）的第三年，喜德县共有7个产品已经拿到有机转换证书，并于2022年度过转换期，尚有5个产品正在进行认证工作。经企业申请，省上专家认证，帮助2家企业完成水、土抽样和指导申报资料准备。对现有的14家有机生产企业进行监督检查，对发现的问题及时要求企业进行整改。

【地理标志证明商标】 深入实施商标品牌战略，喜德燕麦、喜德水蜜桃、喜德乌金猪获得地理标志证明商标。2022年正在申报喜德花椒、喜德油橄榄、喜德球盖菇，提交国家商标总局。共新申请商标85件，注册商标80件，全县共有注册商标207件。

【药械监督管理】 深入开展药品、医疗器械、化妆品、保健品等专项整治行动，全县药品经营单位、医疗机构、化妆品等监督检查覆盖率达到100%。全面落实37家零售药店“互联网＋智慧监管”工作，完成12家企业药品经营许可证信息变更，新增3家许可工作。

【质量安全监管】 严格落实企业安全主体责任，实施特种设备使用单位集体约谈。积极开展小水电站专项整治工作，落实对28家特种设备使用单位日常监管工作，整改隐患15个。高效管控产品质量安全，对县内工业产品质量县级抽检42批次。建立强检计量器具台账，检定在用1000余台计量器具。

【注册登记监管】 鼓励市场主体通过四川省政务服务网、“一窗通”平台、手机App“营商通”实施全程电子化登记。全面完成市场主体年报工作，新增1081户市场主体登记工作。

【民营经济发展】 全面完成市场主体年报工作，引导个体户转企升级24家。全年调解消费投诉39件，挽回经济损失共计18439.33元，销毁假冒伪劣商品价值11500元。

（撰稿：邱阿明／核稿：马强）

国有投资

【概况】 2022年，县国投公司紧紧围绕县委、县政府工作要求，以科学发展观为统领，以服务县政府经济工作为大局，以加强投融资平台、资产经营管理、基础设施建设等工作为主线，提高国有资本配置和运行效率，优化国有经济布局，增强国有经济活力、控制力、影响力和抗风险能力，放大国有资本功能，实现国有资产的保值增值，为县域经济发展注入新的活力，为全县经济社会全面持续健康发展作出贡献。公司注册资本为51194.02万元，2022年12月末，公司资产总额138546.07万元，负债总额76201.58万元，净资产总额（所有者权益）62344.49万元，资产负债率55.00%；营业总收入504.30万元，净利润总额649.72万元，净资产收益率1.04%。2022年应交税费总额92.52万元，已实缴64.77万元。上缴2022年度国有资本收益300万元。

【机构及人员】 内设办公室、财务部、投融资部、资产管理部、工程管理部5个部门。陆续组建7个全资子公司、4个控股公司和4个参股公司。总公司及全资子公司现有在职员工86名，临聘人员13名。总公司在职员工25名，临聘人员2名，借用行政事业单位工作人员5名。党支部书记兼董事长1名，总经理1名，职工董事1名。

【主要职责】 以科学发展观为统领，以服务县政府经济工作为大局，以习近平新时代中国特色社会主义思想为指导，以加强投融资平台、资产经营管理、基础设施建设等工作为主线，提高国有资本配置和运行效率，紧紧围绕中心工作，主动作为、奋发有为，做到与党委政府的工作同频共振、同向而行，进一步提高国有资本配置和运行效率，优化国有经济布局，增强国有经济活力、控制力、影响力和抗风险能力，放大国有资本功能，实现国有资产保值增值，为县域经济发展注入新的活力，为全县经济社会全面持续健康发展作出应有贡献。

【巩固脱贫攻坚成果与乡村振兴衔接工作】 2022年，县国投公司为喜德县脱贫攻坚项目累计承接易地扶贫搬迁长期贷款资金105323.35万元，为全县安全住房建设、基础设施建设、产业建设等工作提供资金保障。2022年度，承接中央财政易地搬迁长期贷款贴息资金2262万元。大力开展帮扶工作助力乡村振兴有效实施。国投公司对喜德县洛甘村进行帮扶，开展宣传森林防火知识、移风易俗条例、防汛防地灾知识、疫情防控知识、控辍保学等工作。

【土地增减挂钩项目】 2022年实施的城乡建设用地增减挂钩项目完成申报面积2580余亩，开展住房建设624套，安置点住房封顶320余套，累计完成固定投资申报7.7亿余元，完成拆旧复垦3530余亩。其中，第二期项目取得指标确认函508.7亩，复垦1300亩，固投完成2.29亿元。第三、第四期项目锁定参与农户3768户；完成拆旧复垦2019.15亩；计划建新点17个，开展鲁基乡、冕山镇等15个安置点建设工作，完成住房封顶320余套；申报固定投资5.3亿余元；完成指标确认333.9645亩。第五、第六期项目于2020年10月经县政府批复立项，批复立项面积11782.5亩，节余指标8247.75亩，包含37个子项目，涉及全县22个乡（镇）、160个村，涉及农户12000余户。启动贺波洛乡等3个子项目的拆旧复垦工作及依洛乡前期农户意愿签订工作，累计完成复垦200余亩。

【喜德县政务服务中心项目建设情况】 喜德县政务服务中心项目位于光明大道南段，母语广场东侧，滨河大道北侧。总规划用地面积为10750.00平方米，约16.14亩，土地性质为（A1）行政办公用地，计划总建筑面积5323平方米，建筑基地总面积2187平方米，总建筑密度20.34%，总绿地面积3230平方米，总绿地率30.05%，停车位88个，设置2台电梯、2个梯步。确定四川建科工程建设管理有限公司为喜德县政务服务中心方案设计编制单位。

【京泰温泉佳缘小区建设项目】 完成京泰温泉佳缘小区项目施工设计、审图、工程量清单及预投控制价、用地环境评价、招标控制价评审工作和项目施工、监理招标及签订项目施工合同、监理合同。于2022年12月底开工建设。

【安宁河现代农业硅谷建设项目】 凉山安宁河现代农业硅谷科创芯城投资开发有限公司（以下简称“农科芯城公司”）于2022年4月成立，是经州委、州政府“中国凉山·安宁河现代农业硅谷”建设领导小组研究决定，由州农投集团、西昌市国资公司、冕宁县国投公司、德昌县国投公司、喜德县国投公司5户州、县两级国有企业共同出资组建。按照五方公司签订的出资协议，喜德县国投公司出资6000万元，占股6%。为推进安宁河谷G5科创示范带与安宁河谷“农文旅养”示范带建设，打造主题鲜明的西喜（西昌—喜德）种养循环集群发展示范区，喜德县国投公司秉持着大局服务意识，全力以赴该项目的投资建设，不断助推西喜经济建设维稳发展。

【新诚建材公司】 2022年，新诚建材公司累计生产混凝土12.74万立方米，试验室取样检测1800余次。混凝土合格率99.8%。实现产值5669.97万元，营业收入5831.47万元，利润总额1915.30万元，其中净利润1409.26万元。截至2022年年底，公司资产总额7197.48万元，负债总额4771.34万元，所有者权益总额2426.14万元，负债和所有者权益总计7197.48万元，资产负债率66.29%。

【城市公交公司】 2022年，城市公交公司职工总人数36人，公交车辆8辆，营运线路3条。全年共完成客运量150余万人次，营运里程达33万余千米。全年公司资产总计20.48万元，负债合计464.91万元，所有者权益-444.43万元。总收入157.09万元，总支出352.42万元，净利润-195.33万元。公司全年未发生一般以上事故，全年安全形势平稳。旅客意见处理率100%，乘客满意率96%。

【汽车运输公司】 2022年，汽车运输公司现有31条营运线路，车辆共计214台，其中，包括县际班线车辆1台（39座大型营运车辆喜德至越西线路）及7台中型中级车辆（30座中型中级车辆喜德至西昌线路，7台车具体由冕宁县客运公司驻西昌办事处代管），农村客运车辆206辆，其中，中型中级车辆达15辆（30座车辆喜德至泸沽、泸沽至喜德线路），小型中级车辆（19座）4辆，余下187辆为7～8座小型普通级车辆。2022年公司营运收入106.83万元，支出120.63万元，实现利润-13.80万元。

【人力资源公司】 2022年，人力资源公司营业成本为3018254.52元，营业利润为1718659.83元，负债12252.62元。招聘13名保洁员对公共租赁住房小区的环境卫生进行清扫及管理；与重庆市北碚区园林市政建设公司、国康建材公司、瑞隆公交公司、县级相关部门签订劳务派遣协议，共派遣200余名工作人员开展相关工作；协助国投公司及舒子乐莫合作社完成冕山洛发现代种养循环农业园区种植基地和基础设施建设；成立喜德县大仓农业有限责任公司，为助推乡村振兴，发展喜德现代绿色农业、畜牧业、食用菌等产业作出应有的贡献。

【组建农业公司和建筑公司】 随着县城市建设、乡村振兴等工作的深入推进，用于城市基础设施建设、农业综合开发、水利设施等工程的投资不断增加。根据县委、县政府的工作安排，喜德县出资成立喜德县大仓农业有限责任公司、收购四川中天恒泽建筑工程有限公司作为公司下属二级公司。

【资产管理工作】 公司依法依规对1053套廉租房、200套公租房、60间经营性门市、客运汽车站等资产进行管理。公司代收廉租房租金175.36万元，公租房租金27.37万元，门市租金32.63万元，合计235.36万元。

（撰稿：罗建丽 / 核稿：翁古合加）

农旅投

【概况】 2022年，喜德农旅投有限责任公司以习近平新时代中国特色社会主义思想及党的十九大精神为指导，以乡村振兴为统领，通过金融控股，产业投资和国有资本运营“三大平台”打造，构建农业产业化、畜牧产业化、金融、基础设施建设“四大板块”，努力将农旅投公司发展成为引领社会资本，助推县委、县政府新战略的重要“抓手”。喜德农旅投有限责任公司，于2016年10月18日挂牌成立，是喜德县人民政府出资设立的国有独资有限责任公司，主要从事投融资、资本运营和资产经营管理，实行独立核算、自主经营、自负盈亏。县财政投入资金1000万元，公司注册资本为人民币1亿元。

【机构及人员】 公司下设办公室、财务股、投融资股、项目工程股、综合股5个部门，公司下辖喜德昌盛城投有限责任公司、喜德兴农供销经营有限责任公司、喜德忠慈建材有限公司、喜德艾家物业有限责任公司4家全资子公司，以及与四川国泰工程管理咨询有限公司合资成立喜德众诚工程管理服务有限公司，其中农旅投控股占股60%，四川国泰工程管理咨询有限公司占股40%；入股喜德县国有投资发展有限责任公司子公司喜德县新诚建材有限公司，喜德农旅投有限责任公司占股24.99%。公司现有职工41人，包括县政府任命的董事长和总经理2名高管，公司所有职工均为大学专科以上学历，占职工总数的100%。

【喜德县“彝人老家”旅游扶贫小镇建设项目】 2022年，喜德县完成漆器东路及拆迁高压铁塔处路基路面，完成道路路灯安装调试，完成母语广场地下管网、展览馆、水磨石、部分雕塑等施工，项目完成总形象进度约97%。

建成投用的喜德西站站前广场项目　（喜德农旅投公司/供）

【喜德县山水林田湖项目雨污分流二期工程】 为保护环境，减轻环境水体污染，改善县城人民居住环境，提升县城整体形象，在县城基础设施建设同时，同步建设雨、污水管网系统。项目总投资金额8912.66万元，建设内容为新建箱涵截面为5米×2.5米的矩形人工排水渠共4810米，新建新旧城区雨污管道3500米。项目建成后，将极大改善老城区雨水排放及彻底解决新城区发生内涝可能性的问题。于2022年7月竣工验收，12月进行项目审计。

【喜德县乡村振兴人才技能实训基地项目】 该项目为2022年喜德县新建项目，建设内容为用地面积11302.37平方米，其中，地上总建筑面积9159.11平方米，地下室建筑面积1923.26平方米，地埋式附属建筑面积200平方米等。总投资6026万元。于2022年6月24日开工建设，施工总进度达到60%。

【喜德县成昆复线喜德西站站前广场及配套基础设施项目】 项目实际总投资为8518.64万元，项目总建筑面积约78594平方米，新建地下室、商业平台、站前广场配套道路、停车场、桥梁、广告位、打造彝族老家彝元素风貌及广场智能化建设等附属设施，于2022年3月施工，12月竣工验收。

【喜德县殡仪馆二期建设项目】 项目建筑面积2537.97平方米，其中，悼念厅1123.56平方米、骨灰暂存室360.33平方米、综合服务大楼1054.08平方米，项目建设场地道路、围墙、挡土墙、冷冻柜、骨灰寄存架等设备。项目总投资2700万元，于2022年3月开工，12月竣工。

【喜德县冕山镇雨污分流二、三级管网建设项目】 项目总投资808万元，项目主要建设内容为建设相应排水沟2570平方米、疏通排水沟500米、新建地下化粪池15个、改建化粪池25个、道路管网（雨污水）9000米、围墙及土石方工程等。项目于2022年8月20日入场施工，12月竣工验收。

【冕山镇新桥村产业路改建项目】 该项目建设性质为改建，喜德县冕山镇新桥村产业路改建项目路线全长约965米，宽8.0米（0.5米硬路肩+3.5米行车道+3.5米行车道+0.5米硬路肩），涵洞2道；改造桥梁3座；项目总投资1353万元，于2022年8月26日进场施工，12月竣工验收并移交。

【喜德县贺波洛乡跃进村产业路边坡治理项目】 该项目整体采用“桩+主动防护网的支护形式”，包含建设内容为主动防护网546平方米、桩间网喷206.45平方米、排水沟130平方米、C30护壁桩1062立方米等。于2022年9月开工，12月竣工。

【喜德县且拖乡村振兴产业园建设项目】 新建综合服务中心4000平方米，生态停车场5000平方米，稻菜轮作产业基地207亩，玉菜轮作产业基地1000亩，粮果套种产业基地1个，彝汉民族团结村1项，孙水河生态景观修复工程1项等，项目预计总投资9575万元。项目一期投资2300万元，于2022年9月进场施工，一期工程量达约70%。

【喜德县光明镇吴哈村土地整理暨垦造水田项目】 项目区所围面积28.1247公顷，其中，参与本次整理的地类为水田、旱地、农村道路、沟渠、田坎，建设规模28.1247公顷。于2022年11月开始施工，年内竣工验收。

【喜德县城镇老旧小区改造建设项目】 项目总投资1.8亿元（其中专债1亿元），通过完成整体方案设计，制定相关领导小组及工作专班，立面改造部分现正在挂网，正在开展前期工作。

【喜德县文体中心建设项目】 喜德县文体中心项目包括三馆三中心，即文化馆、美术馆、图书馆、人防宣教中心、应急指挥中心、融媒体中心。项目规划建设净用地面积13353.63平方米（20.03亩），总建筑面积18100.0平方米，地上建筑面积12895.94平方米，其中，人防宣教中心1375.8平方米、文化馆（含美术馆）3056.1平方米、图书馆4211.56平方米、应急指挥中心1516.96平方米、融媒体中心2677.52平方米。地下建筑面积5204.06平方米，其中，附属库房806.22平方米、设备用房724.98平方米、地下车库3672.86平方米。并配套建设广场、室外给排水、供配电系统、绿化等室外公用工程。项目建成后，容积率0.96，建筑密度33.12%。项目总投资14490.3万元，项目完成招投标，2022年年内施工。

【国有资产管理情况】 截至2022年11月30日，公司合并资产86893.87万元，其中，应收账款2845.63万元、固定资产97.08万元、无形资产483.125万元；负债67559万元，其中，应付账款1410.4万元、长期借款21358万元（包括彝人老家项目贷款16550万元、冕山洛发农商行贷款1200万元、冕山洛发农发行贷款3608万元）、专项应付款（即财政下拨的各项专项资金）35323.86万元；所有者权益19334.88万元，其中，实收资本1000万元、资本公积17909.68万元、未分配利润246.63万元，2022年度向喜德县财政局缴纳国有资本经营预算收入300万元；全年累计营业收入2362.98万元，累计营业成本2059.43万元，利润总额269.27万元。累计销售砂石34.1万方，砂石销售收入2069.55万元，缴纳税金138.07万元，砂石毛利润504.11万元。

（撰稿：雷雷智喜 / 核稿：余飞）

烟草专卖

【概况】 2022年，县烟草专卖局（分公司）紧扣“强党建、防风险、炼队伍、稳产业、增内涵”的工作方针。形成“1233”的工作思路，重新定位喜德烟草；以“担提转”主题教育实践为抓手，加强干部队伍建设，推动生产经营持续健康发展，全年总体稳中有进，各项目标任务高质量圆满收官。全年销售卷烟3800.64箱，收购烟叶2万担，完成率100%，实现税利5948.79万元，同比增长12.11%。“三项”费用687.02万元，执行率99.33%。

【机构及人员】 内设科室7个，即办公室、综合科、财务科、烟叶科、市场营销科、安全科、专卖科；烟叶临时收购点3个，即红莫烟叶收购点、鲁基烟叶收购点、冕山烟叶收购点。截至2022年年底，在岗干部职工39人，其中，局长1人、副局长1人，副经理2人；科室负责人7人，烟叶临时收购点负责人3人；工作人员25人。

2022年，喜德县在6个乡（镇）21个村22个组种植烟叶8400亩

（县烟草专卖局/供）

【烟叶生产】全年种植烤烟8400亩，烟农146户，售烟收入2846万余元，户均收入19.49万元，上等烟55.09%、中部烟59.25%，均价28.47元/千克，同比增长0.64元/千克；收购历时48天，在全州率先收官。烟田实际种植率达99.53%，拓展新烟区500亩，实现单产2.55担/亩，新烟区拓展取得阶段性成功。利用县政府乡村振兴衔接资金共143万元，完成行业30座散建烤房基建，155座旧烤房维修，烟叶烘烤有保证。评定职业烟农68户，推广生物质烤房45座，开展"烟+荞"茬口种植4500余亩。年初对75个中棚烟苗彻底整改、确保品种纯度；打造三级示范片11个；加强烘烤培训，烘烤损失率降到6%以内。优供给。全面实行收购主评员考聘上岗、质量巡察、反馈及问责制度；全面实行精准收购工作、日均收购约416.67担，2022年首次实现均衡收购。

【卷烟营销】全年单箱销售收入3.51万元，超年初目标209元、同比增长1000元、增幅2.98%；销售川烟1164.29箱，川烟占比为30.63%，超全州平均水平0.56%；销售宽窄系列233.91箱，增幅39.23%，增幅排名全州第一，宽窄主销规格销售202.19箱，集中度86.44%，集中度全州第一；全年月度销售吻合度排名全州第二。凝神闯关写好网建"拉分题"，全力以赴做好终端建设。累计建设一般现代终端91户，建设数字门店23户，全烟品扫码1户，超额完成全年建设目标。齐心协力破解品牌"创新题"，履行好品牌培育"第一职责"。2022年年初，确定"3+X"重点培育品规，结合"最美品牌宣讲员"等活动促培育。五粮醇香销售增幅排名全州第一。务实担当做好服务"重点题"，做好市场服务。召开线上线下客户沟通培训会10场次，覆盖面100%；抓住重点品规、重点客户、黑名单按周摸排；停业整顿违规的客户2户，加强真烟异常管理。

【专卖管理】加强队伍建设，专卖岗位实现有序调整。通过与州局专卖科、县公安局等部门沟通协作，联合执法，将两个专项行动抓出成效，专卖大案要案实现突破。全年共查获三烟违法案件28起，2406.2条，5万元以上大案件4起，涉案金额29.65万元，上缴罚没款8.14万元。首次查处网络假烟案1起，查获劣质烟实物1249条，涉案总金额172.26万元，逮捕3人，判刑3人，其中，判刑3年以上7年以下1人，判刑7年以上2人。

（撰稿：李全鑫/核稿：张植）

金 融

农业银行

【概况】2022年，中国农业银行喜德县支行坚持以习近平新时代中国特色社会主义思想为指导，认真学习党的二十大精神，增强“四个意识”、坚定“四个自信”、做到“两个维护”，坚持党建统揽工作全局，统筹做好新冠肺炎疫情防控和支持经济社会发展各项工作，扎实推进党的各方面建设，认真贯彻“从严治党、从严治行”。聚焦全面推进乡村振兴、服务实体经济、防范化解金融风险三大任务，持续抓实“三农”服务、普惠金融、队伍建设等工作。支行在2022年全州综合绩效考核排名第二。

【机构及人员】现有营业网点5个，其中，人工网点2个、自助网点3个，金融服务空白乡镇网点3个（李子支行、且拖支行、则约支行）。在职人员49人，其中，少数民族员工39人，占比79.59%；党员24人，占比48%；大专以上学历45人，占比91.84%。

【主要业务指标】截至2022年年末，支行贷款业务：贷款余额156356万元，较年初增长22350万元；其中，对公贷款余额127222万元，较年初增长10727万元；个人贷款余额29133万元，较年初增长11623万元。2022年11月投放通威喜德光伏项目贷款9318万元，积极支持喜德县重大项目建设。存款业务：各项存款余额186764万元，较年初下降2301万元，对公存款余额75513万元，较年初下降10720万元；储蓄存款余额111032万元，较年初增长8914万元。

【乡村振兴服务】2022年，支行聚焦巩固拓展脱贫攻坚成果，用好信贷规模，围绕脱贫人口、特色产业、招商引资重点项目和公共服务项目，加大“富民贷”推广力度，加快惠农e贷投放，确保金融精准帮扶贷款持续增长，脱贫贷款增长完成计划、国家乡村振兴重点帮扶县贷款增速高于全省平均增速。年末，支行贷款余额156356万元，较年初增加22350万元；其中涉农贷款144836万元，涉农占比92.63%；贷存比77.36%，远高于50%；惠农e贷余额2.07亿元，较年初增加9326万元。

【帮扶工作】2022年，支行选派2名优秀干部从事驻村工作，积极协助塔普村“两委”开展工作，助力发展；支行所有党委班子成员和中层正职确定为帮扶责任人，人人有帮扶对象，积极开展帮扶工作。捐赠5万元用于塔普村村委花椒园水库修建，助力产业发展。深入帮扶村开展帮扶工作调研，与帮扶村开展党建结对帮扶活动，在森林草原防灭火期间给贺波洛塔普村森林草原防灭火工作帮扶经费及物资，进一步增强帮扶力量，延伸和拓展帮扶工作内容。聚力专项帮扶，充分发挥“兴农商城”平台作用，深化拓展消费帮扶行动。

【普惠金融】2022年，支行成立“青年突击队”，上门了解企业金融需求，通过上门服务为企业送去金融产品；走进山区为特殊客户群体提供特殊服务，提升客户金融幸福感。定时在3个空白乡（镇）网点开展金融服务，改善空白乡（镇）服务环境，提高服务质效。

（撰稿：阿牛尼哈 / 核稿：阿西体则）

农村商业银行

【概况】2022年，凉山农商银行喜德支行坚定以习近平新时代中国特色社会主义思想为指导，以深入学习宣传贯彻党的二十大精神为主线，认真贯彻党的二十大和中央、省委、州委、县委经济工作会议精神，围绕喜德县“打造一核、发展一带、开发一片、带动全县”的发展规划，加大信贷投放、提升服务质效，助力巩固拓展脱贫攻坚成果同乡村振兴有效衔接，推进全面建设社会主义现代化喜德，助推地方经济稳定发展。

【机构及人员】 凉山农商银行喜德支行本部设有综合管理部、业务部、运行管理部3个部室。现有职工90人，其中，在编在岗员工63人、退休职工26人、离岗退养职工1人。现有营业网点10个，其中，城区网点2个、乡镇网点8个（包括3个定时定点服务网点）。

【地方财税贡献】 2022年，农商银行喜德支行各项存款余额22亿元，各项贷款余额8.05亿元，存贷款规模达到30亿元，市场份额占全县3家金融机构近5成。2022年已缴纳各项税金356万元，为县内纳税企业减费让利80万元，切实担当起农村金融主力军银行、地方金融主力军银行、普惠金融主力军银行重任。

【机构网点遍布城乡】 加快便民金融服务体系建设，构建唯一能覆盖县、乡、村三级的金融服务体系。现有营业网点10个，占全县同业的66.67%，撑起全县银行业网点的“半壁江山”；10个营业网点中，7个基本网点分别位于光明镇、冕山镇、两河口镇、尼波镇、红莫镇和米市镇，3个定时定点服务网点位于沙马拉达乡、洛哈镇、鲁基乡，实现普惠金融服务全覆盖。布放离行式CRS自助设备23台、POS机22台、EPOS机77台，实现全县102个村（社区）的助农取款点全覆盖。在岗员工66人，占全县同业的48.53%，派驻驻村干部2名，聘请“金融联络员”102名，组成一支“懂农业、爱农村、爱农民”的金融工作队伍。

【助推帮扶村增收致富】 层层压实帮扶责任，推动帮扶村产业发展增收致富。向派驻的2名驻村工作队员细化帮扶措施，构建主要领导亲自抓，分管领导具体抓，驻村人员细致抓的工作格局。严格做好防火防汛减灾工作。购买价值2万余元的防灭火器材和物资，坚持干部员工下沉一线，班子成员和帮扶人员轮流到包片责任村巡山和夜间巡逻，严格按照值班表值班值守，切实把森林草原防灭火和防汛减灾工作当作一项重要政治任务，确保了全体村民人身和财产安全。认真贯彻实施全县农村人居环境整治“百日攻坚”行动方案。为司金村购买垃圾桶、扫帚等清洁用具，购买4万余元的米、油、洗洁精、床上用品四件套等物资，入户送温暖和奖励“洁美家庭”。改善帮扶村食堂条件。购置厨房用具，冰柜、煤气灶、电饭煲等价值万余元的日常生活配套物资。积极开展“消费帮扶”。为帮扶对象购买价值1.2万元的肥猪。

【助力乡村振兴】 贷款投放县域最多，有力支持地方经济社会高质量发展。始终秉承服务地方经济，支持当地经济发展的宗旨，在投放巩固脱贫攻坚贷款上下足功夫，自脱贫攻坚工程启动以来，累计发放脱贫贷款11931户2.97亿元，现有余额2.37亿元，占全县同业的87.92%；累计发放生源地助学贷

2022年3月21日，凉山农商银行喜德支行到沙马拉达乡开展“我为群众办实事送金融知识下乡”活动（县农商行／供）

款3104户6741笔4498.43万元，现有余额4145.72万元。在助力乡村振兴，大力支持地方产业发展上铆足干劲，发放农户小额信用贷款13601户，贷款余额3.27亿元，农户贷款用信覆盖面高达55%，发放个体工商户贷款233户5735.85万元。截至年末，各项贷款较年初净增1.86亿元，这些贷款全部投放在喜德县域，是本地投放贷款最多的银行。做足乡村振兴规划。将产品、服务、队伍全面嵌入喜德县乡村振兴总体规划，出台《支持乡村振兴战略十五条措施的报告》《关于开展2022年“乡村振兴——进村入户”农户基础信息采集工作的报告》。计划未来五年，向喜德县乡村振兴领域投放贷款10亿元，全力做好乡村振兴金融支撑。

【助力实体经济高质量发展】 2022年，喜德县紧紧围绕“农业升级、工业转型、文旅突破、基础夯实、治理有序、文明幸福”新发展格局，大力推进“同城化”发展格局。加大新型农业经营主体贷款投放，扩大农户贷款覆盖面。向全县新型农业经营主体投放贷款3亿元，推动新型农业经营主体健康成长、发展壮大。开展“乡村振兴——进村入户”信息采集工作，让百姓“少跑路”，完成信息采集102个村、覆盖面达100%，采集农户32196户、覆盖面达90.32%，评级授信达20亿元。加强重点客群金融服务，创新涉农金融产品。以“蜀信e贷”为抓手，向全县公职人员授信1065户、授信金额1.5亿元，用信409户、贷款余额4695万元。与省州农担公司合作，发放“乡村振兴银担贷”担保贷款300万元，破冰新型农业经营主体融资难担保弱的难题。

【守住防止返贫底线】 持续加强对脱贫不稳定户、边缘易致贫户的后续金融支持，至年末，完成原分片包干10个乡镇、85个责任村、9750户建档立卡贫困户的信息采集、评级授信公示工作。累放脱贫小额贷款11931户2.97亿元，现有贷款余额2.37亿元，全年新发放579户2643万元，逾期脱贫小额贷款112.02万元、逾期率0.56%。

【支持大型项目建设贷款】 发放全州第一笔土地增减挂项目贷款（东日土地整理有限公司贷款4000万元），累计发放土地增减挂钩项目贷款1.6亿元；发放冕山镇洛发村精准扶贫养殖基地建设工程项目贷款2500万元；发放新能源光伏发电项目贷款（喜德县钟顺骄阳新能源开发有限公司1000万元）；发放全州第一笔“债贷结合”项目贷款1200万元（喜德殡仪馆二期项目贷款）；发放喜德阳光温泉酒店发放装修升级项目贷款4000万元，有力支持重点企业发展壮大，着力促进喜德县经济健康可持续发展。

【勇担绿色发展责任】 严格落实“碳达峰、碳中和”工作要求，及时调整信贷支持重点，加大对绿色产业、绿色企业的金融支持。发放喜德县鲁基乡新一代特高效农林牧光互补分布式光伏示范实验电站项目贷款1000万元；北山乡风电项目3.07亿元、玛果梁子风电项目贷款7.2亿元贷款已通过省联社风险咨询。

（撰稿：赵其英 / 核稿：沈绍云）

人民财产保险公司

【概况】 2022年，中国人民财产保险股份有限公司喜德支公司始终坚持以习近平新时代中国特色社会主义思想为指导以不断提升服务人民群众的保险需求为工作出发点和落脚点，以深入开展服务“三农”为契机，严格按照机关效能建设的标准抓好业务经营管理，广泛服务社会各个阶层和人民，坚持合规经营、诚信为本、乐于奉献、取信于民、赢取客户这一工作理念为各项业务保持良好的发展势头奠定基础。全年公司共实现保费2628万元整，缴纳各项地方税收85万余元，全险总赔款金额1987

万元，较好地完成上级下达的经营目标，为喜德经济建设作出应有的贡献。

【机动车辆保险】 2022 年，各类机动车（包括摩托车、拖拉机）保有量达到 3600 余台，保费 463.65 万元，赔付金额 277.59 万元，赔付率达到 59.87%。

【校方责任险及学生保险】 2022 年，全县承保学校 64 所，保费收入 78 万元，赔款金额 22 万元；学生参加投保 5.1 万人，总保费 310.41 万元，赔款 166.82 万元，赔付率 53.74%，有效减轻学校与受害者家属因疾病及意外发生的经济补偿纠纷。

【政策性农业保险】 深入贯彻落实中共中央、国务院及省政府有关发展农业保险文件精神，以保护受灾农户合法利益为目的，以开展水稻、玉米、马铃薯等种植业和生猪能繁母猪养殖业保险为主要内容，带动其他经济作物及整个农村商业保险。全年能繁母猪承保 0.88 万头，保险费 79.27 万元，赔偿金额 96.90 万元，育肥猪承保 10.48 万头，保费 461.41 万元，赔偿金额 77.15 万元。政策性种植业，水稻承保 0.96 万亩，保费收入 13.81 万元，赔偿金额 0.00 万元。玉米承保 4.58 万亩，保费收入 78.33 万元，赔偿金额 20.9 万元。马铃薯承保 2.79 万亩，保费收入 51.78 万元，赔偿金额 0.00 万元。其中，中央政策性以奖代补试点保险，育肥猪价格保险，承保 6.5 万头保费收入 715 万元，赔偿金额 779.27 万元。地方特色保险，花椒承保 0.2 万亩，保费收入 18 万元，赔偿金额 18.5 万元。肉牛承保 80 头，保费收入 5.84 万元，赔偿金额 4 万元。烤烟承保 0.84 万亩，保费收入 42 万元，因暴风、冰雹、洪水等灾害影响造成部分烟笼受损，赔偿金额 86 万元。

【经营管理】 不断调整保险产品结构，拓展服务领域，努力夯实发展基础，强化管理，切实保护被保险人利益，促进保险业又好又快发展。全面落实党中央、国务院、人民银行、银保监会、乡村振兴的系列决策部署，以强烈的政治感和历史感发挥中央骨干保险企业的组织优势和头雁作用助力喜德县巩固拓展脱贫攻坚成果与乡村振兴有效衔接。

（撰稿：加多阿洪 / 核稿：加多阿洪）

邮储银行

【概况】 2022 年，中国邮政储蓄银行喜德县支行以习近平新时代中国特色社会主义思想为指引，全面贯彻党的二十大精神，树牢“四个意识”，坚定“四个自信”，坚决做到“两个维护”，深入学习中央、经济工作会议精神，认真落实集团、总行、省行、州行工作会议要求，围绕“转方式、优质量、守底线、防风险、可持续”方针，坚持“规范为前提、需求为导向、状态为优先、可持续发展为追求”，扎实开展各项业务，巩固脱贫攻坚成果，助力乡村振兴。

【机构设置】 截至 2022 年年末，邮储银行喜德支行共有对外营业网点 2 个，内设机构 2 个，全行共有职工 16 人，其中，长期合同工 14 人、劳务派遣 2 人；配置行长 1 人。

【主营业务情况】 截至 2022 年年末，邮储银行喜德支行存款业务：全年各项存款 16474 万元，较年初增长 4522.68 万元，对公存款 7569 万元，较年初增长 3925 万元；个人储蓄 8905 万元，较年初增长 597.88 万元。贷款业务：全年个人贷款余额 8878.64 万元，较年初上升 328.23 万元，其中，再就业担保贷款余额 1216.39 万元，较年初上升 309 万元。收入利润：全年实现业务收入 768 万元，全年实现利润 32 万元。

【综合管理】 贯彻落实集团公司发展策略，通过学习中央、省、州委经济工作会议和总行、省行、州分行工作会议精神，落实邮储银行“不忘初心、牢记使命”主题教育巩固提升和“强基固本”质量提升工程，深入推进基层党组织“共建、共享、共进”主题活动，牢记“不忘初心、牢记使命”为人民服务的宗旨。牢固树立“合规无借口，执行是关键”的合规理念，进一步巩固和提升全员内控合规意识，促进合规经营。通过各项措施使县邮储银行风险水平评价一直保持在“A+”类型。

【助力乡村振兴】 积极调研当地创业、就业市场，主动联系当地政府主管部门，建立风险补偿机制，落实创业、就业贷款政策，服务小微实体经济。为让群众迅速知晓政策，印制创业担保贷款宣传单入街入商户和进村入户宣传，在营业网点LED屏滚动播放，在厅堂内布放易拉宝展架，利用州局制作的创业担保贷款MD宣传片进行微信转发等方式进行宣传。同时积极对接县退役军人事务局、县农业农村局、县林业局、县科协、县妇联、团县委以及花椒协会、生猪协会等相关单位业务微信群进行宣传，提高信息对称性。截至2022年年末，累计发放返乡创业担保贷款93笔，金额1462万元。

【安全保卫】 有效发挥技防、物防、人防的联动作用，采取外联内引等多种宣教形式，着力营造安全文化氛围。教导员工不断增强安全保卫的意识与技能。抓好网点安防设施的达标工作。切实加强与公安、消防的沟通，认真抓好日常安全管理工作，查找漏洞、及时完善，防患于未然，全面提高综合治安防范能力，2022年全年无案件发生。

（撰稿：张志斌 / 核稿：禄军）

2023
交通通信

交通运输

【概况】 2022年，县交通运输局紧紧围绕县委、县政府中心工作，以乡村振兴交通基础设施建设和行业监管服务为重点，以全面实现通乡通畅、通村通畅、畅返不畅（3个100%）及乡镇、建制村通客运车为目标任务。大力推进交通基础设施建设、优化公路路网结构、落实党风廉政责任制，扎实推进交通运输各项工作。截至2022年12月，全县公路里程达3383.77千米，其中，国道550线51千米，省道218线113.4千米，县乡道166千米，村道825.3千米，组道772.26千米，森林草原防灭火通道1305.81千米，脱贫攻坚产业路150千米（旅游、矿山、风电等专用公路113千米）。

【交通基础设施建设】 全年交通基础设施建设以乡村振兴为契机，大力推进全县农村公路建设，建成喜德县拉克乡源泉村至贺波洛乡补尔村公路20.4千米改建项目；建成喜德县瓦吉木至尼波火车站公路14.347千米改建项目；建成贺波洛乡塔普村通村公路2.825千米改建项目；建成19千米通组硬化路；建成公路安防工程173.25千米；建成喜德县两河口大桥至尼波镇尼波村（两河口大桥至沙马拉达段）公路改建7.071千米；建成喜德县乡村振兴光明镇沙洛村二组铁索桥改建项目完成李子乡大兴村至红杉嘴通组硬化路（李子乡工业园区公路）2.3千米建设项目工程量的50%；鲁基工业园区对外交通公路工程8.794千米，完成可研编制，并将可研报告递交州交通运输局、州发改委等州级部门审核；喜德县李子乡洛乃格村至红莫镇桃园村公路改扩建工程9.081千米取得项目立项批复和水土保持方案批复，完成施工图编制，正在进行图纸审查，相关林地报件正按省林业和草原厅要求，重新完善上报中；完成金西高速公路初步设计县级相关部门及企业征求意见收集工作。

【运输管理】 全县有专业运输企业3户，即喜德县汽车运输有限责任公司、喜德县小相岭客运出租汽车有限责任公司、喜德县瑞隆公共交通营运投资建设有限责任公司，三级汽车客运站一家，即喜德县汽车站。全县共有营运车辆489辆，其中，客运车辆206辆、客运出租汽车65辆、公交车8辆；营运货运车辆210辆，总吨位2465吨。全县共有汽车维修专业户28户，其中，一类维修户1户、二类维修户9户、专项维修业户13户、摩托车修理5户。全年完成社会客运量674万人次，旅客周转量6682万人千米；货运356万吨，货物周转量29843万吨千米。全县有农村客运班线29条，覆盖13个乡（镇），102个建制村；临县跨县班线2条，共计31条客运班线。发往泸沽15班、西昌15班、越西1班，共计31班次，其他县内农村短途客运车辆实行滚动发班。

【路政执法】 为进一步加强公路路政管理日常工作和安全工作，更好地保护公路路产路权，全年对冕中路、泸苏路、喜贺路、喜热路路域环境进行清理，累计巡查里程达8700余千米。依法依规打击各类非法经营行为，全年共出动执法人员2982人次，执法车辆685辆次，检查各类车辆3236辆次，查处91起一般案件、执行91起一般案件，查处234起简易程序案件、执行234起简易程序案件，有效规范了道路运输市场秩序。

【农村公路养护】 2022年公路养护工作在抓好日常养护及安全管理工作的同时，进一步强化公路日常巡查及应急保通工作，汛期积极协调资金进行水毁恢复及烂路整治，保障全县乡村振兴建设运输正常需要。全年，整修路肩边坡63千米；处治路面裂缝、坑槽、车辙、松散、沉陷等公路路面病害20余处，完成路面修复1123平方米。实施应急抢通工程8次，出动各类机械车辆18台次，清理土石塌方2000余方，整治水毁路段15千米。同时，督促乡镇加强对380个农村公路管护员（公益性岗

2022 年度建成两河口大桥至沙马拉达段公路 7.071 千米　　（县交通运输局 / 供）

位）管理，切实做好农村公路管护工作。并按要求选聘落实 380 名困难群众参与农村公路管护，乡村公路管养工作逐步走向正常化和规范化。同时，促进易地扶贫搬迁集中安置点困难群众就业增收。

（撰稿：阿胡哈古 / 核稿：袁凌霄）

公路养护

【概况】 2022 年，县公路养护事业发展中心坚持以习近平新时代中国特色社会主义思想为指导，认真贯彻落实党的二十大精神，紧紧围绕公路养护中心工作，以“办人民满意公路”为目标，以 G550、S218 两路喜德段为重点，牢固树立安全发展理念，强化红线意识和底线思维，着力加强对干线公路养护管理的组织领导，不断提高公路养护管理水平，较好完成各项目标任务，公路管理各项工作再上新台阶。全年承担公路管养里程 80.442 千米，其中，国道 550 喜德段 20.044 千米、省道 218 小山至冕山段 19.098 千米、喜热路 41.3 千米。2022 年喜德县公路养护事业中心养护生产工作在全州被评为二等奖。

【机构及人员】 2022 年，喜德县公路养护事业发展中心内设办公室、财务股、养护股、工程股、安全股 5 个股室。下设 4 个养护站（冕山、联合、两河口、登相营），1 个机化班；下设领导机构：1 正 2 副，主任 1 名，副主任 2 名；现有干部职工 54 人（临时工 21 人），专业技术人员 5 人；下设养护道班 2 个、机化班 1 个。

【公路养护】 国、省干线公路的“风貌工程”，以

2022 年 5 月 16 日，县交通运输局工程建设质量服务中心督导光明镇沙洛村二组悬索桥改公路桥建设　　（县交通运输局 / 供）

巩固脱贫攻坚成果有效衔接乡村振兴为契机，以创建精品线为标准，以标美路建设为龙头，以国道550、省道218、喜热路三路喜德段为重点，大力开展创建活动，推进环境治理。全年整修路肩边坡400千米、清扫路面1999.8万平方米、清洗波形护栏15千米、疏通边沟115千米、维修边沟106千米、维护绿化路段62.1千米，养护绿植辛夷花2950株、红叶楠2896株、雪松1434株、大叶女贞1460株、桂花（大）1株、桂花（中）297株、桂花（小）104株、银杏41株、蓝花楹11株、鸡爪槭23株、紫叶李31株、红花檵木30株、红叶石楠2348株、三角梅1574株、大叶黄杨123.8平方米、满天星369.7平方米、麦冬2032平方米、马尼拉草皮铺种703.2平方米、撒播格桑花94525平方米，基本实现"畅安舒美"目标。2022年，共投入"保通工程"资金40余万元，处治路面裂缝、坑槽、车辙、松散、沉陷等公路路面病害528处，完成路面修复1923平方米；累计清理桥隧、涵洞450道，清除堵塞物496立方米，运用新工艺新型桥梁伸缩缝专用密封胶治理13座桥梁伸缩缝；实施应急抢通工程26次，出动各类机械车辆59台次，清理土石塌方690立方米；在州中心资金扶持下，对瓦基莫的7处挡墙及路基进行修护。开展公路基础数据库及电子地图更新完善工作，明确熟悉软件系统的专人负责维护更新，做到操作人员相对稳定；开展公路环境治理联合行动4次；开展县域内砂石厂专项治理、干线公路养护作业、汛期公路应急抢通、公路安全和环境卫生宣传等联合协作行动6次，有力保障公路养护工作的顺利开展。

2022年9月7日，国道G550新联三岔口路段修补路面作业现场

（县公路养护中心/供）

【安全生产】 成立1个应急抢险分队，储备砂石10吨，运输车辆2辆，工业盐10吨，用于冬季冰雪路段融雪；开展桥隧和涵洞安全检查19次，维修马鞍山桥梁桩基；维修冕山道班、且拖道班班房存在的漏雨、电力线路；在温泉大桥三岔口路段4个路口设置斑马线及菱形标示，在新桥、登相营累计安装减速带3道；设置标志标牌18块，派出机械32个台班，运输车辆30个台班，人员96人，清除坍、落石2300余立方米，确保道路的畅通，行人、行车安全。

（撰稿：潘凤/核稿：吉克莫哈）

邮　政

【概况】 2022年，喜德县邮政分公司在省、州分公司和县委、县政府的正确领导下，认真贯彻落实各项工作要求，以服务地方经济，服务民生为己任，不断完善服务功能，拓展服务范围，紧紧围绕全年各项目标任务以及认真履行社会普遍服务义务，积极转变理念，强力推进改革，推动各项工作取得了新业绩：规范生产，创新思路，强化支撑，实现喜德邮政各项业务持续健康发展。

【机构及人员】 中国邮政集团有限公司四川省喜德县分公司内设2个职能部门（市场营销部、综合办公室)、下辖6个支局、1个投递组、17个邮政所、3个金融网点。截至2022年年底，从业人员74人(含外包人员和业务委托人员39人)，其中，A类员工21人、B类员工6人、劳务用工8人、业务委托31人、外包8人。

【经济规模】 2022年，业务收入计划为1433万元，截至12月底，完成业务收入1489.07万元，完成年收入计划的103.90%；实现各项业务稳定增长。

【代理金融业务提质增效】 截至2022年12月，储蓄余额达到71795.69万元，同比增幅10.77%，全年未发生资金案件和通信质量事故。全年将代理金融业务视为重点业务，领导带头全力营销，多方挖掘市场，通过“开门红”“储保双冲刺”“淡季不淡”等营销活动，全力发展代理金融各项业务。

【寄递业务平稳发展】 截至2022年12月31日，完成寄递业务收入113.86万元，其中，特快收入完成41.63万元、重点行业收入11.2万元、农村市场收入5.2万元、快递包裹51.83万元。分管领导亲自带队拜访当地农产品种植基地和电商户，洽谈寄递合作，达成线上销售和寄递的意向。狠抓服务质量，做好土特产旺季农产品包裹收寄发运工作，多建揽收点；要凝聚全公司之力，尽快做大规模，占领市场的主导地位；加强投递能力建设，落实营揽投合一人员配备，全面开展平常邮件大提升活动，坚持质量第一，效益优先，坚定不移把高质量发展的根本要求落实到邮政发展的全过程。

【邮政分销业务助推乡村振兴】 继续将分销业务作为公司重点增收增效业务来抓，抢抓旺季，助推乡村振兴。力争完成州公司下达的任务目标。以现有的“高山蜂蜜、喜德大红袍花椒、紫乌洋芋、荞麦粉”等种植施肥跟进销售。全年在川工带川货，助力乡村振兴直播活动中，在邮乐网上总共销售2423单，坚持以卷烟销售为主线，统筹各项分销业务，截至2022年12月31日累计完成分销商品收入287.23万元，州公司下达基本目标232万元，完成计划目标123.81%，卷烟销售收入229.56万元。

（撰稿：沈宏英 / 核稿：王松）

电　信

【概况】 2022年，中国电信股份有限公司喜德分公司在州公司的正确领导下，在县委、县政府的大力支持和扶持下，积极探索和开拓用户需求与企业发展的新思路。通过以党建统领、云改数转为抓手，进一步解放思想，转变观念，凝心聚力，以规模价值发展为中心，以改革创新为动力，以服务质量为保证，聚焦用户需求，助力脱贫攻坚与乡村振兴的有效衔接。

【网络保障】 截至2022年12月31日完成新建基站32个(含高铁隧道覆盖13个)、优化补点1.8G基站1个；新建分路箱46个、端口188个；新建光缆65.05千米，其中中继光缆新建5条41.2千米。完成全州第二次森林草原防灭火“三化”建设现场拉练会保障，完成2022年贺玻洛乡跃进村森林草原防灭火应急演练通信保障，完成二十大通信安全的保障工作。

【业务服务】 喜德电信分公司经营电信基础业务、云网业务、天翼手机、宽带、ITV、监控业务及电信增值业务。强力宣传和打击网络通信诈骗。分公司把服务工作作为重点工作来抓，公司总经理亲自抓、层层分级负责，形成合力，狠抓用户投诉处理，建立多处爱心驿站帮助弱势群体，免费发送森林防火宣传短信和防诈短信7.10万条。

【经营管理】 加快网络大提速工作，发挥网络优势，实现提速降费，实现天翼、有线宽带、电信电视的全面发展，业务发展方式更加灵活多样，一切以用户为中心，提升服务质量，大力发展农村区域网络，喜德县电信分公司积极承担社会责任，主动承担通信扶贫工作。

【服务乡村振兴】 努力做好乡村振兴工作，对帮扶村开通电信有线和无线网络并持续做好脱贫攻坚工作，2022年，捐赠扶贫资金9.5万元，积极开展贫困户“以购代捐”活动。

（撰稿：梁勇 / 核稿：任友刚）

移　动

【概况】 2022年，中国移动喜德分公司在县委、县政府的大力关心和支持下，始终秉承以“人民为中心”的思想，践行央企的责任担当，在打造精品网络、提供优质服务、保障安全生产等方面均取得可喜成绩，圆满完成省、州公司各项工作任务。通过“无处不在”的信息通信网络，创造“无所不能”的业务应用，以更好的产品与服务引领和满足移动化、宽带化、信息化的市场需求，不断改善社会生活和工作方式，实现卓越服务新突破，市场发展的新跨越，喜德移动积极发挥网络强国、数字中国、智慧社会主力军作用，为巩固脱贫攻坚成果与乡村振兴有效衔接贡献移动力量。2022年缴纳税金超60万元，公司自1999年成立至今，累计缴纳税金达4200万元以上。

【网络建设】 截至2022年年底，中国移动喜德分公司共建成2G、4G和5G基站共计444个。2022年新开通基站85个，解决20个偏远区域弱覆盖点位，13个城区高负荷区域，全面按时完成普服7期7个基站建设，开通普服8期基站4个，行政村4G覆盖率达到100%，行政村5G覆盖率93.45%。新建农村区域宽带建设70个点位，行政村宽带覆盖率达到100%。4G网络实现全覆盖，并建成家庭宽带小区600余个，分纤箱3670余个，为5万余户家庭提供数字光纤服务，家庭宽带接入能力大幅度提升。

【市场营销】 全年实现收入近7200万元，保持增幅在8%以上，移动手机客户超6.8万人、家用宽带客户超1.5万户。

【5G网络建设】 以“打造本地领先的5G精品网”为目标，投资重心全面转向“新基建”。开通50个5G基站，实现主城区连续覆盖、重点乡镇区域覆盖。普及“新体验”，引领5G惠民应用“走在前列”，加速5G“融入百业、服务大众”，确保客户5G体验感知领先。打造全新千兆上网体验，推动5G“双千兆”体验升级，打造全新智慧产业应用，与各企事业单位联合打造一系列领先的5G示范应用。2022年，全县5G用户到达2.9万余户。

2022年5月12日，喜德移动分公司开展保障通信畅通应急演练

（喜德移动公司 / 供）

【履行社会责任】 全年参与信息保障10余场，出动应急车辆20台次，

保障通信畅通。喜德移动建设卫计专网平台超过17家，解决城区医院及乡镇卫生院健康医疗平台信息化。坚决保障各级政府通信畅通高效，积极提供大数据、“5G+”信息化产品支撑相关部门疫情防控和决策部署，保障各级政府云视讯会议60余场，为全县13个乡（镇）单位提供云视讯高清会议系统。开放5G远程诊疗平台，为定点收治医院开通5G远程视频、监控系统，实现远程多方会议、远程问诊等功能。助力企业复工复产，向全省客户提供“远程课堂、云视讯、5G红外成像”等一揽子应用，其中，为城关小学、民族中学、喜德中学、民族小学等7所学校重点区域提供红外热成像超50套。为全县66所学校建成“校园食品安全”及一键报警平台，建成5所中考考场视频监控。

【通信应急保障能力】 2022年，喜德移动分公司积极参与喜德县各类抢险及通信保障工作，累计出动抢险人员40人次、抢险车辆8辆次、应急通信车6辆、油机12台，确保喜德县应急抢险救援指挥部的通信畅通。

（撰稿：邓霞／审核：谯霞）

2023

社会事业

教育 体育 科技

【概况】 2022年，县教体科局以习近平新时代特色社会主义思想为指引，深入学习贯彻党的二十大精神，继续进一步推进以县域为主的教育高质量发展，强化行政管理和教学科研，突出寄宿制标准化管理，贯彻落实国家职业教育政策，加大校长和教师队伍建设力度，狠抓教育教学质量，大力发展学前教育，强力推进基础教育深化改革，促进各类教育持续、协调、健康发展。教育、体育和科技工作取得显著成效。

【机构及人员】 下设办公室（安全股）、人事股、计划财务股（基础建设股）、科学技术股、基础教育股、体育股、县人民政府教育督导室7个行政股室；设立县委教育工委、县委教育工作秘书组、语言文字工作服务中心，共有行政编制7个，参公编制3个，事业编制62个，在编在岗71人，其中，正科级领导干部1人，非领导干部2人，副科级领导干部3人；参公人员3个，事业人员62个。截至2022年秋季，全县共有各级各类学校81所，其中，幼儿园26所（含民办9所，其中普惠性民办幼儿园6所）；小学47所（含民办3所、小学教学点12所）；初级中学3所，九年一贯制学校3所（含民办1所）；完全中学2所。在校学生51734人（含民办6070人），其中，学前教育9288人（其中村幼1803人、民办2726人）；小学26065人（其中民办2655人）；初中12200人（其中民办689人），高中4181人。全县教职工共计3020人（其中在编人员2131人），其中学前教育教职工430人，其中在编幼儿教师124人、保育后勤196人、另有一村一幼辅导员349人；小学教职工1500人，其中，在编1253人、合同制教师77人、帮扶支教5人；中学教职工695人，其中，在编447人、合同制教师149人、帮扶支教6人、高薪聘用6人；普通高中教职工395人，其中，在编307人、帮扶支教21人。

【教材发行】 喜德县新华书店积极为教育提供优质服务，2022年共发行义务教育阶段中小学免费教材906593册，码洋5492158.65元；高中教材103704册，码洋940705.45元。

【学前学普】 全国政协农业和农村委员会副主任，中国扶贫志愿服务促进会会长刘永富一行1月到喜德县调研学前学普工作，对喜德县工作给予高度评价。2022年一年级学生普通话监测（全员）合格率达到99.87%，学前儿童普通话监测（全员）合格率达82.11%；按照省、州要求从2022年7月补发辅导员工资和绩效（工资由原先的2000元涨到3000元，绩效由原先的200元/（人·月）涨到400元/（人·月）；年度开展幼儿教师及辅导员培训485人次，其中，14名幼儿教师县内流动跟岗培训，15名幼儿教师及辅导员赴什邡市跟岗学习培训；继续通过加强幼教点、幼儿园和辅导员的管理，促进辅导员和幼儿教师普通话教学水平不断提高，推普意识增强，进一步推动学普工作健康发展。

【控辍保学】 充分认识抓好控辍保学是巩固脱贫攻坚成效衔接乡村振兴的重要举措，协同发力，攻坚克难，形成抓控辍保学“全县一盘棋”的良好工作局面。在宁波海曙帮扶资金的大力支持下，新办喜德县相岭中学，从根本上解决喜德县部分辍学时间较长的学生劝返复学难题；按照全州部署实施控辍保学动态监测系统（人脸识别系统）；2022年，实现全县脱贫户、监测户“零辍学”的目标。

【国家考试】 2022年全县参加高考人数1268，普通高校录取1158人，录取率91.32%。参加高中阶段招生考试考生3937人，较上年增加949人，高中录取1470人；大小凉山彝区“9+3”免费教育录取665人，圆满超计划完成州下达招生440人的计划；“3+2”五年制教育招生录取196人；三年制中

2022年1月27日，喜德县控辍保学工作安排部署会召开

（县教体科局/供）

职教育录取106人；浙江省宁波市海曙区东西部协作对口免费招生30人，初中毕业生就读中职学校占就读高中阶段教育的50.61%。

【艺体教育】 舞蹈节目《祖普娃娃》受到全国人大副委员长、全国妇联主席沈跃跃的好评；2022年凉山彝族自治州中小学生艺术节喜德县获州级奖项20个；第37届凉山彝族自治州青少年科技创新大赛喜德县师生共获80个州级奖项，综合成绩名列全州前5名。参加四川省第十届中小学艺术展演瓦尔学校《古莫阿芝》、喜德中学《送别歌》分获声乐类节目小学、中学甲组省级二等奖；喜德县民族中学《聆听山野》获器乐类节目中学甲组省级三等奖；喜德县教体科局获省级优秀组织奖，喜德县素质教育再谱新篇。

【学生资助】 全年投入中央、省、州、县级各类教育经费达全年在教育领域投入4.86亿元，占财政支出的19.35%，部门投入占比最大。认真实施义务教育阶段学生“三免一补”、义务教育学生营养改善计划，普通高中家庭困难学生资助等一系列教育扶贫惠民政策。下达补助资金1.62亿元，学前免保教费8014人，义务教育寄宿制和非寄宿制“两免一补”32634人，高中“两免”4218人；建档立卡贫困家庭中职（技工）学生特别资助871人次，资助资金38.55万元；实施建档立卡贫困家庭本、专科学生资助660人次，资助资金264万元；提供生源地信用助学贷款3957人3001.07万元；实施教育扶贫救助533人，发放34.56万元；实施“滋蕙计划”资助新入学大学生342名，发放22万元，做到应免尽免、应补尽补。

【东西部协作】 2022年，宁波海曙区投入帮扶资金900万元，实施喜德中学教师周转房建设、学前学普和教师能力提升项目。喜德中学教师周转房建设工程主体完工；圆满完成学前学普项目15名学前教育专任教师赴宁波海曙区跟岗培训任务，促进两地学前教育教师交流发展；完成选送40名初中毕业学生赴宁波市甬江职业高级中学就读，落实培训费、体检费、食宿费、交通费等相关费用72万元；凭借协作项目资金牵头完成45周岁以下以农村留守妇女为重点的群众普通话培训2353人次，培训合格率100%；投入155万元项目，完成教师发展中心6个“三名工作室”建设、喜德中学等5所学校精品录播教室建设。

【校园安全】 全县教育系统81所中小学校园均制定安全管理责任制清单，共新建及完善安全管理制度140余个。各中小学校（园）安排专题学习81次，组织开展学习贯彻习近平总书记关于安全生产重要论述精神培训74场，参与2195人次；各中小学校（园）充分利用校会等形式启动教育系统各学校“安全生产月”活动96场次，排查整治校园安全隐患52个，安全宣传咨询日共发放宣传资料25000余份。各学校举行森林草原防灭火、交通安全、防溺水、食品安全、公共卫生、消防、防汛减灾、地质灾害等安全教育宣传主题活动70余次，发放张贴森林草原防灭火宣传漫画50000余张；防溺水安全教育公开信43000余封，举行安全教育专题活动180余场。通过开设安全生产法律知识专栏60余个、在微信等工作群发布宣传资讯等形式，扩大教育系统安全生产法治宣传覆盖面。

2022年11月16日，喜德县首届“彝族老家杯”篮球联赛正式开幕
（王成湖/摄）

【科技工作】 培育高新技术企业1家，科技型中小企业年度评价入库4家。高新技术产业主营业务收入3012万元。着力建立以企业为主体的技术创新体系，增强企业科技创新能力。为扶持和鼓励高新技术企业的发展，突出企业主体、提升企业技术创新能力，组织企业参加高企培训2次，培训18人次；组织省级种植养殖技术培训考察学习2次，学习9人次。2022年，申报科技部项目1个，争取项目资金60万元。以科技活动周、科普活动月为契机，通过文化“三下乡”开展科技宣传。其间，在各个乡（镇）开展种植养殖技术咨询、培训共计5次，并发放科普宣传资料1600余份，参加活动人数1450余人次。截至2022年，全县累计发展种植养殖农民专业合作社、家庭农场、培育种养大户166户以上。“四川科技扶贫在线平台”通畅运转，平台信息咨询总数1360条，受益群众1200人次，为群众挽回经济损失约30万元，开展平台业务培训5次，培训人数160人，完成产业信息、技术供给、供给对接链接共30条。科技特派团实地解决产业问题；科技特派团通过现场技术指导、培训的方式共开展30次培训，培训540人次，为种养殖户直接、间接创造经济收入30万元。省级下派“三区”科技人员共11名，开展种植养殖技术指导、培训10次，共服务10个专业种养殖合作社、培训350人。

【体育工作】 2022年，喜德县全民健身工作成效明显，开展“广场大家跳”“晨练”以及各类健身活动，累计参与健身活动人数近万人次。举办各类比赛活动5次，参赛人数1850余人；组队参加凉山彝族自治州第三届老年人体育健身大会获得奖项16个。实施全民健身场地器材补短板工程，为红莫镇司金村修建750平方米。少年儿童业余体校竞技成绩显著。7月22—30日在浙江温州举办的全国摔跤锦标赛上该校学生杨小龙荣获第一名，罗世贸获得第三名，王材获得第五名，毛文雪获得第七名；2022年7月在四川省第十四届省运会上该校学生阿的克的获得第二名，吉多阿合获得第三名。2022年四川省自由搏击联赛暨凉山彝族自治州首届自由搏击锦标赛上该校学生罗杰在男子青年组48千克级获得第一名；罗精龙在男子少年组52千克级获得第三名；罗进在男子少年组56千克级获得第三名；罗康在男子少年组39千克级C获得第三名；孙尔哈在男子少年组36千克级A获得第三名。在2022年12月4日在凉山彝族自治州西昌市举办的四川省第十六届少数民族运动会板鞋竞速比赛中该校学生黑惹阿且在板鞋竞速2×100米比赛中获得第一名；板鞋竞速4×100米比赛中获得第一名；板鞋竞速100米比赛中获得第二名；板鞋竞速60米比赛中获得第三名。

（撰稿：黄基佑/核稿：吉伍伍且）

喜德县中学

【概况】 喜德县中学创办于1958年年初，现属喜德县经省人民政府批准的全日制普通高完中。2022年，在县委、县政府及教育部门的直接领导下，学校党委带领全体教职工负重奋进，喜中教育取得长足的发展。初中质量稳居全县前茅，2021年、2022年中考均有学生考出800分以上的全县最高分；高中上本科人数从119人增加到139人，2022年6人被“985”“211”及“双一流”大学录取，本科上线率达35%。学校现有3个校区，校本部占地面积50亩，建筑面积36400.31平方米（建筑占地面积8632.42平方米），有200米跑道小型运动场一个；冕山校区位于喜德县冕山镇，占地15亩，是政府为解决喜中不断扩大的办学规模，在浙江帮扶资金的助力下由原冕山镇中学校舍改建而成；光明校区，政府为解决校舍紧缺问题，新高一暂借县民族中学校舍办学。学校设初中部、高中部，高中部面向全县招生（艺体特长生面向全州招生），初中部划片招生。学校现有教学班79个，其中，高中班41个、初中班38个。在校学生4745名，其中，初中2258人、高中2487人，有民族寄宿制学生初中1092人，高中1887人，彝族学生4529人，占比95%。学校现有专任教师287人，包括支教教师21人，“组团式”帮扶11人，省内外支教教师10人。有高级教师42人，中级教师58人。全国优秀教师2名，四川省优秀教师3名，凉山彝族自治州优秀教师19名，县优秀教师48名，省骨干教师1名，拔尖人才2名。学历达标率100%。2022年度学校荣获全国青少年校园篮球特色学校、四川省文明校园、四川省五四红旗团支部、省级交通安全示范学校、西南民族大学彝学院实习实践就业基地、西华师范大学实习基地、凉山精神文明校园、凉山彝族自治州艺术体育特色学校等称号。

【高中考成绩】 高考总上线130人，其中本校101人；理科一本上线7人，二本上线64人；文科一本上线2人，二本上线57人，其中艺体34人。真正达到“低进高出”的目标；中考成绩最高分812分，居全县第一名；全县前十名，喜中包揽全县1～8名；全县前二十名独占14名。800分以上2人，750～799分14人，700～749分23人，700分以上39人（全县90人），600～699分83人（全县212人），500～599分101人（全县341人），418分以上348人，年级平均429人。其中，阿西阿衣812分、王文勇803分、巴久木果794分、海来依拉792分、翁古伍加791分、张华791分、石浩文790分、杨超786分。

【校园安全】 2022年，喜中根据安全工作计划，通过班会、夕会等形式，重点突出“五防”教育，即防侵害、防溺水、防道路交通事故、防楼道踩踏现象、防传染疾病。同时，将安全教育内容扩展到防触电、防火灾、防地震、防食物中毒等安全知识。学校各班定期办好安全教育知识黑板报。组织学生积极开展地震演练、开展各种安全知识教育专题讲座。定期对学校及学校周边的安全隐患进行排查，消除安全隐患。积极开展禁毒防艾宣传教育，组织开展以“珍爱生命、远离毒品”为主题的班会，向学生详细讲解什么是毒品及毒品的危害性。举办禁毒防艾教育手抄报比赛，通过手抄报的形式向学生宣传禁毒防艾知识，组织观看禁毒防艾教育视频，加深学生对毒品的认识，增强学生明辨是非的能力。同时，利用宣传栏介绍与禁毒有关的知识及毒品的危害，使学生在思想上坚定防毒、禁毒的信念，心理上抵制毒品、远离毒品。积极开展森林草原防灭火教育，落实森林草原防火“六个一”的工作，大力宣传森林防火“五不准”和森林草原防灭火“十不准”，增强学生森林草原防灭火的意识。

【总务工作】 结合学校实际，逐步健全有关学校绿化、维修、公物登记、宿舍管理等一系列规章制度，使各项工作做到有章可循，照章办事，使总务处管理工作逐步走上“制度化、规范化、科学化”的轨道。一年来，总务处工作遵照“服务师生、方便师生”的原则，为冕山校区采购教学一体机，课桌、凳，学生铁床，食堂设备，彩打机等，均由浙江宁波海曙区慈善总会捐赠。及时维修教室的桌凳、电灯、电扇、走廊护栏、铁门，宿舍的自来水龙头、电灯、铁架床、床板、厕所疏通等；改造校本部操场；维修部分围墙等。加强学生宿舍安全卫生管理。校本部采购一套灯光系统和一台摄像机，更衣柜，文件柜，学生课桌、凳。坚持认真做好记账、对账工作，做到账账相符、账表相符、账钱相符、账物相符。严肃财务纪律，不滥开支补助。

【体卫艺工作】 2022年，2月17日，学校成功举办创卫知识竞赛。3月30日，举办初一年级学生跑操比赛。4月18日，喜德县中学举行2021年参加宁波市中小学“百年潮涌·红星闪闪放光彩”“漫画四史”主题创作颁奖典礼。学校的艺体高考生再创佳绩，艺体“双上线”共39人，特别是音乐突破历史，考生阿付伍加专业成绩排名32名，考上四川大学，让学校的艺体升学率再上新台阶。

【资助工作】 认真落实“涌新奖学金”“妇联春雷女童”“浙江宁波的林毅奖学金”“阳光春雷女童”“中央广播电视总台雏鹰奖学金”“非寄宿制四类人员生活补助”“普高助学金”等资助项目。建立学生贫困信息库；顺利填报完成全国学生资助系统；统计整理营养餐相关表册工作；带领爱心人士对贫困学生进行家访。

【招生工作】 组织完成小升初学生报名工作，严肃招生规程，严格按照学校相关规定录取学区内（城小和民小）的学生及扩招部分其他学区的学生，做到登记学生信息准确无误，收费标准合理正确。完成高中阶段招生工作，严格按照凉山彝族自治州教育局的要求招收高一的普通学生和艺体特长生的招生，并完成高一新生补录工作；圆满完成2022年高考、中考工作，完成高考报名学生的信息采集、体检、学生组档等工作。组织全校学生进行新高考改革方案进行学习，学生对新高考有所了解。对初一、初二、初三、高一等年级学生进行高考加分改革方案的解说，并解读加分政策。完成初二生物、地理会考工作。

（撰稿：吉布说布 / 核稿：勒格瓦铁）

喜德县民族中学

【概况】 喜德县民族中学占地面积61272平方米，建筑面积15975平方米，在编教职工127人，研究生学历1人，本科学历111人，专科学历16人。其中，高级36人（含1位省特级教师），中级57人，初级34人。其中，高中部教师合格率为95%，初中部教师合格率为100%。全校35个教学班，在校学生2206人；其中，初中21个教学班，1262人。高中14个教学班，944人，寄宿制学生1149人。

【教育教学】 以《凉山彝族自治州中小学教学常规管理细则精神》为标准，狠抓常规管理和集体备课以及月考。2022学年度强调同科、同课组备课，要求“五备、四定、五统一”。每单元由主备人说课，提出授课方案，其他人共同讨论，最后形成统一要求。2022学年度进行每月单元考试、期中考试，考试前召开考务会议，安排好考场、考务工作，对监考和阅读作出统一安排；对月考试题的命题范围，难易程度试卷结构，作出明确要求。抓好考风考纪教育关。考试结束后，每位任课教师必须写好试卷分析，分析学生的考试成绩，进行自我剖析。

【教学成果】 按照凉山彝族自治州教育局和喜德县教育局下达的招生任务，学校2022年秋季初中招生736人，高中招生255人，高中招生严格按照凉山彝族自治州教育局关于高中一类模式的招生政策：二类模式初中毕业生彝文中考达到30分以上，从源头严格把关，杜绝不合格学生进入一类模式高中就读。2022年高三学生参加高考，文、理两科最高分分别为391分、316分，同比往年文科最高分有大幅度提高，理科最高分有所下降，文科上二本线2人(460分)，上一模本科分数线7人。

【教育科研】 根据制订的工作计划，真抓实干，注重教师的教学理论、教学技能培训。在暑假期间，组织教师参加“新课程标准”的州级培训，组织高中一类模式教师参加“一模高中工作会”和“MHK”成绩分析会的省级培训。同时，组织教师开展优质课竞赛。

【政教工作】 本着管理育人、服务育人的宗旨，积极开展德育工作，切实维护校园安全，建设校园文化，加强法制教育和健康教育，为促进学校教育教学质量的全面提高作出积极努力。2月，启动学子“修身工程”系列德育活动，组织全校师生开展“尊重”“礼仪”“感恩”主题教育。2月中旬，掌握流失生、辍学生、厌学生的动向，班主任通过与其家长电话联系、上门家访劝学等方式抓好控辍保学。4月7日，组织学生对学校周边环境进行大清理，严格对学校周边环境的治理，从实践中体会清洁工的辛苦，学会珍惜别人的劳动成果，从劳动中培养学生能认识环境治理的重要性和培养爱护环境的自觉性。5月上旬，邀请喜德县铁路派出所给全校师生上一堂铁路安全知识讲座。5月中旬，联合教务处和体育教研室组织学生进行初三年级篮球比赛和拔河比赛，丰富学生课余生活。开展防火安全知识主题班会并发放防火安全手册，让班主任及学生签订森林防火责任书。9月，开展安全教育月活动，重点学习防火防盗安全、食品卫生安全、交通安全的知识，增强学生安全意识，利用校会、班会、校园橱窗等媒介开展安全知识教育，组织一次安全知识黑板报评比活动，进行一次安全大检查。坚持安全检查和排查制度。10月10—15日，开展春季安全教育，进行一次安全大检查。11月，把师生文化作品比赛的部分优秀作品展示上墙，提升校园文化品位。12月，开展法治宣传教育周活动，利用校园橱窗，开办专栏宣传法制知识及法制宣传黑板报评比。邀请法制副校长到学校进行法制教育专题讲座。

【寄宿制管理】 以推进学生生活全面发展为主线，继续狠抓寄宿制管理工作。每周四中午定时检查各个宿舍卫生，并记录卫生状况，作为以后评选文明宿舍凭据；更新寝室卫生检查表，明确各检查项目的具体细则和评分标准；规范检查工作的项目，提高常规卫生检查工作质量；禁止宿舍学生使用电器，每周不定期对寝室大功率电器、违禁电器进行抽查，若有发现大功率电器存在或正在使用的情况，就对其进行没收并上报学校处理；对夜不归寝的同学进行统计，次日及时将夜不归寝的名单发给该班班主任；2022年寄宿制方面未发生事故。加强宿管员队伍建设，充实宿管员队伍，一层一个宿管员，严格管理，严格考勤，宿舍管理力度得到加强。严查夜不归宿，整顿就寝秩序，坚持日检查、日反馈和日公布制度。对严重违纪和屡教不改者及时发现，严肃处理。

【共青团工作】 本年度校团委每两周召开一次团干大会，组织团干学习理论知识和团工作的基本知识，对团员的管理也更加严格规范。本年度5月，办理2022届新入学团员的团籍转入手续，9月，按程序办理1000余名毕业生的团籍转出手续。同时在对入团积极分子进行团史、团章、团员权利和义务等的学习的基础上，发展2022—2023届的新团员。认真组织每周星期一的升旗仪式，加强对护旗手和主持人的培训及管理。带领志愿者和学生会积极参加校园服务和社区服务，强化学生干部的集体荣誉感和自豪感，传播正能量。规范学生社团管理，加强对其指导与投入，把学生社团作为推进素质教育的重要阵地来建设。本年度进一步完善社团常规管理工作，并把社团活动时间固定于每周二和每周五下午放学后。协助办公室等相关处室完成开学典礼、慈善捐赠、足球比赛的部分组织工作。组织和培训现场拍摄、时讯报道、现场采访和来稿播音等学生干部，为重大室外活动的信息反馈起到重要作用。2022年度，团委辅助学校完成中央电视台少儿频道主持人和喜德中小学生的足球联谊会，中央电视台在学校的公益课堂。

（撰稿：吉克有作 / 核稿：杨天荣）

喜德县向荣中学

【概况】 喜德县向荣中学位于喜德县教育园区，属于教育均衡发展易地扶贫修建学校。2018年11月开始建设，2020年9月投入使用，投资约1.4亿元，占地面积约200亩，是由喜德县委、县政府和县教育体育与科学技术局倾力打造的一所初级中学。2021年9月设立两河口分校。现有学校教职工312名，其中，在职在编189人，两次政府购买88人，人才引进6人，西华师大顶岗实习21人，团中央复旦大学研究生帮扶3人，省帮扶队员3人，什邡支教老师2人，其他员工（食堂管理人员、宿管人员、清洁安保人员）84人，总计396人。其中，中共党员52名，高级教师30人，中级教师53人，凉山彝族自治州优秀教育工作者2名，县优秀教师15名，省骨干教师2名，拔尖人才1名。学历达标率100%。学校现有足球场一个，占地面积14205平方米，篮球场6个，占地面积4726平方米，排球场2个，占地面积579.02平方米。

【学校管理】 完善学校各项管理制度、提升学校管理水平是本年度教育教学管理工作的重点，在原有常规检查制度的基础上，广泛征求班主任意见，重新修订《卫生检查制度》《午休纪律检查制度》《宣传检查制度》，进一步完善各种检查制度。使学校从教育教学到后勤保障，从教师教学到寄宿制管理等方面做到有规可依、有章可循；明确学校各机构的职责和分工，做到学校大事小事有人管，各项工作有人抓。

【教育教学】 狠抓各个年级的教学质量，平时注重细节管理，所有事情都是有章可循，每个月的月考及分析、针对问题解决问题，做到有效教学。针对毕业班的具体情况，多次召开专题会议，重点探讨毕业班成绩与改进措施，扎实抓好毕业班教学工作，努力提升教学质量。在2022年中考中取得较好的成绩，真正达到“低进高出”的目标；教学“六认真”的常规检查方式有所创新，本期制定一月常规，每个月月底对教师“六认真”工作进行检查并进行量化，最后计入绩效，做到公平公正，体现多劳多酬，优质优酬。

【对口帮扶】 西华师范大学是向荣中学帮扶资源的中坚力量之一。4月13日，西华师范大学高等职业技术师范学院带同课异构指导专家一行14人，参与学校“同课异构，推进品质课堂”的研讨活动。12月6日，西华师范大学“一对一”精准帮扶——固本笃行·区域联合教研活动在向荣中学行政楼四楼会议室举行。西华师范大学博士李将将担任学校副校长，负责支教老师的管理与学校运营相关工作。2022年，学校学生多人次受到西华师范大学帮扶团队的资助。复旦大学2022年派出3名研究生成员到学校参与教育教学以及部分学校事务性工作。复旦大学研究生支教队员充分发挥各自优势，在教学岗位取得优异成绩，在培养人才方面持续耕耘，坚持不懈。四川省帮扶队经验丰厚的老教师、富有激情的年轻教师为学校提供精准帮扶力量。帮扶队员积极参与教学活动和研讨活动，并为学校的工作方法和制度完善提供宝贵意见。什邡支教队员带来先进的教学理念，在教学研讨活动分享教学方法，启发学校教师的教育观念，激发教学动力。

【德育工作】精心组织安排新生军训工作，让学生军训工作扎实开展，使新生纪律意识、规矩意识得到加强。抓好开学的疫情防控工作。安装体温检测门坚持对入校学生进行体温检测，抓好森林草原防火教育。利用国旗下的讲话、每日教师一句提示的话、班会课、板报、作文、老师包学生等形式，加强值周工作。值周老师每天早上坚持在校门口对学生仪表、手机、香烟、打火机等违禁物品进行严查；行课时间加强对校园的巡查；抓好校风、校纪，对打架斗殴、抽烟、旷课、课间迟到等现象进行整治。抓好结核病防控，开学时对初一新生进行全员筛查，保证学校无结核病疫情发生。抓好安全工作，利用班会课、每周一的升旗仪式不断地对学生进行安全教育；每周对校园周边进行安全巡查；安装安全防护设施。

【法制教育】多次邀请法制校长、县司法局、县关工委到校进行法制教育宣传，充分利用每学期一次的法制教育报告会，班会课、校会、集队讲话等形式对师生进行普法教育，进一步增强其法律意识和法制观念，使广大师生知法、懂法、守法、用法。

【安全教育】通过学生自我教育、自我管理，使学生树立安全意识，教育和引导学生不参与有害身心健康的电子游戏，不到网吧上网，重视学生的交通安全教育，加强防范意识教育，创建安全文明的校园。加强安全隐患排查，全年无大的安全事故发生。

【寄宿制管理】进一步树立为学生服务的意识，学校领导亲自督查，加强教职工责任感，为学生健康成长保驾护航。召开寄宿工作推进会，要求各年级各班主任高度重视寄宿制管理工作。学校领导对寄宿制管理工作加强督查。寄宿制全体工作人员工作责任感普遍加强。学生寝室卫生、内务整理有较大改进。晚上值周老师坚持督促学生按时就寝，保障学生有充足的休息时间。进一步落实班主任工作职责，加强对学生的思想教育和日常管理，实现学生行为基本自律，这些举措促进学校校风良性发展。

【禁毒防艾】组织健全机构，成立学校禁毒防艾教育工作领导小组，由校长亲自担任组长，各校务委员为成员。分工到人，做到严格管理，把学校无吸毒、无贩毒现象作为学校教育的一项基本工作目标，常抓不懈。制订学校禁毒防艾教育工作的具体计划。建立“禁毒防艾”教学工作制度，群策群力，制订切实可行的防艾、禁毒工作计划，让工作有计划、有秩序地开展，做到层层落实，富有实效。确定以环境教育为核心的工作思想。各年级各班分别组织“禁毒防艾”教育，法制教育活动等：组织全体学生观看禁毒防艾影片，“远离毒品，抵制诱惑”图片展。开展“爱生命，不吸毒”的禁毒知识讲座，并组织学生写观后感。建设禁毒教育基地，更好地进行宣传教育。采用多种形式相结合，使禁毒防艾教育深入开展。每学期开展“禁毒防艾”工作，以讲座、黑板报、手抄报、展板、网上学习等多种形式对学生进行“禁毒防艾”通过健康教育等上好“禁毒防艾”知识组织学生学习观看禁毒防艾教育片，把“禁毒防艾”知识传授给每一个学生。增强学生“禁毒防艾”的意识。

【团委工作】坚持升旗仪式及国旗下讲话活动，进一步规范升国旗仪式，夯实广大团员青年的爱国主义情感。举行组织新团员宣誓仪式。在县上联谊篮球比赛中学校荣获二等奖，4月举行“第二届师生篮球比赛”；5月跑操比赛及举行合唱比赛，9月教师举行拔河比赛，12月各年级进行森林防火漫画比赛，创建卫生城市书画比赛。同时按上级文件实施好阳光体育运动，执行“两操”纳入教师的各项考核，顺利完成学生体质健康监测数据收集、整理、上传。

（撰稿：庞红波 / 核稿：张正明）

喜德县瓦尔学校

【概况】喜德县瓦尔学校原名喜德县瓦尔九年一贯制学校，于2016年7月改为现名。筹建于2006年，2009年9月开始招收义务教育阶段的学生，2014年9月开办高中，隶属喜德县教体科局。学校和什邡市七一中学、七一城西学校、浙江宁波海曙区雅戈尔学校、四川省双流中学、西昌市第一中学为对口帮扶学校，石室祥云网络教育加盟学校，成都七中、成都实验小学网络资源学校；先后成为上海科技大学、西华师范大学、西南民族大学、西昌学院等4所高校实习实践基地。学校持续打造喜德彝族老家母语教育名片，创办中国南方铸牢中华民族共同意识新典范学校，奋力创建凉山乡村振兴拔尖创新基地校，努力办成四川省民族地区具有影响力的知名学校。2022年，共有在校学生2148名，小学部有6个班，初中部有17个班，高中部有15个班。其中，小学338人，初中997人，高中813人，其中一类模式高中在校学生704人。全年共有教职工179人，其中，专任教师121名，工勤人员58人，正高级教师1人，高级教师28人。1人次获全国模范教师荣誉称号，2人次获全国师德标兵荣誉称号，3人次获四川省优秀教师荣誉称号，数十人次获凉山彝族自治州各类奖项。学校2021—2022学年高考质量获凉山彝族自治州一类模式学校本科层次录取人数第一名、录取率第二名；2021—2022学年中考质量名列全州第二十八名。2022年11月，喜德县瓦尔学校被评为2021年度凉山彝族自治州控辍保学先进学校，喜德县瓦尔学校五一中队被评为凉山彝族自治州优秀少先中队。学校久诺合唱团获国家一级合唱团荣誉称号，学校荣获全国“家校共育”数字化项目示范学校、四川省文明学校、凉山彝族自治州教育先进集体、凉山彝族自治州科技示范学校、凉山彝族自治州语言文字示范校等荣誉称号。

【校园安全】做好开学各种表册的准备（值周表册、消毒记录、体温检测表、喜德县瓦尔学校学生健康状况监测记录表及承诺书等）和日常填报工作。召开班主任工作会议4次，学生处工作会议5次，疫情防控专题会议3次，校服大检查10次，学生寝室大检查2次，寝室大清洗1次，黑板报检查2次，组织黑板报比赛1次，开展常规校园安全隐患排查3次，组织全校学生大扫除3次，学生处专题简报3次。圆满完成2022级新生军训任务和2021级老生军训任务。完成全校师生结核病规范筛查工作，迎接检查2次。完成全校学生体质健康检测和视力检查数据在“学生体质健康网”“四川省体质健康大数据中心”录入上报工作，本学期体测和视力检查数据按上级部门要求整理并完成上报。代管学生手机30部。摸排全校2400多名师生和后勤人员的疫情相关情况并上报；完成“四川星级平安校园”填报工作。检查并补充校园消防设备设施；组织教职员工和学生线上学习网络安全知识，并参加网络安全知识竞赛；组织小学和初中部学生参加国家普法网“第七届学宪法　讲宪法”活动。开展教学期间应急疏散演练2次，就寝期间应急疏散演练一次；组织完成“青骄第二课堂”任务和禁毒防艾“五个一”任务；组织并上报禁毒防艾知识竞赛和演讲比赛获奖名单；配合值周组或社区做好纪律检查、卫生检查、黑板报、疫情防控等常规工作。与新生及家长签订安全责任书，与新任班主任签订安全责任书；组织安保人员安全培训2次；组织关于安全的主题班会4次、关于禁毒防艾班会2次。制作学生处工作简报3期，会议记录2次，学习探讨行成“喜德瓦尔学校关于学生打架斗殴的惩戒办法（试行）”，整理归纳喜德瓦尔学校大德育材料，协助完成德育主题班会。

【资助工作】2022年，学校共有105名高中女同学获得“春蕾陪伴计划”资助，5名师生获得“山东泰丰城建发展集团教育助学金”。95名同学获得2022年大学新生滋蕙计划入学资助共计50000元；

学校高2021级40人获得中国扶贫基金会与阿里巴巴公益“新未来成长计划”项目资助。助托喜德乡村教育振兴项目资助2个班（共110人），其中，什邡市人民政府助托高2022级普通模式学生55人，喜德县人民政府筹措资金助托高2022级一类模式学生55人；深圳市慈善会·开普威汀基金会“开普威汀女子爱心班”助学项目资助高2022级50人；上海杉树公益基金会高中杉树班资助40人（高2022级37人，高2020级3人）；宁波海曙区雅戈尔实验学校拟资助初中40人；15名学生获得喜德县中央广播电视总台“雏鹰计划”资助。11月25日，宁波海曙区雅戈尔实验学校捐资44696.6元和2696册图书。凉山薪火传承计划捐助6万元修缮薪火传承活动室。

【教务工作】 完成高2022级、初2022级、小2022级新生招录工作。完成高一、初一新生招录工作，高一招录新生315人，共设6个教学班；初一招录新生292人，共设5个教学班，按上级控辍保学要求，小学六年级毕业生全部升入本校初中一年级；完成小学的招生工作，小学一年级招录51人，1个教学班。教务处利用假期时间，提前按照上级精神做好课程设置、科学合理地安排全校教学班级的课程表，严格执行课程计划，开齐、开足规定课程、课时，为任课教师严格按照课表上课做好准备工作。同时，教材按班级进行预分，归类起码，保证第一时间把教材发放到学生手中，保证开学顺利开课。建立高一、初一、小学一年级新生学籍及档案。进一步核查完善学籍的建设，加强学籍管理，确保学籍达到在校学生和学籍一致，一人一学籍、人在学籍在、人走学籍走。本学期教务处建立和完善各年级学生学籍信息共600余人次。协助营养餐档案的建设，营养餐的监测和上报；协助体育教师上报全校学生体质健康监测数据。抓好毕业班的教学工作。九年级参加由学校组织的适应性考试，为学生适应高考和中考打下基础。组织完成本校二次智育检测，并在各年级组进行成绩分析，分年级召开质量及问题分析会。组织高三参加绵阳一诊考试。组织高三全体教师参加凉山彝族自治州组织的2022年高考质量分析和2022年绵阳一诊分析会；在校内召开质量及问题分析会。完成2022年度事业报表和营养餐的数据报送工作。根据上级部门“一个都不能少”的要求，成立控辍保学办公室及控辍保学领导小组，严格按要求完成学校控辍保学每天打卡任务。收集毕业生的毕业和去向统计工作。2022年小学毕业学生102人，小学102人全部升入初中学习；初中毕业学生380人。初中升入高中阶段就读学生316人，升入外县高中76人（其中州民中17人），升入本校高中173人。升入中职就读46人（其中“9+3”就读8人）。高三毕业202人，本科层次录取92人，专科录取86人。同时，随时（包括假期）办理毕业生的学籍手续和回答学生的各种咨询，做好毕业生的服务工作。10月17日，学校迎来“第二届读书节活动”。11月28日，学校举行“第二届校园艺术节活动”。围绕学校的教育教学工作，实行动态关注，及时上报各部门的信息报送工作。

【教育科研】 组织开展本学期的课题申报活动。校长主研的课题获得国家民委专项课题立项。本学期致力于新高考模式和新课标以及集体备课的研究。根据“3+1+2”的高考模式，加强教师的思想意识转变，提高教师的业务素质，推动教学的发展。召开教研组长会议，安排本学期的教研工作，督促组长完成本学期的教研工作计划，确定好组内教研活动开展的时间和地点，上报教科室存档。10月30日，组织教师参加省教科院网络教研、州彝语文“课堂大比武”比赛及凉山彝族自治州彝语文微课比赛。成立凉山薪火传承计划暨“花西子筑梦基地·民族文化传习室”。本学期开展月琴、咬笛、民歌、美术、童谣、克哲传承班。组织各级各类教学比赛。刘颖获四川省青少年书画传习大会中国画高中组书画教学课例全省一等奖。按照凉山彝族自治州高中质量考核和喜德县中小学考核的要求，将教科室所属的工作进行归纳整理，协助学校各个部门完成考核的相关内容。组织教师论文比赛取得佳绩，《“双新”背景下物理课堂教学设计与实践》论文获四川省二等奖；《中小学心理健康教育》《“双新”背景下高中物理教学中学生核心素养的培养路径》获四川省三等奖。安排3名骨干教师到什邡市参加实地跟岗学习；7—8月，组织全部高中各学科教师到西华师大、成都师范学院和川师大等高校参加一类模式教师转型培训。5月9—12日，组织8名教师参加喜德县义务教育阶段毕业班考前辅导能力提升培训。7月15—21日，全体专任教师参加校级全员培训。9月10日，喜德县中小学“三名工作室”成员先后到县教师发展中心参加提升培训。8月25—26日，全体教师参与宁波市海曙区网络远程培训；7月20—22日，组织全体高一教师参与新课程、新教材网络培训，8月暑期网络全员培训等，线上累计培训教师超过300人次。8月2日，根据教育部《关于组织开展2022年普通高中三科统编教材国家级示范培训（第一期、第二期）的通知》，组织开展为期3天的三科统编教材语文、思想政治、历史的培训工作。9月26日，举行喜德瓦尔学校2022年秋季开学典礼。10月24日，喜德瓦尔学校师徒结对仪式在学术报告厅举行。11月30日，学校与西昌市教体科局协商并同意本校小学、初中、高中各项考试融入西昌市同步考试。

【校际合作】 积极与什邡七一中学、什邡城西学校、西昌一中等学校交流合作。11月11日，为进一步推进教育资源共享，促进州内学校合作共建，推动西昌德昌冕宁喜德同城化发展相关举措落实，凉山彝族自治州教育和体育局组织西昌市教体局、喜德县教体科局、州教育考试院、西昌一中相关部门领导到本校就西昌一中喜德瓦尔学校异地办学、结对合作事项进行调研。11月30日，西昌市第一中学校长一行到本校签订结对合作（帮扶）签约仪式；12月14日，学校与西昌市第一中学洽谈两校校际帮扶事宜；12月15日，西昌学院中国少数民族语言文学专业师范认证会在瓦尔学校召开。

【师资建设】 按照州上考核的要求进行校内“六认真”检查，针对检查中出现的问题做出及时的反馈，并且督促有问题的教师进行改正。继续开展教职工文体活动，丰富教职工的业余文化生活。鼓励教师继续学习和进修，努力提高老师教育教学工作水平和个人修养，参与学校的评优评先，师徒结对工作，把身边的新人新事找出来，把身边的师德先进典型树立起来。

【后勤工作】 坚持“后勤工作必须服务于教学工作中心”的原则，开源节流，及时对教室内的玻璃、门窗，宿舍水电等进行维修，发现问题及时解决。加强对校园花木、草坪的管理。抓好浇水、修剪、除草、防虫等关键环节，巩固已有的绿化成果。努力营造良好的工作和育人环境。加强后勤管理，完善各项后勤管理制度并落实到位，积极做好校园环境工作，对学校大厕所进行改造，清理化粪池达6次，美化班级劳动区域，设计安装文化走廊，将后操场周围闲置毛地铺设植草砖进行改造美化，同时改造后操场看台的安全通道。在资金缺少的情况下，维修后操场音响设备，升级维修校园广播系统。加强学校食堂财务管理，为师生提供良好的就餐条件。加强校园绿化的管理，保证花草树木的正常生长，美化校园，绿化校园，为师生提供良好的教育教学环境。遵守财务规章制度，规范收费行为，实行财务公开。严格教学办公物资的采购工作，本着“既满足需要又注重节俭”的原则，“统一采购，统一供应，统一管理”的三统一制度，保证教学正常需求。更换维修校园太阳能路灯电池11盏，新安装标准化中考考场监控30间。完善安装共和国勋章获得者展板工作，改善安装厕所水管工程。12月10日，新安装学校录播室。

（撰稿：刘颖／核稿：孙吞尔史）

喜德县城关小学

【概况】 喜德县城关小学占地面积7772.5平方米。学校面向全体学生加强素质教育，依法治校，科研兴校，“五育”并举，打造平安校园。学校现有教职工69人，政府购买3人。其中，教职工中男教师24人，女教师48人，高级教师13人，一级教师34人，本科学历38人，大专学历31人；中共党员27人；少数民族教师37人，少数民族女教师26人。学生情况：全校现有1～6年级24个教学班，在校学生1281人，其中女生573人；少数民族学生995人，其中少数民族女生436人。少数民族学生占总学生数的77.67%。

【德育工作】 坚持育人为本，德育为先，切实强化德育在素质教育中的基础性地位，把立德树人作为教育的根本任务。举行开学典礼，组织收看《开学第一课》、进行森林草原防灭火宣传、疫情防控、禁毒防艾知识学习、安全教育。一年级新生入学教育及各个年级学生的“三良”习惯的养成教育。并进行了新队员入队前教育。组织全校学生开展森林草原防灭火“七个一”活动。以中队建设活动为载体，开展庆祝“三八”妇女节、清明网络祭扫、安全教育日、4月22日世界环境日、建团100周年庆祝大会、“安全伴我行”等主题少先队活动。少先队开展家长进校园活动，开展《如何规范自己及家人野外用火》《防溺水》安全教育、《传承红色基因·争做时代新人》主题队会录制，并参加凉山彝族自治州主题队会比赛。本学期从“森林草原防灭火”“疫情防控”“心理健康教育”“防溺水”等方面进行班级文化建设、走廊文化建设以及黑板报的设计，并进行评比检查。开展“森林草原防灭火”“疫情防控”“新时代好少年　强国有我”为主题的手抄报、征文、演讲、朗诵等丰富的活动比赛。组织各中队结合“5·12”进行“防灾减灾知识学习”，观看防灾减灾直播视频。开展个人“一星章”“二星章”“三星章”的评比工作，开展“喜迎二十大　争做好队员”庆祝国际“六一”儿童节活动，发展120名新队员，表彰优秀少先队员、优秀队干部和个人“二星章”，开展“六一”书画比赛。开展中华经典诵、写、讲、演、读等8项活动，皮特那卓硬笔书法进入省比赛。举行“凉山彝族自治州未成年人保护基金爱心捐款”仪式。6月13日，学校组织举行“凉山彝族自治州未成年人保护基金爱心捐款”仪式，全校师生参与捐款，并筹集善款6000余元。组织各班班主任，对爱心捐赠书籍进行全面细致清查，清查的不利于少年儿童身心健康的儿童读物已得到妥善处理。

【常规管理】 完善落实教学环节的监督制约细则，做到精、细、实。抓好科研和教研工作，提高研究水平，做好新进教师的展示课和分组研讨课等活动。优化校本研训，采取多种形式搞好学校的校本教研工作，优化科研课题，加速学校经验的形成和积累，形成自身特色。强化教师队伍建设，打造一支学习型、科研型、创新型的教师队伍。抓好校本培训，创建学习型教师队伍。在“以人为本”思想的指导下，结合学校“三个制度”及常规管理办法（年级组负责制）和教学教研实施办法（集体备课制度），继续做好“推门听课”和“园丁工程”。继续关注中青年教师特别是新进青年教师的培养和打造，努力提高全体教职工的综合素质和业务能力。进一步修改、完善和落实、实施教师绩效考核方案。结合教师评优、晋级、晋职和绩效工资的评发，强化教学过程常规管理。进一步增强教育服务能力，丰富校园生活，以促进学生全面发展为目标，进一步提升育人质量，提高教育教学质量。组织开展好学校其他常规教研活动。重点是青年教师的打造和有效教学经验和科研成果的交流推广。关注学生的学习过程和知识的获取过程，让教师的教由“死”变“活”。加强音、体、美、科学、英语、信息技术等学校薄弱环节工作的指导。认真贯彻落实《体育工作条例》，执行体育与健康课程标准，落实“阳光体育”精神，保证学生每天一小时活动时间，上好“三操一课一活动”。及时、认真、规范地抓好控辍保学和进一步规范学籍管理工作，无辍学学生。

【教学质量】 2021年7月的毕业班获全州小学排名第16名，民族聚居11县第1名，2021—2022学年度，学校获州上教学质量奖4万元，是凉山彝族自治州民族聚居县小学唯一获奖学校。学校整体教育教学质量较2021年有所上升，全校12个科目，有9个科目年级综合分（巩固率20%、及格率40%、优生率10%、平均分30%）90分以上，最高的达97.55分（一年级数学），最低为80.64分（六年级数学），全校24个班级平均分90分及以上的就有12个科目占全校半数。多数年级科目发展较均衡，平均分高低差距最高的达8.37分，平均分高低相差5分以上，有3个科目；平均分不足80分的班级（科目）24个占25%。毕业班经毕业班教师们的不懈努力，2022届毕业班顺利毕业205人。语文年级人均86.16分，数学年级人均74.09分，语文数学均荣获全县第一名。

【安全工作】 贯彻落实上级有关安全工作精神，坚持以人为本，坚持预防为主、防治结合、加强教育、群防群治的原则，为全校师生营造一个安全和谐的工作、学习环境，维护学校正常的教育教学秩序，促进学校各项工作的开展。成立以校长为组长、副校长为副组长、全体行政和班主任为成员的安全工作领导小组，营造事事有人管，时时有人管的氛围。学校领导、班主任、教师都具有很强的安全意识。根据学校安全工作的具体形势，把涉及师生安全的各项内容进行认真分解，落实到人，做到每一项工作都有对应的专（兼）管人员。科任教师、班主任、总务主任、主管领导和分管校长，防止工作上的相互推诿，形成学校校长直接抓，分管副校长具体抓，全校教职员工齐心协力共抓安全的良好局面。

【艺体工作】 加强安全教育和管理，结合艺体学科特点，要求“课堂常规课课练，安全教育时时讲”，防患于未然，本学年各科教学得以安全而有条不紊地进行。体育教师本学期除做好了教学常规外，还配合上级部门做好学生体质检测和视力测试工作，做好记录并上传。为发扬民族大团结精神，音、体、美教师将彝族文化带入课堂，让学生感受到彝族文化的独特魅力，提高学生的学习兴趣，将民族大团结这一信念牢记于心。本期开展“六一”书画比赛及书法、绘画和手抄报等比赛评选工作。检查各班每一期黑板报和班级文化建设。

【卫生防疫】 全年在突发公共卫生事件及疫情防控和流行病、传染病、结核病防治宣传及防控工作方面做大量工作。成立以校长为组长，副校长为副组长，相关行政人员、食堂管理人员及班主任为成员的领导小组，制定宣传防控工作方案，研究部署形式多样的宣传防控方式，并在全校范围内开展。利用升旗（室内）、班会时间及红领巾广播站等开展全校性的疫情防控和传染病预防知识宣讲。开展主题班会，让学生参与讨论，巩固传染病预防注意事项。利用橱窗、板报等形式普及传染病预防知识。开展晨、午、晚检工作。学校开展“一日三扫”卫生大扫除，做好校外责任路段适时清捡，积极参加城乡环境综合治理工作。制定传染病卫生事件应急预案并组织实施演练。强化食品卫生安全工作，对食堂环境卫生及食品卫生隐患开展大排查，对出现的问题及时整改。全年学校无季节性传染病例出现。

【教育科研】 突出一个中心，即全面提高教育教学质量。抓住两个重点，即以培养中青年骨干教师和实施有效课堂教学模式为重点。强化“三项”研究，即加强对教学常规管理工作的研究，加强对高效课堂教学模式的研究，加强课题研究管理。全年语文组、数学组、艺体组每月均开展不同的教学研讨课、竞赛课。学校的同课异构中，有很多的年轻教师在教学方法、教学能力方面都有很大的提升。重视教师反思研究，大部分教师能主动积极参加各级各类教育教学竞赛活动。课堂教学、论文写作、指导学生获奖等方面都取得较好的成绩。本期关于立德树人的论文上交5篇，中小学8科论文上交11篇。全年申报州级课题《彝族地区小学作业设计与实施研究策略》在全州中小学教育教学质量考核评价中，教学工作得到上级领导的充分肯定。

（撰稿：张秀兰 / 核稿：田明强）

喜德县民族小学

【概况】 2022年，喜德县民族小学全面贯彻落实党的教育方针和政策，认真领会学习习近平总书记的重要讲话精神，强化教育教学研究和常规管理，加强教师队伍建设，调动全体教师的工作积极性和主动性，团结协作，认真务实地做好工作。学校共有教职工50人，高级教师9人，一级教师23人，19个教学班，学校面向全县招生，共有学生1050人。全校占地面积6093.12平方米，学校现拥有“全国优秀教师”“四川省师德标兵”“凉山彝族自治州优秀共产党员”“凉山彝族自治州优秀班主任”“州、县级骨干教师”等精通业务、理论素养好、教学能力强的教师队伍。

【德育工作】 坚持立德树人的根本任务不放松，坚持做到活动育人，导师育人，环境育人的工作方针。成立德育工作领导小组，重点抓好少先队工作。学校通过校会、主题班、队活动开展各种对学生、教师的教育。坚持升旗仪式，在国旗下进行“五爱”教育。充分利用纪念日对学生进行思想政治教育。充分发挥少先队组织的作用，开展各种活动，以红领巾广播站为阵地，大力宣传“三良”习惯的养成。

【教育教学质量】 始终以创彝区一流精品小学为办学目标；幸福学生、成功老师、发展为学校的办学宗旨；立德树人、奠基人生为办学理念；勤劳朴素(让每一朵鲜花绽放；让每一刻生命阳光；为每一位学生创造未来)为教师的行为准则；勇敢机智（入学即礼、入班即静、入座即学）为学生的行为准则。学校每月组织语数教师进行教学研讨课的研究；什邡朝阳小学和福建省泉州市丰泽区第五实验小学的支教为学校提供快乐教育。严格按《新课程设置方案》，开齐、上足，教好每一门课程，不随意增减，严禁语数两科占用艺体课。每一科到期末都有考核并把成绩上交教导处。以“学生”为中心点，规范学习行为着力抓好学生的“规范”教育。从学生的基础文明行为，养成教育的训练抓起，抓纪律，抓常规，抓行为习惯，学校教学质量稳步提升。

【教学科研】 把打造、培养一支能适应城区教育教学工作的师资队伍列为学校管理工作的重中之重，在学校发展的规划中，确立加强师资队伍建设的特殊地位，通过激励机制努力使教师提高学历层次，通过名师工作坊，送年轻骨干教师到西华师范大学进修培训，通过网络对教师进行国家级的培训、通过选派年轻骨干教师跟岗学习、“走出去”“请进来”的方式，强化师资队伍建设，学校很快培养了一支能适应城区教育教学的师资队伍，一批青年骨干教师也脱颖而出。在客观分析学校的实际情况后，学校大力推广集体备课的模式让教师取长补短。

【安全工作】 实行内部安全管理负责制，建立健全校内安全管理制度，加大日常安全检查力度，有针对性地定期组织安全检查，一旦发现安全隐患，及时妥当地处理，并制定相应的处理突发事件的紧急预案。继续加强学校设施设备和体育场地的安全管理。要求每位班主任或科任教师利用每天的夕会强化学生的安全教育，增强学生的自我保护意识，杜绝安全事故的发生。严格实行食堂物资定点采购登记，做好食用饭菜的查验、留样和记录，食堂从业人员每年都进行身体检查，体检合格后才能上岗，确保食品卫生安全。2022年，学校狠抓“禁毒防艾”消防、交通、食品、传染病防控等安全工作，真正做到“安全无小事，责任重于泰山”，本年度无安全事故发生。

【双语教学】 选派责任心强、业务素质高的彝语文教师担任彝语文教学。严格按照二类双语教学模式要求开课，在地方课程中开足彝语文课。在彝语文教学中，遵循素质教育主体性、全体性、全面性、基础性和发展性的特点。抓住到省、州、县彝语文教师外出培训的机会，不断提高彝语文教师的专业素质。成立彝语文教研组，通过自学反思、同伴互助、专题研讨、上汇报课、上研讨课等形式，使彝语文教师们不断更新理念、改进方法，全面提高彝语文教学质量。

【校园卫生】 贯彻执行《喜德县民族小学卫生工作条例》，保持良好的校园环境，养成自觉讲卫生的好习惯。民族小学要求学生勤洗头、洗澡、勤换衣服、勤剪指甲，学会七步洗手法，加大季节各类疾病、传染病和结核病的防控力度，做好晨检、午检和学生因病缺课追踪工作。加强食堂食品饮水卫生安全管理。组织师生进行每天检查，每周总结、评比。班级、清洁区划分明确，每天检查，每周评比、公布。室内保持清洁，桌凳、文具、卫生工具摆放整齐，不随地吐痰，不在桌、椅、墙上涂抹、刻画。努力营造健康优美的育人环境。抓好预防近视和科学营养工作，加强学生常见病及近视率的控制。

（撰稿：莫色各各 / 核稿：勒革瓦坡）

喜德县思源实验学校

【概况】 喜德县思源实验学校占地面积100亩，总投资1.25亿元，其中，申请香港言爱基金援建1000万元，其余资金由中央、省、州专项配套和地方自筹；学校规划办学规模为48个教学班，2400个学位。建筑面积34581.89平方米。2022年学校共计48个教学班，2732名学生，其中，寄宿生1496名，98%为彝族学生，其中，75%为留守儿童。有118名教师，平均年龄约30岁，均为大专以上学历。学校现拥有“四川省优秀教师”“凉山彝族自治州优秀教师”“凉山彝族自治州优秀班主任”“州、县级骨干教师”等专业知识深厚、教学能力强的教师队伍。2022年，喜德县思源实验学校荣获“四川省优秀少先队集体”“凉山彝族自治州民族团结示范学校”“凉山彝族自治州第37届科技创新大赛基层优秀组织奖”等称号。

【办学目标】 秉持“好习惯、好人生”的教育思想。努力在基于问题中改进，在基于发展中践行，在基于未来美好愿景中筑梦，孜孜不倦、执着追求着“办一所值得孩子向往的学校”的教育理想。“培有智之师，育不器之才，建言爱之校”是学校的办学理念，全校师生蓄势待发，力争办出一所在凉山彝族自治州乃至四川省享有盛誉的县域内教育均衡发展的典范学校。

【教育教学】 坚持健康发展、可持续发展的理念，持续加强教育教学及常规管理。合理地配备安排教师资源。力求使各年级组各班师资配备相对均衡，坚持按“平行班”分班，让每一位学生接受公平的教育。继续推行年级组管理制度。年级组教育教学质量“捆绑”要求，提倡整体推进，共同进步提高。各年级组总体团结和睦，教学、教研氛围浓厚，体现“教学相长”，教师间互帮、互学、互教。完善健全制度建设。制定并实施《喜德县思源实验学校办学章程》《喜德县思源实验学校年度考核制度》《喜德县思源实验学校教师评职、评优、晋升考核制度》及《喜德县思源实验学校教师绩效工资分配方案》。创新教学管理方式。把集体备课提升到科研课题的高度加以研究，确定开展集体备课目的“增效、减负、整体推进，服务于教育教学，促进学校健康发展、可持续发展”。在教学过程管理中，坚持“教有定规，教无定法”的原则，鼓励教师根据自身的情况，求实创新、博采众长，以形成自己特有的教学方法及风格。组织教师共同钻研教材，吃透教材，用活教材，充分发挥每位教师的才智，互相取长补短，从而保证课堂40分钟的有效性。抓好教学“六认真”的常规检查工作。本期制定一月常规，每月月底对教师“六认真工作”进行检查并进行量化，最后计入绩效，做到公平公正，体现多劳多酬，优质优酬。

【教育科研】 校本教研。坚持推行“推门听课”，组织开展“新教师汇报课”、同年级的“同课异构”和“优质课赛课”教研活动的基础上，又新开展“一师一优课”展示活动，为每位教师打造一堂专属优质课，展现不同的师资风采。通过“师徒结对”的“传、帮、带”活动，安排部分教学经验丰富的老教师上示范课引领年轻教师对新课标、新课程的准确理解，展现他们优秀的专业素养、敬业精神和灵动的教育教学方法。名师引领，坚持“走出去、引进来”。坚持“走出去、引进来”的培训模式，寻求多方优质资源，曾先后组织教师到浙江宁波、安徽芜湖、什邡、南充、西昌等地跟岗学习，从而提升教师教育教学水平。课题研究。鼓励全体教师在搞好教育教学的同时，及时总结、反思，形成课题研究。以科研的思路去重新审视教学过程，发现问题、思考问题，形成解决问题的策略，并通过教学实践使其得到验证与完善，从而使教学工作逐步向最优化方向发展，同时也使自身的素质得到提升与飞跃。2022年共开展县级课题《民族地区“双减”政策背景下小学高段数学作业设计的策略研究》，州级课题《农村留守儿童自主学习能力培养策略研究》，省级课题《彝族地区年轻教师专业水平的提升与研究》。省级课题《彝族地区寄宿制小学生好习惯的培养与研究》于2022年7月结题，取得的研究成果在全校推行实施。

【德育工作】 学校本着“好习惯、好人生”的育人宗旨。加强德育常规管理，组织学校德育常规管理检查评比，建立德育工作考评制度，强化基础工作和常规管理，不断提高德育工作水平。继续落实德育工作制度，强化德育工作责任，注重德育工作过程的有效管理，及时掌握德育工作的情况，总结成功经验，发现存在的问题。开展弘扬和培育民族精神教育活动。广泛开展主题活动，充分利用重要节日和重要事件、重要人物纪念日，通过多种途径在学生中培育爱国、孝道、尊师、诚信等美德。坚决杜绝体罚和变相体罚学生的现象，坚决杜绝乱收费、乱摊派和增加学生课业负担的现象。组织教职工学习教育理论和先进经验，搞好工作经验交流，进一步提高教职工队伍的整体素质。抓好学校规章制度的落实，严格考勤制度和办公秩序，加大督查力度。继续搞好班主任工作的辅导，介绍班级、学生管理的经验、方式方法和措施，供学习借鉴。加大对班主任的培训力度，指导班主任的工作，提高管理水平和质量。以评选“优秀辅导员”“优秀班主任”为契机，弘扬先进，发挥优秀班主任的示范、辐射作用。加强行为规范教育，以《中小学生日常行为规范》为标准，切实培养学生做“讲文明、讲礼仪”的校园小主人。开展好系列主题教育活动。引导学生多读书，读好书，展示学生、教师的阅读成果，打造书香校园。以《中小学心理健康教育纲要》为指导，落实各项心理健康工作方面的要求，培养学生的良好心理素质和健康向上的心态，增强学生的适应能力和抗挫能力。对学生要注意抓好留守学生、学困生和习困生的心理辅导；对教师要注意考前复习时的心理疏导。积极利用家长委员会负责协调家校工作，各班每学期召开一次家长会，每班遴选2～3名家长代表协助班级管理，抓好家长学校的建设，努力营造和谐进取、活泼向上、谦和礼貌的校园文明环境。各班中队辅导员还利用课本、校本课程、身边实事等对学生进行德育教育。每学期开学各班组织观看“开学第一课”，组织开展以“禁毒防艾”和“宪法知多少”为主题的演讲活动和知识竞赛等。

【寄宿制管理】 2022年学校寄宿制管理工作以专职管理人员、值周教师、班主任、宿管人员、学校门卫为一体的管理体系，各负其责，上下联动，齐抓共管的工作机制。学校严格按喜德县教体科局制定的《喜德县寄宿制学生管理条例》和学校制定的住校生管理制度进行科学、规范管理，从日常的细节管理认真做起，从寄宿制学生吃、住的基本问题认真抓起，力求使学生吃饱、吃好，住得安心，使学生进得来、保得住、能学好。由于学校寄宿制管理起点高，管理规范、措施到位，受到学生、家长的好评，确保学校的入学和巩固，学校寄宿制成为吸引生源的一大亮点。

【体育工作】 组织体育教师外出培训，提高教师的专业技能。组织开展学校独创大课间比赛。在巩固以往“阳光体育大课间活动”所取得的成绩基础上，制定新的活动方案，进一步完善、改进、提高内容、形式与质量；每天以广播操、跑步操及大课间运动为大课间主要内容，师生已养成良好的活动和锻炼习惯，师生的身体素质得到有效提高；顺利完成2022年学生健康体质检测工作。同时，充分利用课后服务时间，有序推进“足球进校园”活动，组织学生参加足球训练，并在凉山彝族自治州第39届中小学运动会暨凉山彝族自治州青少年足球联赛上蝉联U11男子组冠军，充分证实学校课后服务初见成效。

【艺术教育】 2022年，在第十届中小学生艺术展演活动中思源实验学校的《绿色精灵》《彝海结盟》《彝族老家》《万疆》等参赛节目分别荣获一等奖、二等奖、三等奖；在庆祝建党100周年红歌比赛中荣获二等奖；在第36届科技创新大赛绘画中，荣获科幻画州上三等奖5个、县级一等奖7个、县级二等奖11个、县级三等奖1个；辅导员科技创新成果荣获县级二等奖2个、县级三等奖2个。

【卫生工作】 加大对新冠肺炎疫情防控和各类流行病的预防和宣传工作。做实学校晨、午、晚检工作和学生因病缺课追踪和记录工作。与卫生部门共同对全体学生开展了结核筛查、预防艾滋病的宣传工作，增强学生对艾滋病的防范意识。继续组织德育处和保洁处的老师按时检查各班的教室及公地卫生、学生的着装、个人卫生及寝室内务整理等情况并做好记录。每周组织学生对校园角落及草坪里的杂草进行清除。利用班会、黑板报等做好疫情防控、禁毒防艾、流行病预防等宣传教育工作。

【安全工作】 为切实做好安全教育工作，少队部向全体学生发出安全倡议书，从“森林防火、防溺水、交通安全、饮食安全”四个方面开展主题教育，向学生提出具体要求。利用国旗下讲话、晨会、班会、放学前10分钟等时间，对学生进行系统的森林防火、防溺水、防交通、防食物中毒、防疾病、防体育运动伤害、防触电、防火等安全知识教育。举办以“珍爱生命、安全第一”为主题的黑板报，主题突出，内容丰富，教育性强。组织学生观看“安全教育第一课”、安全图片等资料，让学生充分体会到安全的重要性，认识到不遵守交通规则，不重视安全将会付出鲜血甚至生命的代价。邀请消防队官兵到校为学生讲解消防安全知识和地震逃生知识，组织学生在教室和寝室进行实地演练，增强学生的安全防范意识。

（撰稿：王英 / 核稿：马海克启）

喜德县欣欣小学

【概况】 喜德县欣欣小学是2020年新建成的一所县城小学，2020年秋季学期正式投入使用。学校共投入建设资金1.22亿元，占地面积61501.46平方米，体育运动场16637.65平方米，绿地率30.28%，建筑密度22.82%。校舍建筑面积31991.09平方米，其中，教学及辅助用房面积12184.28平方米、生活用房面积14821.14平方米、行政办公用房面积1853.23平方米、其他用房面积1623.39平方米。2022年度，共有教师131名，其中，正式在编教师57名，政府购买服务聘用教师69名，什邡支教教师5名。专任教师129名，行政1名，工勤1名，高级教师10名，一级教师30名，二级教师18名，未定级教师71名。

【师德师风】 重点抓好教师队伍师德师风建设。“百年大计，教育为本；教育大计，教师为本”。师风聚气，师德铸魂。良好师德师风可以感染同事，同心同德，齐心协力；可以感染家长，树立良知，真诚沟通；可以感染学生，积极进取、勤奋努力；可以感动社会，爱岗敬业，成就梦想。学校高度重视教师队伍建设工作，以师德师风建设为重点，以继续教育为主线，狠抓教师队伍建设。严禁教师办补习班、乱收费、让学生购买教辅资料的行为，严禁教师接受家长的宴请和礼物。建立健全内控机制和廉政风险防控机制。深入推进阳光治校、廉洁从教，努力营造风清气正和厉行节约的育人环境。

【德育工作】 抓好学生德育工作及常规管理工作。以班主任工作为重心，开展班主任工作暨班主任培训会。继续加强学生德育工作及常规管理，做好“每日十问”课前承诺活动。加强各班四项常规评比工作，完善“班级流动红旗”的常规检查评比细则，强化“班级流动红旗”的名优效应，将此作为优秀班级、优秀教师、优秀学生评比的重要依据。加强对学生的环境卫生、仪表仪容、两操等情况的检查工作，实行值周教师和学生大队干部同时值日，对各班进行四项常规管理监督，以班级为单位，以值日情况为依据每天实施一次考评。以少先队工作为主阵地，充分发挥少先队“礼仪监督岗”“文明劝导员”的监督管理职能。充分发挥少先队组织的教育作用，利用主题班队活动，组织学生认真开展以“礼仪教育”“民族精神”“禁毒防艾”“森林防火”等为主题的教育活动，对学生进行思想品德和行为习惯教育，规范学生的道德行为。

【安全工作】 加强安全工作管理，确保校园平安和谐发展。强化安全责任意识，健全安全工作制度，建立健全安全管理长效机制，以校园安全、道路交通安全、疫情防控、食品卫生安全、森林草原防灭火、消防安全、防溺水安全、上下楼梯安全、学生节假日安全、教育教学安全和学生心理健康为重点，深化安全教育，遵循“积极预防、科学管理、全员参与、各负其责”的方针，建好安全工作管理制度。校长、分管领导、年级组长、班主任、科任教师、家长层层签订责任书，明确各自职责，落实任务，校园安全工作形成齐抓共管的局面。做好“新冠肺炎”的疫情防控工作，落实校内一日安全防疫流程，将防控常态化，确保在校师生安全。定期开展校园安全隐患大排查，及时整改存在的问题。严格门卫室工作管理制度，明确值班分工和工作纪律要求。加强外来车辆人员管理登记。按照上级主管部门要求及时开展各项季节性安全教育活动并收集归档相关资料。做好校内师生集会结合区域布置和安全疏散路线规划，强化学生上放学纪律秩序和学生日常行为规范养成教育。为全校师生创建良好的文明育人环境和校园安全环境，促进学校安全工作步入科学化、规范化和法制化轨道，为学校教育教学稳步健康发展作保障。

【教育教学】 按国家课程设置要求，开齐开足相关课程，坚持以学生为主体，以教师为主导，教学相长的教育方针，深入推进素质教育。认真落实教学常规，深入研究新课程标准。加强校内外研修培训，努力为教师创造培训学习条件，选派教师参加各级各类培训，注重外出培训教师返校汇报，实现优质教学资源共享。抓实教师信息技术应用能力提升培训，提高教师驾驭课堂的能力和综合能力，做到教书育人两不误。校本教研落到实处，开展好“青蓝工程”系列教研活动：继续实行老教师对新教师帮扶教、年级组教研活动、年级组集体备课活动、骨干教师示范课，年轻教师研讨课，新进教师亮相课、常态课主题竞赛等。加大教学常规督查力度，继续坚持“教学六认真检查”的工作机制，强化教学过程管理和质量管理，完善教学常规检查制度。推行推门听课制度。开展艺体学科教研活动，补齐短板。

【课题研究】 本年度学校开展“信息技术环境下促进凉山彝区小学教师专业发展的校本培训策略研究”“凉山彝区小学青年教师校本培训模式研究”两个课题，并成功申报为省级课题。成功申报“运用‘教育惩戒’培养彝区小学生规则意识研究”州级课题；“凉山彝区小学青年教师校本培训模式研究”县级课题，同时，组织教师积极开展校级课题研究，对课题组的初期工作进行培训，修改研究方案，制定研究计划，以课题研究为载体，提高教师教育科研水平，培养研究型教师、专家型教师。在课题研究中重“培优”、树“标杆”，发挥骨干教师的引领作用。

【宣传平台】 学校微信公众平台有“欣学校”“欣教师”“欣学生”3个主菜单的各个栏目。学校办公室在微信公众平台上及时发布校园通知公告、校园时事新闻、师生文稿等，做到通知文件的上传下达，记录学校的发展、师生的成长。

【全员阅读】 为贯彻“为学生终身发展奠基，为教师专业发展铺路，为学校可持续发展创造条件”的办学宗旨，以建设书香校园、和谐校园为目标，激发全校师生读书的兴趣，引领广大师生与经典为友、与名著为伴，养成良好的读书习惯，促进师生个性和谐发展，提高教育教学质量，弘扬中华优秀传统文化、社会主义核心价值观，开展“喜德县欣欣小学全员阅读活动”，旨在校园内营造“书声琅琅，书香满校园”的良好氛围，使阅读真正成为师生的自觉行动和生活需要，使读书活动成为构建和谐学校、和谐教育的有效途径。

【亮点工作】 欣欣小学开展课前承诺活动，根据《喜德县欣欣小学学生每日“十问”》《喜德县欣欣小学班级一日常规评比细则》创编“三字言”，全校学生于每天课前开展承诺活动。欣欣小学礼仪操：什邡支教老师为学校创编“欣欣小学第一套礼仪操”，包括背诵“容止格言”、站姿展示、社交礼节展示、礼仪手势展示、礼貌用语手语展示。开展足球特色学校，学校8岁、9岁两个年龄段男、女生全员参加足球训练，逐步在全校铺开。

【支教帮扶工作】 2022年度，在学校支教什邡教师共16名教师，在教育教学、学校管理等方面给予欣欣小学大力的支持和指导。北师大什邡附属外国语小学、禾丰小学、南泉小学与学校开展“3+1”模式帮扶工作，即（北师大什邡附小、禾丰小学、南泉小学+欣欣小学）组建“校联体”，北师大什邡附小为牵头学校，禾丰小学和南泉小学为协助学校，力争通过3年时间，为欣欣小学培养出一批理想信念坚定、办学理念先进、教育教学方法科学、能力素质过硬的骨干教师，全面提升学校教育质量，将欣欣小学创建成喜德县内一所管理规范、质量较高、具有地区特点和时代特色的学校。

（撰稿：贾茹 / 核稿：翁古扎莫）

喜德县机关幼儿园

【概况】 喜德县机关幼儿园创建于1959年3月，位于喜德县光明镇文化路西段13号，占地面积2724平方米。2022年，共有幼儿634名，13个教学班，共有教师编制31人，在编在岗教职工29人。临聘保育员及炊事员19人，临聘安保人员2人。高级教师4人，一级教师13人，二级教师12人。凉山彝族自治州优秀教师2人，凉山彝族自治州优秀教师及各类先进业务骨干7名，教玩具自制获省级二等奖，国家级、省级、州级获奖论文20余篇，喜德县机关幼儿园成为全县师资教学、科研、管理都独树一帜的优质园所。2022年度，喜德县机关幼儿园荣获“喜德县庆祝建国70周年全民健身广场舞比赛”二等奖；授予中共支部委员会喜德县机关幼儿园“先进基层党组织（红旗支部）”称号；获得幼儿体智能游戏教学基地资格；获得教育部中国下一代教育基金会“十三五”规划全国重点课题《特色幼儿园阅读特色的实践与研究》“全国特色实验幼儿园”称号；美劳操作包示范园；童画之星·第二十二届世界华人幼儿创意美术大赛授予四川省喜德县机关幼儿园世界华人幼儿创意美术大赛特等奖。

【主要工作】 喜德县机关幼儿园以“创建文明校园，创办一流幼儿园”为目标，注重精神文明建设，坚持“尊重陪伴快乐点燃”的办学理念，以“文化浸润、内涵发展”为切入点，以开展感恩教育为载体，立足走文化兴校、名师强校之路，打造适合幼儿人人发展的优质教育和社会认可、家长称赞、幼儿向往、同行羡慕的示范性幼儿园，让每一位教师幸福地生活，为每一个幼儿的幸福奠基。本年度幼儿园被评为“喜德县学前学普示范基地”、文明校园，获经典诵读比赛优秀组织奖、公办幼儿园年度综合考核二等奖。

【教学环境】 重视校园环境建设，发挥环境育人功能，根据地域特色布置美化环境，班级和走廊有孩子们喜爱的环境创设主题墙，孩子们可以愉悦轻松地玩游戏。办公室、资料室、活动室、图书室、厨房、盥洗室、幼儿厕所干净、清洁、无污染、无噪声。教室、食堂都配备有消毒柜、饮水机等。根据《教玩具配备目录》，多方筹措资金，配备有现代化的教育教学设施，添置幼儿图书、玩具、玩具柜、电钢琴、摄像机，满足教学需要。配备有一体机、扩音器。户外体育游戏区有大型玩具滑梯、彩色轮胎、足球、篮球等小型体育器材，体育活动丰富多彩。各科教学挂图、打击乐、多种智力玩具，锻炼孩子动手操作能力。桌面玩具、自制玩具、积木等游戏材料一应俱全。

【立德树人】 “育人为本、德育为先”是全体教师的共识，把德育工作摆在素质教育的首要位置，贯穿教育教学的各个环节。利用元旦、春节、雷锋日、清明节、端午节、母亲节、父亲节、教师节、中秋节、国庆节、重阳节等传统节日开展丰富多彩的主题教育，教育幼儿从小养成爱家乡、爱父母、爱科学、爱劳动、爱祖国、助人为乐、孝敬老人的良好品德。

【教育教学】 严格执行保教管理制度，要求教师在学期初先制订好保教和班级计划、教学教研计划，并做到严格认真地按计划开展教学活动。组织教师参加教师教学技能大赛和幼儿园教师课堂教学技能比赛，均取得好成绩。通过课程设计、示范教学、青年教师公开课等形式开展教研活动。结合地方特点，设置一些具有地方特色的教学课程，由教师自行设计，并将这些活动渗透到幼儿的一日生活、学习、游戏之中，使幼儿在潜移默化中学会做人、学会学习、懂得生活，促进教育教学质量的提高。

【安全工作】 时刻将保护幼儿安全放在工作的首位，不定期检查幼儿园园舍、设施设备、各功能室使用及完好情况，发现问题立即整改，消除各种安全隐患，避免触电、砸伤、摔伤、烫伤等事故的发生。坚持一日活动巡视检查，确保幼儿园周边道路畅通，保证家长和孩子的出入安全。先后组织开展防震安全演练、消防安全演练、交通安全演练、食品安全演练、防爆演练。通过微信公众号、QQ群、家长会等向家长发放安全宣传单。督促教师及幼儿完成安全教育课程，完成率100%。组织教职工及家长听消防讲座。组织召开家长膳食委员会会议2次、每月组织召开食堂工作人员会议，确保食品安全。

【卫生保健】 认真贯彻执行《幼儿园卫生保健合格标准》，制定幼儿园健康教育制度，并认真落实。加大晨检力度，防止病患幼儿入园，班级教师加强“一日二检”工作，随时观察幼儿身体状况。加强消毒卫生工作，要求教师对卫生消毒、洗晒工作规范操作。利用各班家园联系栏、致家长一封信，向家长宣传育儿知识，做好对传染疾病的预防。

【依法治园，制度管理】 强化终身学习，提高执行力。幼儿园积极开展“两学一做”活动，建设“学习型、创新型、服务型”党组织，要求班子成员做到一善学习，二勤思考，三做榜样。在具体问题上做到“大事讲原则、小事讲风格、团结讲真诚”，坚持吃苦在先，享受在后，廉洁奉公。幼儿园领导班子成员分包年级组，分层管理，保证各项工作思路清晰、管理精细，幼儿园党支部被评为全市先进基层党组织。确立服务意识，提升奉献力。在工作中，园领导班子以教师和幼儿为本，一切从实际出发，从小处着手，甘当职工的勤务员，在职工婚丧嫁娶、生病住院等方面，幼儿园领导都给予关心和慰问。坚持依法治校，提升廉洁力。积极发挥园委会、工会、教代会的作用，有关幼儿园制度和发展的重大问题，一律交教代会讨论，特别是在保教处副主任的配备上，采取公开竞聘，收到良好效果。实行校务公开制度，做到财务、评优评先、晋职考核公开，实行家长接待日制度，设立了意见箱，让大家对幼儿园工作随时监督。

【师德强园，特色育人】 幼儿园成立师德建设工作领导小组，制定了师德师风建设实施方案，完善师德考核制度、奖惩制度，举行“心系中国梦，做好引路人”师德主题教育启动仪式，全体教师重温“教师誓词”，开展“师德师风”“爱岗敬业”演讲比赛、“最美教师”评选活动等，使师德建设、文明建设紧密地结合在一起。

【家长工作】 积极沟通，争取家长的理解与信任。教师们积极利用家长会与全班家长进行沟通，向家长介绍本班的具体情况和计划安排。利用早晚接送的时间，全园教师们主动与每一位家长进行沟通。班级里的重大活动如需家长配合的，以书面形式通知家长，使家长了解各项活动的目的和任务，有助于家长帮助孩子找出差距与不足，找到继续教育的方向。

（撰稿：文静 / 核稿：郭英）

卫生健康

【概况】 2022年，县卫健局在县委、县政府的正确领导下，在州卫健委的精心指导下，深入学习贯彻习近平新时代中国特色社会主义思想和党的二十大会议精神，紧扣喜德“十四五”发展战略部署，全面实施健康喜德行动，推进卫生健康制度创新和能力提升，为喜德“十四五”战略布局和乡村振兴提供有力的卫健保障。2022年喜德县卫生健康局荣获凉山彝族自治州艾滋病等重大传染病防治工作先进集体称号、获2022年凉山彝族自治州委目标绩效管理季度目标任务“清单制”管理疫情防控工作“红榜”前三名。

【机构及人员】 2022年，喜德县共有各级医疗卫生机构155个（含村卫生室），其中综合医院1个、民族医院1个，民营医院3个；基层医疗卫生机构145个，其中，村卫生室132个、乡镇（中心）卫生院13个；专业公共卫生机构3个，其他卫生机构2

个。在职职工529人，其中，专技人员职称以初级及以下人员为主有369人，中级94人，副高级52人，正高级4人。全县共有执业（助理）医师251人，注册护士356人。局机关有行政人员11人，领导职数1正3副。

【主要职责】 牢固树立大卫生、大健康理念，推动实施健康喜德战略，以改革创新为动力，以促健康、转模式、强基层、重保障为着力点，把“以治病为中心”转变到“以人民健康为中心”，为人民群众提供全方位全周期卫生健康服务。更加注重预防和健康促进，增强健康意识，加强爱国卫生运动工作，加强预防控制重大疾病工作，积极应对人口老龄化，健全卫生健康服务体系。更加注重卫生健康服务公平性和可及性，推动工作重心下移和资源下沉，推进卫生健康公共资源向基层延伸、向农村覆盖、向边远地区和生活困难群众倾斜。更加注重提高服务质量和水平，推动建设高质量健康服务基地和中医药强县。更加注重深化医药卫生体制改革的科学性和持续性，加快分级诊疗制度建设，加强医疗、医保、医药的联动改革，加大公立医院改革力度。

【医药卫生体制改革】 以提高医疗服务质量和水平为关键，推行以取消药品加成，破除以药养医为核心，不断深化县级公立医院在管理体制、补偿机制、价格机制、药品采购、薪酬制度、绩效考核、人事制度、医保支付、监管机制、分级诊疗制度等方面的综合改革。

【卫生健康乡村振兴】 调整优化医疗机构布局和服务体系建设。根据群众就医需求、服务人口、服务半径等因素优化医疗机构布局，确保每个建制乡镇均有1所达标卫生院，有2名乡镇执业（助理）每个行政村均有1所达标卫生室，至少有1名合格乡村医生，在完善医疗设备基础上，不断提升医务人员的诊疗水平，基本实现安置群众“小病不出乡、预防和康复在基层”的要求。加强医疗机构建设。规划以县医院为龙头，推进县域卫生医疗次中心建设。着力实现“大病不出县、小病不出乡”目标。2022年完成选址、土地测绘、地质灾害评估等工作。巩固健康脱贫成果。持续做好因病致贫返贫监测户家庭医生签约服务，结合实际，逐步扩大签约服务重点人群范围，提供基本公共卫生、慢性病管理、健康咨询和中医干预等综合服务，重点做好高血压、糖尿病、结核病、严重精神障碍等四种主要慢性病患者的规范管理和健康服务。农村低收入人口慢性病全部实现家庭医生签约服务应签尽签，规范化管理率达90%以上，确保农村低收入人口健康有人管。

【基本公共卫生服务】 2022年全县累计建立居民健康档案156092人，建档率98.71%；电子档案建档155177人，建档率98.13%；其中，有动态记录的档案74378份，健康档案使用率为47.65%；高血压、糖尿病患者规范管理人数分别是1648人和719人，65岁以上老年人健康管理人数9920人，定点医疗机构确诊结核病患者437人，管理结核病患者420人，肺结核管理率96.11%，严重精神障碍患者257人，规范管理253人，严重精神障碍患者健康管理率98.44%。

【计划免疫】 2022年全县应建卡1850人，已建卡1840人，建卡率99.46%；建证1914人，建证率98.71%；其中，卡介苗应种1581人，实种1579人，接种率99.87%；脊灰应种7685人，实种7681人，接种率99.95%；百白破三联应种9328人，实种8966人，接种率96.12%；乙肝应种5847人，实种5778人，接种率98.82%；含麻成分疫苗应种4700人，实种4622人，接种率98.34%；A群流脑应种4600人，实种4436人，接种率96.43%，乙脑应种5002人，实种4881人，接种率97.58%；A+C流脑应种3700人，实种3640人，接种率98.38%；甲肝应种2600人，实种2537人，接种率97.58%；白破应种2188人，实种2140人，接种率97.81%。

【重点疾病】 全年全县新增HIV/AIDS 135例，现存活病例1897例。大力开展PITC宣传教育咨询检测，PITC宣传教育检测达164172人次。艾防核心指标全面完成，艾滋病报告质量为100%、艾滋病病毒感染者（病人）接受结核病检查完成率93.27%、艾滋病病毒感染者（病人）随访检测完成率97.89%、艾滋病病毒感染者（病人的配偶或固定性伴侣）HIV抗体检测完成率99.79%。全面加强结核、麻风、血吸虫等疾病防控。全年全县共接诊初诊结核患者（疑似患者）367例，痰涂片检查362例，查痰率98.64%；规范开展学生预警信息监测，处理预警214例，其中在校生111例，处置学校结核病散发病例6例，学校结核病散发疫情流调6次，肺结核密切接触者症状筛查600余人。规范开展3所高中、7所寄宿制初中、46所小学，27所托幼机构及教职工共计54537名师生开展结核病筛查，诊断肺结核病师生46人（其中教职工3人），病原学阳性16例。加强麻风病线索调查和可疑者筛查，全年无新发病例，全县共有监测病人89人，现症病人4名；巩固血吸虫病消除达标成果，积极开展血防监测点工作，共计查螺面积600万平方米，采用药物喷洒法对历史有螺面积进行灭螺工作，共计灭螺150万平方米，开展疫区血吸虫病询检3000人次，本地人群血检5200人，血检查出阳性200人；完成发热病人血吸虫病监测任务200人次。

【职业病防治】 职业病宣传周组织疾控中心深入社区、各厂矿企业以“构筑职业健康防线，共享健康人生”为主题，在各厂矿企业开展形式多样的职业病危害与防治宣传活动。对全县重点职业病企业开展职业病危害因素调查，摸清全县职业病危害因素的重点厂矿企业。完成7家重点企业的现场监测工作，现场完成噪声、粉尘、苯、二甲苯、甲苯、锰及其化合物等的采样、计算及录入工作。全县现在存活有1例确诊的尘肺病患者，病情稳定。帮助6家企业完成申报工作，完成企业职工体检人员的审核800例，完成农药中毒的审核20例。

【医政管理】 组织对口支援、东西部协作专家开展大型义诊3次，活动共发放中医药宣传单800余份，免费诊疗368人次，咨询454人次。完成护士执业资格考试报名84人，卫生专业技术资格考试118人，执业医师资格考试41人，审核和提交副高级资格评审6人。制定全县无偿献血实施方案，到12月底，组织开展无偿献血6次，献血359人次。加大医疗机构监管力度，全年累计监督检查医疗机构220余户次，出动监督员600余人次，出具监督意见书160余份，开展打击非法行医专项行动4次，取缔非法牙医摊1个。强化医疗质量管理，组织县人民医院10个质控中心，开展医疗质量检查，进一步贯彻落实各项核心制度，促使各基层医疗单位能趋于规范化。通过医疗服务与保障能力提升（中医药事业传承与发展部分）项目，支持6个乡镇卫生院中医馆内涵建设，切实加强中医药在基层

2022年3月24日，喜德县卫健局在县城中心街开展第27届“世界防治结核病日”活动 （王成湖/摄）

2022年8月15日，喜德县重大传染病防治指挥部集中办公启动仪式举行　　（县卫健局/供）

防治常见病、多发病中医药适宜技术推广和运用全面提升中医药服务能力。

【卫生执法】 加强执法监督检查力度，狠抓各项卫生法律法规的落实，进一步强化卫生健康综合监督执法工作，强化案件办理。全年累计监督检查医疗机构220余户次，出动监督员600余人次，出具监督意见书160余份，依法予以行政处罚12家，共处罚款人民币30600元；检查辖区中小学及托幼机构200余户次；出动监督员600余人次，出具卫生监督整改意见书160余份，依法予以行政处罚4家，均予以警告；检查职业放射用人单位50户次，出动监督员100余人次，出具监督意见书41份，依法予以警告的行政处罚1家；检查公共场所240余户次，出动监督员700余人次，出具监督意见书160余份，依法予以行政处罚1家，共处罚款人民币500元；培训从业人员和业主80人次，发放安全套94200只，宣传资料1600余本，安全套摆放卡座和宣传资料展示架300余个；受理、审办公共场所卫生许可证15件。对辖区集中供水单位及辖区各中小学校生活饮用水卫生安全进行监督检查。全年累计监督200余户次，出动执法人员600余人次，下达卫生监督整改意见书220余份，依法予以行政处罚4家，共处罚款人民币9000元。完成2022年喜德县国家“双随机”监督抽检任务31家，监督完结率100%。

【妇幼保健】 2022年，新生儿遗传代谢疾病筛查率、新生儿听力筛查率工作显著提高，叶酸增补项目及产前筛查、孕前优生检查、出生医学证明管理、婚前医学检查、宫颈癌筛查、乳腺癌筛查、预防艾滋病母婴传播等工作顺利开展。全县产妇总数3897人，住院分娩率99.99%，免费婚检1640对，婚检率达96.30%。

【项目建设】 喜德县人民医院住院综合楼建设项目（整体搬迁一期）完成项目主体建设及部分内部装饰。喜德县人民医院门诊医技综合楼建设项目（整体搬迁二期）正在进行项目前期手续办理。喜德县中彝医院综合楼建设项目正在进行可行性研究报告编制工作。喜德县人民医院重大疾病公共卫生医疗救治中心项目完成建设验收工作。

【爱国卫生】 2022年，开展创建省级卫生县城工作。创建4个省级卫生乡镇，即北山乡、贺波洛乡、鲁基乡、冕山镇。创建15个省级卫生村，即沙马拉达乡火把村、北山乡西河村、光明镇石门社区、光明镇幸福村、光明镇源泉村、光明镇光明社区、光明镇甘哈觉莫村、贺波洛乡塔青村、红莫镇瓦西村、李子乡史觉村、两河口镇洛甘村、鲁基乡中坝村、米市镇马多洛村、冕山镇民主村、且拖乡三甘果村。创建11家省级卫生单位，即沙马拉达乡卫生院、北山乡卫生院、贺波洛乡卫生院、红莫镇中心卫生院、李子乡卫生院、两河口镇中心卫生院、鲁基乡卫生院、洛哈镇卫生院、米市镇中心小学校、冕山镇中心卫生院、且拖乡卫生院。

【卫生健康惠民政策实施】 积极落实“四免一关怀”政策。将艾滋病感染者（病人）及受艾滋病影响儿童共计1168名纳入低保范围，为97名因病致孤/感染儿童申请每月1200元生活补助，为97名困难艾滋病患者2022年基本医疗保险费用的缴纳并对感染儿童及受影响儿童免费办理入学手续接受九年义务教育，孤儿童救助率达100%。完成计划生育免费检测和特殊家庭补助。2022年，完成710对孕前优生健康检查；“两癌”筛查4392人，完成年初制定的目标任务。完成特别扶助发放94人，发放资金104.67万元；奖励扶助发放538人，发放资金51.65万元；独生子女父母奖励金发放71户，发放资金1.28万元。

（撰稿：冯梦霞/核稿：刘梅）

喜德县人民医院

【概况】 喜德县人民医院位于光明镇环城东路170号，占地面积12636.49平方米，建筑面积16225平方米，现有床位编制400张，开放床位298张；2022年度医院总资产19818万元，全年医疗业务收入7757.5万元，门急诊84734人次，入院11803人次，出院11744人次，手术台次1668台次，床位使用率84.4%，治愈好转率97.8%。

【机构及人员】 医院设有急诊科、ICU、中西医结合科等临床科室17个；设有放射科、检验科、超声科等医技科室9个；设有两办、计财科、质控科等职能科室13个。全院核定人员编制175人，实际在编162人，高级职称43人，中级职称37人，初级职称80人，招聘合同工213人，临时工45人，全院工作人员共计418人。2022年共派出19名专业医护人员到宁波市第一医院、宁波市海曙区第二医院、四川省人民医院、四川省第四人民医院、什邡市人民医院等地三级甲等医院进修学习。

【医疗设备设施】 主要设备有腹腔镜、宫腔镜、胃肠镜、四维彩色多普勒超声诊断仪、核磁共振、乳腺X射线机、64排CT、移动DR、全自动核酸提取仪、全自动PCR分析系统、血气生化分析仪、免疫化学发光仪、掌上离心机、血糖扫描检测仪、中央监护系统、可视喉镜、新生儿呼吸机、钬激光、内窥镜、数字阴道镜、高频电刀、裂隙灯显微镜、非接触眼压计、气腹机、超纯水机、心电图机、纤维支气管镜等辅助检查功能配套齐全，能为各临床科室提供全方位的医疗检查。2022年，启动新院区整体搬迁一期项目建设，共计投资6250万元，一期建设共计11000平方米。

【医疗帮扶】 医院长期接受省内对口帮扶力量，并于2022年6月启动东西部协作宁波“组团式”帮扶，派出专家共5人进驻医院，其中宁波市第一医院3名专家分别帮扶放射科、外一科、外三科，海曙区第二医院2名专家分别帮扶妇产科、外二科。医院依托东西部协作宁波“组团式”帮扶、省综合帮扶队和什邡对口帮扶力量等各种帮扶力量，采用“送出去，请进来”的方式不断加快医院人才建设，加快专业技术人员外出进修培训速度，选派各科优秀医务人员外出进修深造，跨越式地提高各专科的诊治水平。

（撰稿：万睿/核稿：杨林）

喜德县妇幼保健计划生育服务中心

【概况】 2016年3月，喜德县妇幼保健院与喜德县计划生育服务站整合，更名为喜德县妇幼保健计划生育服务中心，是一所正科级公益一类事业单位，中心建筑总面积2313.27平方米，占地面积578平方米，编制床位数为40张，实际开放39张。2022年喜德县妇幼卫生服务能力取得明显提升，全县产儿科服务能力显著提高，孕产妇及儿童死亡率明显降低。2022年，共有职工81名，在编人数42名，临聘39名。副高职称5名、中级职称9名。

【主要职责】 以保健为中心，指导基层为重点，保健与临床相结合，面向群众，面向基层，以预防为主，为全县的妇女及儿童提供优质、安全、高效、便捷的医疗保健服务。主要开展儿科、妇产科、内科临床诊疗工作，孕产妇及妇女保健、计划生育、儿童保健服务。同时负责全县妇幼重大项目工作的开展，包括孕前优生、叶酸增补、新生儿疾病筛查、出生医学证明管理、婚前医学检查、宫颈癌筛查、乳腺癌筛查、预防艾滋病、梅毒、乙肝母婴传播项目。

【主要医疗设备】 拥有先进的医疗设备，即迈瑞全自动生化分析仪、锐扶刀、可视人流、产后康复评估及治疗仪、儿童多功能综合分析仪、呼吸机、麻醉机、高清电子阴道镜、化学发光法、迈瑞五分类血球分析仪、四维彩超等。

【计划生育】 2022年组织相关工作人员分组到13个乡镇对已婚育龄妇女进行查病、查孕、查环、查艾滋病工作，同时在医院门诊开展“四查”工作及计划生育技术服务。对查出疾病的育龄妇女进行对症治疗及相关的咨询指导，对孕妇进行孕期保健及动员住院分娩宣讲。全年共完成下乡“四查”人数3300人。

（撰稿：阿牛妞牛 / 核稿：王治英）

喜德县疾病预防控制中心

【概况】 喜德县疾病预防控制中心成立于2005年8月，由原“三站”（防疫站、血防站、皮防站）合并而成。设有行政办公室、后勤科、地方病防治科、检验检测科、卫生科、疾控科、美沙酮门诊、艾滋病防治科8个科室。

【主要职责】 承担着全县的疾病预防控制、健康教育与健康促进、免疫规划、地方病、艾滋病、血吸虫病、结核病、麻风病等重点疾病的防治工作以及基层医疗卫生单位疾病预防控制的技术指导工作。

【加强免疫规划】 全县适龄儿童疫苗接种率达到国家规定，完成全县适龄儿童免疫规划接种率抽样调查工作；顺利完成AEFI、AFP、麻疹、布病等监测工作。

【地方病防治】 5月15日开展以“众志成城战疫情，科学补碘保健康”为主题的宣传活动，引导群众合理补碘；联合则约小学和拉克小学开展碘缺乏病防治知识手抄报比赛，为获奖同学颁发奖品。开展儿童及孕妇尿碘、盐碘监测及儿童甲状腺筛查工作。共检测642份样品，儿童甲状腺筛查204人，全县碘盐覆盖率100%，碘盐合格率为98.44%。开展克山病全覆盖监测工作，共筛查出心肌病163例进行排查管理，在两河口镇开展克山病重点调查工作，共调查860人，经省上专家确诊慢克1例。每季度在冕山镇伍合村、新桥村，和民村、和平村、民主村开展饮用水氟含量监测，其中伍合村、民主村水氟含量超标，对上述五个村辖区内8～12岁学生开展氟斑牙病情调查，共调查434人，总患病率为47.93%；疟疾血检完成135人，复核6张血片，全部为阴性。

【加强慢性非传染性疾病管理】 指导各乡镇开展对经二级及以上综合医疗机构或专科医院确诊并自愿加入类风湿关节炎、慢性阻塞性肺疾病患者健康管理的病人建立健康档案；指导各乡镇开展严重精神障碍患者管理工作，督促各乡镇卫生院对流转的严重精神障碍患者进行接收和随访，并及时录入管理系统；全年管理慢性阻塞性肺疾病患者47例，类风湿关节炎患者87例。严重精神障碍患者在管患者277人，基本稳定40人，稳定237人。

【加强卫生及职业病监督监测】 完成农村及城市饮用水检测108个水样，其中有部分水样微生物超标，冕山4个水样为氟超标，其余均合格；12月，完成农村义务教育学生营养改善计划营养监测项目的学校教师的培训；开展学生常见病的体检，体检1040人并完成3所学校的教学环境监测、学生问卷调查以及录入工作；开展营养周及职业病周宣传活动，共发放宣传单（册）4000余份，宣传品4360余份、接受咨询2100余人次；开展入厂职业病危害现状调查及工作场所职业病危害因素现场监测的工作，共监测7家企业，完成率100%。

【实验室工作】 全年完成艾滋病初筛检测376份血清，CD4细胞检测样本2075份；PCR实验室核酸检测共326935份（其中，完成县外样本检测29942份）；5—12月，对全县重点人群和重点地区进行霍乱病的检测，采集的968份样本均未检出霍乱弧菌。

【重点疾病综合防治】 全年全县新增HIV/AIDS135例，现存活病例1898例。开展艾滋病全民筛查检测（PITC）任务数164549人、实际共检测163608人，完成率99.1%；开展全民筛查检测（HCV）任务数55000人，实际共检测65153人次，完成率118.46%。艾防核心指标全面完成，艾滋病报告质量为100%，艾滋病病毒感染者（病人）接受结核病检查完成率99.73%，艾滋病病毒感染者（病人）随访检测完成率96.08%，艾滋病感染者（病人的配偶或固定性伴侣）HIV抗体检测完成率99.79%。全面加强结核、麻风、血吸虫等疾病防控。全年全县共接诊初诊结核患者（疑似患者）370例，痰涂片检查365例，查痰率98.64%；强化学校结核病防控工作，规范开展学生预警信息监测，处理预警214例，其中，确诊肺结核并纳入抗结核治疗111人；规范开展学校结核病筛查，共筛查50912名学生及3625名教职工；积极开展结核病患者密切接触者筛查工作，全年共筛查600余人次；开展“世界防治结核病日”宣传活动，覆盖78所学校，发放宣传册800余份，宣传品1400余份，接受教育人数共计1600余人。加强麻风病线索调查和可疑患者筛查，全年无新发病例，全县共有监测病人89人，现症病人4名；巩固血吸虫病消除达标成果，积极开展血防监测点工作，共计查螺面积640万平方米，采用药物喷洒法对历史有螺面积进行灭螺工作，共计灭螺150万平方米，开展疫区血吸虫病巡检3000人次，本地人群血检5200人，流动人口血检200人次；完成发热病人血吸虫病监测任务200人次；对3个流行乡镇辖区内7所学校的3000余名师生开展血吸虫病防治知识的健康教育，增强健康防病意识，养成主动就医的行为习惯。

（撰稿：宋莉 / 核稿：朱建昌）

医疗保障

【概况】 2022年，县医疗保障局紧紧围绕县委中心工作，狠抓制度建设、作风建设，全面贯彻落实党的二十大精神、中央、省、州、县政策部署、医疗保障相关会议和文件精神，以服务群众、维护基金安全为主线，切实保障广大参保人员的医保待遇。

【参保情况】 全县基本医疗保险参保共187339人，其中，城镇职工基本医疗保险参保10244人，城乡居民基本医疗保险参保177095人，重点人员100%参保，参保人数超额完成17.1万人的州下达的目标任务数。

【医保基金支付情况】 医保基金共支出10281.93万元，基本医疗报销支付2507.99万元，公务员医疗补助报销支付48.68万元，基本医疗统筹报销支付7725.26万元，大病保险报销支付224.84万元。

【医疗保障基金监管】 共对42家定点医药机构实施100%全覆盖现场检查，共追回医保基金本金99.32万元和违规违约金21.03万元，在平时审核工作中智能审核扣款2.71万元，形成强力震慑。

【推进药品集中采购情况】 2019年3月至2022年12月，喜德县开展国家、省、州组织药品集中带量采购，共计支付191万元，有效解决有些国谈药、高价药进医保目录后在医院买不到的问题，降低药品购买价格，提高医药服务可及性。

【巩固医保脱贫攻坚成效】 进一步增强医疗救助托底保障，县医保局对困难群众的医疗救助金额达747.1万元(其中“一卡通”支付65万元)，医疗救助数达11344人次。完成符合“两病”、慢性病要求人员的审核及录入工作，确保及时享受待遇，城乡居民已有320人完成“两病”登记，5005人完成慢性病登记。建立医保、民政、乡村振兴、残联四部门联席会议制度，风险预警信息数据按月比对、共享，做好重点人员100%参保工作，努力实现“应保尽保”，切实发挥医疗保障的主体作用，进一步巩固拓展医疗保障脱贫攻坚成果同乡村振兴工作有效衔接。

（撰稿：阿尔雄峰 / 核稿：海松）

防震减灾

【概况】 2022年，县防震减灾中心深入贯彻落实《中华人民共和国防震减灾法》，坚持预防为主，防御与救助相结合的防震减灾方针，以建立和完善地震群测群防为基础，以普及防震减灾知识最大限度地减轻地震灾害损失为重点，大力普及防震减灾知识，努力增强全民防震减灾意识，提高全民抵御地震的能力，保护人民生命财产安全，维护社会稳定，构建和谐社会，为宜居宜业“彝族老家·幸福喜德”创建防灾减灾安全保障做相应的工作，较好地完成本年度各项防震减灾工作任务。

【地震监测台站总体情况】 喜德县境内有地震预警、强震、基本、数字化观测台站等共计38个，正常运行38个。地震强震台：光明镇中心校、冕山镇政府；地震基准站：光明镇新村；AEAT多分量地震监测系统：冕山镇和平村；地震基本台：冕山镇、北山乡、米市镇、且拖乡、光明镇、沙马拉达乡、李子乡、红莫镇；预警烈度仪：冕山镇政府、两河口镇三合村、米市镇政府、沙马拉达乡巴久村、洛哈镇热柯依达村、尼波镇政府、光明镇拉克村、红莫镇政府、鲁基乡政府、西河乡政府、县政府科协办公室、环城东路37号门市；二氧化碳观测点：光明镇拉克村；数字化温泉观测站：红莫温泉；地震预警系统：城关小学、县医院、彝欣幼儿园、县民族中学、县民族小学、思源学校、向荣中学、喜德中学、拉克小学、县文广局、光明镇中心校、县政府办公楼。

【完善编制地震应急响应方案】 2022年，按照相关规定程序，县防震减灾中心完成修订《喜德县地震应急预案》《2022年喜德县抗震救灾桌面推演台本》《喜德县重特大地震灾害防范应对方案》；联合县应急管理局完成《喜德县特重大地震应急救援行动方案》《喜德县应对重特大地震灾害工作手册》《喜德县辖区断裂带分布图编制成果报告》；编制《喜德县应急基础数据统计》；督促全县13个乡（镇）和县防震减灾领导小组成员单位优化本单位的地震应急预案，确保地震发生后第一时间启动应急预案，保障人员到位、措施到位、物资到位，全面提升全县地震灾害的紧急救援能力。

2022年11月16日，县防震减灾服务中心开展“三网一员”暨宏观观测员培训会（县防震减灾中心/供）

【地震科普宣传活动】 紧紧围绕“减轻灾害风险，守护美好家园”的防灾减灾日主题，牢固树立“人民至上、生命至上”发展理念。按照省、州相关要求，5月12日上午，由县应急管理局和县防震减灾服务中心联合在百货大楼开展“5·12”全国防灾减灾日宣传活动。本次活动共发放防灾减灾手册1000份、手提袋500个、围裙500条、雨伞200把，现场接受群众咨询近100人次。

【地震应急演练】 5月12日，县防震减灾服务中心组织相关成员单位，在思源学校模拟境内发生5.3级地震进行演练。县委办、县政府办、县人武部、县应急管理局等24个单位部门参加演练。通过此次演练，检验全县突发地震灾害应急预案措施的科学性和可操作性，以及各单位协调配合、处置突发地震灾害的能力。同时，进一步增强全县干部群众的防震减灾意识，掌握应急避震避险的正确方法，熟悉地震发生时紧急疏散的程序、方式、路线和安全避险区域，培养自我保护、自救互救、团队协作的基本能力，打牢“彝族老家·幸福喜德”人民群众的安全基石。

2022年5月12日，喜德县组织开展2022防地震防汛防地灾综合演练（县防震减灾中心/供）

【地震监测预报】 2022年，在保障县内38台地震台站正常运行外，在原有10台地震预警接收终端的基础上，增设2台地震预警接收终端，分别安装在光明镇中心校和县政府办公室楼顶。该系统通过在区域范围布设密集的地震预警监测网，地震时利用电波比地震波快的原理，在破坏性地震波到达前，通过预警系统服务器广播，提前几秒至几十秒发出预警信息，提醒民众及时避险，极大地减少伤亡和经济损失，保障人民群众的生命安全和财产安全。同时，防震减灾服务中心增设13名地震宏观观测员（每个乡镇1名），以便利用地震发生之前宏观观测来研判地震情势，做到及时上报、防灾减灾，最大化做到保护人民群众财产和生命安全。

【防震减灾业务培训】 全年共开展2期“三网一员”培训。培训内容涉及防震减灾各类科普知识，包含震前宏观异常、震中避震常识、震后互救自救等相关知识。通过培训，让基层地震工作人员进一步认识地震群测群防工作的重要性，以及群测群防在地震短临预报、灾情信息报告和普及地震知识中的重要作用，掌握科学避震知识，提高应对突发事件能力，有效增强基层一线人员的防震减灾意识和提高地震灾害应对处置业务能力，为推动全县防震减灾群测群防工作可持续发展奠定良好的基础。

【抗震设防工作】 进一步加强与县住建局、县自然资源局等各部门的沟通、协调、配合，加大对建设工程地震安全性评价与抗震设防要求的管理和监督力度，强化建设工程地震安全监管工作，为保障人民群众生命和财产安全作出贡献。

（撰稿：马海木呷 / 核稿：龙明云）

乡镇概况

光明镇

【概况】 光明镇位于县城北部，地处孙水河中游，马尼鲁则山下的洪积坡地上，是一个以彝、汉民族为主的聚居镇。撤乡并镇后光明镇辖光明、拉克、则约3个片区，辖区面积257平方千米，辖13个村、6个社区，共计61个村（居）民小组。辖区常住人口17660户10.56万人。森林覆盖率65%，耕地面积16092.38亩，农作物以水稻、大麦、小麦、马铃薯、玉米、荞子、燕麦为主，是喜德县名副其实的全县第一大镇和政治、经济、文化中心。

【乡村振兴】 2022年，光明镇进行精细动态监测。进一步梳理辖区住户，累计摸排常住群众12397户47249人，占喜德县全县人口的28.69%，下发《集中摸排工作方案》等工作实施方案8份，根据工作问题下发12份针对性工作指导意见，防返贫监测工作有序推进。精准锁定对象。全年开展2次全覆盖集中摸排，1次易地搬迁安置点“再摸排”，每月开展常态化摸排。全年新增监测户38户153人，针对致贫返贫风险，及时落实监测联系人，针对存在的短板问题分析研讨，依据风险类型合理实施综合保障、申请防返贫保障基金等帮扶措施。困难群众得到有效帮扶，群众幸福感和获得感进一步提升。精确开展帮扶。以人均纯收入为主要划分标准，分红、黄、绿码实行三级帮扶，按照县级领导、镇干部、村社区工作人员等不同帮扶人员级别分类结对，全年累计派遣各级帮扶责任人848人，入户摸排达5000人次以上。根据种植养殖规模、易地搬迁安置群众等不同类型，落实一系列惠民惠农政策，累计申请发放产业激励奖补1548.62万元，生猪代养分红212.9万元。集中开展促进脱贫人口增收“百日行动”，精准制定落实增收措施，确保脱贫人口持续稳定增收。全镇脱贫人口人均收入较2021年增长14.85%。

【产业项目】 2022年，实施项目8个，共计投资2174万余元，较2021年增加1700余万元。引进企业投资，促进产业规模性发展。通过引进企业进驻，增加资金投入，并通过企业专业化管理、技术性种植，创建农业产业园核心区，形成特色农业产业，实现产业规模性发展。发展现代农业，开启农业农村现代化建设新征程。通过建设干拖村阳光葡萄种植基地建设项目、喜德县粮经现代农业产业园2个项目，大力发展现代农业产业园区，全面提升镇现代农业形象水平，创建喜德现代农业对外形象宣传示范窗口。

2022年5月9日，光明镇召开2022年防止返贫监测帮扶集中排查工作动员部署大会 （光明镇/供）

【社会保障】 严格实行“政策公平、程序透明、操作规范、支付到人、打卡发放”的原则，及时准确发放各类补助资金；关注弱势群体生活，加强特殊困难群众社会救助工作力度；对发放类的各项惠农政策补贴及低保、大病救助等全部坚持标准实行“一卡通”发放到位。全年共发放农村低保2928户5890人，城市低保697户1288人，高龄老人505人，困难残疾人1032人，孤儿和事实无人抚养儿童54人，居家灵活就业补贴39人，残疾助学金发放56人，机动车燃油补贴18人，温暖万家行24人；医疗保险重点人群参保率100%；2022年12月底，全镇养老保险代缴人员达4500余人，70岁以上养老保险参保率达98%；完成退役军人优待证办理750人，困难退役军人（残疾，大病等）临时救助25人5万元。

【公共服务设施】 医疗方面：镇卫生院设有门诊部、住院部、中医科、医学检验、预防保健科、艾防科、公共卫生科等科室，配套各种专业医用设备，保障辖区内的就医。教育方面：光明镇境内有15所学校，中心校4所，村小8所，其中所属学校9所，与19个村（社区）、各中心校、学生家长签订了控辍保学责任书，同时充分利用8所“一村一幼”，做好适龄儿童入学和防止义务教育阶段学生流失工作，保证了辖区内适龄少年入学率达到100%，落实政府对教育工作的主体责任，切实巩固提高“两基”成果。安全方面：成立安全工作领导小组，在生产、消防、食品安全、道路交通等方面认真督查、积极入户、强化宣传，始终坚持“安全第一”的原则，增强安全意识，努力建设平安乡镇。

【精神文明建设】 推动基层治理上台阶。推进易地扶贫搬迁集中安置点、自发搬迁点、城乡接合部等特殊领域基层治理，健全自治法治德治相结合的城乡基层治理体系。深入开展“我为群众办实事”活动，发动“双报到”党员、党员志愿服务队“先锋”力量，依托党群服务中心、有事来协商”等平台，下沉一线“访民情、听民意、解民忧”。全年累计开展活动121次，参加党员干部600余人次。深化移风易俗工作。进一步宣传落实相关工作，以高压态势和强有力的工作措施，强化督导，坚决严禁高额彩礼、燃放烟花爆竹、铺张浪费、大操大办等。严禁举办乔迁、满月、升学等宴席，全面提倡厚养薄葬，严禁互相攀比大搞宰杀和席地就餐等，为进一步扭转和改善以往不良风俗，夯实移风易俗工作而努力。开展人居环境“百日攻坚”行动。自查暗访，推行环境卫生“黑红榜”制度，制定《光明镇人居环境整治五项措施》。全面排查农村人居环境工作中存在的突出问题，梳理问题清单，制定具体实施方案，明确整改方向。落实“指挥部＋清单制”，建立健全工作台账，建立长效机制。常态化开展环境卫生督导检查，乡、村两级干部每周开展2次人居环境突出问题督查，每月组织党员开展卫生扫除帮扶活动2次以上，村“两委”、驻村工作队组织村民每周开展1次村庄清洁活动，引导群众每周1次大扫除，常态推进环境卫生评比评选。

【森林草原防灭火】 强化“十户联保”，坚持全民防火。落实892个联保小组，9054户参与联保。梳理特殊人群，实行严格监管。共计摸排未成年人8662人、老年人1256人、特殊人群108人。严格实行AB岗监管，落实监管责任人8019人，签订承诺书20054份。坚持应清尽清，应烧尽烧。完成可燃物清理6739亩，计划烧除5.24万亩，有效消除安全隐患。加强扑火队伍建设。组建半专业打火队40名、初期火情处置小组270名、生态护林员340名、卡点值守人员12名、瞭望哨值守人员36名、13个高火险村执法队员78名、高火险期前置3支队伍共67名扑火队员。全年半专业打火队开展演练48次，共计参与1950人次；初期火情处置小组合计开展演练196次，共计参与2940人次。加快推进基础设施建设维护。新建防火通道98千米，新修50立方米消防蓄水池7口、32立方米钢椤子水池52口，维修防火通道137.3千米。严厉查处违规野外用火，开展典型案例以案示警。横向到边、纵向到底，切实加强护林防火工作宣传。通过张贴告知书、签订承诺书等方式广泛宣传森林草原防灭火政策，努力达到户户皆知，人人知晓，全民参与。防火期开始以来，共查处20起违规野外用火，达到较好的宣传和震慑作用。

【防汛救灾】 2022年，以防洪保安为主，认真做好防汛抗旱工作。落实全镇354户防汛“一对一”包保责任制乡级领导3人、村干部25人；结合各村（社区）自身实际情况，组织开展具有针对性的应急演练工作共计20余次，及时修订和完善预案19份；开展“在建工程领域防汛安全隐患专项清理整治”“防汛减灾专项整治行动”等专项工作，共计整改7个方面14个问题，开展“防汛防地灾隐患排查”250余次。加大对值班值守、排查巡查、监测预报预警督查、转移避险、物资储备等暗访力度，以严明的纪律为全县安全度汛提供有力保障。全镇19个山洪、地灾隐患点全年无灾情。

【行政执法】 光明镇行政执法人员进一步配备，下设办公室，现有执法证职工22人，夯实基层执法队伍力量；执法类别更加广泛全面，涉及行政检查、行政权力、行政处罚几方面，涵盖安全生产、教育方面85项赋权，在危房整治行动中，光明镇有效综合整治10次，拆除30幢违章建筑，谈话警示200余人，保障城镇的既有建设规划，在燃煤气检查中，重点对农贸市场屠宰场进行函告，保障人民群众的安全，抓住乡镇执法着力点。

（撰稿：罗坤 / 核稿：万顺吉）

冕山镇

【概况】 冕山镇地处喜德县西郊，镇域面积191.51平方千米，辖区最高海拔4480米，最低海拔1580米；境内有省级风景名胜区小相岭、西汉大石墓群、登相营古驿站等景点；辖区内有9个行政村，1个社区，29个村民小组，是汉族、彝族、回族、藏族、布依族等多民族聚居镇，耕地面积11000.5亩。2022年全镇常住人口4759户17586人。现有学校15所，其中，中学1所（喜德向荣中学分校）、小学5所、幼儿园9所，另有“一村一幼”7所，卫生院、派出所、邮政、法庭、工商、交警队等多个单位，经营规模以上企业7家，大小商铺共计105家。

【产业发展】 镇辖区内形成规模的产业有4个，分布在俄尔则俄村湖羊养殖，养殖300余只；伍合村油橄榄产业，建成一个油橄榄种植园区和一个年产60吨特级初榨油橄榄加工厂和年产600吨高有机质生物废料处理厂1座；民主村油橄榄和葡萄园产业，实现350亩油橄榄和302亩大棚葡萄种植，建成现代农业和特色产业基地652亩；新桥村柑橘产业，规划300亩，实现90余亩。强化职业农民、产业大户、专合社组织培育力度，探索建立“党组织+专合社+农户”的利益联结共享机制，壮大喜德县绿源种植专业合作社，583户村民土地入股800亩，资金入股480万元，2022年继续投入扶持壮大村集体经济资金100万元，建立种植油橄榄350亩、大棚葡萄300余亩，充分发挥示范带动作用。强化“海曙—喜德”产业协作，扶持俄尔则俄村湖羊产业和农产品加工产业两个项目建设，投入550万元用于产业园区升级及产业发展基础设施建设，全镇葡萄、油橄榄产业持续壮大，烤烟产业稳步上升，2022年烤烟收购工作取得可喜的成绩，实际完成烤烟收购5503.666担，收入796.53万元，其中，上等烟占比57.19%，烟叶均价28.95元 / 千克。

【社会民生事业保障】 坚持以人民为中心的思想，全力推进事关人民群众福祉的各项民生工作，不断提高人民群众的生活感、幸福感和满意度。2022年底全镇农村低保有958户1946人，城镇低保168户319人，特困人员19人，孤儿7人，事实无人抚养儿童23人，高龄老人215人。养老保险参保总人数9141人，其中，国家代缴1512人，已享受待遇1908人，重度残疾人273人，困难残疾人员197人。教育、医疗、文化等公共服务水平满足村民基本需求。有标准的中心校，学校占地面积16785.03平方米，校舍建筑面积6016平方米，教学辅助用

喜德县冕山镇民主村的葡萄喜获丰收　（王成湖 / 摄）

房面积 3986 平方米，运动场面积 7727.17 平方米；学校有图书室 2 间，音乐室 4 间，美术室 1 间，舞蹈室 1 间，实验室 1 间，仪器室 1 间，心理健康咨询室 1 间，微机室 1 间，有图书 18675 册。学校有 20 个教学班，在校学生 1081 人，入学率为 100%，巩固率为 100%。有标准的中心卫生院，办公用房建筑面积 3500 平方米（使用 1500 平方米，重建 2000 平方米），编制床位 20 张，执业医师 6 名。

【防汛防地灾】 始终坚持“人民至上、生命至上”的理念，认真落实好“党政同责、一岗双责、齐抓共管、失职追责”的防汛防地灾责任制，进一步完善应急救援抢险队伍，提前做好应急队伍力量、应急物资的准备工作。制定和完善冕山镇及 9 村 1 社区防汛防地灾、地质监测等应急预案，开展山洪地质灾害监测点应急演练 9 次，发放更新地质灾害明白卡 202 份、山洪明白卡 240 份。完善全镇 11 个地灾点和 10 个山洪灾害点应急避险预案，要求镇、村两级值班人员及监测点检测人员严格执行 24 小时值班值守制度，“三长两员”严格按照“三单四图”进行会商，做好天气预警及人员转移工作，成功避让突如其来的“5·25”泥石流和山洪灾害的紧急避险，及时撤离转移 24 户 123 人。

【森林草原防灭火】 2022 年，冕山镇 9 个村 1 个社区，有森林面积 20.25 万亩，草地面积 3.82 万亩。冕山镇共有森林防灭火通道 23 条 126 千米，其中维修利用矿山老路 8 条 30 千米，部队集训路 1 条 35 千米，景区毛路 1 条 23 千米，村组道路 12 条 26 千米，新建摩托车道 1 条 12 千米。森林消防水池 388 口 5130 立方米，其中，多功能消防水池 19 口 3600 立方米，专用消防水池 9 口 450 立方米，简易消防水池 360 口 1080 立方米。防火隔离带 5 条 27.8 千米，防灭火通道 12 千米，2022 年新建完成新桥村的 5 个 50 立方米水池。按照上级以路带水、以水灭火的要求，全镇共安装 32 立方米储水钢制水池 32 口。组建镇级半专业扑火队伍 1 支 30 人，村级初期处置小组每村 15 人，全镇共 120 人。按照州委“三单一书”的要求，签订森林草原防火承诺书 77 份，镇班子成员分村负责，村组干部分片负责，生态护林员和巡山护林员分段看守负责。始终把责任划分清晰、落实到位。

【重点项目】 成昆铁路扩能改造工程（喜德段）项目建设征地拆迁工作顺利完成。项目涉及冕山镇 5 个村，主要建设内容有中铁隧道集团承建的小相岭隧道长 21.775 千米；中铁二十一局承建的喜德段全长 5123 米、喜德西站 1 座。拆迁率完成 100%，红线内用地应交付 354.7 亩，已交付 354.7 亩；临时用地已交付 445.7 亩，交付率 100%，截至 2022 年年底，喜德西站正式投入运营，人民群众出行条件持续改善，交通运输更贴近民生实事。

【安全生产】 认真贯彻落实“党政同责、一岗双责、齐抓共管”的要求，周密部署，狠抓落实，防患于未然，进一步完善《冕山镇安全生产制度》，与 9 村 1 社区、镇属各单位、各企业分别签订 2022 年度《安全生产目标责任书》《道路交通安全责任书》和《食品药品安全责任书》，落实交通安全责任制。以各村委员会为单位，签订道路交通安全目标责任书，年内共签订道路交通安全目标责任书600余份。定期组织辖区内机动车驾驶员参加道路交通法律法规培训，经过今年组织的6次培训，参加培训的机动车驾驶员达180余人次，印发《道路交通安全法律法规宣传手册》3000余册。

（撰稿：李龙 / 核稿：马海阿里）

两河口镇

【概况】 两河口镇地处县城东北部，距县城14千米，地处二半山区，彝语俗称"洛各拉达"，因盛产蜡虫而闻名省内外。海拔在2000～2700米；四季温差明显，平均气温13℃，极端最高气温35℃，最低气温-9℃，年平均降水量1121毫米，年均日照2010小时；土地面积92平方千米，总耕地面积15960亩（其中，水田1500亩，旱地14460亩），林地9867.92亩，退耕还林12012亩；下辖两河口、洛各、三合、洛甘、瓦库、火觉莫、斯果觉、红星、波振、瓦尔西总10个行政村（社区），33个村民小组。2021年年底，户籍人口4317户15286人。2022年，以习近平新时代中国特色社会主义思想为指导，以党的二十大精神和习近平总书记来川视察重要指示精神为统领，深入贯彻落实国家、省、州"十四五"规划目标任务和县委十二届十次全会精神，紧紧围绕县委"十四五"规划和"2035年远景目标"工作布局，立足围绕"乡村振兴"一条主线，建设"美丽乡村"、推进基础设施建设、培育特色产业、提升服务水平的总体思路，团结带领全镇干部群众，攻坚克难、苦干实干，迎难而上，有力推动全镇经济社会事业高质量发展。

【巩固拓展脱贫攻坚成果】 聚焦易致贫人口实施动态监测，着重监测收入水平变化和"两不愁、三保障"巩固情况，重点以脱贫不稳定户、边缘易致贫户及突发严重困难户为切入点，坚持预判性措施和事后帮扶相结合，精准分析返贫致贫原因，采取有针对性帮扶措施，确保脱贫户不返贫，其他农户不致贫。通过全覆盖摸排、集中排查、日常摸排等常规性工作流程，全镇共有脱贫不稳定户25户88人，边缘易致贫户102户394人突发严重困难户10户30人。针对该137户，及时分析研判，分类施策，落实帮扶政策和监测责任人，通过纳入低保兜底政策、安排公益性岗位、动员青壮年劳动力外出务工或就近就业、流转荒置土地、入股分红等帮扶措施解除监测。

【产业发展】 全镇核桃种植12000亩，红花椒种植4800亩，青花椒种植4100亩，蜡虫种植8107.25亩、32万余株。全年以持续抓好马铃薯、荞麦、玉米传统产业为主，大力扩建花椒、蜡虫、本地绵羊、生态黑猪等产业，形成规模化产业基地；抓住乡村振兴大机遇，大力整治荒地，开展水毁复垦、土地整理、坡改梯、河堤建设等项目；创新产业模式，引进龙头企业，打造大棚蔬菜、高山中药材等现代农业产业园区。全年完成洛甘村安全饮水工程，完成瓦尔西总村种养循环产业园建设项目入库申报、招标，并于12月开工。瓦尔西总村500亩高寒山区中药材种植产业园二期中药材种植、火觉莫社区500亩魔芋种植等规模化农业产业项目。瓦尔西总村中药材种植项目完成分红5万元，瓦尔西总村种养循环项目完成分红25万元。充分发挥产业主体带动作用，建好建强镇级产业基地，为巩固脱贫成果提供稳定、持续、有力的基础支撑。

【教育工作】 辖区内初级中学1所、村完小2所、1所向荣中学分校、"一村一幼"教学点10个（包括1所公办幼儿园）；教育工作者（包括后勤、门卫等）87名，其中，幼儿教师（包括幼教辅导员）23名，小学教职工64名；2022年，适龄儿童3312人，学龄前儿童1256人；2022年学前及小学入学率达

喜德县两河口镇三合村蜡虫喜获丰收 （尔古木三 / 摄）

100%、初中入学率达100%；小学巩固率不低于100%，初中巩固率不低于99.9%；小学毕业率不低于100%，初中毕业率不低于99%；“三残”儿童（视力、听力、智力）入学率达到90%以上；九年义务教育巩固率达到100%以上。

【持续抓好森林草原防灭火】 2022年，两河口镇联合县级联系领导、正科职包村领导、包村部门、镇派出所等组成森林草原防灭火突击队，重点整治野外吸烟、饮酒、带火源进山等各种野外违规用火行为，加大对关键部位、敏感地区、重点单位等重要目标的管控力度。全年全镇购置水罐100个，水桶1040个，水泵14台，水带9000米，建设消防通道101.5千米，建设简易消防水池526个，设检查站点2个，简易瞭望哨4个，标准瞭望哨1个。组建半专业扑火队伍30人，村级初期火情小组10个村150人，生态护林员75人。开展电力线路下方隐患清理8500千米，“五周五缘”可燃物清理1850亩，同时还加强隐患排查及特殊人群监管。全年未发生森林草原火灾。

【筑牢防汛防地灾堡垒】 全镇有10个地质灾害隐患点、1个泥石流重点监控区、5个山洪灾害危险区。5月以来，严格按照县委、县政府有关会议精神，以及县自然资源局、水利局和防汛防地灾联合指挥部各项安排部署，在镇党委政府的正确领导下，对照对标“三单四图”“三长两员”等工作要求，督促督导村常职干部和监测人员每周至少1次开展防汛防地灾应急演练、隐患排查，强化24小时值班值守制度，积极贯彻落实中央、省、州、县关于防汛防地灾相关工作的重要指示精神。2022年，全镇开展防汛防地灾工作应急演练24场1000余人次，隐患排查12次，建立镇级防汛防地灾救援队伍30人、村级防汛防地灾应急救援队伍160人、前置设备挖掘机1台。

（撰稿：沙马五呷 / 核稿：田燕）

且拖乡

【概况】 且拖乡位于喜德县东部，介于光明镇与两河口镇之间，距县城7千米，喜热路横穿而过。全乡辖区面积104平方千米，全乡共有耕地面积1.971万亩，森林面积8.744万亩，草原面积0.753万亩，最高海拔3417米，最低海拔1860米，是一个以农业为主的彝、汉杂居乡。主要农作物有马铃薯、玉米、水稻、荞麦、燕麦，主要经济林木包括白杨、花椒、核桃等，全乡共种植核桃16850亩、马铃薯7120亩、花椒3000亩、荞麦2500亩以及其他经济作物3000多亩。下辖5个行政村、28个村民小组，总人口2707户10140人，常住人口1750户7560人，全乡脱贫户532户2162人和边缘易致贫户58户211人，脱贫不稳定户53户182人（均已消除风险），突发严重困难户2户11人（其中1户5人已消除风险），其他农户2062户7574人、低保户583户1401人，残疾349人，“五保户”26户26人。现有中心校小学2所、卫生院1所、中心幼儿园1个、幼教点6个、村卫生室5个。

【基础设施】 全乡5个行政村均通公路，全乡共修建防火通道134.9千米，2022年，新建成林区产业路33千米。全乡共建设3立方米网格式简易小水池444口；建设50立方米消防蓄水池6座；2022年，建设32立方米钢椤子水池60个。全乡还配备水泵11台，水带10000米。

且拖乡且拖村茶叶园夏茶获丰收　（且拖乡/供）

【经济发展】 农业方面。全乡种植青花椒3000亩、露天蔬菜90亩。积极探索特色产业、特色经济，正在实施建设1个3000亩的茶叶园区、1个400亩的露天蔬菜基地，致力于将且拖产业“一盘棋”下活。林业方面：全乡共有森林面积7.77286万亩、草原面积0.7558万亩，覆盖率为54.6%。畜牧业方面：以饲养猪、绵羊、山羊、黄牛为主。家禽饲养方面：以山地红羽生态乌骨阉鸡和一般土鸡相结合为主。2022年，全乡存栏四大牲畜16566头，家禽12321羽。四大牲畜、家禽及犬类免疫密度达到100%，全乡畜禽圈舍消毒总面积91500平方米。2022年，发放70户农户草原禁牧补助资金2.55万元，发放847户农户草畜平衡奖励补助资金10.98万元。

【全力抓好森林草原防灭火】 2022年，且拖乡在护林防火期无火情预警和违规野外用火。做好“三林”管控工作，为消除林区周边和特殊人群火源管控难等人为隐患，全乡组织开展隐患排查，共排查出火险区5个，制作相关标识牌15副，火警线9千米；排查出林缘户685户、2562人，明确责任人35人（包户责任人）；林中人408人，明确责任人32人。抓实乡主要领导包片、驻村领导干部包村、村组干部包户、护林员包山头地块、相邻村民联保、村民包房前屋后的“联防联保”工作机制。配齐配强应急队伍，共组建半专业扑火队伍1支30人、前置点2处60人，并全面保障装备配备。开展培训19次、实战演练26次，参加演练780人次；村级火情处置小组5支75人、开展培训30次、实战演练120次，参加演练1800人次。全面排查安全隐患，常态化清理“五周五缘”可燃物，累计清理7800亩，做到应清尽清，建立“山山有人巡、段段有人管、处处有人盯、责任全覆盖”的防控责任体系，有力有序推动末端发力、终端见效。同时充分利用广播、小喇叭、宣传册、宣传条幅、走村入户、坝坝会、党建月会微信工作群推送、辖区学校“六个一”活动等方式常态化宣传，全覆盖宣讲防灭火政策，让群众知敬畏守红线，知晓最严“防火令”，防火意识入脑入心。

【脱贫攻坚与乡村振兴有效衔接】 扎实开展防止返贫动态监测工作。深刻认识到这项工作的严肃性、艰巨性、紧迫性，树牢底线思维，持续压实责任，继续精准施策，补齐短板，消除风险，做到早发现、早干预、早帮扶，切实防止返贫致贫，坚决守住防止规模性返贫的底线。全乡明晰工作职责，建立和完善监测责任体系，监测员积极通过入户、电话询问、微信群等多种方式对农户进行监测，及时掌握所有监测户和脱贫户家庭成员动态，每月及时上报农户信息。同时加强理论学习，驻村干部要不断学习最新理论，深入一线走访调研，精准掌握新一轮驻村帮扶职责任务、新的帮扶政策和村情民意，提高综合能力。

【社会事业】 教育：全乡范围内2022年有中心校2所，中心幼儿园1所，6个幼教点，坚持学前学普教学，同时以控辍保学作为重点工作，及时掌握义务教育阶段学生的就学动向，对辍学儿童及时劝返，扎实推进控辍保学工作。卫生：全乡有一个标准的中心卫生院，5个村卫生室，5个村都配备村医生，共计21人，其中村医生12人。全乡脱贫户570户均享受医保财政代缴政策。民政：加强资金管理，严格实行季度报账制。严格落实农村医疗救助审批、补助工作、低保审核工作，做到公平、公正、透明。按时为583户1401名农村低保、26名“五保户”、21名孤儿、6名事实无人抚养人员、349名残疾人、2名优抚对象发放生活补贴等补助资金，积极核实上报医疗救助人员，切实做好优抚、低保、特困、孤儿、临救等各项民政工作，贫困弱势群体生活得到进一步保障。

【防汛减灾】 全乡共有12个地质灾害隐患点，其中6个山洪隐患点、6个地灾隐患点。严格按照“三单四图”相关要求，强化职能职责，提升思想认识，克服麻痹思想，强化预警监测，以安全第一为工作目标，落实“三避让”刚性要求，做好群众撤离管控。持续开展隐患排查，坚持做到“汛期不过、排查不停、整改不止”，落实“雨前排查、雨中巡查、雨后核查”的要求，组织开展“拉网式”“地毯式”隐患大排查，全力做好当下防汛防地灾工作，守护人民群众生命和财产安全，2022年未发生人员伤亡。

【文化体育】 采取切实有效措施，保护毕摩、苏涅等彝族非物质文化遗产。且拖乡有村级文化活动中心5处，都安装了健身器材，各类图书室5个，藏书5万余册。进一步丰富了人民群众的业余生活。

【劳务输出】 2022年，且拖乡积极组织劳技培训。动员农村富余劳动力人口外出就业，引导外出务工，介绍就近务工。2022年，开展50人次的厨师培训、50人次的马铃薯种植培训、470人次的留守妇女普通话培训；开发公益岗位，全乡现有公益性岗位共计160人，就近就地就业公益性岗位10人；发动一批脱贫户劳动力外出就业务工，以实现脱贫户收入稳定增长。

（撰稿：沙霞 / 核稿：马海阿衣）

贺波洛乡

【概况】 贺波洛乡位于喜德县东北部5千米处，东抵尼波镇，西至光明镇，北连越西县，南接且拖乡，最高海拔3327米，最低海拔1847米，是一个典型的以传统农业为主的彝族聚居乡。全乡辖区面积134.96平方千米，辖7个村、36个村民小组，户籍户数3484户，户籍人口13651人，常住户数2561户，常住人口9112人。耕地面积3万余亩。农作物以水稻、小麦、玉米、马铃薯、荞麦等为主，经济作物以花椒、核桃等为主，畜牧业以牛、羊、猪、鸡为主。全乡现有2所中心小学校，1所中心幼儿园，7个幼教点；1家中心卫生院，1个医疗点（踏青村），7个医疗室。

【机构及人员】 内设党政综合办公室、党建工作办公室、社会事务办公室（挂禁毒防艾和卫生健康办公室牌子）、经济发展和乡村振兴办公室（挂村镇规划建设办公室和生态环境办公室）、社会治理办公室（挂群众工作办公室牌子）、综合行政执法办公室、应急管理办公室（挂森林草原防灭火办公室牌子）；乡直属事业单位机构内设便民服务中心、农业农村综合服务中心、宣传文化中心、就业和社会保障中心。在职在编职工41人，其中，行政编制25名，事业编制14名，行政后勤2名。上级下派畜牧员1名，挂职干部2名。

【乡村振兴成效】 2022年，脱贫攻坚与乡村振兴有效衔接工作主要围绕防止返贫动态监测、国家扶贫开发子系统数据清洗和项目库的录入完善、扶贫资产项目清理工作开展。为坚决守住不发生规模性返贫现象的底线，严格落实县级要求，从1月开始，每月开展“一月一摸排”工作，2022年5月以来，按照县级文件要求，安排包括驻村工作队、村“两委”成员以户为单位，对贺波洛乡760户脱贫户（包含脱贫不稳定户25户）、109户监测对象、1316户其他农户进行排查，积极配合县乡村振兴局和县财政局，在子系统中录入贺波洛乡2022年乡村振兴入户路硬化建设项目1个，项目资金53.4915万元。

【基础设施】 依托森林草原防火工作，新建林区产业路62千米，修建并维护防火通道102千米，大型水池4个、停机坪1个、大型取水点1个、综合检查站1个、32立方米钢锣子60个，新布124口小型消防水罐，清理路边林缘易燃物26.2千米，为森林草原防火工作“两个坚决确保”提供强有力的保障。

【农业经济发展】 做好水稻、大麦、马铃薯、荞麦、玉米等传统产业的春耕工作，不断探索发展中草药、春季蔬菜等特色农业。2022年，完成粮食播种面积18480亩，面积增长幅度不变，其中，小春粮食播种面积1310亩；大春马铃薯、水稻、玉米等播种面积17170亩。大力宣传农业保险，提高农作物、母猪等保险的购买率。

【林木产业规模雏形】 立足“乡”情，按照生态建设产业化、产业建设生态化思路，大力发展花椒产业。全乡林业总产值约480万元，其中，核桃、花椒、白杨三大林木产值达438.1万元，林副产品产值35.4万元，民用材产值8.2万元。

【畜牧产业高速发展】 全乡共有10个生猪代养场，预计年生猪出栏率达50000余头，全年牲畜疾病防疫率达到100%；全乡完成牧草种植1632亩；全乡肉类产量870吨，同比增长3.5%；出栏肉牛660头，同比增长4.7%；出栏肉羊7369只，同比增长1.5%；出栏家禽总数5.3万只，同比增长1.3%。

【发展试点烟草业】 2022年，高标准完成200亩烤烟5000担的种植任务，准备大力发展烟草业，为贺波洛乡百姓实现促业增收。

【控辍保学】 成立控辍保学工作领导小组，并与各村委会签订2022年教育工作及控辍保学责任书，明确责任，形成政府主责，学校尽职，家长或其他监护人履职和群众参与配合的控辍保学工作责任体系。利用宣传森林草原防灭火、党建月会等有利时机，积极开展《中华人民共和国义务教育法》《中华人民共和国未成年人保护法》宣传培训活动。按照县委、县政府及有关部门要求，落实劝返复学工作，做好流失学生返校入学工作。

【禁毒防艾】 成立禁毒防艾工作领导小组，同各村签订禁毒防艾目标责任书，为抓好2022年禁毒防艾工作打下坚实组织基础。制定宣传方案，加强禁毒防艾宣传。深入村及学校，广泛开展法律、禁毒防艾知识宣传活动。宣传横幅6条，散发宣传材料1000余份，张贴标语10条，展览禁毒、反邪教宣传图片30幅，受教育达3000余人。根据州、县有关要求，对辖区种毒、制毒、贩毒、吸毒人员进行深入细致排查，及时上报可疑情况，协助相关部门进行严厉打击，有效遏制毒品违法犯罪活动。

【民生保障】 增强服务职能，开展走访慰问活动，通过氛围营造、主题活动和入户宣传、走访慰问等多种形式做好计生服务。全乡婚前医学检查率达100%，新生儿疾病筛查率100%。规范低保、孤儿救助、“五保”等核定、审批和资金发放程序，严格执行专人发放的原则，杜绝民政资金发放混乱现象。按规定认真开展社保参保工作。扎实开展城乡居民基本医疗保险工作，积极开展手机自助缴费。

（撰稿：苏伟 / 核稿：周霞）

米市镇

【概况】 米市镇地处喜德县东南部，距离县城34千米，平均海拔2400米，东邻洛莫乡，与昭觉县接壤，南与沙马拉达乡相接，北部紧邻两河口镇，西邻洛哈镇。辖区面积127平方千米，耕地面积24750亩，森林面积67000亩，农业作物以玉米、马铃薯、荞麦、燕麦等为主，畜牧业以四大牲畜和乌骨阉鸡为主。全镇辖8个行政村、19个村民小组，户籍总人口10001人，常住人口3019人，是一个彝族聚居的乡镇。

【机构及人员】 内设党政综合办公室、便民服务中心、农业综合服务中心、宣传文化服务中心、就业和社会保障中心、卫生院、派出所、畜牧站等企事业单位。全镇共有干部37名，其中，公务员27名，事业人员10名。

【经济发展】 全年粮食播种面积22855亩，其中，总产量达6291余吨；全镇栽种核桃3000余亩，同时在漆树、花椒，土鸡、绵羊养殖等产业发展方面进行探索并开展试点种、养殖。依洛村、乃加村2个集中代养场正常运营，年出栏生猪3200头，村集体经济持续受益，洛尔村、尔夫村新建成2户种、养殖业专业合作社；全镇花椒试种面积1300亩，蔬菜种植面积20亩，漆树面积1500亩。按照省发改委的要求，米市水库项目可研报告按照国家、省、州出资60%、20%、20%比例上报国家发改委，正在审批之中。截至1月10日，先期开工项目米市水库道路保通贝雷桥工程完成桩基钻孔和砼浇筑15根，完成涵管工程1处，涵管工程完成布设2米直径涵管9根；道路土石方工程完成土方开挖1600立方米。

【社会事业】 2022年，履行“1+M+N”团队职责，细化分工、签订责任书、科学利用经费，HIV患者86人，在治疗84人，治疗覆盖率97.67%，其中，阳性育龄妇女20人，在治疗19人，治疗覆盖率95%。加强禁毒防毒政策、法律法规的宣传，整合省综合帮扶队专职干部力量，开展禁吸、禁贩、禁种、禁制工作，吸毒史人数86人，其中，在监狱服刑8人，冒名顶替2人，死亡4人，72人定期到镇社区戒毒康复站接受监测管理。全力排查并整治8个村“低保均分”违反政策现象，已统计办理享受国家补贴政策农村低保1308户3019人，城镇低保49户148人，孤儿29人，特困人员30人，特困儿童20人，重度残疾人185人，困难残疾人239人，困难临时救助5人，高龄津贴享受老人125人。全镇共1个幼教点，在园幼儿12名，小学在校生128人，本次参加小学毕业考试50人，被瓦尔、喜中学校择优录取5人，全镇共劝返、销号75人。

【防返贫监测】 2022年，继续深入扎实落实中央、省、州、县乡村振兴和防止返贫监测工作。全年共开展防止返贫集中排查4次，县、乡、村各级帮扶力量117人参与排查工作，完成637户已脱贫户、监测户排查任务，完成168户一般农户排查任务，新增监测对象5户21人，并及时制定针对性帮扶措施给予帮扶。

【护林防火】 2022年3月，申请再修建68.3千米项目，安装和蓄水完成60口32立方米蓄水池（钢锣子）。补齐物资装备。镇物资装备现有1辆消防车、6台水泵、4000余米水带、6台油锯、7台吹风机、2台割灌机、2部卫星电话、7部对讲机、1部无人机、20支水枪（背带式）、70个便携式水桶、50余把二号工具（灭火把、铲子）等，持续购置补齐相关装备，严格做好器具出入库登记。“两点一哨”应建尽建。设置2个简易卡点，分别在米市村和乃加村进入林区干道路口，卡点严格实行24小时2人值守制度和“七步法”检查；设置镇半专业扑火队前置驻防点2个，米市村支部活动室15人驻守，乃依洛村支部活动室15人驻守，均达到“七有”标准，2个前置驻防点值守人员食宿由镇政府保障；设置村级初期火情小组前置驻防点2个，马多洛村支部活动室15人驻守，尔夫村支部活动室15人驻守，值守人员食宿由镇政府保障；设置3个瞭望哨，分别位于尔夫村（原九书村支部活动室）、乃加村（原格以得村支部活动室）、瓦哈村支部活动室，每个瞭望哨配备1部望远镜，执行24小时4人轮班值守制度，可全覆盖监视镇辖所有林区草原。

（撰稿：向东阳 / 核稿：龙杨）

红莫镇

【概况】 红莫镇位于喜德县西南部，距西昌市礼州镇10千米，距县城63千米。民国时期设北山模范政治指导区；1961年改红毛妈姑彝族自治区（区级）；1966年更名红莫区；1993年撤销红莫区将鲁基、红莫、桃源3乡并入建红莫镇。全镇下辖果布、桃源、树库、回龙、阿尼、特火、司金、瓦西、红莫9个行政村、37个村民小组，辖区面积146.8平方千米，常有耕地面积1.2万亩，总人口3921户14823人，是一个彝、汉、藏族杂居镇。设有1个党委，1个总支，11个党支部，党员367名。依托红莫河谷综合开发，发展以高山绵羊为主的生态养殖业；在部分二半山和河谷地带发展以烟草、大棚蔬菜、大棚葡萄为主的现代农业；在二半山一带发展以核桃为主的林果业；发展以劳务输出为主的劳务产业，依托红莫温泉资源，整体开发河谷地带生态乡村旅游业。2022年，乡村振兴重点帮扶村瓦西村。2022年被评选为四川省第三批乡村治理示范村。

【机构及人员】 下设党政综合办公室、经济发展办公室、社会事务办公室、农业综合服务中心、文化广播站。实有干部职工44人，其中，行政人员28人，事业人员15人，行政工勤1人。

【乡村振兴】 脱贫成果有效巩固。全覆盖开展防返贫动态监测，落实“红黄绿”三色帮扶，2022全年新增监测对象3户19人，2022年脱贫人口人均纯收入达到12969.53元，增速14.25%，实现“两个高于”目标。通过实施农村危房改造和土地“增减挂”项目，累计解决166户危房存量，落地安全饮水项目2个，巩固提升178户1210人安全饮水；乡村振兴加快推进。2022年争取乡村振兴衔接资金1430万元，实施基础设施类项目3个、产业发展类项目1个，发放扶贫贷款455笔1820万元，小额信贷380笔2280万元，发放到户奖补资金377.38万元，开发公益性岗位88个，促进就近就业600余人。

【森林草原防灭火】 组建135人的村级火情处置小组，新建防火通道34千米，建成50立方米消防水池5口、32立方米钢制水池37个，新增瞭望点

红莫河谷全貌 （袁凌霄 / 摄）

3个，清理“五周五缘”可燃物2600亩，全年实现“零火情”，牢牢守住“两个确保”安全底线。

【安全生产】扎实开展安全生产月等宣传教育活动，印发宣传资料3000余份，悬挂横幅标语12幅，排查各类安全隐患682条。通过河堤治理，消除地质灾害隐患地2处，全年未发生安全生产事故，安全生产工作形势总体平稳。

【基础设施】2022年，红莫镇争取项目资金1260万元，新建温泉大桥至红莫镇政府2.5千米的柏油路和司金村5组至桃源村1组4.3千米的水泥硬化路，极大地改善了周边群众的出行条件。2022年，搁置多年的温泉拆迁集中安置点项目在县委领导和镇党委政府的积极努力下，全面启动实施，项目投入资金2116万元，建成后将解决司金村35户农户的住房问题。

【民生事业】建立镇长统筹部署，各村点长抓具体，包村干部与村组严格落实工作机制，在镇村两级的通力配合下，2022年劝返疑似辍学学生62人，开展入户宣传120余次，投入4000万元，对红莫中学进行高标准改扩建，项目完成后将新增学位800个，有效改善红莫中学教学条件。进一步完善社会工作服务体系，新建1处社工站，配备站长1人，工作人员4人。全镇共有低保2241人，“五保”50人，重度残疾203人，高龄老人补助161人，事实无人抚养儿童28人、孤儿10人，所有补贴均按月通过“一卡通”系统直接打到农户的社保卡上，有效保障农户的权益。建成1个乡镇文明实践所和9个村文明实践站，深入开展“树新风促振兴”助力乡村文明创建，评选“洁美家庭”1820户、“最美母亲”4名、新建“新风超市”2个。2022年，红莫镇党委政府始终将稳就业、保民生放在首要位置。按照县委、县政府统一部署，灵活开发公益性岗位88个，通过劳务中介、亲友介绍、“春风行动”等方式，共计转移输出劳动力5260余人。

【两项改革】不遗余力做好“两项改革”后半篇工作，主动公开政府信息85条。打造便捷高效的“一站式”基层便民服务中心，配备中心主任1人，工作人员4人，挂牌窗口7个，涉及自然资源、人社、计生、民政、残联、医保等多个方面，共进驻服务事项139项，基本实现群众办事“只进一扇门”的工作要求。在县委编办指导下，建立以“镇长—包村点长—支部书记”为主线的三级网格化管理的综合执法网格体系，对法定行政权力117项、A类赋权94项具体划分到科室到人，及时配备无人机、执法仪、摄像机等相关执法设备，2022年，动员全镇25名干部职工参加执法考试。

【城乡环境治理】深入开展农村人居环境整治“百日攻坚”行动，通过月考核季评比，实行“红黑榜”和“积分制”管理，开展环境大扫除活动8次。2022年，对全镇13个生猪代养场开展执法检查4次，移交违法线索9条，发出整改通知书4份，通过线索移交县级主管部门，累计罚款4万元，全覆盖完成农村生活垃圾收转运体系建设，新采购垃圾集装箱30个，针对集中安置点和桃源集市等重点区域，累计聘用保洁公益性岗位88人，使得全镇人居环境有较大改善。

【产业发展】2022年，全镇种植烤烟2700亩，收购烟叶6317担，销售额达903.72万元，有效带动40户烟农实现创业增收。2022年，累计整治撂荒地700亩，复垦复种比例达到100%，完成粮食播种1.2万亩，完成蔬菜种植1200亩，新增种植特色水果100亩，生猪出栏2万头，牛出栏500头，羊出栏300只，小家禽出栏1万羽，均实现稳定增长，整体发展趋势趋于平稳。全年完成累计投资1310万元的棘胸蛙养殖、特火村农产品冷库、回龙村养牛场3个项目建设，争取中组部集体经济壮大资金100万元投入红莫现代水产养殖产业园。争取各级产业发展资金450万元建成红莫镇现代水产产业园，该水产产业园现为全州最大的冷水鱼苗繁殖基地；在四川省社科院与成都市农业农村局的技术指导下，争取资金280万元，分三年建设红莫镇司金村桃树种植示范基地100亩；引进四川瑞德教育管理公司，在回龙、司金、瓦西等村流转土地3180亩，预计投资3亿元，打造集研发、生产、教学、实训、研学和旅游于一体的现代农业产业示范基地，项目完成前期的土地流转，项目落地后将形成一系列高端有机特色农业产品，推动全镇产业高质量发展。

（撰稿：王杨林 / 核稿：沙文林）

鲁基乡

【概况】 鲁基乡位于喜德县西南部，东邻红莫镇，北与冕宁县泸沽镇相连，西与西昌市礼州镇相接。距县城65千米，距西昌40千米，距西昌市礼州镇（月华）9千米。鲁基乡建于1954年，驻坛罐窑村，1960年撤销并入桃源人民公社，1961年恢复乡制。1972年乡政府驻地受洪水袭击，迁青龙坡山下至今。1992年撤区并乡建镇与红毛乡、桃源乡合并建红莫镇，鲁基为综合服务站，后因行政区域面积太大，不便于管理，于1994年恢复乡的建制。下辖1个社区、4个行政村，分别是中坝社区、坛罐窑村、依洛洛村、鲁基村、大埂村，33个村民小组。全乡辖区面积98平方千米，耕地面积23000亩，林地覆盖面积744224亩，草地覆盖面积25425.6亩。平均海拔2278米，平均气温17.6℃，气候温和，雨量充足，年均降雨量1000毫米左右，光照充沛。全乡人口总计4149户17040人。全乡有2所公立小学、1所私立中学、1所幼儿园，合计教师157人，学生3188人。

【乡村振兴有效衔接】 健全防返贫监测机制。2022年连续开展12次返贫摸排监测工作，对全乡脱贫户、监测户1334户5694人（脱贫户1139户4957人；监测户195户737人；脱贫不稳定户35户129人、边缘易致贫户156户588人、突发严重困难户4户20人）进行全覆盖摸排监测工作。特色产业蓬勃发展。坚持把农业产业作为经济发展的先手棋，大力发展地方特色产业。主要发展种植、养殖现代农业产业，主导烤烟种植，2023年烤烟4200亩，其次是阳光玫瑰精品葡萄种植1000亩，四川牛多多肉牛养殖场1个，铁骑力士生猪代养场及其他生猪养殖场5个。

【护林防火稳中向好】 加强宣传教育。2022年全乡共召开坝坝会70余次，发放宣传资料2267份，学校共召开主题班会300余次，大大增强广大民众防火意识。强化队伍建设。落实乡级半专业扑火队员30人，5个村级初期火情处置小组共75人（每个村15人），对扑火队员开展扑火技能培训720人次，组织开展乡村扑火演练54次，提升队伍的实战能力。全乡半专业扑火队已配备14辆摩托车，每天对5个村护林员和“十户联保”轮流巡山情况进行全覆盖督导。完善基础设施。鲁基乡共有80个白色水罐（容量3立方米 / 个），钢椤子共54个（32立方米 / 个）。消防水池16个（50立方米 / 个），100立方米水池1个。消防通道基本实现环形联通，从乡政府到鲁基海拔最高点都有消防通道连接。全乡还配备水泵12台，水带5400米，消防水车1台。加大排查力度。排查火险区29个，火警线15千米；排查出林缘户485户；林中人922人，放牧户314户（其中养蜂户9户）。精准排查出特殊人群12人，精神病12人，70岁以上老人720人，未成年人2880人；对于放牧的314户，每户签订责任书，放牧户编成33个联保组，每天确保安排1～2名不吸烟人员统一进山集中放牧。完善管控体制。鲁基乡共建有3个防火卡点，3个前置点，3个瞭望哨及2个瞭望塔。所有卡点、前置点、瞭望哨、瞭望塔都是24小时值班，要求24小时随时接受检查。同时，每个村还配备1名辅警和5名民兵，并建立巡逻队，实行24小时巡逻，确保监控全覆盖，无死角。强

2021年12月28日，县委书记巫照华（左二）在鲁基乡大埂村调研牛多多养殖场项目 （鲁基乡/供）

化责任落实。乡党委政府领导与各村（社区）、辖区各单位签订森林草原防灭火责任书11份。全乡建立280个“十户联保”组，签订“十户联保”承诺书，完善“十户联保”台账；落实全乡巡山护林（护草）员115名，对全乡林草区进行网格化巡护管理。

【移风易俗初见成效】 建立督察机制。乡党委书记谢辉和乡党委副书记、乡长沙马拉铁带头成立移风易俗工作领导小组，领导小组下设移风易俗办公室，由鲁基乡党委副书记王英兼任办公室主任负责统筹协调全街道移风易俗专项整治活动，加强对全乡街道移风易俗工作的领导。建立承诺书台账。全乡所有干部、村常职干部在鲁基乡纪委签订承诺书，累计签订承诺书55份。村组其他干部及党员在村监委会签订承诺书，累计签订800份。其他群众，则由户主代表签订承诺书，覆盖率达90%。加强宣传教育。召开相关专题或工作会议12次，各村召开相关专题或工作会议15次。乡党委移风易俗工作领导专班召开坝坝会2次，参与群众200余人，累计宣传发放《凉山彝族自治州移风易俗条例》以及家庭家教家风宣传单300份。建立红白喜事机制。鲁基乡人民政府督促各村修订完善村规民约2次，督促建立红白喜事台账，定期上报台账，督促全乡按照移风易俗相关条例规范化举行婚丧事宜共15例。乡政府以及各村（居）民委员会张贴“码上举报”二维码，对于违规人员，村（居）民可进行匿名举报。

【安全生产纵深推进】 以防汛减灾为抓手，不断推进安全生产工作常态化。做好预防工作。针对15个地质灾害点，1个山洪隐患点制定切实可行的实施方案，做好15名监测人员的培训，明确职能职责。做好巡逻工作。加大对值班值守人员的督查力度，24小时不定时抽查乡村两级人员的在岗在位情况，督促监测人员雨天的巡逻工作。做好演练工作。每个地质灾害点根据实际情况，每周对隐患点涉及的244户，1001人农户开展应急演练，确保遇雨会撤，遇险能逃。做好撤离工作。主要领导到隐患点督促监测员开展日常监测工作及时分析研判，严格按照县防汛防地灾联合指挥专班发布预警的要求及时转移隐患点群众，2022年，共转移12次157户774人次。

【解决群众“急难愁盼”】 2022年，鲁基乡开展控辍保学工作。加大控辍保学力度，全乡共计辍学20人，其中脱贫户12人，经过鲁基乡反反复复动员，多措并举，返校20人。禁毒防艾工作，强化宣传力度。2022年鲁基乡召开艾滋病防治工作例会12次，入户督导12次，发放防艾宣传资料3500余份，受教育3280余人次。其中学校防艾宣传活动2次，利用基本公共卫生服务宣传8次，参与群众1850余人。加强分析研判。截至2022年12月30日，鲁基乡辖区累计报告HIV/AIDS 170例；累计死亡24例；现存活146例，其中，男性74例、女性72例；严格管控育龄妇女。全乡HIV阳性育龄妇女疫情数为57例，阳性育龄妇女抗病毒治疗人数57人，疫情抗病毒治疗率100%。男性单阳家庭29人，抗病毒治疗29人，男单治疗率100%。

目前管理孕产妇病例11例，其中，在孕孕妇0例，0～18月龄儿童10例，儿童早期检测应检测10例，实际检测10例，阴性10例。覆盖进行检测治愈。全乡艾滋病感染者存活数为146人，在抗病毒治疗数为144人（其中有1例瘫痪）1人新报病例未治疗搬迁，抗病毒治疗覆盖率达98.6%，其中儿童治疗100%。病载应检132人、实检130人、检测率98%，治疗成功129人、失败1人、有效率99%。完成率为95%。HCV（丙型肝炎）筛查完成3829人，其中阳性16例。民政、社保、医保等工作。2022年度全乡共有农村低保对象950户2224人、城市低保对象15户49人，通过开展入户调查、村民主评议、村级公示、乡评审、乡公示，全年享受农村低保对象950户2224人，享受城市低保对象15户49人。村、乡两级建立困难未成年人保护台账。其中，已录入全国儿童福利系统的事实无人抚养儿童为8个，社会散居孤儿2个。建立残疾人台账，其中，鲁基乡在册残疾人共180人，享受困难残疾人生活补贴的人员139人、享受重度残疾人护理补贴的121人。残疾人两项生活补贴分别为困难残疾人生活补贴为100元/月，重度护理补贴70元/月。享受残疾人灵活就业补贴的8人，享受扶残助学补贴的6人。

（撰稿：徐静/核稿：沙马拉铁）

2022年5月13日，鲁基乡在中坝社区召开“树新风　促振兴”家庭家教家风巡讲暨贯彻落实《凉山彝族自治州移风易俗条例》宣讲大会　（鲁基乡/供）

李子乡

【概况】 李子乡辖区面积71.2平方千米，平均海拔1680米，属于高二半山与沟坝地区接合乡。与西昌市安宁乡、礼州乡、兴盛乡，喜德县红莫乡、北山乡、鲁基乡接壤，地理优势明显，交通便利。辖区内共有5个行政村、27个村民小组，总人口数为18907人，其中，男性9653人、女性9254人。全乡共有耕地12100亩，林地8728亩，森林覆盖率8.2%，草场面积36800亩。全年饮用水水源地水质达标率100%，环境空气质量优良天数比达98.2%。李子乡荣获“2022年凉山彝族自治州森林草原防灭火工作突出贡献单位”称号。

【加快经济社会事业发展】 畜牧业方面：2022年种植水稻2986亩，产量890吨；玉米4498亩，产量1473吨；猪存栏5208头，出栏9980头，牛存栏620头，出栏105头，羊存栏11400只，出栏5750只培训农村养殖技术人员5期，400多人次。全年无严重或大面积牧业疫情发生。工业方面：全乡工业园区总体规划5200亩，以加工业、建材生产业为主，其中，史觉工业园区占地面积640亩，是按照州、县打造“一核、一级、五区、多点”的战略部署，与西昌北工业区连成一片，工业区南边紧连西昌锌冶炼公司和康西铜业公司，在产业定位上，主要发展与西昌工业区及攀钢二基地项目相配套的产业，区位、交通条件十分优越。

【基础设施建设】 2022年，李子乡投资1270万元实施道路加宽硬化项目，该项目全长7.7千米贯穿大兴村、史觉村，完善周边农业产业交通运输体系，让外面的企业“进得来，出得去”，让里面的产品“卖得顺，卖得好”，成为引领全乡共同富裕、助力推进乡村振兴的致富之路。

【接续推进乡村振兴】 2022年，李子乡扎实推进防止返贫动态监测工作，防止发生规模性返贫。不定期对农村低保对象632户1296人、特困人口19户19人、边缘易致贫户199户775人、脱贫户992户4209人、一般农户2404户10112人、自发搬迁户1339户5832人开展全面摸排，了解和掌握“两不愁、三保障”及安全饮水情况，建立健全易返贫致贫人口主动监测机制。加大金融扶贫监管力度，完善劳务输出工作。全年积极宣传小额贷款政策，加大对扶贫小额贷款的监管和到期预警，保障资金安全，全年逾期事件处理为0件。针对劳务输出工作，充分发挥村“两委”、驻村工作队、帮扶联系人、乡村振兴专干等167名人员力量，通过微信、电话、上门走访等形式，逐村逐户逐人逐项摸清脱贫人口、边缘易致贫人口“返乡回流”、稳岗留工、务工就业状态、务工就业地点、务工就业意愿、联系方式等数据信息，做好就业指导、技能培训等服务，促进稳岗就业；持续做好外出务工脱贫人口的跟踪监测工作，实行台账管理。全乡脱贫人口外出务工685人、边缘易致贫人口外出56人，外出务工和本地就业总人数同比增长4%。

【森林草原防灭火】 严格落实中央、省、州、县森林草原防灭火相关会议精神，全年召开森林草原防灭火专题会议25次，召开护林防火工作会议24场次，发放护林防火告知书4200余份，刷写固定标语78条，建固定标志牌5个。设立火源检查点5个。实行专人24小时值班、巡山及取消双休日等工作制度。层层签订防火目标管理责任书共5份。全乡有联乡县级领导3名，乡班子成员10名干部全部分配到5个村，每个村有1个包点点长，村组干部包户到人，采取“人盯人”战术。全乡4000余户农户全部建立“十户联保”组337组，并签订承诺书。充实应急物资，加强应急队伍建设。全乡现有消防水车3台，水罐138个，水泵7台，水带4600米，喷雾器11个，背负式水袋22个，阻燃服15套，二号工具242把，水桶810个，专业消防包11个。乡应急队伍建设上现有一支30人的半专业扑火队，一支30人的专业扑火队伍，安排续聘、新聘生态护林员共54名，并坚持每周开展两次常态化演练，全乡共开展消防演练20余次，参演人数达1200多人次。

【扫黑除恶】 全年通过发放宣传资料、悬挂横幅、刷写固定标语、设置LED宣传屏、组织开展大型宣传活动、中小学开展主题班会等方式，大力宣传扫黑除恶专项斗争工作的重要性和必要性，提高市场主体对扫黑除恶专项斗争工作的认识，营造浓厚的工作氛围。李子乡组织人员对重点场所进行突击检查，认真摸排，全面掌握可能存在的黑恶势力，及时与公安机关、政法部门沟通，确保扫黑除恶专项斗争工作取得实效。李子乡多次对各类市场进行检查，加大对欺行霸市、强买强卖、不正当竞争、垄断经营及制售假冒伪劣商品行为的检查力度，同时充分利用“12315”“12365”等渠道，鼓励广大群众举报侵害群众利益的各种违法犯罪行为，切实为社会大局稳定“保驾护航”，保障全乡和谐稳定的生活环境。

【社会民生保障】 全乡共有特困供养人员14人，城市居民低保48户90人，农村低保638户1290人；残疾人“两项补贴”发放人数157人，发放高龄补贴102人，实现应保尽保。加大脱贫群众医疗保障参保资助力度，农村建档立卡贫困人口医疗参合率达100%。

【推进社会事业发展】 教育事业：2022年年末，全乡共有5所学校，其中，中心校1所、村小2所、私立小学2所，35个教学班，教师86人，学生3607名，学龄儿童入学率达100%；毕业率达100%。狠抓控辍保学工作，对全乡辖区内学龄儿童辍学生及时劝返，确保全乡控辍保学率达到年初承诺目标任务，现阶段贫困户子女全部劝返销号完毕。全乡户籍7～15岁义务教育阶段适龄儿童2654人，县外就读658人，县内就读1967人。自发搬迁7～15岁义务教育阶段适龄儿童718人。计划生育工作：全乡有981次育龄妇女参加环、孕、病的检查，共计安环人数65人，综合节育率78.05%。全年出生人数80人，政策外出生5人。

【安全生产与信访工作】 贯彻县委、县政府有关安全生产工作要求，坚持“以人为本”和“安全第一”的方针，深入开展安全隐患大排查、大整治。全年乡政府与辖区内企业及5个村签订安全生产承诺书，共开展4次安全生产隐患集中排查治理专项行动，发现安全隐患12处，完成整改12处。全年辖区内非煤矿山、危险化学品、烟花爆竹等行业领域实现“零事故、零死亡”。信访工作稳步推进，成立“有事来协商”，全年共收到各类信访件87件，调查处理87件，总办结率100%，全年联合办理大案3起，完成查办案件任务的100%，有效遏制3起群体性事件发生。

（撰稿：沈文莉 / 核稿：马忠伟）

北山乡

【概况】 北山乡位于喜德县南部，距县城99千米，东与西昌市川兴镇相连，南与西昌市四合乡相接，西邻李子乡，北靠洛哈镇，下辖5个村民委员会、21个村民小组。共有2868户11274人，其中常住1369户4681人。辖区面积186.35平方千米，属飞播林区，森林面积180786亩，草原面积4303亩。境内最低海拔1800米，最高海拔3333.4米。

【机构及人员】 下设党政综合办公室（挂财政工作办公室牌子）、党建工作办公室、经济发展和乡村振兴办公室（挂村镇规划建设办公室、生态环境办公室牌子）、社会事务办公室（挂禁毒防艾和卫生健康办公室牌子）、社会治理办公室（挂群众工作办公室牌子）、综合行政执法办公室、应急管理办公室（挂森林草原防灭火办公室牌子）等7个综合办事机构。设立北山乡便民服务中心（挂北山乡退役军人事务站牌子）、北山乡农业农村综合服务中心、北山乡宣传文化服务中心、北山乡就业和社会保障服务中心（挂喜德县北山乡农民工服务中心牌子）。核定行政编制25名，事业编制15名，机关工勤人员2名。

【产业发展】 整合东西部协作资金、什邡省内对口帮扶资金、乡村振兴衔接资金共计2453万元，投入到总投资5300万元的州重大项目良田禽类养殖产业园（一期）项目建设中，企业抓建设和生产两不误，2022年出栏鸡72000羽，营收672万元；投入1500万元的县重大项目富舜养牛产业园正有序建设；分别投资350万元和780万元的产业园区产业路和肉鸡养殖农业观光产业园建设项目（引水工程）工期接近尾声，待验收后投入使用；上报相关部门2023年需投资1897万元建设的新增项目3个，涉及农业观光产业园和通组、入户路方面。

【经济发展】 粮食播种面积17975亩，粮食总产量4666吨，其中，马铃薯播种面积9000亩，玉米4500亩，水稻30亩，荞麦3915亩，白萝卜200亩。四大牲畜存栏10482头（只），四大牲畜及家禽免疫密度均在98%以上。四大牲畜出栏8482头（只），肉类产量172吨，全年实现畜牧经济收入1700万元。

【巩固脱贫攻坚成果与乡村振兴有效衔接】 常态化开展防返贫每月一排查和3次集中大排查，组织包村领导、包村干部和村组干部对2684户农户开展入户核查，识别认定新增监测对象5户29人。

为941户农户落实产业到户奖补资金2976150元，脱贫户、监测户收入进一步增长。排查自建房1463座，对已享受国家建房政策但旧房屋还未拆除且存在安全隐患的174座旧房进行拆除复垦。为被鉴定为D级危房的43户农户进行改造，落实危房补助金172万元，户均4万元。同时，对230.83亩撂荒地进行复垦，避免资源浪费。

北山乡组建半专业扑火队 （北山乡/供）

【社会事业】 坚持民生兜底，完成农村低保审核1008户2688人，城市低保审核14户37人，做到应保尽保。动态管理困境儿童10人、孤儿10人、残疾人115人。宣传动员村民积极参与养老保险，参保人数达到4182人，领取养老保险待遇867人。组织职业技能提升培训300余人次，通过公益性岗位、外出务工实现劳动力就业、创业3000余人。顺利完成每年度的医保征收和家庭医生签约服务项目任务。深入实施义务教育均衡发展，全面落实义务教育“三免一补”等政策，乡村办学条件不断改善，教育教学质量实现大幅度提升。加强征兵政策宣传和全民国防教育，及时发放各类优抚优待资金。

【森林草原防灭火】 2022年，北山乡配备12台消防水泵、7320米水带、62台喷雾器、1070个水桶等物资，配备专人做好维护。完成可燃物清理2752亩、计划烧除10720亩，建成消防通道130.4千米、消防水池18口，安装消防水罐120个、钢锣子水池120个。严格落实24小时值班值守制度，对林地、山头、路口等重点地段不断进行巡逻检查，从源头上预防火灾的发生。通过微信群、“村村响”、入户宣传等方式，积极营造全民防火氛围。全年实现“零火情”的目标。北山乡人民政府、北山村、西河村被喜德县委、县政府评为2022年喜德县森林草原防灭火工作先进集体，19位乡村干部和护林员被评为先进个人。

【移风易俗】 2022年，北山乡将移风易俗与“树新风 促振兴”三年行动、农村人居环境整治结合起来，指导各村修订完善村规民约，围绕农村卫生健康、禁毒防艾、红白事宜、高价彩礼、家风家教等突出问题大力开展宣传引导。依托进村入户、坝坝会、农民夜校、党建月会、“村村响”广播站等载体开展各类大小宣讲60余场次，受益群众超过2000人次。以实施“农村人居环境整治百日行动”为载体，建立健全村容村貌整治管理机制，组织群众打扫门前屋后、公共地段卫生，定期开展卫生评选评比。全年评选出四川省级五好家庭1户，州级洁美家庭4户、洁美家庭标兵1户，县级洁美家庭10户，乡级洁美家庭100户，村级洁美家庭680户，县级最美家庭4户，县级五好家庭5户。群众良好卫生习惯逐渐树立，健康向上、科学文明的社会风尚逐渐形成。

（撰稿：般德秀/核稿：吉力史坡）

洛哈镇

【概况】 洛哈镇是一个以农业为主的高海拔彝族

聚居镇，位于县境东南部，距县城50千米。1957年设倮哈乡，1962年更名为洛哈乡，1965年改公社，1984年复置乡，1993年阿洛、热柯依达、额尼3个乡并入建镇，1998年热柯依达、额尼从洛哈镇划出，分别建乡，2021年热柯依达、额尼2个乡并入洛哈镇。洛哈镇现辖区面积256.84平方千米，平均海拔2553米，属于亚热带季风气候。共辖热柯依达村、额尼、洛哈村、阿洛村、木古宜莫村、都来村、觉莫村7个村民委员会，全镇以户籍统计共计34022户13676人；以常住统计共计1323户4926人；全镇共有建卡户2210户9585人；全镇党员数368人。现有中心校3所，分别为洛哈镇中心校、热柯依达中心校、额尼中心校，1家中心卫生院。

【机构设置及人员】 下设党政综合办公室、党建工作办公室、社会事务办公室（挂禁毒防艾和卫生健康办公室牌子）、经济发展和乡村振兴办公室（挂村镇规划建设办公室和生态环境办公室）、社会治理办公室（挂群众工作办公室牌子）、综合行政执法办公室、应急管理办公室（挂森林草原防灭火办公室牌子）；镇直属事业单位机构内设便民服务中心、农业农村综合服务中心、宣传文化中心、就业和社会保障中心。在职在编职工40人，其中，行政编制26名、事业编制14名，行政工勤1名；县级单位派驻镇干部2名，社工人员2名。

【乡村振兴】 2022年，聚焦易致贫人口实施动态监测，着重监测收入水平变化和“两不愁、三保障”巩固情况，重点以脱贫不稳定户、边缘易致贫户及突发严重困难户为切入点，坚持预判性措施和事后帮扶相结合，精准分析返贫致贫原因，采取有针对性帮扶措施，确保脱贫户不返贫，其他农户不致贫。通过全覆盖摸排、集中排查、日常摸排等常规性工作流程。全镇应排查农户1746户，实际排查农户1626户，排查率92%，重点人群排查率100%，未发现问题。摸排出拟新增监测对象1户2人，应回退整户无劳动力标注风险消除监测对象15户36人。

【经济发展】 洛哈镇农业主产荞麦、玉米、马铃薯、燕麦，天然草场宽广，畜牧业以羊、牛、马、猪为主，盛产花椒。2022年，全镇粮食总产量达5765吨。蔬菜总产量达1226吨，核桃产量达4200吨。洛哈镇的畜牧业十分兴旺，其四大牲畜的交易量在喜德县13个乡镇排名榜首，全部公认是无公害产品。2022年度，全镇发展出栏肉牛650头、出栏肉羊2530只、出栏猪3500头、出栏家禽9756羽，牧业产值达1642万元。

【基础设施】 洛哈镇素有喜德县第二大畜牧交易点之称，全镇基础设施完好，交通便利，乡道喜热公路贯穿全境，通达率100%，畅通率达95%。全镇公共办公设施得到改善，建成计生服务站、文化站、司法所、综合办公楼等。洛哈镇属于米市水库上游植被恢复重点乡镇，植被恢复率达90%。

【防火建设】 全镇镇域面积256平方千米，林地面

2022年4月9日，县政府县长岭明一行到洛哈镇调研乡村振兴产业发展规划工作 （洛哈镇/供）

积190015亩，其中，林地87015亩，灌木林10300亩，覆盖率40%。辖区内新建13.5千米消防通道，在防火要道安装32立方米钢锣子水池31个，设置2个标准卡点，1个县级标准瞭望哨，2个简易瞭望哨，完成计划烧除3400亩，可燃物清理887亩，共修建防火通道126千米。

【禁毒防艾】 利用微信公众号、短视频推送等宣传方式，广泛地向村民群众宣传艾滋病防治知识，共粘贴艾滋病宣传画36张，发放艾滋病宣传单286份，艾滋病宣传折页241份，接受50多人的咨询，同时给辖区村民群众播放艾滋病知识5次，参加人数达100余人。全力推进病例筛查，做好PITC摸底，洛哈镇现存活数82例，纳入治疗81例，治疗率98.79%，母婴阻断3人。全镇PITC摸底数4441人，共检测3452人。

【卫健民生】 增强服务职能，开展走访慰问活动，通过氛围营造、主题活动和入户宣传、走访慰问等多种形式做好计生服务。全镇婚前医学检查率达100%，新生儿疾病筛查率100%。规范低保、孤儿救助、“五保”等核定、审批和资金发放程序，严格执行专人发放的原则，杜绝民政资金发放混乱现象。按规定认真开展社保参保工作。扎实开展城镇居民基本医疗保险工作，积极开展手机自助缴费。

（撰稿：加觉古格 / 核稿：吉约木果）

尼波镇

【概况】 尼波镇地处喜德县东北部，距县城50千米，东与昭觉县毗邻，南与沙马拉达乡相接，西邻贺波洛乡，北与越西县相接。镇境内地形以高山为主，地势为西高东低、南高北低；气候属亚热带季风气候，其特点是四季分明，气候温和，雨水充沛，光照充足，无霜期长，多年平均气温14.1℃，无霜期年平均255天，年平均日照时数1680小时，年平均降水量1050毫米。镇境内尼日河属大渡河水系，发源于瓦吉木梁子，境内主河道长16千米，年平均流量5立方米 / 秒，最大流量195立方米 / 秒，最低流量0.8立方米 / 秒，全年气候湿度偏湿润，境内水源充沛；全镇镇域面积243.44平方千米，耕地面积8万余亩，草原面积20万余亩，森林面积8万余亩，平均海拔2400米，最低的镇政府所在地为2000米，最高的瓦吉莫梁子海拔为3200米；主要自然灾害有冰雹、旱灾、洪涝、低温、霜冻、泥石流等。现辖6个行政村20个村民小组，2所中心小学、2所中心幼儿园、5个村幼教点，1个派出所，2家中心卫生院、6个村医务室，1个农村信用社分社，一个变电所。全镇户籍人口为4151户17306人，常住人口1406户5586人，自主搬迁1152户5181人，外县迁入48户242人。

【持续开展巩固拓展脱贫攻坚成果】 常态化推进监测和帮扶工作。坚持开展“一月一监测”的防返监测排查工作，累计排查269户1074人边缘易致贫户、突发严重困难户及脱贫不稳定户“两不愁、三保障”及饮水安全。完善落实“一月一监测”工作机制，健全乡（镇）村组三级网格，定期对驻村工作队和村常职干部进行培训，对农户实时跟踪走访，及时掌握农户家庭收支状况、“三保障”和饮水安全状况以及其他变化情况，实施分类管理。2022年，在辖区内大力发展特色产业，在尼波村、甘洛村建设300亩反季节设施大球盖菇及蔬菜轮种基地，总投资1010.665万元，建设规模为配料场、生产、冻库3个区，其中，配料场2000平方米，生产基地占地面积19000平方米，冻库1080立方米，占地面积200平方米；在尼波村、尔曲村总投资1500万元续建的400亩反季节设施大球盖菇和蔬菜轮种基地，部分投入使用。在甘洛村总投资2000万元建设1万亩肉牛、肉羊养殖园区，一期工程正在设计预算阶段，投资400万元。在尼波村建设3000亩家庭农场，主要养殖肉牛、肉羊，种植经济林木、黄豆和蔬菜，总投资1300万元，部分项目已启动。觉巴村境内有一处玄武岩矿石待开采点，估测方量1亿万平方米，县政府正在实施第一期挂网拍卖事宜。镇党委、政府梳理历年到村产业项目，跟踪产业项目的维护、运营，做好问题资产整改，及时更新完善项目资产管理台账，确保产业项目正常发挥效益。持续跟踪1677名外出务工就业人员就业信息，确保稳定就业；保持在岗的157名乡村公益性岗位人员稳定；分批申报脱贫户产业奖补1994户，申报补助资金515.101万元。

【持续保障和改善民生】 做好城乡低保、“五保”孤儿供养、社会救助等工作，实现应保尽保。全年共有残疾重度护理补贴221人，高龄老人96人。享受城乡低保1898户3675人；特困供养74人，享受孤儿待遇58人；事实无人抚养儿童91人。城乡居民养老保险完成缴费7872人，任务完成率78.2%。积极开展适龄儿童失学辍学排查及劝返工作，与各村签订义务教育控辍保学目标责任书，确保适龄儿童“零辍学”现象。党建引领乡村振兴、农村危房改造、拆旧复垦、撂荒耕地复耕等各项民生工程正在有序推进实施。

（撰稿：木出小红 / 核稿：瓦渣古格）

沙马拉达乡

【概况】 沙马拉达乡位于喜德县境东北部，距县城25千米，辖区面积187.53平方千米，6个行政村、30个村民小组，总户籍人口4495户18234人，常住人口1093户5201人；1955年设新建乡；1964年改公社；1981年更名沙马拉达公社；1984年置沙马拉达乡；2021年行政区划调整改革将巴久乡、洛莫乡并入沙马拉达乡。沙马拉达乡农业主产马铃薯、荞麦、玉米。畜牧业以羊、牛、马、猪为主，盛产花椒。

【机构及人员】 内设党政综合办公室（挂财政工作办公室牌子）、党建工作办公室、经济发展和乡村振兴办公室（挂村镇规划建设办公室、生态环境办公室牌子）、社会事务办公室（挂禁毒防艾和卫生健康办公室牌子）、社会治理办公室（挂群众工作办公室牌子）、综合行政执法办公室应急管理办公室（挂森林草原防灭火办公室牌子）7个机构，设置便民服务中心（退役军人事务相关工作）、农业农村综合服务中心、宣传文化服务中心、就业和社会保障服务中心（挂农民工服务中心牌子）4个站。全乡共有干部42名，其中公务员24名。

【乡域经济发展】 2022年马铃薯种植面积4682.6亩，地膜玉米种植面积达3600.7亩，其他粮食作物面积达6600亩，全年预计实现粮食总产量12700吨；大力宣传农业保险，提高农作物、玉米、马铃薯等保险的购买率；完成兑付草畜平衡奖励资金11.12万元1808户；完成兑付耕地地力保护补贴资金235.12万元，涉及2469户、总面积21891.72亩；完成兑付生态补偿资金，涉及农户2325户60480.73亩，兑付资金952.69万元；完成兑付森林抚育补助资金36.93万元，涉及1954户18415.48亩；完成兑付天然商品林停伐管护补助资金56.16元，涉及2153户30736.75亩；规范管理村集体经济，大力支持原有产业继续做大做强，增加群众收入；全乡建立120户肉羊养殖大户，以此带动贫困户发展养殖业；加强对村级兽医员的培训和管理，2022年完成畜棚消毒5200平方米及家禽的春秋两防，防疫达标率达100%；全乡实现四大牲畜出栏8302余头，家禽出栏6500余羽，实现畜牧业总产值500余万元。

【巩固脱贫攻坚与乡村振兴有效衔接】 建立健全以“三农”大数据平台和乡村建设监测信息平台等为依托的信息化监测体系，完成全乡1472户农户入户排查和“三农”App等系统数据录入和动态调整工作，对711户脱贫户、143户监测户、618户一般农户建立“三色管理”帮扶机制，854户脱贫户和监测户完成全覆盖结对帮扶，一般农户落实监测员；全覆盖开展防止返贫动态监测帮扶工作，领取排查各级部门推送风险线索累计4091条，新增监测对象9户41人，应回退整户无劳动力标注风险消除监测对象5户9人；扎实开展促进增收“百日行动”，200人以上安置点和人均收入低于1万元农户130户实现分红20.8万元；脱贫户和监测户农业产业到户奖补项目兑现资金294.5余万元，脱贫人口人均纯收入达1.07余万元、同比增长15.36%，达到上级下达的2022年度脱贫人口增收指标，兑现300人次春秋2人次“雨露计划”补助90万元；有效推进“三资清理”工作，清理资源10个方面40.6万余亩，资产清理经营性5个项目293.69万元、非经营性447个项目8930.3余万元，清理39个部门资金来源3655.5余万元。实施易地扶贫搬迁安置点基础设施、就业增收、技能培训，完成4个村安置点生活污水收集管网建设，就业困难家庭实现1人就近就业公益性岗位安置，就业技能培训覆盖140余人。

【艾滋病防治】 建立健全防治艾滋病工作机构。在乡党委、政府的领导下，将艾滋病防治工作纳入工作重要议事日程，制订防治艾滋病工作计划，结合实际调整防治艾滋病工作领导小组，并进一步明确各自工作职责，做到领导到位、投入到位、保障到位、措施到位。组织开展每月12日艾滋病宣传日，并利用“火把节”“彝族年”“世界艾滋病日”等，深入到村落、户等人员集中点通过张贴艾防海报、发放宣传手册、宣传品、“村村响”等方式，引导村民对艾滋病有进一步的认识，营造良好的氛围。

【农业农村工作】 户厕建设工作。全乡共计完成265户户厕建设任务，其中，巴久村73户，甘主村19户，觉莫村49户，铁口村54户，火把村70户。撂荒地整治工作。全乡共计1598.21亩撂荒地，其中巴久村1133.73亩，火把村261.48亩，依子觉莫村58亩，洛莫村145亩，各村均种植光叶紫花苕子。10月中旬，由县农业农村局带队对撂荒地整治工作进行验收，经过验收组的实地测量，最终全乡验收合格1416.28亩，其中，巴久村987亩，洛莫村109.8亩，依子觉莫村58亩，火把村261.48亩。

【护林防火工作】 落实上级有关政策和规定，制定有效措施，强化责任、强势推进、强力落实，确保在沙马拉达乡境内不发生火灾和火情。签订防火责任状，与6个村签订森林草原防灭火目标责任书；与6个包村领导签订森林草原防灭火责任和任务承诺书；与32个包户人员签订森林草原防灭火责任书和任务承诺书；与1068户农户签订森林草原防火承诺书和“十户联保”承诺书，将防火责任分解落实到具体人，严格做到防范严密、反应及时。加大防火宣传力度，增强群众的防火意识，每家农户门口均粘贴禁火令、森林草原防火承诺书和告知书；村广播每天都不间断地播放护林防火宣传语，乡上的宣传车也在督查各村的同时不间断地播放护林防火宣传语，形成“森林防火、人人有责、人人参与”的良好社会氛围。实施村民防火“十户联保”制度，组建117个联保小组，每家农户门口均粘贴“十户联保”承诺书和“十户联保”花名册，要求联保户互相监督保证不野外违规用火。加强重点人群的管理，特别是对痴呆聋哑、精神病人和未成年人的监护，指派专人看护，严防玩火、失火而引起火灾。重要部位设置检查站，对进入车辆和人员进行检查，杜绝火种及易燃易爆品进入，有效预防火情的发生。加强对巡山护林员的督查，确保98名巡山护林员在岗在位，对自己负责的责任区做到严防死守。持续对“五周五缘”可燃物进行清理，清理可燃物1500亩，从源头上消除火灾隐患。

（撰稿：马小平 / 核稿：布夫五几）

附　录

附表 1　　2022 年喜德县县级领导干部表

单位	姓名	职务	任职时间
县委	巫照华	县委书记	2022.1—2022.12
	岭　明	县委副书记、县长	2022.1—2022.12
	罗文华	县委副书记	2022.1—2022.12
	黄　波	县委副书记	2022.1—2022.12
	布约克期	县委常委、统战部部长	2022.1—2022.12
	陈浩梁	县委常委、组织部部长	2022.1—2022.12
	张荣寿	县委常委、常务副县长	2022.1—2022.12
	邓　阳	县委常委、县总工会主席	2022.1—2022.12
	李　庆	县委常委、纪委书记、监委主任	2022.1—2022.12
	曹　振	县委常委、人武部部长	2022.1—2022.12
	杨　路	县委常委、副县长（挂职）	2022.1—2022.12
	金晓冬	县委常委、副县长（挂职）	2022.1—2022.12
	吴本忠	县委常委、副县长（挂职）	2022.1—2022.12
	曹　磊	县委常委、副县长（挂职）	2022.1—2022.12
	赵支勇	县委常委、政法委书记	2022.1—2022.12
	毛阿依	县委常委、宣传部部长	2022.1—2022.12
	阿于木果	县委常委、副县长	2022.1—2022.12
县人大常委会	苏正忠	县人大常委会主任	2022.1—2022.12
	熊佐德	县人大常委会副主任	2022.1—2022.12
	殷宏英	县人大常委会副主任	2022.1—2022.12
	黄登茂	县人大常委会副主任	2022.1—2022.12
	李庆华	县人大常委会副主任	2022.1—2022.12
县政府	比尔莫阿各	县人民政府副县长	2022.1—2022.12
	陈金发	县人民政府副县长	2022.1—2022.12
	周若鹏	县人民政府副县长、县公安局局长	2022.1—2022.12
	达久乌萨	县人民政府副县长	2022.1—2022.12
	阿尔猛杰	县人民政府副县长	2022.1—2022.12
	卢仕文	县人民政府副县长	2022.1—2022.12
县政协	宋和远	县政协主席	2022.1—2022.12
	彭建华	县政协副主席	2022.1—2022.12
	刘云鸿	县政协副主席	2022.1—2022.12
	邓宏斌	县政协副主席	2022.1—2022.12
	黄基琼	县政协副主席	2022.1—2022.12
县法院	刘勇刚	县人民法院院长	2022.1—2022.12
县检察院	马　林	县人民检察院检察长	2022.1—2022.12

附表 2

2022 年喜德县县级部门领导表

单位	姓名	职务	任职时间
县委办	马春贵	县委办副主任	2022.1—2022.2
		县委办主任	2022.2—2022.12
县人大常委会办	张燕琼	县人大常委会办公室主任	2022.1—2022.2
	翁　琼	县人大常委会办公室主任	2022.2—2022.12
县政府办	苏胜利	县政府办主任	2022.1—2022.12
县政协	王国清	县政协秘书长	2022.1—2022.2
	曲木迟迁	县政协秘书长提名人选	2022.2—2022.12
县政协办	刘　瑛	县政协办公室主任	2022.1—2022.04
	孙丽华	县政协办公室主任	2022.4—2022.12
县纪委	龚　力	县纪委副书记、监委副主任	2022.1—2022.12
	刘　浪	县纪委副书记、监委副主任	2022.9—2022.12
县委组织部	黄　磊	县委组织部常务副部长	2022.1—2022.12
县委宣传部	刘　斌	县委宣传部常务副部长	2022.1—2022.2
	王　雄	县委宣传部常务副部长	2022.2—2022.12
县委统战部	胡　强	县委统战部常务副部长	2022.1—2022.12
县委政法委	海来克火	县委政法委常务副书记	2022.1—2022.3
	的日瓦哈	县委政法委常务副书记	2022.3—2022.12
县委编办	沙青琳	县委编办主任	2022.1—2022.2
	刘　斌	县委编办主任	2022.2—2022.12
县委巡察办	曲木迟迁	县委巡察办主任	2022.1
	龚　力	县委巡察办主任	2022.1—2022.12
县委目标绩效管理办公室	陈　龙	县委目标绩效管理办公室主任	2022.1—2022.12
县民宗局	刘　梅	县民宗局局长	2022.1—2022.2
	尔古吉莫	县民宗局局长	2022.2—2022.12
县发改经信局	李庆华	县发改经信局局长	2022.1—2022.2
	杨朝顺	县发改经信局局长	2022.2—2022.12
县教体科局	车　波	县教体科局局长	2022.1—2022.2
	吉伍伍且	县教体科局局长	2022.2—2022.12
县公安局	马红英	县公安局政委	2022.1—2022.4
	李海龙	县公安局政委	2022.4—2022.12
县民政局	那尔尔的	县民政局局长	2022.1—2022.2
	海来克火	县民政局局长	2022.4—2022.12
县司法局	翁　昊	县司法局局长	2022.1—2022.12
县财政局	罗定平	县财政局局长	2022.1—2022.2
	杨　鹰	县财政局局长	2022.2—2022.12

续附表2

单位	姓名	职务	任职时间
县人社局	贺　敏	县人社局局长	2022.1—2022.2
	沙青琳	县人社局局长	2022.2—2022.12
县自然资源局	吉伍伍且	县自然资源局局长	2022.1
	勒古子布	县自然资源局局长	2022.1—2022.12
县住建局	舒　武	县住建局局长	2022.1—2022.2
	那尔尔的	县住建局局长	2022.2—2022.12
县交通运输局	的日你布	县交通运输局局长	2022.1—2022.2
	袁凌霄	县交通运输局局长	2022.4—2022.12
县水利局	海　松	县水利局局长	2022.1—2022.2
	海小林	县水利局局长	2022.2—2022.12
县农业农村局	何　平	县农业农村局局长	2022.2—2022.12
县商务经济合作和外事局	杨朝顺	县商务经济合作和外事局局长	2022.1—2022.2
	张燕琼	县商务经济合作和外事局局长	2022.2—2022.12
县文广旅局	马　林	县文广旅局局长	2022.1—2022.2
	贾　涛	县文广旅局局长	2022.2—2022.12
县卫生健康局	阿尔猛杰	县卫生健康局局长	2022.1—2022.2
	刘　梅	县卫生健康局局长	2022.2—2022.12
县退役军人事务局	沙马雪松	县退役军人事务局局长	2022.1—2022.2
	的日你布	县退役军人事务局局长	2022.2—2022.12
县应急管理局	吉克木加	县应急管理局局长	2022.1—2022.2
	马海阿且	县应急管理局局长	2022.2—2022.10
	沙马木加	县应急管理局局长	2022.10—2022.12
县审计局	彭晓彬	县审计局局长	2022.1—2022.12
县市场监督管理局	袁清雄	县市场监督管理局局长	2022.1—2022.9
	马　强	县市场监督管理局局长	2022.9—2022.12
县统计局	陈晓玲	县统计局局长	2022.1—2022.12
县乡村振兴局	王燕平	县乡村振兴局局长	2022.2—2022.12
县信访局	吉布伍呷	县信访局局长	2022.1—2022.12
县林业和草原局	海小林	县林业和草原局局长	2022.1—2022.2
	吉克木加	县林业和草原局局长	2022.2—2022.12
县医疗保障局	杨　鹰	县医疗保障局局长	2022.1—2022.2
	海　松	县医疗保障局局长	2022.2—2022.12
县政务服务管理局	尼里牟甘	县政务服务管理局局长	2022.1—2022.12
喜德生态环境局	郑　勇	喜德生态环境局局长	2022.1—2022.3
	陈红波	喜德生态环境局局长	2022.3—2022.12
县总工会	毛金科	县总工会常务副主席	2022.1—2022.12

续附表2

单位	姓名	职务	任职时间
县工业园区管委会	金　锋	县工业园区管委会主任	2022.1—2022.12
团县委	贾拉阿依	团县委书记	2022.1—2022.4
	胡晓红	团县委书记	2022.4—2022.12
县妇联	邓　莉	县妇联主席	2022.1—2022.12
县残联	张莫格	县残联理事长	2022.1—2022.12
县科协	王　华	县科协主席	2022.1—2022.12
县融媒体中心	赵　雄	县融媒体中心主任	2022.1—2022.2
	沈月舟	县融媒体中心主任	2022.2—2022.12
县文联	沙马阿古	县文联主席	2022.1—2022.12
县委党校	吉伍日坡	县委党校常务副校长	2022.1—2022.12
县史志办	赵生亮	县史志办主任	2022.1—2022.12
县档案馆	黑日曲布	县档案馆馆长	2022.1—2022.12
县防震减灾服务中心	龙明云	县防震减灾服务中心主任	2022.1—2022.12

附表3

2022年喜德县乡镇党委书记、乡镇长表

单位	姓名	职务	任职时间
光明镇	阿的伍来	光明镇党委书记	2022.1—2022.12
	邓永刚	光明镇党委副书记、镇长	2022.1—2022.12
冕山镇	马海阿里	冕山镇党委书记	2022.1—2022.12
	吉伍里布	冕山镇党委副书记、镇长	2022.1—2022.12
贺波洛乡	马海比古	贺波洛乡党委书记	2022.1—2022.12
	何泽华	贺波洛乡党委副书记、乡长	2022.1—2022.12
红莫镇	沙文林	红莫镇党委书记	2022.1—2022.12
	喇鲁佐	红莫镇党委副书记、镇长	2022.1—2022.12
鲁基乡	谢　辉	鲁基乡党委书记	2022.1—2022.12
	沙马拉铁	鲁基乡党委副书记、乡长	2022.1—2022.12
李子乡	马忠伟	李子乡党委书记	2022.1—2022.12
	阿雷石古木	李子乡党委副书记、乡长	2022.1—2022.12
北山乡	吉力史坡	北山乡党委书记	2022.1—2022.12
	尔古克古	北山乡党委副书记、乡长	2022.1—2022.12
两河口镇	田　燕	两河口镇党委书记	2022.1—2022.12
	吉里呷呷	两河口镇党委副书记、镇长	2022.1—2022.12
且拖乡	布无木切	且拖乡党委书记	2022.1—2022.12
	赵　斌	且托乡党委副书记、乡长	2022.1—2022.12
沙马拉达乡	莫色宏达	沙马拉达乡党委书记	2022.1—2022.12
	石一木机	沙马拉达乡党委副书记、乡长	2022.1—2022.12

续附表3

单位	姓名	职务	任职时间
米市镇	王依呷	米市镇党委书记	2022.1—2022.12
	龙 杨	米市镇党委副书记、镇长	2022.1—2022.12
洛哈镇	杨 华	洛哈镇党委书记	2022.1—2022.12
	阿的阿合	洛哈镇党委副书记、镇长	2022.1—2022.12
尼波镇	王 东	尼波镇党委书记	2022.1—2022.12
	瓦渣古格	尼波镇党委副书记、镇长	2022.1—2022.12

附表 4

2022 年中共喜德县委部分文件表

日期	文号	文件名
2022 年 8 月 8 日	喜委发〔2022〕2 号	中共喜德县委　喜德县人民政府关于印发《推进教育高质量发展的实施意见》的通知
2022 年 8 月 24 日	喜委发〔2022〕3 号	中共喜德县委关于喜德县大力推进清廉凉山建设的意见
2022 年 8 月 24 日	喜委发〔2022〕4 号	中共喜德县委　喜德县人民政府关于印发《进一步加强艾滋病等重大传染病防治攻坚工作的实施意见》的通知
2022 年 11 月 9 日	喜委发〔2022〕8 号	中共喜德县委关于印发《喜德县法治社会建设实施方案（2021—2025 年）》的通知
2022 年 12 月 12 日	喜委发〔2022〕10 号	中共喜德县委　喜德县人民政府关于印发《喜德县法治宣传教育第八个五年规划（2021—2025 年）》的通知

附表 5

2022 年中共喜德县委办公室部分文件表

日期	文号	文件名
2022 年 6 月 22 日	喜委办〔2022〕12 号	中共喜德县委办公室　喜德县人民政府办公室关于印发《喜德县治理高价彩礼深化移风易俗实施方案》的通知
2022 年 8 月 19 日	喜委办〔2022〕18 号	中共喜德县委办公室　喜德县人民政府办公室关于规范农村宅基地审批和住房建设管理的通知
2022 年 9 月 2 日	喜委办〔2022〕20 号	中共喜德县委办公室　喜德县人民政府办公室关于印发《喜德县主汛期防灾减灾救灾工作方案》的紧急通知
2022 年 10 月 11 日	喜委办〔2022〕21 号	中共喜德县委办公室　喜德县人民政府办公室关于印发《喜德县档案事业发展“十四五”规划》的通知
2022 年 12 月 7 日	喜委办〔2022〕31 号	中共喜德县委办公室　喜德县人民政府办公室关于印发《喜德县耕地保护党政共同责任制》的通知
2022 年 1 月 10 日	喜委办发〔2022〕1 号	中共喜德县委办公室　喜德县人民政府办公室关于印发《喜德县财政资金审批管理办法》的通知
2022 年 1 月 10 日	喜委办发〔2022〕2 号	中共喜德县委办公室　喜德县人民政府办公室关于印发《喜德县国土空间规划委员会职责及议事规则》的通知
2022 年 1 月 15 日	喜委办发〔2022〕3 号	中共喜德县委办公室关于印发《喜德县贯彻落实州第九次党代会精神　加快绿色崛起　主动融入同城化发展的实施意见》的通知
2022 年 3 月 1 日	喜委办发〔2022〕7 号	中共喜德县委办公室关于印发《喜德县深化和拓展新时代文明实践中心建设的实施方案》的通知

续附表 5

日期	文号	文件名
2022 年 3 月 23 日	喜委办发〔2022〕11 号	中共喜德县委办公室　喜德县人民政府办公室关于印发《喜德县全面推行河长制工作方案》的通知
2022 年 4 月 15 日	喜委办发〔2022〕14 号	中共喜德县委办公室印发《关于加强和改进调查研究工作的意见》的通知
2022 年 3 月 18 日	喜委办发〔2022〕15 号	中共喜德县委办公室　喜德县人民政府办公室关于印发《喜德县目标绩效管理办法》及其配套实施细则的通知
2022 年 4 月 27 日	喜委办发〔2022〕16 号	中共喜德县委办公室　喜德县人民政府办公室关于印发《喜德县深化专项监督促进巩固拓展脱贫攻坚成果同乡村振兴有效衔接的实施意见》的通知
2022 年 6 月 14 日	喜委办发〔2022〕17 号	中共喜德县委办公室关于印发《喜德县重大工作抓落实督导实施办法（试行）》的通知
2022 年 7 月 30 日	喜委办发〔2022〕27 号	中共喜德县委办公室　喜德县人民政府办公室关于印发《喜德县深化科技创新体制改革工作实施方案》的通知
2022 年 8 月 12 日	喜委办发〔2022〕28 号	中共喜德县委办公室　喜德县人民政府办公室关于印发《喜德县县本级重大经济事项决策实施细则（试行）》的通知
2022 年 8 月 26 日	喜委办发〔2022〕29 号	中共喜德县委办公室　喜德县人民政府办公室关于印发《喜德县防范化解重大风险构建大稳定格局实施方案》的通知
2022 年 9 月 26 日	喜委办发〔2022〕30 号	中共喜德县委办公室　喜德县人民政府办公室关于印发《喜德县强化知识产权保护实施方案》的通知
2022 年 9 月 26 日	喜委办发〔2022〕31 号	中共喜德县委办公室　喜德县人民政府办公室关于印发《关于推进中心镇改革发展的指导意见》的通知
2022 年 9 月 27 日	喜委办发〔2022〕32 号	中共喜德县委办公室　喜德县人民政府办公室关于印发《喜德县县属国有企业监督管理办法（试行）》的通知
2022 年 9 月 27 日	喜委办发〔2022〕33 号	中共喜德县委办公室　喜德县人民政府办公室关于印发《喜德县国有企业负责人、高管（高级管理员）选拔任用暂行办法》的通知
2022 年 9 月 27 日	喜委办发〔2022〕34 号	中共喜德县委办公室　喜德县人民政府办公室关于印发《喜德县国有企业负责人、高管（高级管理人员）经营业绩考核与薪酬管理办法（试行）》的通知
2022 年 9 月 27 日	喜委办发〔2022〕35 号	中共喜德县委办公室　喜德县人民政府办公室关于印发《喜德县县属国有企业职工工资总额管理办法（试行）》的通知
2022 年 9 月 27 日	喜委办发〔2022〕36 号	中共喜德县委办公室　喜德县人民政府办公室关于印发《喜德县县属企业国有资产管理暂行办法》的通知
2022 年 9 月 27 日	喜委办发〔2022〕37 号	中共喜德县委办公室　喜德县人民政府办公室关于印发《喜德县属国有企业投融资及借款和担保监督管理办法（试行）》的通知
2022 年 10 月 12 日	喜委办发〔2022〕39 号	中共喜德县委办公室关于印发《喜德县大力推进清廉凉山廉洁文化建设的实施方案》的通知
2022 年 5 月 30 日	喜委办发〔2022〕40 号	中共喜德县委办公室　喜德县人民政府办公室关于印发《喜德县“十四五”国家重点生态功能区县域生态环境质量监测与评价工作实施方案》的通知
2022 年 11 月 13 日	喜委办发〔2022〕42 号	中共喜德县委办公室　喜德县人民政府办公室关于印发《喜德县农村饮水安全应急预案》的通知
2022 年 12 月 7 日	喜委办发〔2022〕43 号	中共喜德县委办公室　喜德县人民政府办公室关于印发《喜德县耕地保护田长制实施方案》的通知

附表 6

2022 年喜德县人民政府部分文件表

发文日期	文号	文件名称
2022 年 1 月 26 日	喜府发〔2022〕9 号	关于发布《喜德县国家生态文明建设示范县规划（2021—2030）》和《喜德县“绿水青山就是金山银山”实践创新基地实施方案》的通知
2022 年 7 月 14 日	喜府发〔2022〕54 号	关于印发《喜德县衔接推进乡村振兴补助资金项目实施办法（试行）》的通知
2022 年 8 月 26 日	喜府发〔2022〕79 号	关于印发《喜德县光明大道西延线、农光棚改项目征地拆迁补偿安置方案》的通知
2022 年 9 月 30 日	喜府发〔2022〕90 号	关于印发《喜德县促进房地产市场平稳健康发展的措施》的通知
2022 年 12 月 21 日	喜府发〔2022〕126 号	关于印发《喜德县行政许可事项清单（2022 年版）》的通知
2022 年 12 月 31 日	喜府发〔2022〕130 号	喜德县人民政府 2023 年森林草原防火命令
2022 年 12 月 31 日	喜府发〔2022〕131 号	喜德县人民政府 2023 年森林草原禁火令
2022 年 1 月 8 日	喜府函〔2022〕1 号	关于报送《喜德县 2021—2022 年度松材线虫病防治实施方案》的函
2022 年 1 月 13 日	喜府函〔2022〕6 号	关于 2021 年度气象防灾减灾考评的自查报告
2022 年 2 月 9 日	喜府函〔2022〕13 号	关于报送喜德县“十四五”基础教育布局和建设规划的函
2022 年 5 月 13 日	喜府函〔2022〕50 号	关于报送《喜德县义务教育薄弱环节改善与能力提升项目规划（2021—2025 年）》的函
2022 年 5 月 23 日	喜府函〔2022〕54 号	关于喜德县农村生活污水处理设施排查整改方案
2022 年 5 月 23 日	喜府函〔2022〕55 号	关于省级生态县创建情况的自查报告
2022 年 6 月 14 日	喜府函〔2022〕58 号	关于开展城市黑臭水体排查整治工作的报告
2022 年 6 月 15 日	喜府函〔2022〕59 号	关于人影安全隐患整改“回头看”的情况报告

附表 7

2022 年喜德县人民政府办公室部分文件表

日期	文号	文件名
2022 年 1 月 19 日	喜府办发〔2022〕5 号	关于印发《喜德县城乡消防安全“大排查、大整治、大提升”专项行动方案》的通知
2022 年 1 月 24 日	喜府办发〔2022〕8 号	关于印发《喜德县老年乡村医生生活补助实施方案》的通知
2022 年 2 月 22 日	喜府办发〔2022〕12 号	关于公布县级第二批非物质文化遗产名录项目的通知
2022 年 3 月 10 日	喜府办发〔2022〕13 号	关于印发《喜德县公共服务事项基本目录（2021 年版）》的通知
2022 年 3 月 22 日	喜府办发〔2022〕17 号	关于建立“两书一函”制度督促重大决策部署责任落实的通知
2022 年 3 月 29 日	喜府办发〔2022〕20 号	关于印发《喜德县水电运行安全风险隐患排查整治实施方案》的通知
2022 年 4 月 9 日	喜府办发〔2022〕26 号	关于印发《喜德县森林草原火灾应急预案（修订）》的通知
2022 年 4 月 15 日	喜府办发〔2022〕27 号	关于印发《喜德县深化新时代教育督导体制机制改革实施方案》的通知
2022 年 3 月 28 日	喜府办发〔2022〕30 号	关于印发《喜德县 2022 年度地质灾害防灾工作方案》的通知
2022 年 3 月 28 日	喜府办发〔2022〕31 号	关于印发《喜德县 2022 年度突发地质灾害应急预案》的通知
2022 年 5 月 6 日	喜府办发〔2022〕33 号	关于印发《全县既有农村 C、D 级危房分类校核实施方案》的通知
2022 年 5 月 11 日	喜府办发〔2022〕35 号	关于印发《喜德县药品安全突发事件应急预案（试行）》的通知
2022 年 6 月 2 日	喜府办发〔2022〕40 号	关于印发《喜德县 2022 年巩固拓展脱贫攻坚成果同乡村振兴有效衔接农业产业到户奖补项目实施方案》的通知

续附表 7

日期	文号	文件名
2022 年 4 月 30 日	喜府办发〔2022〕41 号	关于印发《喜德县防汛抗旱应急预案》的通知
2022 年 6 月 15 日	喜府办发〔2022〕45 号	关于印发《喜德县生产经营租住村（居）民自建房重大火灾风险综合治理工作实施方案》的通知
2022 年 6 月 10 日	喜府办发〔2022〕48 号	关于印发《喜德种养业高质量发展实施方案（试行）》的通知
2022 年 6 月 25 日	喜府办发〔2022〕49 号	关于印发《喜德县扩权赋能示范乡（镇）创建工作方案》的通知
2022 年 7 月 12 日	喜府办发〔2022〕50 号	关于印发《喜德县自建房安全风险专项排查整治工作方案》的通知
2022 年 7 月 20 日	喜府办发〔2022〕51 号	关于印发《喜德县现代农业园区建设考评激励方案（试行）》的通知
2022 年 7 月 20 日	喜府办发〔2022〕52 号	关于印发《喜德县撂荒耕地整治方案》的通知
2022 年 7 月 29 日	喜府办发〔2022〕54 号	关于印发《喜德县 2022 年撂荒地整治实施方案》的通知
2022 年 9 月 14 日	喜府办发〔2022〕56 号	关于印发《喜德县“转企升规”百日攻坚行动工作方案》的通知
2022 年 7 月 29 日	喜府办发〔2022〕57 号	关于印发《喜德县庆祝建州 70 周年活动县容县貌整治工作方案》的通知
2022 年 9 月 21 日	喜府办发〔2022〕59 号	关于发布 2022 年城乡居民最低生活保障标准和特困人员基本生活标准的通知
2022 年 9 月 21 日	喜府办发〔2022〕60 号	关于印发《喜德县“十四五”食品安全监督管理建设方案》的通知
2022 年 9 月 26 日	喜府办发〔2022〕63 号	关于印发《喜德县重大行政决策合法性审查管理规定》的通知
2022 年 9 月 30 日	喜府办发〔2022〕67 号	关于印发《私设“景点”问题专项整治工作方案》的通知
2022 年 8 月 23 日	喜府办发〔2022〕71 号	关于印发《喜德县 2022 年农村危房改造和农房抗震改造实施方案》的通知
2022 年 9 月 22 日	喜府办发〔2022〕72 号	关于印发《喜德县公共政策健康审查制度》和《喜德县健康专家委员会工作规则》的通知
2022 年 6 月 19 日	喜府办发〔2022〕79 号	关于印发《喜德县地震应急预案》的通知
2022 年 11 月 15 日	喜府办发〔2022〕80 号	关于印发《喜德县居民用户燃气灶具更换补贴方案》的通知
2022 年 11 月 27 日	喜府办发〔2022〕81 号	关于印发《喜德县 2022—2023 年计划烧除实施方案》的通知
2022 年 12 月 16 日	喜府办发〔2022〕82 号	关于印发《喜德县 2022—2023 年度森林草原防灭火“一县一策”工作方案》的通知
2022 年 12 月 27 日	喜府办发〔2022〕83 号	关于印发《2022 年全县冬春火灾防控工作方案》的通知
2022 年 12 月 30 日	喜府办发〔2022〕84 号	关于印发《喜德县烟花爆竹去库存工作实施方案》的通知
2022 年 3 月 3 日	喜府办函〔2022〕3 号	关于做好 2022 年政策性农业保险工作的通知
2022 年 3 月 21 日	喜府办函〔2022〕6 号	关于县政府领导实行 AB 角工作制度的通知
2022 年 4 月 25 日	喜府办函〔2022〕13 号	关于开展 2022 年度节约型机关创建工作的通知
2022 年 6 月 14 日	喜府办函〔2022〕21 号	关于印发《赋予乡（镇）县级行政权力事项运行工作清单》的通知
2022 年 9 月 15 日	喜府办函〔2022〕33 号	关于印发《喜德县金融突发事件应急预案及工作规则》的通知
2022 年 9 月 23 日	喜府办函〔2022〕36 号	关于印发《喜德县生态保护红线内矿业权退出实施方案》的通知
2022 年 10 月 8 日	喜府办函〔2022〕38 号	关于印发《喜德县人民政府常务会议议事规则》的通知
2022 年 12 月 26 日	喜府办函〔2022〕52 号	关于 2022 年生活垃圾分类工作实施方案

喜德县2022年国民经济和社会发展统计公报

2022年，是十五届县政府履职的第一年。面对外部环境错综复杂、宏观经济承压加大、疫情灾害袭扰频发的严峻挑战，在县委的坚强领导下，县人大和县政协的监督支持下，县政府坚持以习近平新时代中国特色社会主义思想为指导，深入学习宣传贯彻党的二十大精神，坚决落实“疫情要防住、经济要稳住、发展要安全”重要要求，始终坚持“讲政治、抓发展、惠民生、保安全”工作总思路，按照县委第十三次党代会的总体部署，全力以赴拼经济、搞建设、抓发展，干成了一批全局性、基础性、利长远的大事要事。喜德进入全省安宁河流域高质量发展战略布局和西德冕喜“同城化”发展部署，实现了从“区域边缘”向“格局重塑”的全面跃升，全县各项事业取得新进展、实现新突破。

一、综合

国民经济平稳增长，本年度全县实现地区生产总值（GDP）382176万元，比上年同期增长5.5%，其中，第一产业实现增加值104353万元，比上年同期增长4.2%，对地区生产总值的贡献率为23.7%，拉动地区生产总值1.3个百分点；第二产业实现增加值57235万元，比上年同期增长12.7%，对地区生产总值的贡献率为28.7%，拉动地区生产总值1.6个百分点；第三产业实现增加值220588万元，比上年同期增长4.6%，对地区生产总值的贡献率为47.6%，拉动地区生产总值2.6个百分点。人均地区生产总值23886元。产业结构调整为27.30：14.98：57.72。

民营经济实现增加值135475万元，比上年同期增长3.6%。其中，第一产业增加值完成34214万元，比上年同期增长4.3%；第二产业增加值完成40948万元，比上年同期增长11.3%；其中，工业增加值完成31805万元，比上年同期增长7.5%，建筑业完成增加值9143万元，比上年同期增长25.8%；第三产业增加值完成60313万元，比上年同期下降1.0%。民营经济增加值占地区生产总值的比重为36.1%。

二、农业

聚焦聚力“农业高质高效、乡村宜居宜业、农民富裕富足”，持之以恒强农业、惠农村、富农民，推动农业农村高质量发展。全年第一产业完成增加值104353万元，比上年同期增长4.2%；完成粮食总产量8.13万吨；比上年同期下降0.4%（东河乡划出）；猪出栏272433头，比上年同期增长0.09%，牛出栏9544头，比上年同期增长3.46%，羊出栏138903只，比上年同期增长0.76%，肉类总产量24975吨，比上年同期增长0.25%；猪存栏179317头，比上年同期下降16.4%，能繁母猪存栏19037头，比上年同期增长0.01%，牛存栏21979头，比上年同期增长4.46%，羊存栏158518只，比上年同期增长3.51%。

全年农用化肥施用量（折纯）2668吨，比上年同期下降0.1%；农用塑料薄膜使用量159.7吨，比上年同期下降0.02%；农药使用量29.5吨，比上年同期下降0.7%。

牢固树立“大做产业、做大产业”意识和理念，下定决心破除农业底子薄、瓶颈多的发展掣肘。一是在种养发展上使力气。为实现“产业兴旺、生活富裕”总目标，同时推动全县种养业高质量发展，结合喜德实际，大力推进标准化规模种植养殖，不断拓宽农户增收渠道。紧紧围绕“优质粮油、有机果蔬、生态畜禽”三大主导产业，激发农村低收入人口内生动力，引导农户因地制宜积极发展农业产业。

严格按照国家粮食安全战略，把中国人的饭碗牢牢端在自己手中。落实晚秋粮食1.8万亩（其中，秋荞1.4万亩、秋豆0.2万亩、秋薯0.2万亩），秋菜1.5万亩。冬麦0.9万亩，豌豆/胡豆0.03万亩，冬马铃薯1.97万亩，油菜0.4万亩，冬马铃薯播种1.97万亩，大麦0.9万亩，豌豆/胡豆0.03万亩，油菜0.4万亩。整治撂荒地3.593万亩，复耕复种比例达100%。

在稳定粮食生产的基础上，大力调整农业产业结构，发展附加值高、品质优、市场前景好的山地特色农业。其中，能繁母猪存栏19037头，出栏生猪27.24万头、肉牛0.95万头、羊13.89万只、家禽79.76万羽，分别增长0.09%、3.46%、0.76%、2.7%。种植烟叶8400亩，收购烟叶20000担，水果产业完成面积1.212万亩，产量1.37万吨，蔬菜及食用菌种植面积1.42万亩，产量2.42万吨。五是中草药产业。中药材完成种植面积0.15万亩，产量0.1万吨，花椒完成总面积16.8万亩，产量0.1934万吨。

全县农民专业合作社总数达到453家（其中，国家级示范社1个、省级示范社3家、州级示范社6个、县级示范社5个），家庭农场达到700余家（其中，省级示范场4家、州级示范场12家、县级示范场25家）。在13个乡镇、97个行政村（涉农社区）、419个村民小组、40167户承包农户中全面开展农村土地承包确权工作，确权登记承包地、自留地、开荒地、机动地65万余亩，颁证39398户，发证率98%。

以农村人居环境整治为契机，统筹推进农村生活垃圾治理等各项重点工作，助力乡村生态振兴。全县13个乡镇93个村9个社区，43210户农户，目前，全县43210户农户，户厕标准达到卫生厕所的有30766户，普及率达到71.2%；户厕达到无害化卫生厕所的有13175户，普及率达到30.5%。

全年共计发放实际种粮一次性补贴580万元、种粮大户补贴资金15.29万元、稻谷补贴资金71.24万元、草原禁牧29.07万元、草畜平衡222.965万元、农机购置补贴33.39万元、农业产业奖补资金5925.65万元。

全县农业机械总动力7.4591万千瓦。

核桃10651.7吨，花椒1290吨，板栗38吨。

年末全县森林覆盖率达43.63%。

三、工业和建筑业

全年全部工业实现增加值46712万元，比上年同期增长7.8%，占地区生产总值的比重12.2%；工业用电量21248万千瓦时，比上年同期增长26.0%。

规模以上工业企业11户，全年完成工业总产值7.4亿元，工业增加值比上年同期增长21.1%。

规模以上工业主要产品产量中，发电量63755万千瓦时，比上年同期增长16.9%；铁矿石原矿产量61.9万吨，比上年同期增长13.2%；铁矿石成品矿产量21.3万吨，比上年同期增长26.0%；铁合金0.8万吨，比上年同期增长14.3%；汞55.3吨，比上年同期增长312.7%；商品混凝土28.2万立方米，比上年同期增长65.9%。产品销售率95.9%。

资质以上建筑企业34户，较上年新增6户，完成总产值6.32亿元，比上年同期增长20.3%；建筑业完成增加值10532万元，比上年同期增长37.6%，占地区生产总值的比重达2.8%。

四、固定资产投资

2022年全社会完成固定资产投资完成256534万元，比上年同期增长50.9%，其中，项目投资比上年同期增长43.0%，房地产投资比上年同期增长100%，农户投资比上年同期下降6.3%，建筑安装工程投资（不含农户）比上年同期增长55.0%。

在总投资中，第一产业投资比上年同期增长365%，第二产业投资比上年同期增长1.7%，第三产业投资比上年同期增长43.2%。

其中，民间投资比上年同期增长154.8%；工业性投资比上年同期增长1.9%；技术改造投资比上年同期下降46.3%；制造业投资比上年同期增长167.5%，基础设施投资比上年同期增长11.9%。新开工项目完成投资比上年同期下降15.8%；成昆复线投资比上年同期下降7.2%。

新开工项目比上年同期下降10.6%，竣工项目同比增长160.0%。

五、国内贸易、旅游

全年社会消费品零售总额达109570万元，比上年同期增长1.7%。批发和零售业实现增加值16775万元，占地区生产总值4.39%，同比增长3.4%；住宿和餐饮业实现增加值5598万元，比上年同期下降0.2%，占地区生产总值1.46%。其中，通过互联网实现的商品零售额1827.5万元，比上年同期增长90.6%。

从城乡结构看，城镇市场零售额为51273万元，比上年同期下降12.6%；乡村市场零售额为55074万元，比上年同期增长18.3%，农村消费呈快速增长趋势。在行业结构中，零售业完成84737万元，比上年同期下降2.1%；住宿业完成3237万元，比上年同期增长17.0%；餐饮业零售额为18372万元，比上年同期增长15.8%；石油报刊分辟3224万元。

限额以上批发零售住宿餐饮单位共计13户，其中，企业2户、个体户11户。

开展旅游基础设施建设。推进冕山镇小相岭红军石公园项目建设，推进引导冕山镇五合村现代农业产业园AAA级景区创建工作。喜德阳光温泉大酒店投入资金4300万元，对酒店进行提档升级改造。积极推动集中安置点乡村旅游发展。

全县旅游收入达50350万元，比上年同期下降5.0%，旅游接待人次达243万人次，比上年同期下降8.3%。

六、交通、运输、邮电

交通设施建设继续改善，运输生产稳步发展。

全县公路里程达3383.77千米，其中，国道550线51千米，省道218线113.4千米，县乡道166千米，村道825.3千米，组道772.26千米，森林草原防灭火通道1305.81千米，脱贫攻坚产业路150千米（旅游、矿山、风电等专用公路113千米）。通乡通畅和通村通畅“两个100%”目标的实现，形成外畅内通交通路网格局。

全县共有运输企业3家，客运车辆263辆，其中：班线客运31辆，出租车50辆，城市公交8辆，农村客运174辆，通客车率达100%。

重点项目建设。完成喜德县拉克乡源泉村至贺波洛乡补尔村公路20.4千米改建项目；完成喜德县瓦吉木至尼波火车站公路14.347千米改建任务；完成贺波洛乡塔普村通村公路2.825千米改建项目；完成19千米通组硬化路建设；完成全县公路安防工程173.25千米建设；完成喜德县两河口大桥至尼波镇尼波村（两河口大桥至沙马拉达段）公路7.071千米主体工程；完成喜德县乡村振兴光明镇沙洛村二组铁索桥改建项目主体工程；完成金西高速公路初步设计县级相关部门及企业征求意见收集工作。

依法依规打击各类非法经营行为。1—12月共出动执法人员2982余人次，执法车辆685辆次，检查各类车辆3236余辆次，查处91起一般案件、已执行91起一般案件，查处234起简易程序案件、已执行234起简易程序案件，有效规范了道路运输市场秩序。强化安全监管。组织各类检查59次，查出通车公路安全隐患点224处，已整改194处（护栏安装），共设置安全临时警示标志标牌4处，实现全年无重大安全事故的发生。

整修路肩边坡63千米；处治路面裂缝、坑槽、车辙、松散、沉陷等公路路面病害20余处，完成路面修复1123平方米。实施应急抢通工程8次，出动各类机械车辆18台次，清理土石塌方2000余方，整治水毁路段15千米。同时，督促乡镇加强对380个农村公路管护员（公益性岗位）管理，切实做好农村公路管护工作。

全年完成全县公路运输总周转量8236.9万吨千米，其中，旅客周转量8979万人千米，货物周转量7339万吨千米。

全县移动电话用户93354户，宽带用户28145户；固定电话用户10943户。

七、金融、财政和保险

年末，全社会金融机构各项存款余额488644万元，比上年同期增长2.2%；年末，金融机构各项贷款余额218414万元，比2021年同期增长10.2%；金融机构城乡居民储蓄余额343216万元，比2021年同期增长9.1%；其中，金融机构定期存款余额233928万元，比2021年同期增长12.8%。

本年全县财政总收入35126万元，比上年同期下降7.67%；其中，公共财政总收入22132万元，比上年同期增长4.67%；一般公共财政预算收入14435万元，比上年同期增长8.49%；税收收入完成9629万元，比上年同期下降1.91%，占一般公共财政预算收入的66.71%，非税收入完成4806万元，比上年同期增长37.72%，占一般公共财政预算收入的33.29%；财政总支出276548万元，比上年同期下降0.75%，其中，公共财政预算支出251232万元，比上年同期下降3.84%。

保险业快速发展，受惠群体不断扩大。全年保险机构保费收入2612万元。赔款及给付1587万元。

八、教育和科学技术

年末，全县现有各级各类学校81所，其中幼儿园26所（含民办9所，其中普惠性民办幼儿园6所）；小学47所（含民办3所、小学教学点12所）；初级中学3所，九年一贯制学校3所（含民办1所）；完全中学2所。在校学生51734人（含民办6070人），其中学前教育9288人（其中村幼1803人、民办2726人）；小学26065人（其中民办2655人）；初中12200人（其中民办689人），高中4181人。全县教职工共计3020人（其中在编人员2131人），其中学前教育教职工430人，其中在编幼儿教师124人、保育后勤196人、另有一村一幼辅导员349人；小学教职工1500人，其中在编1253人，合同制教师77人，帮扶支教5人；中学教职工695人，其中，在编447人、合同制教师149人、帮扶支教6人、高薪聘用6人；普通高中教职工395人，其中，在编307人、帮扶支教21人。

认真实施义务教育阶段学生“三免一补”、义务教育学生营养改善计划，普通高中家庭困难学生资助等一系列教育扶贫惠民政策。下达补助资金1.62亿元，学前免保教费8014人，义务教育寄宿制和非寄宿制“两免一补”32634人，高中“两免”4218人；建档立卡贫困家庭中职（技工）学生特别资助871人次，资助资金38.55万元；实施建档立卡贫困家庭本专科学生资助660人次，资助资金264万元；提供生源地信用助学贷款3957人共计3001.07万元；实施教育扶贫救助533人，发放34.56万元；实施滋蕙计划资助新入学大学生342名，发放22万元。

2022年高考共录取1158人，录取率91.32%。参加高中阶段招生考试考生3937人，较上年增加949人，高中录取1470人；大小凉山彝区“9+3”免费教育录取665人，圆满超计划完成州下达喜德县招生440人的计划；“3+2”五年制教育招生录取196人；三年制中职教育录取106人；浙江省宁波市海曙区东西部协作对口免费招生30人，初中毕业生就读中职学校占就读高中阶段教育50.61%。组织开展2022年初中理科实验操作考试，学科合格率87.6%；组织高中理科实验操作实践操作考试、通用技术实践操作考试，平均学科合格率96.6%。

2022年“青骄第二课堂”全县参与学校42所，参与学生共计23069名，平均完成课时学习6.29课时，知识竞赛及格率100%，优秀率100%，全县获得总分数99.83分。舞蹈节目《祖普娃娃》受到全国人大副委员长、全国妇联主席沈跃跃好评；2022年凉山彝族自治州中小学生艺术节喜德县获州级奖项20个；第37届凉山彝族自治州青少年科技创新大赛喜德县师生共获80个州级奖项，综合成绩名列全州前5。参加四川省第十届中小学艺术展演瓦尔学校《古莫阿芝》、喜德中学《送别歌》分获声乐类节目小学、中学甲组省级二等奖；喜德县民族中学《聆听山野》获器乐类节目中学甲组省级三等奖。

科技方面培育高新技术企业1家，科技型中小企业年度评价入库4家。着力建立以企业为主体的技术创新体系，增强企业科技创新能力。为扶持和鼓励高新技术企业的发展，突出企业主体、提升企业技术创新能力，组织企业参加高企培训2次，培训18人次；组织省级种植养殖技术培训考察学习2次，学习9人次。2022年申报科技部项目1个，争取项目资金60万元。以科技活动周、科普活动月为契机，通过文化“三下乡”开展科技宣传。其间，在各个乡镇开展种植养殖技术咨询、培训共计5次，并发放科普宣传资料1600余份，参加活动人数1450余人次。截至2022年年底，全县累计发展种植养殖农民专业合作社、家庭农场、培育种养大户166户以上。“四川科技扶贫在线平台”通畅运转，平台信息咨询总数1360条，受益群众1200人次，为群众挽回经济损失约30万元，开展平台业务培训5次，培训人数160人，完成产业信息、技术供给、供给对接链接共30条。科技特派团实地解决产业问题；省级下派喜德县“三区”科技人员共11名，开展种养殖技术指导、培训10次，共服务10个专业种植养殖合作社、培训350人。

九、文化、卫生和体育

继续实施县文化馆、图书馆、美术馆和乡镇综合文化站免费开放工作，全年共完成10000小时免费开放任务。举办器乐、音乐、舞蹈、美术等免费培训班，全年县文化馆（美术馆）累计免费培训达1000余人次。开展群众文化活动。组织开展2022年“书香喜德·全民阅读”、“树新风　促振兴”暨移风易俗宣传文艺汇演、喜迎二十大文艺演出等群众文化活动，丰富人民群众的精神文化生活。积极参加各类汇报演出，宣传促销喜德文化旅游品牌。圆满完成四川省农民工2022年春节联欢晚会、凉山彝族自治州第六届少数民族艺术节喜德专场、凉山彝族自治州建州70周年开幕式文艺会演和花车游行、第十六届四川省少数民族运动会开幕式文艺会演等大型文艺演出任务。积极宣传促销喜德文化旅游品牌。新创作出7个精品文艺节目，其中，歌曲3个、舞蹈6个、情景剧1个。筹办了大型公益性美术书法摄影展览活动，在青少年宫开展了公益性展览活动，参观人数达10000人次。深入全县13个乡（镇）102个行政村（社区）开展155场“送戏下乡”演出，深受广大基层人民群众的欢迎。

确保广大群众收看电视。开展送服务到乡村活动。全年配合各乡镇、村、组，免费维修1000余台广播电视接收机顶盒，为集中安置点脱贫户免费更换光终端用户盒180余台。积极配合国家广电完成彝区非法“小耳朵”抽样调查和国家广电100G扩容工作。完成了广电700M迁移工作，空出700MHz频率以便广电5G信号使用。全年安装完成17所寄宿制学校100套广播电视设备任务。

全年共推广安装广播电视高清宽带180余户，建设光节点5个，出动车辆130余次，抢修主干光缆20次，有效推动喜德县“高清四川　智慧广电”的项目建设。

全年喜德县广播电视安全播出实现“零事故、零插播”。

卫生基础设施建设加强，医疗条件进一步改善。年末全县有卫生机构124个，其中，医院5家（公立医院2个、非公立医院3家、综合医院4家、民族医院1家）；基层医疗卫生机构115家（卫生院13家、村卫生室102家）；专业公共卫生机构3家（疾病预防控制中心机构1个、妇幼保健机构1个、卫生监督所1个）；其他卫生机构医学在职培训机构1个。全县实有病床位数512张；卫生人员1252人，卫生技术人员907人，执业（助理）医师251人，注册护士356人；总诊疗人数18.61万人次，医师人均每日担负诊疗人次3.18人；入院人数2.1万人，出院人数2.09万人，住院病人手术0.21万人次；住院病死率0.16%。

开展“广场大家跳”“晨练”以及各类健身活动，累计参与健身活动人数近万人次。

开展喜德县职工杯足球比赛，参加比赛人数达到350人；开展喜德县第二届山鹰杯足球比赛21场，参加人数572人；喜德县参加《凉山彝族自治州第三届老年人体育健身大会》健身气功两个优胜奖，个人第一名一个，第四名一个，第八名一个；柔力球自选和规定套路取得两个优秀奖；健身球操取得自选和规定动作两个优秀奖；广场舞取得规定套路优秀奖，自选动作优胜奖；健身秧歌取得自选和规定套路两个优秀奖；桥牌取得团体第二名和体育道德风尚奖。

组织2022年凉山彝族自治州《国家体育锻炼标准》达标测验赛（喜德分站赛），参加人数200人；县总工会举办2022年喜德县首届“彝族老家”杯篮球联赛，参加人数600人。

十、人口

据公安统计年报，全县年末总户数61114户，总人口220964人，乡村人口194765人，城镇人口26199人；总人口中：男性112336人，男女比103.4：100；少数民族人口为203601人，占总人口的92.1%；彝族人口为203286人，占总人口的92.0%；乡村人口占总人口的88.1%；60岁以上人口19354人，占总人口的8.8%。出生率13.03‰；死亡率1.62‰；人口自然增长率11.41‰。

2022年全县常住人口16.1万人，其中，城镇常住人口4.5万人，乡村常住人口11.6万人。城镇化率达到28.01%。

十一、人民生活和社会保障

从喜德实际出发，紧紧围绕保障和改善民生重点，围绕做好“三个聚焦”，使老百姓过上了越来越好的新生活。

全县共有城乡特困人员430人，农村特困人员和城市特困人员基本生活标准底限分别为720元和1020元。共计发放城乡特困人员生活补助354.87万元。1—12月累计新增12户12人，退出37户37人。

农村低保共有17995户39390人，全县共计发放农村低保金12857.9万元。全县农村低保分为6个档，其中，全额档［480元/（月·人）］，一档［385元/（月·人）］，二档［340元/（月·人）］，三档［290元/（月·人）］，四档［240元/（月·人）］，五档［145元/(月·人）］。累计新增782户1708人，退出941户2825人。城市低保1253户2518人，累计发放城市低保金1355.5万元。累计新增20户33人，退出126户300人。

全县共有高龄老人1932人，其中80～89周岁的高龄老人1715人，每人每月发放标准为100元；90～99周岁高龄老人207人，每人每月发放标准为200元；100周岁以上高龄老人10人，每人每月发放标准为500元，2022年共计发放242.66万元。2022年孤儿总人数3569人，标准为1200元/（月·人），共计发放金额436.14万元；2022年事实无人抚养儿童总人数3350人，标准为1200元/（月·人），共计发放金额405.24万元。

残疾人“两项补贴”发放工作按照应发尽发、应退尽退的动态管理原则，享受困难残疾人生活补贴3236人，标准：每人每月100元，累计发放37625人次376.25万元；享受重度残疾人护理补贴3142人（其中，一级932人，二级2186人，三、四级精神智力类24人），标准：一级每人每月80元（2022年3月提标为每人每月90元），二级每人每月50元(2022年3月提标为每人每月60元),三、四级精神智力类每人每月50元(2022年8月开始发放),累计发放35692人次240.196万元。

为帮助家境贫寒、品学兼优的贫困学生圆梦大学,为9名贫困大学生一次性资助4000元/人,合计36000元。

婚姻登记的各项工作,工作总量合计2176对,其中,结婚登记1613对,离婚登记247对,补办结婚登记9对,补发结婚证277对,补发离婚证30对。

社会救助福利中心共有37名特困人员,其中,男性服务对象35人,女性服务对象2人,最大年龄112岁,最小年龄19岁,入住服务对象平均年龄68岁。长期卧床服务对象1人,坐轮椅服务对象3人,视力受损2人,收养流浪乞讨人员1人。

城乡居民收入稳步增加。全县居民人均可支配收入17866元,比上年同期增长6.8%,其中,城镇居民可支配收入31423元,比上年同期增长5.3%,全县农民人均可支配收入为12749元,比上年同期增长6.97%。

社会保障事业进一步推广,覆盖面继续扩大。城乡居民基本养老保险工作,全县参保总人数103823人,正常参保人数87285人,其中,本年度缴费到账人数33187人。

机关事业养老保险工作全县参保单位138个,在职正常参保人数6464人,本年度缴费到账人数4711人。

企业参保人数4488人。

基本医疗保险参保人数187899人,城乡居民医疗保险参保人数177625人;城镇职工参加基本医疗保险参保人数10274人。

失业保险正常参保人数9362人,缴费到账人数6745人。

城镇新增就业人数355人,失业人员再就业68人,城镇失业率为3.3%。

说明:

1. 公报中各项数据为初步统计数,正式数据以《喜德县统计年鉴》为准。
2. 公报中生产总值及产值指标的绝对数按当年价格计算,增长速度按可比价格计算

2023

索引

编制说明

一、本索引为《喜德年鉴（2023）》的内容分析索引。通过本索引所选的主题词条，可以对具有独立检索意义的完整资料进行检索。

二、本索引按汉语拼音字母（同音字按声调）顺序排列。索引词条用宋体字标明。数字表示该词条内容所在页码。

三、内文中的"特载""大事记""附录"以及随文照片和彩页图片未做索引。

四、同一条目名称在文中多处出现的，在其后用不同的页码标明。

A

艾滋病防治 253
爱国卫生 224
爱国主义教育基地建设 56
安宁河现代农业硅谷建设项目 182
安全保卫 192
安全工作 213，214，217，218，220
安全监管坚守有力 110
安全教育 208
安全生产 146，158，196，235，243
安全生产与信访工作 248
安全生产纵深推进 245
安全生产组织领导 76
安全稳定工作 124
安置帮教 120
安置工作 127
案件办理 82

B

办文办会 69
办学目标 215
办学质量更加规范 54
帮扶工作 46，121，188
帮扶资金使用情况 134
保驾护航坚定有为社会大局持续平稳 109
保密机要工作 44
保障性住房 157
不动产登记管理和调查确权 177

C

财政存量资金管理 169
财政改革 169
财政监督 171
财政审计 173
财政收入 168
财政支出 168
参保情况 228
参建参治 124
餐饮安全监管 180
残疾人就业扶贫 100
残疾人康复服务 99
残疾人两项补贴 75
残疾人社会保障 99
残疾人慰问救助 100
残疾人宣传文化体育 100
残联组织建设 99
产业帮扶 138
产业发展 131，234，236，243，248
产业发展迸发活力 67
产业项目 232
常规管理 212
常态化扫黑除恶斗争 108

常态化送温暖 94
成果评奖 155
城市公交公司 182
城市基础设施建设 157
城市建设全面加速 68
城市生活污水处理厂建设情况 161
城乡低保工作 74
城乡环境治理 243
城乡环境综合治理 158
城乡建设用地增减挂钩 176
城乡困难群众临时生活救助工作完成情况 74
城乡垃圾处理 158
持续保障和改善民生 38，252
持续开展巩固拓展脱贫攻坚成果 251
持续深化“放管服”改革 160
持续深化人才交流 133
持续推进净土保卫战 159
持续严打违法犯罪 109
持续抓好森林草原防灭火 237
“村村响”广播建设 152

D

打好蓝天保卫战 159
打击违法犯罪 110
大力推进民族团结示范创建工作 70
代表工作 62
代理金融业务提质增效 197
党的建设 42
党的建设和自身建设 55
党风廉政建设 88
党建工作 45
党建工作持续优化 54
党史研究 79
党外知识分子和新的社会阶层人士统战工作 52
档案管理工作 44
档案文化建设 56
道路交通安全 77
德育工作 208，212，214，216，218
地方病防治 226
地方财税贡献 189
地方志编纂 79
地理标志证明商标 181
地震监测台站总体情况 228
地震监测预报 229
地震科普宣传活动 229
地震应急演练 229
地质灾害防治 176
电网建设 147
调研督导情况 134
调研质数不断提升 54
定点观测调研 130
东西部协作 131，202
动物防疫情况 136
队伍建设 89，118
对口帮扶 207
对外宣传 48
多经生产 135

F

发展试点烟草业 240
法院 113
法警工作 116
法律监督 61
法律援助 120
法制教育 208
反腐倡廉宣传教育 89
返贫动态监测 130
防返贫监测 241
防范化解重大风险 108
防洪堤防建设 140
防火建设 250
防汛防地灾 235
防汛工作 141
防汛减灾 239

防汛救灾　234
防灾减灾气象服务　143
防震减灾业务培训　230
房地产发展　157
“放管服”改革　80
非物质文化遗产传承、保护与利用　50
非洲猪瘟疫情防范　179
扶贫领域专项治理　88
服务乡村振兴　198
妇联组织建设　97
妇女儿童权益保护　98
妇女就业创业　97
妇女维权和发展工作　97
妇幼保健　224

G

概况　37，41，43，44，46，52，53，55，56，57，61，66，69，70，72，74，76，79，80，81，85，88，90，93，95，96，98，100，102，104，106，108，109，110，113，119，123，125，126，130，131，133，135，138，140，142，145，146，150，152，153，155，157，158，160，161，165，166，168，171，172，174，175，179，181，183，185，188，188，190，191，194，195，196，197，198，201，204，205，207，209，212，214，215，217，219，221，225，226，226，227，228，232，234，236，237，239，241，242，244，246，248，249，251，252
干部工作　45
干部监督　45
干部教育工作　45
高中考成绩　204
耕地保护　175
工会组织建设　93
工业经济转型发展　166
工资福利　73
工作监督　61
公共服务设施　233
公共资源交易服务　81
公路养护　195
公务员管理　46
公益诉讼提质增效　112
公证工作　121
供水设施建设　161
供销社工作　167
巩固拓展脱贫攻坚成果　236
巩固拓展脱贫攻坚成果同乡村振兴有效衔接　41
巩固脱贫成果　163
巩固脱贫成果与乡村振兴　38
巩固脱贫攻坚成果与乡村振兴衔接工作　182
巩固脱贫攻坚成果与乡村振兴有效衔接　248
巩固脱贫攻坚与乡村振兴有效衔接　252
巩固医保脱贫攻坚成效　228
共青团工作　206
孤儿及事实无人抚养儿童生活救助和高龄补贴发放　74
关爱行动　97
管理保障　127
光荣牌发放　128
广播电视安全播出　152
广泛发动社会力量　135
规范投资评审　169
规范性文件备案审查　64
国家安全工作　44
国家考试　201
国土空间规划编制　175
国有资产管理情况　185
国资国企管理　170

H

夯实基层基础　108
河长制工作　141
狠抓审计整改落实　174

后勤工作 211
后装保障 124
“互联网＋政务服务” 162
护航未成年人健康成长 111
“户户通”项目建设 151
护林防火 241
护林防火工作 253
护林防火稳中向好 244
环保项目推进情况 160
环保执法监督工作 159
环境治理成效明显 68
惠民惠农补贴资金管理 170
惠民救助 106
惠民资金兑现工作 139
惠农富民补贴 138
婚姻登记办理 75

J

机动车辆保险 191
机构编制监督检查 59
机构编制资源优化配置情况 58
机构改革 178
机构及人员 53，72，74，82，85，88，93，106，110，119，125，126，135，150，159，162，165，171，179，181，183，185，188，189，195，196，201，221，225，239，241，242，248，252
机构设置 146，191
机构设置及人员 250
机构网点遍布城乡 189
机关事务管理 70
积极参与立法调研 61
积极参与宣讲活动 54
基本公共卫生服务 222
基层“微腐败”整治 88
基层减负工作 57
基层统战网络建设 52
基层团建 95
基础设施 238，240，243，250
基础设施建设 143，246
基础设施建设提升 53
基础设施有效改善 68
基建外资企业投资审计 173
计划免疫 222
计划生育 226
计划执行情况 165
纪检监察信访举报受理 89
纪念走访活动 128
寄递业务平稳发展 197
寄宿制管理 206，208，217
绩效考核 56
加大东西部协作宣传报道 133
加大非物质文化遗产的传承、保护与利用 150
加快基础设施建设 39
加快经济社会事业发展 246
加强安全生产宣传 78
加强防汛防地灾 78
加强公共文化服务体系建设 150
加强慢性非传染性疾病管理 227
加强免疫规划 226
加强全县文物保护工作 151
加强社会治理工作 111
加强师资队伍建设 54
加强卫生及职业病监督监测 227
加强预算管理 168
加强政法队伍建设 108
加强政府采购 169
加强政府廉政建设 39
加强组织领导 132
家庭家教家风提升行动 49
家长工作 221
检察队伍建设 113
建设“侨胞之家” 53
建设用地报征 177
建筑业发展 157

交通基础设施建设　194
教材发行　201
教务工作　210
教学成果　205
教学环境　220
教学科研　214
教学质量　213
教育工作　236
教育教学　205，207，215，218，220
教育教学质量　214
教育科研　206，210，213，216
接续推进乡村振兴　247
解决群众“急难愁盼”　245
解决饮水困难　130
金融管理　170
禁毒防艾　208，240，251
禁毒攻坚成果巩固有厚度　109
京泰温泉佳缘小区建设项目　182
经费审查　94
经济底盘支撑强劲　67
经济发展　238，241，248，250
经济规模　197
经济责任审计　173
经营管理　191，197
精神文明建设　233
景区保护　153
景区开发建设　153
景区宣传　153
救护培训　106
就业工作　73
就业增收　72
聚力劳务协作　132
卷烟营销　186
军事斗争准备　123

K

开展环境宣传教育　160
开展教育培训活动　103
开展培训情况　134
开展知联会活动　52
抗震设防工作　230
科技工作　203
科技培训　140
科普基础设施建设　105
科普培训　105
科普宣传　104，155
课题研究　155，219
控辍保学　201，240
矿产资源管理　176
矿产资源勘探　176

L

劳动技能竞赛　94
劳动仲裁、监察　73
劳模工作　93
劳务输出　72，239
老干部和关工委工作　46
理论宣讲　155
立案信访　115
立德树人　220
粮食安全工作　166
粮食生产　135
“两品一标”建设　138
两项改革　243
两项改革“后半篇”文章工作　58
亮点工作　219
林草有害生物防控　140
林木产业规模雏形　240
林业产业　140
林政执法检查　140
领导包案、接访、下访　82
路政执法　194
落实党委理论学习中心组工作　47
落实两项资金备案　71
旅游工作　151

履行社会责任　198

M

矛盾纠纷排查化解　82
美术书法家协会工作　102
冕山镇新桥村产业路改建项目　184
民间手工艺家协会工作　102
民间文艺家协会工作　102
民间组织工作　75
民生保障　240
民生事业　243
民生事业稳步推进　67
民事检察　112
民事审判　114
民营经济发展　181
民政重点项目建设　76
民主法治　42
民族团结宣传工作　53
目标管理　56

N

内部审计　173
内设机构　61
农产品质量安全　137
农村安全饮水工作　140
农村公路养护　194
农村经营管理　136
农村能源　137
农机化建设　136
农技推广　136
农田基本建设　138
农业经济发展　240
农业农村工作　253
农业社会化服务　136
农业行政执法　137
农作物病虫害防治　136

P

派驻工作　83
培育培训　127
培育新型农民经营主体　137
普惠金融　188
普惠性服务　94

Q

其他全覆盖审计　173
其他重点工作　80
气候事件　142
气候总体情况　142
汽车运输公司　183
强化作风建设和干部人才保障　178
青春助学项目　96
青年之家　95
青年志愿服务　95
全国人口变动抽样调查　174
全力打赢碧水保卫战　159
全力推动社会帮扶　133
全力抓好森林草原防灭火　238
全面参与疫情防控　103
全面打赢安全生产保卫战　68
全面打赢森林防火攻坚战　68
全面推进宗教管理工作　71
全面筑牢生态防线　160
全民科学素质行动计划纲要　104
全域结对帮扶工作　134
全域结对助力发展　66
全员阅读　219
群众信访　111

R

人才工作　46，72
人大监督　62

人工影响天气 143
人力资源公司 183
人民调解 120
人事任免 62

S

“三资”清理工作 137
扫黑除恶 247
森林草原防灭火 78，233，235，242，247，249
森林草原防灭火攻坚法治震慑有广度 109
森林防火 139
森林防火工作 147
伤病残退役军人服务管理和优抚抚恤工作 127
商务工作 166
上下联动 90
社保工作 74
社保接续工作 127
社会帮扶 131
社会保障 232
社会保障不断增强 67
社会经济发展 37
社会民生保障 247
社会民生事业保障 234
社会事业 41，239，241，249
社区工作服务站情况 75
社区矫正 120
摄影家协会工作 102
深化改革 42
深化改革工作 43
深化体制改革 112
审判监督 116
生产经营 161
生态保护修复 178
师德强园，特色育人 221
师德师风 218
师资建设 211
实验室工作 227
食品安全防范体系建设 180
食品安全监管 179
食品安全隐患整治 180
食品监督管理 180
食品药品安全 78
示范数字档案馆建设 56
市场营销 198
事业单位改革 58
守护群众“舌尖安全” 111
守牢健康与安全底线 39
守住防止返贫底线 190
树新风促振兴 98
“双培工程”项目 96
双拥工作 127
双语教学 215
水保工程与水政水资源工作 141
水产养殖 136
税收服务 172
税收收入 171
税收征管 172
司法为民 117
思想政治建设 123
思想政治建设 95
四大攻坚战 63
“四种形态”监督执纪 89

T

提案工作 86
提升干部培训质量 54
提升政治安全 108
体卫艺工作 205
体育工作 203，217
“天府科技云服务”工作 105
通信应急保障能力 199
“童伴妈妈”项目 96
统计调查 174
统计服务 174

统计管理 174
土地、矿产执法监察 176
土地市场管理 177
土地增减挂钩项目 182
土地综合整治 177
团委工作 208
推进干旱河谷生态综合治理项目 139
推进区域协作 133
推进森林抚育项目 139
推进社会事业发展 247
推进药品集中采购情况 228
退役军人思想政治 126
脱贫成果更加巩固 66
脱贫攻坚与乡村振兴有效衔接 238

W

完成考核评估 130
完善编制地震应急响应方案 228
网络安全与信息化工作 51
网络保障 197
网络建设 198
违纪违法案件查处 88
围绕中心大局服务 103
卫健民生 251
卫生保健 221
卫生防疫 213
卫生工作 217
卫生健康惠民政策实施 225
卫生健康乡村振兴 222
卫生执法 224
文化产业发展 51
文化交流 51，154
文化旅游工作 50
文化体育 239
文联调研工作 101
文联工作 100
文秘工作 43
文明创建持续深化 68
文史工作 86
文物保护工作 50
5G 网络建设 198
物流工作 167

X

“西部计划”项目 96
喜德县“彝人老家”旅游扶贫小镇建设项目 184
喜德县殡仪馆二期建设项目 184
喜德县成昆复线喜德西站站前广场及配套基础设施项目 184
喜德县城镇老旧小区改造建设项目 185
喜德县光明镇吴哈村土地整理暨垦造水田项目 185
喜德县贺波洛乡跃进村产业路边坡治理项目 184
喜德县冕山镇雨污分流二、三级管网建设项目 184
喜德县且拖乡村振兴产业园建设项目 185
喜德县山水林田湖项目雨污分流二期工程 184
喜德县文体中心建设项目 185
喜德县乡村振兴人才技能实训基地项目 184
喜德县政务服务中心项目建设情况 182
喜德彝学编写 154
县级融媒体中心平台建设 47
县域经济发展 41
乡村宜居建设 138
乡村振兴 232，242，250
乡村振兴“万企兴万村” 104
乡村振兴成效 240
乡村振兴服务 188
乡村振兴加快推进 66
乡村振兴有效衔接 55，244
乡村振兴战略统计监测 175
乡域经济发展 252
项目建设 130，224
消防安全工作 77

消防宣传教育　125
消防执法监督　125
消费帮扶情况　135
小水电安全工作　142
校方责任险及学生保险　191
校际合作　211
校园安全　202，204，209
校园安全工作　77
校园卫生　215
协（学）会　105
协作资金和项目安排情况　131
新诚建材公司　182
新时代文明实践中心试点建设　48
信息报送工作　82
刑事检察　111
刑事审判　114
行政检察　112
行政区划工作　75
行政审判　115
行政审批制度改革　58
行政用权更加规范　69
行政执法　234
畜牧产业高速发展　240
畜牧生产　136
宣传报道与舆论引导　47
宣传工作　64，142
宣传贯彻落实《信访工作条例》　82
宣传平台　219
宣传信息工作　53
宣传宣讲及征订工作　47
学会工作　153
学前学普　201
学生资助　202
学校管理　207
巡察工作　90

Y

烟叶生产　135，186
研讨座谈　154
药械监督管理　181
业务服务　197
医保基金支付情况　228
医疗帮扶　225
医疗保障基金监管　228
医疗防护物资保障工作　166
医疗设备设施　225
医药卫生体制改革　222
医政管理　223
依法统计　175
依法治县　119
依法治园，制度管理　221
移风易俗　154，249
移风易俗初见成效　245
移风易俗工作　49
艺术教育　217
艺体工作　213
艺体教育　202
议事协调机构管理情况　59
易地搬迁后续扶持挂牌督办　130
意识形态工作　50
“一网通办”全面提升　81
音乐舞蹈协会工作　101
营商环境更加优化　69
勇担绿色发展责任　190
优化营商环境　171
优质服务　147
邮政分销业务助推乡村振兴　197
有机产品认证示范　180
预算绩效管理　170
预算审查力度加大　62
园区经济发展指标完成情况　145
园区招商引资及项目建设情况　145
运输管理　194

Z

增收“百日行动” 130
扎实帮扶工作 83
债券、债务管理 169
招商引资 166
招生工作 205
阵地建设 155
镇村便民服务体系建设 81
政策性农业保险 191
政策支持力度加大 53
政教工作 206
政务督查督办 70
政治生态更加清朗 69
政治协商、民主监督、参政议政 85
支持大型项目建设贷款 190
支持服务园区企业 145
支教帮扶工作 219
执勤备战 126
执行工作 115
职工维权 94
职工之家、职工书屋建设 93
职业病防治 223
指标分解 57
制度建设 56
质量安全监管 181
智能水表 161
中央八项规定精神贯彻落实 88
重大节庆信访工作 82
重大项目建设 165
重大政策审计 173
重点工作督查 57
重点疾病 223
重点疾病综合防治 227
重点项目 235
重点项目督查 57
重点项目工作 142
重点行业领域体制机制改革 58
重要活动 104 106
重要节点督查 57
主动报告维护权威 61
主要工作 220
主要业务 162
主要业务指标 188
主要医疗设备 226
主要职能职责 103
主要职责 45，90，97，99，114，119，130，152，157，166，172，175，179，181，222，226，226
主营业务情况 191
助力抗击疫情 52
助力实体经济高质量发展 190
助力乡村振兴 148，169，189，192
助推帮扶村增收致富 189
助推乡村振兴工作 110
注册登记监管 181
筑牢防汛防地灾堡垒 237
抓好国有林森林管护工作 139
抓好民生工程项目建设 71
抓好项目库建设 71
专卖管理 186
专题调研成效显著 61
专题分析研究帮扶工作情况 134
专项工作督查 57
资产管理工作 183
资助工作 205 209
自觉接受监督制约 113
自身建设 63，91
综合管理 191
综合实力稳中有升 66
综合行政执法改革 58
综合治理 116
总务工作 204
组建农业公司和建筑公司 183
作家协会工作 101
做好工商联换届工作 53